Koschatzky – Krasa · Herzog Albert von Sachsen-Teschen

Peter Krafft, Herzog Albert von Sachsen-Teschen als Statthalter von Ungarn

Walter Koschatzky · Selma Krasa

Herzog Albert von Sachsen-Teschen

1738-1822

Reichsfeldmarschall und Kunstmäzen

ÖBV

Österreichischer Bundesverlag, Wien

VERÖFFENTLICHUNGEN DER ALBERTINA NR. 18

Sämtliche Abbildungen im Text:
Bildarchiv der Graphischen Sammlung Albertina.
Wiedergabe der Scherenschnitte auf Seite 145
mit freundlicher Genehmigung des
Besitzers von Schloß Attre (Belgien)

Satz: Garamond 10/12 Punkt
Gedruckt auf h'frei Euromatt 135 g
Druck: Leykam, Universitätsbuchdruckerei Ges. m. b. H., Graz
ISBN 3-215-04826-4

INHALT

ZUM GELEIT

Die Persönlichkeit Albert von Sachsen-Teschen ist keineswegs unbekannt oder unbeachtet geblieben. Ganz im Gegenteil, man hat in den zwei Jahrhunderten seither immer stärker Interesse an ihm gefunden, und das Wissen um sein Leben und sein Wirken ist immer mehr angewachsen. So brachte die steigende Berühmtheit der Albertina als Kunstsammlung, zumindest seit der Wiener Weltausstellung von 1873, auch die Frage nach ihrem Gründer auf. Politisch waren mit dem Anwachsen des preußisch-österreichischen Konflikts die dramatischen Ereignisse um den Reichsfeldmarschall von 1794 in ein neues Licht getreten. Nicht weniger begegnete die historische Forschung um Maria Theresia immer wieder der Lieblingstochter Christine und ihrem Gatten. Die Kunstgeschichte fand in Albert mehr den Förderer der jungen deutschen Romantiker. Der Kriegsgeschichte hingegen galt er als minuziöser Chronist, als Sammler ohnegleichen von militärischen Plänen und Karten. In Ungarn blieb sein zähes Mühen um die Verbesserung der Lebensbedingungen der Landbevölkerung unvergessen. Für Wien war er Wohltäter, Stifter der Wasserversorgung, großartiger Bauherr, und die Freimaurer verstanden ihn als ihren großen, aufgeklärten Förderer. Immer wieder also stand Albert irgendwo im Blickfeld. Was man aber über ihn erfuhr, war – vielleicht eben durch die Vielfalt – bloß Stückwerk, Ausschnitt, nur ein Teil; manches daran höfisch verbrämt, liebevoll verzeichnet und subjektiver Interpretation ausgesetzt. Auch blieben die echten Quellen spärlich, wenig erschlossen und neuerdings sogar unauffindbar.

Es kam dann in der Albertina im Jahr 1962 zur Entdeckung eines zwar nicht unbekannten, doch längst in Verstoß geratenen Textes des großen Grafen Durazzo aus dem Jahre 1776, des an den Herzog gerichteten „Discorso preliminare", aus dem sich die Gründungsidee der Sammlung mit eindrucksvoller Deutlichkeit abzuzeichnen beginnt. Dies gab dann den Anstoß, die Quellenforschung intensiv in Angriff zu nehmen. In geradezu bestürzender Fülle und Breite strömten von da an Funde auf uns ein, Entdeckungen in Archiven und Sammlungen, deren glückhafter Höhepunkt nach langjähriger Suche in Budapest eintrat: die in alter Literatur immer wieder erwähnten, allerdings bereits 1863 von Adam Wolf als verlorengegangen zitierten „Mémoires de ma vie" des Herzogs hatten hier, schwer gezeichnet zwar von Spuren des Brandes im dramatischen Jahr 1956, alle Ereignisse dieses Jahrhunderts überstanden.

Das Ungarische Staatsarchiv hat uns von diesem Augenblick an ein Entgegenkommen erwiesen, das nahezu beispiellos ist. Sämtliche Bände konnten nach Wien entliehen und hier bearbeitet werden, sämtliche erhaltenen Schriftstücke, Briefe, Notizen kopiert, so daß aus reichstem Material die Ausstellung „200 Jahre Albertina" im Jahr 1969 zu entstehen vermochte. Aus solcher Überfülle wurde das Fundament zur textlichen Zusammenfassung eines Lebensbildes geformt. Es war dabei unser grundlegender Wunsch, die originalen Quellen so unmittelbar wie nur möglich sprechen zu lassen, sie dazu mit dem in der Albertina in aller erdenklichen Vielfalt bewahrten Bildmaterial zu vereinen und auf solche Weise ein Zeitbild besonderer Art einer der schönsten und faszinierendsten Epochen Österreichs vor Augen zu stellen.

Es geziemt sich, vielfach Dank zu sagen. Frau Kaindl-Korbei war lange Jahre unsere unermüdliche Mitarbeiterin und im wesentlichen die Übersetzerin der „Mémoires" wie anderer französischer Texte. Der Österreichische Bundesverlag unter Dkfm. KR Kurt Biak hat das durch lange Zeit als aussichtslose Utopie gewertete Projekt entschlossen angenommen und großzügig realisiert. Das Haus-, Hof- und Staatsarchiv, das Kriegs- und Verwaltungsarchiv sowie zahlreiche andere Archive und Sammlungen und deren Leiter und Mitarbeiter in Österreich, der Bundesrepublik, der Deutschen Demokratischen Republik, in Ungarn, der ČSSR wie in Belgien haben uns alle erdenkliche Hilfe geboten. Es ist den Autoren daher ein aufrichtiges Bedürfnis, allen Kollegen, Helfern, Mitarbeitern, von denen Georges Englebert besonders hervorgehoben sei, in Herzlichkeit und nicht ganz ohne Wehmut auf viele, unvergeßliche Jahre zurückblickend, für alles zu danken.

Größe und Bedeutung historischer Persönlichkeiten mißt man auch heute noch meist am Maß der Geschichte: an Schlachtenglück und Macht, an der Kraft, Völker zu bewegen, und an der Effizienz ihrer Erfolge. Doch es gibt andere Maßstäbe, solche, denen Ideen eigen sind, die zeitlos über Glück und Unglück stehen, Haltung und Verhalten dem Schicksal gegenüber bestimmen; Maßstäbe also von Menschen, die für andere zu leben, dienen und Sorge zu tragen suchen, die vom humanen Fortschreiten unbeirrbar überzeugt bleiben und denen das Weitergeben der Werte, das Bewahren des Schönen nicht Phrase, sondern Lebensaufgabe ist. Wir glauben, in Albert von Sachsen-Teschen einen solchen Menschen, ein solches Leitbild sehen zu dürfen, und bringen ihm darum Achtung und Bewunderung entgegen. Dies erkennbar werden zu lassen und weiterzugeben, ist Ziel dieses Buches.

W. K.

Jakob Alt, Das Palais Herzog Alberts auf der Augustinerbastei in Wien (die heutige Albertina), 1816

EINLEITUNG

Es verursachte kaum Aufsehen, als am 10. Februar 1822 bekannt wurde, daß in Wien, in seinem Palast auf der Augustinerbastei, der greise Herzog von Sachsen-Teschen gestorben ist. Er hatte in der Tat schon längst nicht mehr in seine Zeit gepaßt, eine Zeit, die mit den Napoleonischen Kriegen und der Neuordnung Europas durch den Wiener Kongreß eine Wende genommen hatte und nun von einem neuen, sehr veränderten Lebensgefühl, das später dann als Biedermeier bezeichnet werden sollte, erfüllt war. Über diesen hohen Herrn, der da einsam inmitten seines reichen Hofstaates residierte und von kaum jemandem gesehen wurde, der das Haus auch nur im frühesten Morgengrauen zu einem Spaziergang auf der Bastei verließ, über diesen hohen Herrn lächelte man nur. Er war der letzte einer anderen Welt, ein Grandseigneur, einer, der noch aus der Zeit und dem engsten Familienkreis der großen Kaiserin herüberragte. Man wußte von unermeßlichen Schätzen der Kunst zu berichten, die er zeitlebens zusammengetragen hatte und von denen umgeben er nun völlig einsam und zurückgezogen seinen gelehrten Neigungen nachging. Vom frühen Morgen bis in die späte Nacht sei er beschäftigt, erzählte man, und nur selten war er zu beobachten, wenn er in seinem altertümlichen blauen Frack, den schmalen weißen Hosen und den hohen Stiefeln, gefolgt von einem kleinen Hündchen, durch die vielen Räume seines Palastes ging. Vor Jahren noch hatte er mehrere große Gesellschaften im Jahr gegeben (die man zu den schönsten Wiens zählte), und regelmäßig waren auch noch die Offiziere seines Kürassierregimentes zur Tafel geladen worden. Da hatte er noch Billard gespielt und manches Mal von einem wahren Wunderinstrument, das der berühmte Mechanikus Mälzel ihm eingerichtet hatte, einem „Panharmonikon", die Musik eines ganzen Orchesters spielen lassen. Einmal noch war er öffentlich erschienen: zu den Kaisermanövern ritt er an der Spitze der Kavallerie zur Parade. Aber selbst da mußte man lächeln, als zu erfahren war, daß die Rüstung des alten Herrn, der Brustharnisch, eigens aus Pappmaché gefertigt worden war und das Besteigen des Pferdes nur mit größten Mühen und mit Assistenz überhaupt zustandegebracht werden konnte.

Länger schon hatte der 84jährige Fürst gekränkelt. Seine Kuraufenthalte führten ihn mehrmals nach Bad Pistyan, die Zeitungen berichteten dann immer darüber, und einige Zeit verfolgte man auch die veröffentlichten Bulletins. Doch immer mehr verflachte das Interesse. Rheuma und Katarrh vermochten kaum die Gemüter zu bewegen. Was allerdings nicht und nicht verstummen wollte, waren Gerüchte, daß es im großen albertinischen Palast nicht mit rechten Dingen zugehe, daß es Unterschlagungen und Entwendungen geben solle, die nicht zuletzt mit der seinerzeitigen französischen Besatzung begonnen hätten. Um so entschiedener handelte man jetzt, als der Herzog tot war. Der Obersthofmeister des Kaisers, Fürst Trauttmansdorff selbst, griff ein, der Obersthofmarschall Graf Oettingen-

Wallerstein, die Hofräte und Kanzleidirektoren Freiherr von Diller und von Stürmer bildeten die Kommission, zu der auch die Herren des albertinischen Hofes Hofrat Gürtler und Kleyle gehörten. In einer ersten Amtshandlung wurde die völlige Sperre des herzoglichen Palais verfügt, was „durch Aufdrücken der Sigilla" auch unverzüglich erfolgte, und danach in der feierlichen Form das bereits 1816 fein säuberlich verfaßte und immer wieder in Einzelheiten abgeänderte Testament aus dem Schreibkasten erhoben und geöffnet.

Kanzleirat von Lebzeltern begann vorzulesen. Die Herren hatten um einen runden, mit rotem Samt bedeckten Tisch Platz genommen. Und sie kamen aus dem Staunen nicht heraus, als sie die Schätze sahen, die sich vor ihren Augen entfalteten. Die Hinterlassenschaft schien kaum überschaubar. Heute sind es nicht sosehr die hohen Geldbeträge, die Besitzungen, die Schätze an Schmuck, Gemälden, Mobiliar, die auf uns Eindruck machen, nicht allein die großmütigen Verfügungen – der Bau der Wasserleitung von der Hohen Wand im Wienerwald bis in die westlichen Vorstädte Wiens, die Invalidenversorgung, ein Armenkinderstift, ein öffentlicher Studienfonds und anderes mehr (wenn man von der unschätzbaren Sammlung an Zeichnungen und Kupferstichen zunächst einmal absieht) – als vielmehr der in all dem, in allen Einzelheiten sich ausprägende Niederschlag eines vollen und erfüllt gelebten Lebens, eines, das zwar von besonderer Gunst der Geburt und Stellung bestimmt gewesen sein mochte, dessen Grundsätze aber und deren oft unbeirrte selbstlose Erfüllung aus einer aufgeklärten Hoffnung ohnegleichen erwachsen waren. Die Hoffnung hieß: Pflicht zum Beitrag menschlicher Entfaltung, Pflicht zu persönlicher Bescheidenheit sowie zu Kunst, Wissenschaft und Kultur als Ideal und Aufgabe, nach dem Höheren, nach der eigentlichen humanen Erfüllung zu streben. Und diese Idee wurde für das folgende Jahrhundert von all den Erben und Nachfolgern auch begriffen, bewahrt und weitergegeben. So haben sie bis heute an Faszination nichts verloren, diese Idee und dieses Leben. Versuchen wir beides in knappen Zügen noch einmal nachzuzeichnen.

Am 11. Juli 1738 wurde Albert Casimir unweit von Dresden im königlichen Jagdschloß Moritzburg geboren, und eben dieses Jahr hatte dem Kurfürsten von Sachsen, seinem Vater August II. (1696–1763), einem Sohn Augusts des Starken, durch den Wiener Frieden (und den Verzicht Stanislaus Leszinskis) die Anerkennung der Königswürde von Polen gebracht. Alberts Mutter, Maria Josepha (1699–1757), war eine habsburgische Erzherzogin, eine der beiden Töchter Josephs I. (ebenso wie ihre Schwester Amalie, die Gemahlin Karls von Bayern), die auf das Erbe Kaiser Karls VI. und damit Maria Theresia gegenüber Ansprüche auf das habsburgische Erbe anzumelden suchten. Eben diese Umstände der Herkunft sollten wohl Alberts späteres Schicksal wesentlich prägen. Unter den insgesamt 14 Kindern des Kurfürstenpaares war Albert das elfte, als Sohn nur sechster. In der Rangfolge war er also ohne Bedeutung. Bei seiner Geburt hatte es Komplikationen gegeben; Mutter und Kind schwebten in Lebensgefahr, was Albert in seinen Memoiren später so geschildert hat, daß erst ein ihm als Neugeborenem eingeflößtes Glas Tokajerwein seine Lebensgeister erweckt habe. Vielleicht, so meint er, stamme seine spätere Vorliebe für dieses Getränk schon von daher. Er wuchs mit den etwa gleichaltrigen Geschwistern auf, mit den jüngsten also, vor allem Kunigunde und Clemens, die ebenso wie er während des österreichischen Erbfolgekrieges in Dresden zu bleiben hatten. Sachsen, das in dieser Kriegsphase auf Preußens Seite stand, schloß am 11. Juni 1742 Frieden mit Österreich, und Albert erinnerte sich, sowohl Karl VII. wie Friedrich II. auf ihrer Durchreise in Dresden gesehen zu haben. Der Zweite Schlesische Krieg hingegen fand Sachsen auf der Seite Österreichs. Der Hof mit dem König zog sich nach Prag zurück, die Kinder aber blieben wiederum in Dresden.

Als der Preußenkönig sodann Dresden besetzt und hier einzieht, versäumt er nicht, dem siebenjährigen Prinzen Albert seine Aufwartung zu machen, ihm militärische Ehren und allerlei Aufmerksamkeiten zu erweisen. Albert und der sechsjährige Clemens machen ihre Gegenbesuche und genießen es, mit Friedrich dem Großen der Oper „Arminius" beizuwohnen, von der die Albertina noch heute die damals überreichten Kostümbilder von da Ponte bewahrt. Mit dem Frieden von Dresden am 25. Dezember 1745 verläßt Friedrich Sachsen, nicht ohne sich herzlich von dem kleinen Prinzen verabschiedet zu haben. Mitten in dem von da an glänzender denn je aufblühenden Leben Dresdens, inmitten von Kunst, höfischer Verfeinerung und Schönheit, wachsen die beiden Brüder nun auf. Dresden zählte eben in diesem Jahrzehnt zu den glanzvollsten und lebhaftesten Städten Europas, wo sich Kunstschätze ohnegleichen, Gelehrte aller Fächer und die elegante Welt zusammenfanden. Für Albert und Clemens bedeutete allerdings bald ein neuer Erzieher, Baron Wessenberg, eine bittere Wendung. Er „war ein religiöser Mensch und gewiß auch ein Ehrenmann, aber grob und meist übel gelaunt. Nichts anerkannte er außer Italien und außer dem Hof des Bischofs von Augsburg, wo er bei den Jesuiten erzogen worden war. Im übrigen ein Pedant, devot bis zur Bigotterie, zog er die Gesellschaft der Jesuiten, welche als Beichtväter am königlichen Hofe wirkten, jeder anderen vor". Es bedarf kaum einer tiefenpsychologischen Analyse, um zu erkennen, woher es kam, daß Albert während eines langen Lebens jede Bigotterie verachtete und früh schon in enge Beziehung zum Freimaurertum gelangte, in dessen Kreisen sich damals die Ideen der Aufklärung zu konzentrieren begannen mit ihrer Kernvorstellung von der Aufgabe, durch Vernunft dem Fortschritt der Menschheit zu dienen.

Wessenberg wurde für Albert aber der Inbegriff seiner düsteren, strengen Jugend und spartanischen Erziehung, deren positive Seite nur eine erstklassige körperliche Ertüchtigung als Reiter und in verschiedenen Leibesübungen war, wogegen aber die geistige Bildung weit zurückblieb. Albert hat zeitlebens dar-

über geklagt, wie viele Kenntnisse in Sprachen oder Geschichte er erst viel später sich selbst aneignen mußte. Vor allem sollte dies für das Latein gelten, das er als Statthalter in Ungarn erst in aller Eile nachholen mußte, war Latein doch zu Alberts Zeit am Preßburger Hof und in Buda noch Amts- und Umgangssprache.
Das Jahr 1756 wurde zum Wendepunkt Europas. Das von Kaunitz zustandegebrachte Bündnis Österreichs mit Frankreich sollte sehr bedeutende politische und nicht minder bedeutende kulturelle Folgen nach sich ziehen. Sachsen und Rußland traten auf die Seite Maria Theresias. Der von England unterstützte Friedrich II. von Preußen, durch den sächsischen Kanzlisten Müller in den Besitz der zwischen Dresden und Wien geführten geheimsten Korrespondenz gelangt, entschied sich Ende August 1756 zum Überraschungsangriff, um den neuen Machtverteilungen sofort das Fait accompli entgegenzuhalten. Er rückt in Sachsen ein. Die Brüder Alberts stehen bereits im Feld; er und Clemens müssen aber in Dresden bleiben. Die Armee Sachsens wird bei Pirna vernichtend geschlagen, die Preußen besetzen Dresden. Alberts Mutter, die Kurfürstin, tritt den preußischen Offizieren mutig entgegen, als diese die Auslieferung weiterer geheimer Schriften fordern. Die Szene gipfelt in einem Schlaganfall, der schließlich zu ihrem Tod führt.
Albert, während des Winters 1757 inmitten des Hofes seiner Schwestern untergebracht, war hier, wie er schildert, manchen Reizen und Verführungen der Hofdamen ausgesetzt. Er sucht dennoch jedes Mittel zur Flucht aus der besetzten Stadt zur Armee Österreichs, die Marschall Daun nach dem großen Sieg vom 18. Juni 1757 bei Kolin so erfolgreich führt. Vollends das Husarenstück des Generals Hadik, der mit seinen Reitern bis Berlin vorgedrungen war, begeisterte den jungen Mann. Es verdient vermerkt zu werden, daß eben zu dieser Zeit die Neigungen Alberts für Literatur und die Künste besonders geweckt worden waren. Es war die Kronprinzessin Maria Antonia (1724–1780), eine Tochter Karls VII., deren Einfluß auf Albert sich sehr stark abzuzeichnen begann.
Inzwischen hatte die Lage Österreichs nach der Niederlage von Leuthen (5. Dezember 1757) wieder eine unglückliche Wendung genommen. Daun zog daraufhin im Frühjahr mit der Hauptarmee wieder heran, wußte sich zunächst allen Attacken zu entziehen, bis er endlich bei Hochkirch aus günstiger Situation angriff und einen vollständigen Sieg erfocht. Friedrich faßte neuerlich in Dresden Fuß, Daun umschließt die Stadt. Nun ist der Augenblick für Albert und Clemens gekommen. Ohnehin von dem Drängen der Familie stark belastet, sich doch zum Beruf des Geistlichen zu entschließen, ergreifen Albert und mit ihm sein Bruder die Gelegenheit zu einer Art Flucht zu den österreichischen Truppen. Sie bitten Marschall Daun um Erlaubnis, in österreichische Dienste treten zu dürfen, und beginnen als junge Kavallerieoffiziere ihre Laufbahn. In der Schlacht von Maxen, in der am 21. November 1759 ein preußisches Korps zur Kapitulation gezwungen wird, können auch die beiden Prinzen sich bewähren und bald danach – während die Armee Winterquartiere bezieht – nach Wien aufbrechen, um sich am Kaiserhof vorzustellen. Sie steigen am 9. Jänner 1760 in einem Gasthof am Neuen Markt, der damaligen Mehlgrube, ab und werden unverzüglich zur Audienz empfangen, was Albert so schildert: „Man führte uns zur Kaiserin. Ihr Empfang war von jener herzlichen Freundlichkeit, mit der sie alle gefangennahm, die ihr jemals begegnen durften; wir gingen ganz begeistert von dieser Audienz weg. Das Gespräch mit der großen Herrscherin hatte uns die Größe ihrer Gesinnung, die Zartheit ihrer Empfindungen gleichwie ihre Festigkeit und ihren Mut erkennen lassen." Doch auch umgekehrt scheint Albert guten Eindruck gemacht zu haben. Von diesem Augenblick an hat Maria Theresia bis zu ihrem Tod dem Herzog größte Sympathie, ja Neigung entgegengebracht. Noch am selben Tag, dem 9. Jänner 1760, bittet sie die beiden sächsischen Prinzen zu einem Hauskonzert in die Hofburg, an dem die ganze (bekanntlich sehr musikalische) kaiserliche Familie mitwirkt. Hier begegnet Albert unter den vielen Kindern des Kaiserpaares der 17jährigen Erzherzogin Marie Christine: „Mit ihrem reizenden Äußeren", schildert er, „der tadellosen Figur, dem entzückenden Gesicht vereinte sich eine Lebhaftigkeit des Geistes, ein Temperament, alles Eigenschaften, die mich vom ersten Augenblick an für sie begeisterten." Eine lebensentscheidende, bald auch beiderseitige Neigung begann. Maria Theresia scheint von allem Anfang an ihre schützende Hand über die beiden jungen Leute gehalten zu haben, wozu einige Motive sie bewogen haben mögen: die besondere Liebe zu ihrer Tochter; die Sympathie für Albert; die vorangegangene Enttäuschung Marie Christines; ihr Mißfallen an den rein politischen Heiratsvorstellungen des Vaters; der Wunsch, einen jungen, aufgeklärten und dennoch besonnenen jungen Mann an Josephs Seite zu wissen, und noch einiges anderes. Vielleicht auch der etwas übertriebene, sie beängstigende Enthusiasmus der beiden Schwägerinnen zueinander. Und nach dem mehr als tragischen Tod Isabella von Parmas galt der Trost erst recht Marie Christine. Nun war Albert in der Tat eigentlich ohne Chancen. Er selbst sah keinerlei Hoffnung, „un pauvre cadet", wie er sich bezeichnet, der das Glück hatte, in Dresden einen ehrbaren Juden zu finden, der ihm das Geld für die Wienreise vorstreckte. Er war also so gut wie mittellos, besaß keinerlei politischen Drang und war noch dazu relativ nahe verwandt (der Papst erteilte später Dispens). Entscheidend war, daß Maria Theresia selbst zu Albert eine echte, aufrichtige Beziehung fand, ihr mütterliches Wesen war durch seine Art, seine Liebenswürdigkeit angesprochen, vielleicht auch durch den tragischen Tod seiner Mutter (noch dazu durch preußische Gewalttätigkeit!) berührt, und gewiß sah sie in ihm – bei seinem Interesse an allem Schönen, an den Künsten, in seinen idealen Vorstellungen, Gutes tun zu wollen – so manches, was sie offenbar doch an den eigenen Söhnen vermißte. Als gar Friedrich August II. (III.), der Vater Alberts, überraschend stirbt (5. Oktober 1763),

fühlt sich noch mehr Verantwortung für den Verwaisten und zieht ihn noch stärker an sich: „... den ich wie ein Kind aufgenommen habe", sagt sie einmal von Albert anläßlich einer Bemühung, ihm eine entsprechende (auch einträgliche) Position zu verschaffen.

Albert wird 1763 General der Kavallerie und erhält ein Kommando in Ungarn, wird Gouverneur in Komorn, residiert bald in Buda, wo er übrigens in freundschaftliche Beziehung zu Hadik tritt. Zum Landtag in Preßburg von 1764 hat er die Kaiserin zu begleiten. Er ladet sie und den Hof auch nach Buda in sein Haus ein. Seine Schilderung der Situation in den Memoiren – die erbitterte Verstimmung der Kaiserin über das Verzögern ihrer Reformen in Ungarn, aller Schritte zur Aufhebung der Leibeigenschaft, des Abbaues der Magnatenprivilegien – zählt in dieser Schrift zu den aufschlußreichsten Kapiteln.

Aber inzwischen – Albert weilt immer öfter am Hof in Wien – scheint sich seine persönliche Situation zu verbessern. Immer aussichtsreicher werden seine verliebten Hoffnungen. Ein so furchtbarer Schlag für alle der plötzliche Tod Kaiser Franz' I. Stephans am 18. August 1765 in Innsbruck auch war (Albert war an diesem Abend in seiner Begleitung), so zerfließen doch eben dadurch alle bedrohlichen Pläne für eine anderweitige Verheiratung der Erzherzogin in nichts. Es gilt also nur, einige Trauermonate einzuhalten, um dann die um so festlichere Hochzeit in Schloßhof, jenem schönen Schloß im Marchfeld, am 8. April 1766 feiern zu können. Eine Kette von Festen, Veranstaltungen, Einladungen und schließlich der Einzug in das mit einem wahren Vermögen von Maria Theresia hiefür ausgestattete Schloß in Preßburg – der damaligen Hauptstadt Ungarns – schließen sich an. Was die Kaiserin entschieden wünschte, war jedenfalls, den Gemahl ihrer Lieblingstochter in einer glänzenden Stellung zu sehen, die Tochter selbst aber in einer für alle Zukunft gesicherten Lage. Und so bestimmt sie Albert zum „Locumtenens" in Ungarn. Sie erinnert sich dabei an ihre eigene Jugend und die Zeit als junge Ehefrau, als Franz Stephan Locumtenens war. Sie gesteht: „Ich kann den Namen nicht einmal hören, ohne zu erzittern", und überläßt dem Paar ein heute kaum mehr abschätzbares Vermögen, das dem Erbe des verstorbenen Kaisers entstammt: Ländereien, die Albert von da an mit größtem Fleiß und mit Geschick für Meliorationen und durch Anbauverbesserungen und Arbeitsökonomie zu den ertragsreichsten der Monarchie machte. Das Heiratsgut der Erzherzogin stellte ein Vermögen für sich dar, zu dem das Herzogtum Teschen mit dem Ziel einer neuen Linie „Sachsen-Teschen" tritt (die allerdings durch die Fehlgeburt im ersten Ehejahr und folgende Kinderlosigkeit nicht zustandekam), dann die Herrschaften Mannersdorf, Ungarisch-Altenburg, Bellye und Raczkeve. Zur noch stärkeren Absicherung wurde aber im Ehevertrag vom 6. April 1766 auch gleich verankert, daß Albert und Christine nach dem Ableben Karl von Lothringens die Statthalterschaft in den österreichischen Niederlanden erhalten sollten. Die Hochzeitsgeschenke bildeten einen weiteren Teil: Karl III. verlieh Albert den (spanischen) Orden vom Goldenen Vlies in Brillanten, Maria Theresia das Großkreuz des Stephansordens und einen mit Diamanten besetzten Degen, von weiteren 100 000 Gulden in Gold für die Erzherzogin und einem unvergleichbaren Tafelservice in Gold und Silber wie der gesamten Ausstattung – von Wäsche bis zu den goldgeschmückten Fahrzeugen – abgesehen. Dennoch, Alberts Lage erwies sich als schwierig; waren einerseits seine Kenntnisse in den hier besonders komplizierten Verwaltungs- und Justizangelegenheiten nur sehr allgemein (zwei hervorragende Berater, Oberst Kempelen und Hofrat Nicky wirken allerdings Wunder), so erhoben andererseits die Adelskreise Ungarns gegen Alberts Ernennung heftige Vorstellungen. Sie erachteten es als beleidigende Demütigung, daß diese hohe Würde nicht einem Erzherzog, sondern einem so einfachen sächsischen Prinzen übertragen worden war. Es muß imponieren, wie klug und umsichtig er sich das Vertrauen seiner anfänglichen Gegner, vor allem des Judex Curiae Nikolaus Pálffy, erwirbt und seinem Auftrag folgt, den Theresianischen Reformen Bahn zu brechen, und wie er durch sein Verhalten immer stärker Achtung und Ansehen bei der Bevölkerung gewinnt.

In diese Jahre zwischen 1765 und 1770 fallen auch die ersten Bemühungen, eine Kunstsammlung anzulegen. Wohl war das Preßburger Schloß mit nicht unbedeutenden Gemälden der Wiener Hofsammlungen ausgestattet und mit einer großen Bibliothek eingerichtet, doch Alberts Interesse wandte sich immer mehr den graphischen Künsten zu. Es scheinen hier Neigung und Begabung Marie Christines für die Zeichenkunst entscheidend eingewirkt zu haben. Alles das wäre aber wohl kaum über eine der üblichen Sammlungen zeitgenössischer Kupferstiche hinausgegangen, wäre es im Jahr 1773 nicht zur entscheidenden Begegnung mit Giacomo Conte Durazzo (1717–1794) gekommen. Dieser aus Genua stammende Aristokrat, erfüllt von den neuen Ideen der Aufklärung, war lange Jahre – nachdem er in Wien wegen einer Liebesheirat seinen Dienst als Diplomat quittiert hatte – als Theaterdirektor der Wiener Hofbühnen tätig. Maria Theresia betraute ihn mit künstlerischen Reformen. Bleibende Leistungen sind ihm hierbei zu danken: die Berufung Christoph Willibald Glucks, die Einführung der französischen Oper und eine bis heute gültige Qualitätsforderung höchsten Ranges für die Wiener Oper sind die hervorstechendsten. Sein Sturz nach zwölfjähriger Direktion im Jahr 1764 – ein Intrigenspiel recht undurchsichtiger Mischung von vordergründiger Moralität (Durazzo wurde eine Beziehung zur Primaballerina, der schönen Louise Geoffroy-Bodin vorgeworfen), von persönlichem Ehrgeiz des ihn bekämpfenden Hofkapellmeisters Reuter und den Bestrebungen einer sich immer deutlicher formierenden Gruppe, der es um ein deutsches Nationaltheater ging – wurde von Kaunitz abgefangen, indem er Durazzo, dessen Trauzeuge im Wiener Stephansdom er schon 1750 gewesen war und dem er auch durch das Band der Freimaurer verbunden gewesen sein dürfte, als österreichischen Diplomaten in seine unmittelbare Machtbefugnis nahm und ihm die Gesandtschaft in Venedig übertrug. Hier erwächst Durazzo die Idee einer „raccolta più sublime che le altre sono", eine höheren Zielen folgende Bilderenzyklopädie der Kunst sozusagen, deren erforderliche Dimension allerdings wenig Aussicht auf Verwirklichung bot, ging es doch um nichts weniger als um Vollständigkeit der Schulen, der Epochen, der Meister und ihrer Lebenswerke. Durazzo trägt 1773 in Preßburg seine Ideen vor. Er hat es selbst geschildert, wie ihm der Herzog zeigt, was er zur Zeit bereits gesammelt habe, neuere französische und einige englische Drucke. Er, Durazzo, legte daraufhin dar, daß heute ein Fürst größere Aufgaben habe, als sich mit Kunst zu unterhalten: seine Mittel müßten für das allgemeine Wohl verwendet werden, also etwa dazu, eine Geschichte der Kunst in Originalwerken zu schaffen, indem man die erlesensten Werke der alten Meister aller Schulen zu vereinen suche, vor allem auch der Zeichnung ihren Rang verleihe und alles dies der Öffentlichkeit zugänglich mache. Dieser Augenblick war epochal, er hat letztlich zur Begründung der „Albertina" geführt.

Albert zeigt sich rasch überzeugt; er bittet Durazzo, das System einer solchen Sammlung zu entwickeln und Ankäufe großen Stils einzuleiten. Der Graf muß, nach Venedig zurückgekehrt, eine fieberhafte Tätigkeit entfaltet haben, denn kaum zwei Jahre später vermag er die Lebensläufe von 1 400 Künstlern, deren Werksverzeichnisse und etwa 30 000 zum Teil sehr erlesene Stiche zumeist italienischer Meister dem Herzog zu überreichen. Dies geschah, als Albert und Christine Anfang Juli 1776 auf der Rückkehr von einer ausgedehnten Italienreise Venedig besuchten. Diese Reise, die sich vom Dezember 1775 bis zum 13. Juli 1776 erstreckte, diente selbstverständlich politischen Aufgaben; nur in Neapel, in Florenz, Parma und Mailand hatte sie auch familiäre Gründe. Die Reisenden fanden manche Höhepunkte in landschaftlichen oder historischen Eindrücken, in Pompeji, Caserta, Rom, der Toskana oder den Uffizien. Dennoch war für Albert wohl die Übernahme der von Durazzo erarbeiteten Sammlung das wichtigste Ereignis. Mit lebhafter Empfänglichkeit hatten Albert und seine kunstbegeisterte Gemahlin alle Erlebnisse aufgenommen, die Werte historischer Stätten erkannt, gesehen, was Städte, Kirchen, Paläste ihnen boten, hatten gelernt, zu vergleichen, kritisch zu urteilen und über Kunstfragen sich immer klarere Ansichten zu schaffen. So wurde diese Reise tatsächlich auch das entscheidende geistige Fundament, auf dem sich später die Albertina aufbauen sollte.

Die Verwirklichung indes begann erst nach einer wesentlichen Wendung im Leben des Herzogspaares. Am 4. Juli 1780 war Herzog Karl von Lothringen, der Bruder des vormaligen Kaisers Franz I. und Statthalter Österreichs in Brüssel, der Hauptstadt der österreichischen Niederlande, gestorben. Damit trat die bereits bei der Heirat festgelegte Bestimmung in Kraft, daß Albert und Marie Christine gemeinsam die Nachfolge als Generalstatthalter antreten sollten. Zwar werden sie wenige Monate danach durch das schmerzliche Ereignis des Todes Maria Theresias am 29. November 1780 in Wien zurückgehalten, doch dann verlassen sie endgültig Preßburg und siedeln nach Brüssel über, wo sie im Palais Royal und in den Schlössern Mariemont und Schoonenbergh von einem erlesenen Hofstaat erwartet werden sollten. Ihr Leben läßt sich dort glücklich und voller Reize an. Jagden, Ausfahrten, Besuche erfüllen ihre Tage. Dabei tragen die beiden kaum eine wirkliche politische Verantwortung, da die durch Kaiser Joseph II. unverzüglich eingeführte zentrale Verwaltung den Statthaltern für eine solche gar keine Möglichkeit mehr bot. Aber eben diese Einführung sollte der Anstoß zu all den aufkeimenden Unruhen werden. Allzusehr wurden dabei nämlich nationale Emotionen und alte Standesrechte getroffen. Daß dann die Statthalter sogar die – wie ihnen erschien – begründeten Forderungen und Einwände der Bevölkerung gegen kaiserliche Weisungen unterstützten, brachte ihnen Jubel, Dank und Achtung bis heute ein. Wie weit allerdings die Entzweiung mit Kaiser Joseph II. bereits gegangen war, zeigt ein Brief, den Marie Christine nach dessen Tod an Eleonore von Liechtenstein schrieb: „Was soll ich Ihnen über den Kaiser sagen, man muß hoffen, daß ihm durch die göttliche Barmherzigkeit die väterlichen Arme geöffnet sind, daß er seine langwierigen Schmerzen und all die Mühsal, die er empfunden hat, genützt hat, für das Buße zu tun, was er – im Grunde nämlich alles – verursacht hat."

Alle diese Lebensumstände drängten Albert immer stärker, sich dem Bau und der Ausstattung seines schönen Landschlosses Laeken zu widmen und vor allem seiner Kunstsammlung. Nichts erwies sich für eine solche mehr geeignet als die Lage Brüssels. Die Nähe von Paris ließ den Herzog mit allen Händlern und mit vielen Sammlern direkte Kontakte aufnehmen. Frankreich mit seinem starken Interesse an der Zeichenkunst wurde ihm überhaupt immer mehr zum Leitbild. Die Nachbarschaft seines Freundes aber, des überaus kunstsinnigen Charles Antoine Prince de Ligne (1759–1792), übte auf die Dauer den stärksten Einfluß aus, auf den Ausbau und die Art der zukünftigen Albertina. Beim Schloß de Lignes, Belœil, hatte Albert zum erstenmal die moderne englische Gartengestaltung gesehen, die dem französischen Park und dessen gestutzten Hecken ganz entgegengesetzt war und eine neue Einstellung zur Natur anzeigte, und er hatte sie für den prachtvollen Neubau seines Schlosses auch gleich übernommen. Nicht minder bedeutsam wurde die Nähe Hollands, wo Cornelis Ploos van Amstel in Amsterdam dem Herzog offenbar wertvolle Hilfe zur Erwerbung von Zeichnungen höchsten Ranges bot. Der Kunstmarkt besaß schließlich seit jeher in London einen besonderen Sitz, und auch dieser war von Brüssel aus leicht zu erreichen. Nicht zuletzt natürlich war es aber die flämische Kunst selbst, die hier zu sammeln Herzog Albert unvergleichliche Chancen bot.

Zu seinen unbegrenzten finanziellen Möglichkeiten, die alles dies gestatteten, kam aber noch ein zeitgeschichtlicher Umstand. Die immer bedenklicher werdende politische Konstellation in Frankreich und bald auch die tatsächlich ausbrechende Revolution, die viele Menschen zur Flucht zwang, führten zur Auflösung von zahllosen Familienbesitzen. Wertvollste Bestände kamen auf den Markt. Der für sein Ziel, für seine Aufgabe enthusiastische Herzog war bereit, beträchtliche Summen für solche Erwerbungen auszugeben. Er vermag in Paris 1779 Hauptwerke bei J. D. Lempereur und 1782 bei der Auktion Chabot zu erwerben, und auch der Maler J. G. Wille, der nicht nur Jacob Schmuzer und viele andere Schüler in der Kupferstecherkunst betreute, sondern auch Adam Bartsch bei seinen Forschungen unterstützte, hat, wie seine Eintragungen beweisen, in diesen Jahren den Herzog beliefert. Von höchstem Rang war die 1784 erworbene Sammlung des Sachsen W. G. Becker, der lange Zeit in Italien gelebt hatte. Bald danach jedoch kam es zu jenem denkwürdigen Besuch Alberts und Christines bei deren jüngeren Schwester Antonia, nun als Königin von Frankreich Marie Antoinette. Diese, in Kenntnis von Alberts leidenschaftlicher Sammlerneigung, läßt in Ateliers und bei Händlern in Paris alles nur Denkbare an Zeichnungen aufkaufen und übergibt zum Abschied dem Schwager „so viele", heißt es, „daß man nicht wußte, sie wegzupacken". Sie wurden zum Grundstock der hervorragenden Sammlung französischer Zeichnungen in der Albertina.

Doch dann folgte der dramatische Schlußpunkt dieser Lebensphase: Den plötzlichen Tod Leopolds II. nützend, erklärt Frankreich Österreich den Krieg, fällt unverzüglich in den Niederlanden ein und entscheidet am 6. November 1792 in der blutigen Schlacht von Jemappes das weitere Schicksal des Landes. Albert und Christine flüchten rheinaufwärts, drei schwerbeladene Schiffe mit den Sammlungen, der Bibliothek und dem Mobiliar gehen von Rotterdam nach Hamburg ab. Eines davon vernichtet der Sturm im Ärmelkanal – ein Schlag, den Albert bis zu seinem Lebensende nie mehr verwunden hat. Die beiden anderen Schiffe jedoch, sie retten immerhin den Hauptteil der Schätze, reisen die Elbe aufwärts bis nach Dresden, wo die Flucht der Statthalter zunächst endet. Albert ist entschlossen, sich in seiner Heimatstadt niederzulassen. Er war von der Politik Österreichs überhaupt und besonders jenen Entscheidungen, die zu den Wirren in den Niederlanden geführt hatten, ebenso enttäuscht wie von der mangelhaften militärischen Hilfe. Dem jungen Kaiser Franz II. (I.), der dem nach nur zweijähriger Herrschaft verstorbenen Leopold II. gefolgt war, konnten Widerstände in der eigenen Familie kaum recht sein, denn allzu belastend für die künftige Reichspolitik hätte sich solche Abneigung auswirken können. So lud er die Erzherzogin, seine Tante, und Albert noch im Jahre 1794 ein, doch ihren Wohnsitz nach Wien zu verlegen, und bot ihnen das ehemals durch den Grafen Manuel Silva-Tarouca, den Gesandten Portugals und Ratgeber wie Minister Maria Theresias, bewohnte Palais (in dem der greise Graf Hatzfeld eben verstorben war) als Geschenk an, mit dem Recht zu jedem nur erwünschten Umbau. Das war die Entscheidung, daß diese bedeutende Kunstsammlung bald danach, nämlich 1801 und in den letzten Teilen mitten in den Napoleonischen Kriegen 1805, von Dresden nach Wien gelangte.

Dieses genannte Jahr 1794 sollte aber auch in ganz anderer Hinsicht zu einem dramatischen Höhepunkt in Alberts Leben werden, ein Ereignis allerdings, das wie kaum ein anderes Geschehen die schändliche Entzweiung der deutschen Staaten dokumentierte. Der Krieg gegen Frankreich war der des deutschen Reiches, also einer, der vor allem von einer „kaiserlichen Reichsarmee" zu führen war. Eben diese vertraute man Herzog Albert an. Er selbst hat ein Jahrzehnt lang nachzuweisen getrachtet, in welch erbärmliches Spiel Preußens, das in den Kämpfen am Oberrhein, bei Mainz und bei Mannheim alles eher tat, als ihn zu unterstützen, er geraten sei. Nach größten Mühen, Strapazen und ungeheuren Aufregungen in diesem Jahr von 1974 bis 1795 und nach nur bescheidenen Erfolgen streckte er vor den eigenen reichsinternen Feinden Österreichs die Waffen und demissionierte. Krank, erschöpft und verbittert zog er sich nach Wien zurück.

Vielleicht sogar nicht ohne Zusammenhang zu diesen Mißerfolgen waren die in diese Zeit fallenden Krönungen der Sammlung. In das Jahr 1794 fällt die erste: Alberts Freund Charles Antoine Prince de Ligne war als einer der ersten österreichischen Stabsoffiziere im Krieg gegen Frankreich am 14. November 1792 bei La Croix-au-Bois in den Argonnen gefallen. Er hatte in seinem Testament angeordnet, daß seine Kunstsammlung nur geschlossen, und zwar in einer Auktion in Wien, abgegeben werden dürfe. Kein Geringerer als Adam Bartsch, der mit de Ligne nicht nur durch den Bund der Freimaurer, sondern auch durch die Neigung zu Kunst und Wissenschaft verbunden gewesen war, verfaßte den Katalog. Was dann geschah, wissen wir nicht genau, jedenfalls gelangten die Hauptwerke in die Sammlung Alberts. Mündliche Überlieferung wußte immer zu berichten, daß Marie Christine den gesamten Bestand geschlossen erworben und ihrem Gatten in seiner schwersten Zeit zum Geschenk gemacht habe.

Das Jahr 1796 aber ging durch ein noch größeres Ereignis in die Geschichte der Albertina ein: Kaiser Franz überließ Albert die Zeichnungsbestände der kaiserlichen Schatzkammer. Zweifellos hatte auch dazu Adam Bartsch beigetragen, dessen eigene Vorstellung von einem ausstrahlenden Mittelpunkt höchster Kunstschätze sich verwirklichte. Es handelte sich um nichts Geringeres als die Albrecht-Dürer-Sammlung, die um 1590 Kaiser Rudolf II. aus verschiedenen Quellen zusammengebracht und nach Prag geholt hatte. Mitten in den Wirren des Dreißigjährigen Krieges war sie glücklich nach Wien gelangt und hier immer wohlgehütete Zimelie der kaiserlichen Schätze gewesen. Albert konnte sie nun zum wahren Mittelpunkt der Sammlung machen, die seinen Namen verewigt.

Es kam zum letzten einschneidenden und schwerwiegenden Ereignis in Alberts Leben, zum verhältnismäßig frühen Tod seiner Gemahlin. Schon nach kurzen Jahren in Wien – das Palais der heutigen Albertina befand sich eben erst in der Anfangsphase des Umbaus durch Louis de Montoyer – zeigte sich eine schwere Erkrankung. Man brachte Marie Christine in das damals besonders ruhig und angenehm gelegene Palais Kaunitz in der Mariahilfer Vorstadt, wo sie am 24. Juni 1798 starb. Der Herzog, zutiefst verzweifelt, zog sich noch mehr, bis zur gänzlichen Einsamkeit, zurück. Es hat sich die tiefe Zuneigung seiner Frau nach einem glücklichen gemeinsamen Leben voll größter Liebe in einem ergreifenden Abschiedsbrief, den der Gatte erst am Tag nach ihrem Tod öffnen sollte, erhalten: „Vous étiez le seul objet pour qui je vivais et auquel je desirais être digne de lui appartenir", heißt es hier. Und dann: Er solle nicht klagen, sondern alle Vernunft, alle Philosophie und das Wissen um das Unabänderliche anwenden, um all das noch zu vollbringen, was er begonnen habe, und sie schließt: „Denke immer, daß Deine zärtliche Frau Dich darum bittet – adieu mille fois adoré epoux."

In größter Treue erfüllte Albert alle ihre testamentarischen Verfügungen: die Erziehung des als Sohn aufgenommenen Erzherzogs Carl, des späteren Siegers von Aspern, den Bau der Trinkwasserleitung, die Stiftung von 50 000 Gulden für ein Blindenheim, den Bau eines Wasserkanals in Ungarn zur Entsumpfung, Bewässerung und Gesundung eines ganzen Landstrichs, wodurch 5 700 Joch Sumpf in ein blühendes Gebiet verwandelt wurden, und vieles mehr. Er trachtete schließlich, das Andenken an die Liebe, die seinem eigenen Leben Basis und bleibende Kraft gewesen war, dadurch zu verewigen, daß er dem seiner Meinung nach größten lebenden Künstler den Auftrag zur Errichtung eines Grabmals erteilte: Antonio Canova kam nach Wien und schuf für den Betrag von nicht weniger als 20 000 Dukaten aus erlesenem Carraramarmor das erschütternde Denkmal in der neben der Albertina gelegenen Augustinerkirche, vor dem dann nicht nur Napoleon (der es zu den drei schönsten Kunstwerken Wiens zählte) bewundernd stehen sollte.

Herzog Albert hatte sein offizielles Leben abgeschlossen, er wollte „dans une vie moins agitée" bis zu seinem Tod ein einsames Leben in einem schönen Haus inmitten seiner Sammlungen führen. Daß aber diese Zeit seiner Zurückgezogenheit 24 Jahre dauerte, war der letzte und entscheidende Umstand bei der Entstehung der Albertina. Er sammelte, kaufte, ordnete, er war umgeben und beraten von den besten Kennern, von Bartsch, Boeckhout und Artaria, und scheint dabei die Unterschleife des dubiosen François Lefèvre, der schon seit Brüssel der Zeichnungensammlung vorstand, gar nicht bemerkt zu haben. Sehr bedeutendes Material, unschätzbare Blätter Dürers etwa, gingen dadurch ihren heimlichen Weg in die Welt. Dennoch, die Lebensidee einer Sammlung, „die höheren Zwecken dient", blieb ungeschmälert.

Die Liste der jährlichen Ausgaben Herzog Alberts für Ankäufe zeigt eben in diesen Jahren, welches Vermögen der feinsinnige Sammler aufzuwenden bereit war. Betrachtet man die angegebene Gesamtsumme, gelangt man zu eindrucksvollen Ziffern. Man vergleiche, um Maßstäbe zu gewinnen, andere überlieferte Summen, etwa die Ausgaben des Kaiserhofes für Gemäldeankäufe von 1792 bis 1811: sie betrugen 101 882 Gulden, was zu Recht als unbestreitbare Kulturtat mitten in den schwersten Kriegsjahren hervorgehoben wird. Alberts Ausgaben für seine Sammlung im ähnlichen Zeitraum – man bedenke immerhin eines privaten Sammlers – betrugen aber nicht weniger als das Zehnfache, nämlich 1 265 992 Gulden, was heutigen Begriffen nach an die Milliardengrenze führt. Man sollte sich dies immer vor Augen halten, um die Illusion zu zerstreuen, daß bleibende Kulturwerke ohne Aufwendungen, persönliche Opfer, sozusagen von selbst geschähen. Dies wird dann erst vollends klar, wenn man weiß, daß Herzog Albert mit diesem Betrag etwa ein Viertel aller ihm zur Verfügung stehenden finanziellen Mittel für Zeichnungen und Kupferstiche ausgegeben hat.

Der Herzog sah offenbar auch eine Aufgabe darin, in Wien einen Stützpunkt für junge Künstler zu bilden, vor allem jener der Romantikergeneration, was für so manchen auf seiner Wanderung zur Donau, in die Alpen oder gar nach Rom von nicht geringer Bedeutung werden sollte. Für Johann Veit Schnorr zuerst, für Julius und Ludwig Schnorr von Carolsfeld bald danach, für Pforr und Overbeck, denen das Studium der Raffael- und Dürerzeichnungen hier ihren Lebensweg überhaupt vorzeichnete, oder für den jungen, so kranken Scheffer von Leonhartshoff. Peter Krafft und zahlreiche andere Historienmaler erhielten von ihm die entscheidenden Förderungen. So war es auch ganz natürlich, daß bald auch der zeitgenössische Teil der Sammlung über sehr beträchtliche Stücke verfügte.

In dieser letzten Lebensphase waren die künstlerischen Beziehungen Herzog Alberts, seine Verbindungen zu Sammlern und Händlern, über ganz Europa ausgedehnt. Man sandte von überall her Werke zur Ansicht, und von Albert aufgenommen zu werden wurde bald eine hohe Auszeichnung. In allen Fällen wählte Albert sehr sorgsam aus. Er prüfte genau Wert, Preis und Qualität. Was so entstand, war alles eher als eine Zufallssammlung, sondern eben eine systematische Ordnung, die sich schließlich Blatt für Blatt zu einer gezielten Überschau über die Kunstleistungen aller Zeiten, aller Schulen und Hauptmeister zusammenfügte. In einem ausführlichen Testament vom 16. Juni 1816 legte der Herzog genau seine Verfügungen fest. Alleinerbe sollte Erzherzog Carl, sein Neffe und Adoptivsohn, sein. Die Sammlung müßte ihm aber als Fideikommiß zufallen. Dabei verfügte der greise Herzog umsichtige Bedingungen; niemals dürfe dieses Erbe Österreich verlassen, und niemals dürfe die Sammlung als Ganzes oder in Teilen verkauft werden, ansonsten der Erbe sofort jedes Verfügungsrecht verliere – allen diesen Sicherheitswünschen des großen, weit vorausblickenden

Sammlers hat man letztlich die Bewahrung der Albertina und ihre bis heute nicht nur ungeschmälerte, sondern auf das reichste erweiterte Fortführung zu danken.

Bei Alberts Tod umfaßte die Sammlung über 1 100 Kassetten und Bände, alle in erlesenem Maroquin-Rouge gebunden und mit den in Gold gepreßten, reich verzierten Initialen AS versehen. Sie gliederten sich in 237 Kassetten mit Zeichnungen, über 15 200 an der Zahl, die sich in Italienische Schulen (3 484 Blätter), Deutsche Schulen (4 776 Blätter), Flämische und Holländische Schulen (3 593 Blätter), Französische Schulen (2 012 Blätter) und diverse (1 341 Blätter) aufteilten. An Kupferstichen (in sehr weitem Sinne so bezeichnet) zählte man 157 952 in 884 Bänden, welche an Rang, Schönheit, Klarheit des Systems und der Gliederung kaum ihresgleichen finden konnten.

Überblickt man das Testament und den Nachlaß in großen Zügen, imponiert doch zunächst der ausgedehnte Besitz an Ländereien und Gütern. Der am höchsten bewertete ist die Herrschaft Ungarisch-Altenburg mit 5 Millionen fl. (Gulden) Wert und einem jährlichen Ertrag von 200 000 fl.; sodann die Herrschaft Bellye mit 3 750 000 fl. Wert und 150 000 fl. Ertrag, das Herzogtum Teschen (733 000 fl. und 29 000 fl. Ertrag), eine Reihe sukzessive aufgekaufter Privatgüter mit 1 150 000 fl. bzw. 46 000 fl., Friedeck, Chrzanow, Bestwina, Zywiec, Raczkeve, diverse andere in Ungarn liegende und eine summarische Gruppe aller übrigen Güter und Herrschaften insgesamt im Wert von 3 100 000 fl. mit einem Ertrag von 60 000 fl. Der Gesamtwert seiner Besitzungen also ist mit 18 290 000 fl. angegeben, doch wenn man bedenkt, daß die gesamte Sammlung an Zeichnungen und Stichen mit einem Wert von 45 000 fl. rangiert, mag auch dem gesamten eingesetzten Wert der Ländereien wohl keine zu hohe Schätzung zugrundeliegen. Die jährlichen Einnahmen des Herzogs lagen demnach bei etwa 800 000 fl., worin eine von Sachsen ihm zustehende Apanage von 75 000 fl. und eine österreichische Staatspension als Statthalter von 192 000 fl. enthalten sind. Albert erläutert dies in einer Anlage vom 5. März 1821: Die Basis seines Vermögens war das von der Kaiserin-Königin und Souveränin der österreichischen Monarchie, Maria Theresia, bestimmte Etablissement, zu diesem stießen die Subsidien-Gelder der niederländischen Landesstände, die Geldbeträge, die während der 15jährigen Anstellung als Locumtenens und General-Capitain in Ungarn gezahlt wurden, und schließlich die von Sachsen stammenden Bezüge, die aus der Apanage und nicht zuletzt aus den Erträgen der Classen-Lotterie kamen. Von diesen sächsischen Geldern vermochte er einen Überschuß von 3 632 234 fl. zu erwirtschaften, der es letztlich ermöglichte, „meinen gegenwärtigen Capitalienstand zu verschaffen". All dem stand natürlich kein geringer Aufwand gegenüber. Die jährlichen Ausgaben für den Hofstaat, vornehmlich im Wiener Palais – die „völlige Einsamkeit" des Herzogs war mehr rhetorisch zu verstehen – beliefen sich mit allen Besoldungen, Honoraren, Pensionen und Almosen auf jährlich 256 150 Gulden, doch war sein Reichtum derart, daß er dem Staat gegenüber sich auch eine Geste nicht unbeträchtlicher Dimension zum Abschluß seines Testamentes leisten konnte: Er vermacht dem Staat dessen Schuld, die in Millionen ging, welche aus der Nichtauszahlung der dem Herzog zustehenden Gehälter und Entschädigungen (man hatte ihn immer wieder auf Friedenszeiten vertröstet) erwachsen war. Allerdings eines bedingte er sich aus: Eine einzige Klausel müsse der Staat akzeptieren, nämlich die gesamte herzogliche Dienerschaft von einer allfälligen Erbschaftsteuer zu befreien. Dies fiel dem Staat ziemlich schwer. Erst dreizehn Jahre später entschied dies Kaiser Ferdinand dem Fürsten Metternich gegenüber positiv. Dem Haupterben Erzherzog Carl fiel alles Wesentliche zu, doch war die ausgedehnte Liste der übrigen Beteiligten noch immer reichlichst bedacht. Um nur ein Beispiel zu wählen: Die dem Erzherzog Johann zugefallenen 200 000 Gulden wurden zum Fundament aller seiner Aktivitäten in der Steiermark.

Der Kaiser ordnete hinsichtlich der Sammlung und ihrer Begründung als Fideikommiß eine strenge Bestandsaufnahme an. Der anerkannte Experte Franz Rechberger schließt seinen Bericht mit einem bis heute gültigen Wort. Man vermag also schließlich zu erkennen, schreibt er, „daß diese Sammlung nicht bloß das Resultat von darauf verwandten großen Summen, sondern vorzüglich die Folge einer ganz besonderen und beinahe wunderbaren Vereinigung glücklicher Ereignisse sei. Sie ist die Frucht eines langen glücklichen Lebens und einer ausgezeichneten und unwandelbaren Liebe zur Kunst". Das Leben Alberts hat gewiß in der Albertina seinen nachhaltigsten Niederschlag gefunden. Doch wenn man darüber hinaus einmal sich dazu finden könnte, Größe und Bedeutung einer historischen Persönlichkeit nicht am üblichen Maß der Geschichte zu messen, was zumeist heißt, Schlachtenglück und Machtentfaltung, die Kraft, Völker zu bewegen und Einfluß auf deren Geschicke zu nehmen, sondern an den gelebten Grundsätzen, den Ideen, die eine Lebenshaltung prägen, dann wird auch dieser bemerkenswerte Fürst des 18. Jahrhunderts zu den Großen zählen. Ein Mann, dessen Leistung letztlich in seiner Stille lag, der weder dem Radikalismus Josephs zuneigte und noch weit weniger dem erstarrten Konservativismus der Franzisceischen Ära. Die Folgen dieser so tragischen historischen Entwicklung in Österreich, daß nämlich die Ungeduld Josephs die gesamte Aufklärung in diesem Land suspekt machte, sodann, daß der zu frühe Tod Leopolds eine sich Theresianischer Mäßigung besinnende, freie Entwicklung verhinderte, und schließlich, daß das fortschrittshemmende Erstarren für ein volles Jahrhundert zum System erhoben wurde, sind kaum abzuschätzen. Albert könnte inmitten dieses Verlaufs wie ein Symbol gelten für jene verdrängte Aufklärung, die in den Hoffnungen der Tüchtigsten fortwirkte. So war der zu einem Österreicher gewordene sächsische Prinz vielleicht auch einer der besten Österreicher gewesen.

Tafel 1: Jean Etienne Liotard, Maria Theresia und Franz I. Stephan

TAFEL 2: Francesco da Ponte, Theaterfigurinen für die Oper Arminius; 1753

TAFEL 3: Unbekannter Hofmaler, Herzog Albert von Sachsen-Teschen mit dem Plan der Schlacht von Maxen; um 1770
(Foto: Kunsthistorisches Museum)

Tafel 4: Johann Christian Brand, Die Schlacht von Hochkirch am 14. Oktober 1758; 1768
(Foto: Österreichische Galerie)

TAFEL 5: Johann Karl Auerbach, Hoftafel zur Verlobung von Herzog Albert und Marie Christine am 2. April 1766; 1773
(Foto: Kunsthistorisches Museum)

Tafel 6: Johann Christian Brand, Hofjagd bei Laxenburg; 1758 (Foto: Österreichische Galerie)

Tafel 7: Johann Wenzel Bergl, Die Freuden des Landlebens, Ausschnitt aus dem Deckenfresko im Grünnehaus in Laxenburg; um 1770 (Foto: Ritter)

TAFEL 8: Martin van Meytens und Schule, Kaiserliches Hofkonzert (Ausschnitt); um 1763
(Foto: Kunsthistorisches Museum)

Tafel 9: Friedrich Heinrich Füger, Albert und Marie Christine zeigen im Familienkreis die in Italien erworbenen Kunstwerke; 1776
(Foto: Österreichische Galerie)

TAFEL 10: Philipp Hackert, Landschaft bei Caserta; 1784
(Foto: Germanisches Nationalmuseum, Nürnberg, Gm. 1316)

Tafel 11: Alexander Roslin, Erzherzogin Marie Christine; 1778

TAFEL 12: François Lefebre, Schloß Laeken bei Brüssel; um 1785

TAFEL 13: Johann Christian Brand, Reiseunfall der Erzherzogin Marie Christine und des Herzogs Albert bei Straubing Anfang Jänner 1786 auf der Reise von Brüssel nach Wien; 1786

Tafel 14: Jean Baptiste Isabey, Herzog Albert von Sachsen-Teschen; 1812

TAFEL 15 oben: Sebastian Warmuth, Herzog Albert an der Spitze seines Regimentes begrüßt Erzherzog Ferdinand bei den Manövern am 10. Oktober 1819 bei Margarethen am Moos; 1819
TAFEL 15 unten: Sebastian Warmuth, Erzherzog Carl und seine Tochter Maria Theresia werden bei der Ausfahrt aus dem Palais auf der Bastei begrüßt; 1836

Tafel 16 oben: Der große Festsaal der Albertina
Tafel 16 unten: Die Sammlermarke Herzog Alberts

Herzog Albert von Sachsen-Teschen

Ein Leben in Bildern und Dokumenten

Louis de Silvestre, Die Familie Friedrich Augusts II. (III.), Kurfürsten von Sachsen und Königs von Polen, am 24. Mai 1737 in Neuhaus

Titelseite des Berichtes über Geburt und Taufe des Prinzen Albert

Geburth, Tauffe und Einseegnung

Nachdem die Aller-Durchlauchtigste Fürstin und Frau, Frau *Maria Josepha* geb. Erzherzogin von Österreich, vermählte Königin von Pohlen und Chur Fürstin zu Sachsen, sich wiederum hohen gesegneten Leibes befanden: So ist d. 20. *Apr.* 1738: *O. Miseric:* vor deroselben glücklichen Entbindung in denen Evangel. Kirchen der Stadt und des Landes vermittelst des Gebeths *sub* A. und in der Cathol. Schloß Capelle vermittelst des Gebethes *sub* B. zu bitten, und damit biß zu dero Niederkunft fortgefahren worden. Inzwischen begaben sich beyderseits Königl. Majt. nach glücklich vollbrachte Königl. *Sicil.* Vermählungs-*Solennien* d. 6. *Jun.* 1738 nach Morizburg und erfolgete allda endlich am ♀ 11. *Jul.* 1738 frühmorgens um ¾ auf 9. Uhr die frohe Geburth eines Königl. Prinzen, iedoch ereignete sich dabey etwas harte Umstände so gar auch, daß dem jungen Prinzen noch vor der völligen Geburth durch den gleich in der Nähe sich befindenden P. Guarini die Heil. Tauffe administriret worden. Nachdem aber der Allerhöchste gnädig geholfen, so wurde diese hohe Geburth durch die Abfeuerung des großen Geschützes in Moritzburg sogleich bekannt gemacht . . .

13. July. VI. p. *Trinit.* Ward auf ergangenen Allergnd. Befehl *sub* E. und erfolgter *Notification sub F.* das *Te Deum* vormittags

J. Daullé nach L. de Silvestre, Königin und Kurfürstin Maria Josepha, die Mutter Alberts

im 11. Uhr genommener Abrede nach sowohl bey dem Evangel. Hoff-Gottes-Dienst in der *Sophien*-Kirche als in der Kathol. Schloß-Capelle zugleich gesungen, dabey in beyden Kirchen die Hoff-Trompeter und Pauker sich hören ließen, und zweymahl 12. *Canonen* von Feuerwerks Platz und zum drittenmahl all auf dem Wall stehende Stücken abgebrand worden, wozu ein *Artillerie-Officier* das Zeichen aus der Cathol. Kirche auf dem Wall, der Hoff-*Fourier Koretzki* aber auch daher in die *Sophien*-Kirche zu gleichmäßiger Anstimmung durch dazwischen gestellte Kirch-Väter gegeben . . .

(2/Obersthofmarschallamt, AN: 24/1–4)

Albert
1738

Am 11. Juli 1738 wurde ich auf Schloß Moritzburg geboren, das drei Meilen nördlich von Dresden liegt und in diesen Jahren während eines Teils des Sommers von meinem Vater August III., König von Polen und Kurfürst von Sachsen, als Residenz Verwendung fand. Eine überlieferte Anekdote berichtet aus jener Zeit, daß meine Mutter in größter Gefahr war und auch an meinem Aufkommen gezweifelt wurde, bis man mir eine Portion Ungarwein einflößte; seit damals, so hat man mir versichert, besteht die Gewohnheit, jedem Neugeborenen der sächsischen Familie einen solchen Trunk zu verabreichen.
Sachsen genoß seit der Befriedung Polens die vollkommenste Ruhe, und es sah diese durch den Frieden von Wien völlig gesichert, durch den mein Vater als König von Polen von den verschiedenen Höfen anerkannt wurde, auch von jenen, die bis dahin während des Krieges über die polnische Erbfolge geteilt gewesen waren. Das Corps der sächsischen Truppen, die in Ungarn als Hilfskräfte des Kaisers im Kriege gegen die Türken gestanden hatten, war auch zu jenem Zeitpunkt bereits zurückgekehrt.

(1, I/5)

Albert
1739

Ein Umstand, der großen Eindruck am sächsischen Hof machte und der im Jahr darauf geschah, war das In-Ungnade-Fallen des Grafen Sulkowsky, bevorzugten Ministers des Königs, meines Vaters; er hatte sich von der Eitelkeit hinreißen lassen, eine Rolle beim Militär spielen zu wollen. Indem er sich auf die Macht stützte, die er glaubte auf seinen Herrn auszuüben, hatte er das Kommando des Hilfscorps übernommen und damit seinen Feinden Zeit und Muße gegeben, dem König gegenüber jene Beschwerden geltend zu machen, die schon gegen ihn vorlagen, und so seinen Sturz vorzubereiten. So kam es dann zur Erhöhung des Grafen von Brühl, der an seine Stelle trat und dessen Macht in den Staatsgeschäften wie seine Prachtliebe, ja Verschwendungssucht, bis zu einem Punkte anstiegen, der im Gedächtnis Sachsens nie mehr erlöschen wird.

(1, I/6)

Adolf von Menzel, Friedrich II. von Preußen an der Spitze seiner Truppen

Johann August Corvinus, Schloß Moritzburg bei Dresden

ALBERT
1742

Das erste Ereignis, das mir aus meinem Leben in Erinnerung blieb, ist, daß ich nacheinander diesen Fürsten [Kaiser Karl VII.] und dem König von Preußen in diesem Jahre während ihres Durchmarsches durch Dresden gesehen habe; man hatte mich geführt, einen Teil der sächsischen Truppen bei ihrer Rückkehr in die Heimat anzusehen.

(1, 1/10)

Im August 1744 kam es erneut zum Ausbruch des Krieges zwischen Preußen und Österreich, nachdem Friedrich II., der sich durch die Stärkung der österreichischen Macht seit 1742 in seinem Besitz von Schlesien bedroht fühlte, mit seiner Armee in Böhmen einmarschiert war. Diesmal stand Sachsen, das durch die Preußen in Schlesien praktisch von Polen abgeschnitten worden war, auf seiten Österreichs, mit denen es am 20. Dezember 1743 einen Vertrag geschlossen hatte. Gegen Ende des Krieges, nachdem die sächsischen Truppen am 15. Dezember 1745 von Fürst Leopold von Anhalt-Dessau bei Kesselsdorf besiegelt worden waren, besetzten die Preußen Dresden.

ALBERT
1745

Der König, mein Vater, hatte seine Residenz beim Nahen der Preußen verlassen und sich mit der Königin und den zwei älteren Töchtern nach Prag zurückgezogen. Meine drei älteren Brüder hatte er nach Nürnberg geschickt; ich, mein Bruder Clemens und meine drei jüngeren Schwestern wurden in Dresden gelassen. Ich war damals sieben Jahre und mein Bruder sechs. Die Preußen kamen am Morgen nach der Schlacht in die Stadt, und der König von Preußen, der gleich darauf eintraf und sich unverzüglich zu uns in das kurfürstliche Schloß begab, erwies uns alle erdenklichen Höflichkeiten und Aufmerksamkeiten. Er ließ uns durch seine Truppen genau jene Ehren erweisen, die in seiner Armee den Prinzen seines Hauses gegenüber üblich waren. Als er dann das Appartement des Grafen Rutowsky im Palais Lubomirsky bezog, machten wir ihm dort unsere Aufwartung. Er gab in den nächsten Tagen hier Konzerte und ließ Theater spielen und durch die Hofmusiker die Oper „Arminius". In diesen Tagen sahen wir bei uns den größten Teil der Prinzen und Generäle seiner Armee.

(1, I/18)

J. Daullé nach L. de Silvestre, Kurfürst Friedrich August II. (III.), der Vater Alberts, als König von Polen

Albert
1745

Kaiser Karl VII. war in diesem Jahr in Frankfurt gestorben, und sein Sohn Maximilian beeilte sich, mit der Königin von Ungarn in Füssen Frieden zu schließen, welcher ihm Kurbayern zurückgab [das die Österreicher besetzt hatten] gegen die Zusicherung, daß er seine Ansprüche auf eine Nachfolge nach Kaiser Karl VII. aufgeben würde.
Die Königin hatte sich darauf persönlich zu ihrer Armee begeben, die in der Ebene von Ladenburg zwischen Heidelberg und Mannheim versammelt war. Die Nähe dieser Truppen, zusammen mit dem Einfluß des englischen Hofes auf die Beratungen der Kurfürsten, hat zum Ausgang der Wahl beigetragen: Die Mehrzahl entschied sich für den Großherzog Franz von Toskana, Gatten der genannten Maria Theresia, der am 13. September in Frankfurt zum Kaiser gewählt wurde.
(1, I/14)

Die Krönung fand danach am 4. Oktober statt.

Albert
1746

Der kostspielige Aufenthalt des Königs [Alberts Vater August III.] zur Jagdzeit in Hubertusburg und die riesigen Ausgaben, die Graf Brühl in seinem Palais machte, verfehlten nicht, dem Glanz des sächsischen Hofes einen Anschein von Großartigkeit und Annehmlichkeit des Lebensstils zu verleihen.
Die Ausgaben des Grafen Brühl, an denen seine Gemahlin, geb. Gräfin Kollowrat und Tochter der Obersthofmeisterin der Königin, eine sonst verdienstvolle Frau, nicht geringen Anteil hatte, und die Prunksucht, die dieser Minister überall entfaltete, stiegen in ungeahnte Höhen; ebenso der Einfluß, den er bei seinem Herrn durch größte Mühe und Aufmerksamkeit erreicht hatte. Nicht zufrieden damit, als Premierminister die oberste Führung aller äußeren, inneren und sogar der finanziellen Angelegenheiten zu haben und sich – mit dem Titel eines Generals der Infanterie – zwei Regimenter, eines der Infanterie und eines der Kavallerie, zuzuweisen, ließ er sich, um den Glanz seines Namens zu erhöhen, einen Stammbaum anfertigen, nach welchem er einer alten polnischen Familie entstammte. Auf Grund solchen Vorwandes wurden ihm beträchtliche Güter in Polen und die Würde eines Generals der Artillerie verliehen, die er auf seinen ältesten Sohn übertragen ließ. Sein Haushalt,

J. J. Balechou nach L. de Silvestre, Heinrich Graf Brühl

in welchem ein Übermaß an Verschwendung auf allen Gebieten getrieben wurde, war der eines regierenden Prinzen. Er ging nie ohne persönliche Adjutanten, polnische Adelige, Pagen und einer Schar berittener Diener aus. Selbst zur Jagd zog er wie der König, von Domestiken begleitet. Er hielt sich eine Musikkapelle, besaß eine Gemäldegalerie und eine große Bibliothek. Sie bestand aus prachtvoll gebundenen Bänden, die er allerdings nie las. Auch seinem Naturalienkabinett schenkte er keine Aufmerksamkeit. Er war immer bedeckt von Diamanten, die er auch an seine Frau und seine Mätressen verschwenderisch verschenkte. Überdies trug er kaum zweimal dasselbe Kleidungsstück, und wie man mir gesagt hat, wechselte er auch mehrmals am Tage das Hemd, das auch immer mit neuen Spitzen bedeckt sein mußte, so prachtvoll auch das alte war. Seine Kammerdiener führten seine Garderobe den Fremden als Kuriosität vor: mehrere Kasten voll neuer Schuhe und Stiefel. Man versicherte mir auch, daß er, kurz bevor er von seiner schweren Krankheit hinweggerafft wurde, noch Seidenstoffe aus Lyon kommen ließ, genug, um sich an die dreißig Schlafröcke machen zu lassen.

(1, I/20)

Louis de Silvestre (?), Albert, Kunigunde und Clemens von Sachsen

Im Jahre 1747 gab es eine Reihe glänzender Feste am Hof von Dresden. Maria Josepha, die dritte Tochter König Augusts III., heiratete in diesem Jahr den verwitweten französischen Dauphin Ludwig. Wenige Monate später fand die Doppelhochzeit von Kurprinz Friedrich Christian mit Maria Antonia von Bayern und von Maria Anna von Sachsen mit dem Kurfürsten Maximilian III. Joseph von Bayern, Sohn Kaiser Karls VII., statt.

Albert
1747

Die Vermählung meines ältesten Bruders führte noch vorher zu Veränderungen im Haushalt der Familie. Während wir anderen Brüder bis dahin gemeinsam mit ihm das an das kurfürstliche Palais grenzende Gebäude am Taschenberg bewohnt hatten, wurden wir nun in das am Pirnaschen Tor gelegene Palais, das ehemals im Besitz des Grafen Flemming gewesen war und nun dem Hof gehörte, untergebracht. Da aber ein gewisser Altersunterschied bestand, erhielten wir nicht denselben Erzieher und Obersthofmeister. Meinem Bruder Xaver wurde der Kommandant Torell zugeteilt, Karl der Generalleutnant Graf Bellegarde, mir und Clemens der Baron von Wessenberg, der schon unter meinem Vater drei Jahre mit uns verbracht hatte, später dann Obersthofmeister der Königin wurde, nachdem der aus Wien mit meiner Mutter mitgekommene Graf Wratislaw gestorben war. Unser neuer Erzieher war ein religiöser Mensch und gewiß auch ein Ehrenmann, aber grob und meist übel gelaunt. Nichts anerkannte er außer Italien (und da vor allem Rom, das er im Gefolge meines Bruders besucht hatte) und außer dem Hof des Bischofs von Augsburg, wo er bei den Jesuiten erzogen worden war. Im übrigen ein Pedant, devot bis zur Bigotterie, zog er die Gesellschaft der Jesuiten, welche als Beichtväter am königlichen Hofe wirkten, jeder anderen vor.

(1, I/22)

Albert
1747–1756

Solange meine älteren Brüder noch nicht von uns getrennt waren und noch nicht an der königlichen Tafel teilnahmen, hatten wir wenigstens den Vorzug, auch bei unseren Mahlzeiten Kavaliere des Landes, Minister und Gesandte geladen zu sehen. Als aber die Trennung der Haushalte stattfand, sahen wir uns einzig und allein der Gesellschaft unseres verdrießlichen Pädagogen gegenüber und durften lediglich während der Faschingsbälle unter Menschen. Auch unseren Vater sahen wir nur an Sonntagen, wenige Minuten bevor er zur Kirche ging, oder bei unserer Mutter an den Spielabenden in den großen Appar-

 Pietro Rotari, Prinz Albert als militärischer Zögling

tements, die aber auch manchmal in den Privatgemächern stattfanden.
Die körperliche Erziehung durch Wessenberg war insofern vernünftig, als sie den Körper durch Bewegung zu ertüchtigen suchte, um ihn gegen Wind und Wetter abzuhärten. Sonst aber beschäftigte er uns einen Großteil des Tages mit Gebeten, Lesungen von Heiligenlegenden und Meditationen oder mit der Zusammenfassung der Geschichte des Abbé Rollin, die er uns wörtlich hersagen ließ. Dazu gab er keinerlei Kommentar, keine Erklärung, die uns dieses Studium nützlich gemacht hätte, ebensowenig in Geographie, einem Studium, das uns vor allem begeisterte. Auch hier kaum ein Wort über die politische Situation der verschiedenen Länder, über ihre Verfassung, ihre Regierung, die Finanzsysteme oder ihren Handel. Ein Beichtvater der Jesuiten, der uns in Religion unterrichtete, war auch für Latein zuständig. Da er aber ein genügend klarsichtiger Mann war, um zu erkennen, daß die Unterrichtsmethode unseres Erziehers nicht dazu angetan war, Geist und Herz zu bilden oder uns zur Lektüre anzuregen, war er um so mehr bestrebt, den Schaden zu beheben, indem er sich dieser Fächer annahm. Daraus aber folgte, daß ich in Latein nie über die Syntax hinausgekommen bin.
Es fehlte uns aber auch nicht an anderen Lehrern in verschiedenen Fächern, die für unseren künftigen Stand unentbehrlich erschienen. Manchem von ihnen werde ich immer dankbar sein. Der für Mathematik zuständige Lehrer war vormals Professor in Halle zu Zeiten des berühmten Wolff gewesen und hat mich außer seinem Fach noch Taktik und Kriegsgeschichte gelehrt. Dem für den Zeichenunterricht bestimmten Lehrer verdanke ich das Interesse an Büchern, das er – während ich beschäftigt war, seine Modelle zu kopieren – durch das Vorlesen wertvoller Abhandlungen weckte. Das gleiche kann ich leider nicht von meinem Schreiblehrer sagen, der durch 12 Jahre zu uns kam und nicht mehr vermochte, als mir eine einigermaßen schöne Schrift beizubringen – anstatt den Stil für einen gut aufgesetzten Brief. Dafür aber verdanke ich vieles dem Polnischlehrer, der sich um die Prinzipien der Moral bemühte. Er stand allerdings in seinem Fach auch nicht vor zu großen Schwierigkeiten; ich war so sprachbegabt, daß ich Französisch und Italienisch allein durch die Konversation und das Anhören von Theaterstücken erlernte.
Trotz der knechtischen Unfreiheit und Zurückgezogenheit, in der uns unser Erzieher beließ und die dazu geeignet gewesen wäre, alle unsere Gefühle zu ersticken, erwachten doch sehr früh Ambition und Sinn für die großartigen Ereignisse, die wir in der Geschichte zu hören bekamen. In Gesprächen mit meinem Bruder diskutierten wir auch jene Pläne, die wir verwirklichen wollten, also die Rolle, die wir in der Welt zu spielen gedachten.
Dieser Zustand dauerte bis 1756 an, und ich kann mich kaum an ein einziges interessantes Ereignis erinnern, dem ich während dieser Zeit in Dresden beiwohnen durfte. Lediglich die Weihe der neu errichteten katholischen Hofkirche, die mit großer Feierlichkeit begangen wurde, bot uns Gelegenheit, die Garden zu Fuß und zu Pferd auf dem Platz zwischen dem Schloß und der Brücke zu bewundern.

(1, I/24)

In den Jahren nach dem Ende des Österreichischen Erbfolgekrieges war es durch Wenzel Fürst Kaunitz zu einer Verlagerung der Bündnisverhältnisse gekommen. Österreich hatte sich von der traditionellen Freundschaft mit den Seemächten England und Holland gelöst und sich Frankreich genähert. England, das wegen seiner amerikanischen Besitzungen mit Frankreich in Konflikt geraten war, stand nunmehr auf seiten Preußens. Rußland und Sachsen traten auf die Seite Österreichs und Frankreichs. Um einem Angriff der nun übermächtigen Koalition zuvorzukommen, den er erwartete, rückte Friedrich II. Ende August 1756 in Sachsen ein.

Albert
1756

Der König von Preußen war gegen Ende August mit seiner Armee in Sachsen eingedrungen. Der König, mein Vater, ließ seine Truppen befestigte Stellungen hinter Pirna beziehen. Er selbst und meine Brüder Xaver und Karl schlossen sich den

Johann Georg Ziesenis, König Friedrich II. von Preußen

Truppen an. Der Anblick dieser militärischen Vorbereitungen hatte bei einem jungen Mann von achtzehn Jahren, wie ich es war, nicht verfehlt, die größte Ambition zu erwecken, an den bevorstehenden Kämpfen teilzunehmen. Aber wir beide – mein jüngerer Bruder und ich – waren von unserem Erzieher in völliger Gebundenheit und Abhängigkeit gehalten, konnten auch kaum mit dem König, unserem Vater, sprechen, so daß wir nicht den Mut hatten, ihn zu bitten, uns mit zu seiner Armee kommen zu lassen. So verblieben wir also mit der Königin und den übrigen Mitgliedern der Familie in Dresden. Am 7. September morgens rückten die Preußen ein, ihre Truppen bezogen sofort die Quartiere der Schweizergarde des kurfürstlichen Schlosses; ein Offizier verlangte unverzüglich vom Schloßkommandanten die Schlüssel zum Geheimen Kabinett. Ich weiß nicht, was die Königin, meine Mutter, zu dem tapferen, aber nutzlosen Schritt bewogen hat, sich der Öffnung dieses Raumes zu widersetzen. Als sie von dem Begehren in Kenntnis gesetzt wurde, stellte sie sich vor die Türe zum Kabinett und stritt hier lange mit einem Offizier, der seinen Auftrag zu erfüllen trachtete. Er ging mit der größten Schonung, die er in diesem Falle anwenden konnte, vor, bis man schließlich die Königin von der Unmöglichkeit überzeugte, sich einem absoluten Befehl des Königs von Preußen zu widersetzen. Das Kabinett wurde geöffnet. Man zog aus seinen Archiven die Originale jener Korrespondenz hervor, die dann zur Abfassung einer Schrift benutzt wurden, welche der König von Preußen veröffentlichte, um seinen Angriff auf Sachsen und die Kriegserklärung an Maria Theresia zu rechtfertigen.

(1, I/33)

Die Königin von Sachsen und Mutter Herzog Alberts, Erzherzogin Maria Josepha, der man die Abreise zu ihrem Gatten verbietet und nach dem preußischen Sieg von Roßbach unter ihrem Fenster das Tedeum vorsingt, stirbt an den Folgen der erlittenen Aufregungen in der Nacht vom 16. zum 17. November 1757 nach einem Schlaganfall.

ALBERT
1757

Dieses Ereignis führte in unserer Lebensweise eine einschneidende Veränderung herbei. Der Erbprinz, mein Bruder, und seine Gemahlin wußten, wie wenig die Unterrichtsmethoden unseres Erziehers geeignet waren, zum erwünschten Ziel zu führen. Sie wollten uns näher bei sich haben, um so gut wie möglich das Fehlende besorgen zu können. Daher arrangierten sie alles so, daß die ganze Familie, ausgenommen die Kinder, nicht nur gemeinsam dinierte und soupierte, sondern auch die Abende gemeinsam in Gesellschaft von Persönlichkeiten verbrachte, die sie in ihren Kreis aufgenommen hatten. Unter ihnen befanden sich manche von Verdienst und Geist. Dadurch war die Konversation liebenswürdig und lehrreich, und sie trug

Adolf von Menzel, Kurfürstin Maria Josepha verteidigt das sächsische Geheimarchiv gegen die Preußen

dazu bei, mich aufgeklärter Erziehung zuzuführen und meinen Charakter zu formen, während die Bücher, die ich in den Zimmern der Prinzessin fand, mich auf den Geschmack an den schönen Wissenschaften brachten, in denen sie selbst ungewöhnliche Kenntnisse für eine Person ihres Ranges besaß. Die kurfürstliche Prinzessin [Maria Antonia], die eigentlich das ganze Haus leitete, war mit viel Geist und Talent ausgezeichnet; sie besaß Sinn für Malerei und mehr noch für Musik und Literatur. In besonderer Weise hatte sie die Fähigkeit, sich im Gespräch dem Partner anzupassen, dem größten Gelehrten wie dem einfachsten Mann. Unglückseligerweise neigte sie zur Galanterie, die zu dieser Zeit noch durch den Kurfürsten in Schranken gehalten wurde, später aber, nach dem Tod ihres Mannes und im vorgerückten Alter, bis zur Frivolität ging und sie, zumal sie sich politischen Intrigen anschloß, schließlich ins Unglück brachte. Trotzdem werde ich ihr all die Mühe, die sie für mich in meiner Jugend verwandte, und ihre besondere Anteilnahme nie vergessen.

(1, I/44)

Albert
1757

Um mein Unglück noch zu vergrößern, mußten mein Bruder und ich aus dem bisher von uns bewohnten Stadtpalais ausziehen und ins Schloß übersiedeln, wo wir Seite an Seite sozusagen mit unseren Schwestern, den anderen Damen und dem weiblichen Gefolge wohnten. Man muß sich meine Situation vorstellen: Jung, in der ersten Blüte meiner Jahre, drängend vor Ungestüm und strotzend vor Gesundheit, ständig in Gesprächen über die Leistungen und Werte der anderen Prinzen und Altersgenossen, denen gegenüber ich vor Kummer zu sterben glaubte, da ich nicht an ihren kriegerischen Taten teilnehmen durfte und mich in einer Art von Serail eingesperrt sah. Dazu kam die ständige Gesellschaft der Damen, zum Teil sehr hübscher, deren Reize mein sensibles Herz, mein Temperament kaum gleichgültig lassen konnten. Seit meiner frühen Jugend hatte ich eine starke Neigung zum schönen Geschlecht gefühlt, und das Beispiel meiner älteren Brüder, die ich in dieser Weise ohne Zurückhaltung sah, konnte mich nur bestärken. Trotzdem wagte ich nicht, solchen Impulsen zu zarten Neigungen nachzugeben. Die ganze Wachsamkeit meines Erziehers und alle Grundsätze religiöser Moral, die man mir mit aller Mühe beigebracht hatte, erlaubten mir nicht, der Stimme meiner Empfindungen nachzugeben, und bewahrten mich davor. Aber um so grausamer hatte ich alle Martyrien der Abgeschlossenheit zu erleiden.

(1, I/46)

Der bedeutendste Erfolg der Österreicher im Jahre 1758 war der Sieg von Hochkirch bei einem nächtlichen Überfall auf das preußische Lager. Dieses war strategisch sehr ungünstig gewählt gewesen, aber Friedrich II. rechnete damit, daß es Daun trotzdem nicht wagen würde, ihn anzugreifen.

Albert
1758

Marschall Daun sagte sich, daß nunmehr der Moment gekommen sei, aus einem Angriff auf den Feind einen sicheren Vorteil zu ziehen. Er nahm daher den Plan, den General Lacy ihm unterbreitet hatte, an, und um seine Absichten desto besser zu verschleiern, wendete er Defensivmaßnahmen an, wie sie der König an ihm gewohnt war, und ließ Verschanzungen aufwerfen und Batterien vor der Front aufstellen, indem er an den Flanken seines Lagers Bäume fällen ließ. Er ließ auch des Nachts diese Arbeiten fortsetzen, um in dem dadurch verursachten Lärm zu verhindern, daß der Feind bemerkt, daß sich die Truppen gegen ihn in Marsch setzen. Er ließ auch das Gerücht verbreiten, daß er die Absicht habe, sich nach Böhmen zurückzuziehen. Schließlich setzte er in der Nacht vom 14. auf den 15. Oktober die Kolonnen gegen das preußische Lager hin in Marsch.
Gegen Ende des Jahres 1758 hatte die österreichische Armee unter Feldmarschall Daun die Belagerung von Dresden, das der preußische General Schmettau verteidigte, begonnen, sich aber dann beim Heranrücken der preußischen Armee wieder nach Böhmen zurückgezogen.

(1, I/88)

Albert
1758

Die Annäherung der österreichischen Armee und der Reichstruppen hatte mir Hoffnung gemacht, daß ich aus meinem Gefängnis befreit werde und mein heißersehntes Ziel erreichen könnte, in die kaiserliche Armee Österreichs einzutreten und am Kriege teilzunehmen.
Mehrmals am Tage bestieg ich eilends den Turm unseres Schlosses, um die Bewegungen der Armeen zu beobachten. Ich konnte die Stellungen und die Angriffe ihrer Truppen genau ausnehmen, vor allem jene auf die Vorstädte. Ich war glücklich über Erfolge, voll Hoffnung, daß sie die Einnahme der Stadt zur Folge haben würden, selbst dann, als die Vorstädte in hohen Flammen standen. Als ich am Morgen des 16. November sehr zeitig den Turm bestieg, bemerkte ich verzweifelt den Rückzug der Truppen. Niedergeschmettert von diesem Anblick, stieg ich herab, bedrückt von einem Kummer, dessen Bitterkeit ich nicht auszudrücken vermochte. Noch lange danach von tiefster Traurigkeit erfüllt, dachte ich mehr als je an mein künftiges Schicksal. Dieses letzte Ereignis hatte mir alle Hoffnung, meine Gefangenschaft bis zum Kriegsende aufgehoben zu sehen, zerstört. Damit war alle Aussicht dahin, durch eine aktive Teilnahme am Feldzug mir eine ehrenvolle und vorteilhafte Etablierung schaffen zu können. War ich doch der vierte Prinz des Hauses, meine beiden älteren Brüder nach dem Kurprinzen hatten sich durch ihre Kriegsdienste eine angemessene Stellung geschaffen; der erste in Frankreich, der zweite, glücklicher als jener, hatte unter dem Schutz der Zarin das Herzogtum Kurland erhalten. Mir verblieb nur die triste Aussicht auf eine kleine Apanage ohne Stellung und Ansehen in der Welt. Mir gutgesinnte Persönlichkeiten fanden es angesichts dieser Situation günstig, mir zu raten, in den geistlichen Stand zu treten. Dadurch könnte ich erhoffen, eine meiner Geburt entsprechende Position und Reichtum zu erlangen, und man bot mir alle Gelegenheit, mich dafür zu entscheiden.
Meine Erzieher glaubten mich darauf vorbereiten zu müssen. Ich unterwarf mich den Andachtsübungen, durch welche ich vom Himmel die Gewißheit meiner Berufung erflehen sollte, mit der größtmöglichen Hingabe. Aber alle diese Inbrunst und Devotion konnten mich nicht daran hindern, daß der Klang einer Trompete, sogar einer preußischen, den Gedanken an

Bernardo Bellotto, gen. Canaletto, Die Hofkirche in Dresden

diese Berufung erstickte, ja einen ganz anderen in mir weckte. Meine Gefangenschaft war mir so unerträglich geworden, daß ich mehr als einmal mit meinem jüngeren Bruder daran dachte, nachts zu entfliehen. Wir wollten auf abenteuerliche Weise jene Gebiete erreichen, die nicht von preußischen Truppen besetzt waren. Aber das Fehlen aller Mittel, dieses Projekt auszuführen, und der Umstand, daß unser ältester Bruder persönlich für uns eingestanden war, hinderten uns. Auch wurden wir so eingeengt und beobachtet, daß es uns im ersten Jahr nicht einmal gestattet war, die Stadtmauern zu verlassen. Im folgenden Jahr durften wir wenigstens in einige Gärten der Vorstadt, erst im dritten Jahr wurde es uns möglich, einige Male auszureiten, aber nur innerhalb der Wachposten der preußischen Kavallerie im Umkreis von einer Viertelmeile.

(1, I/101)

DENKSCHRIFT THOMAS VON FRITSCHS ÜBER DIE POLITISCHE LAGE SACHSENS GEGEN ENDE 1758

1) Der K[önig] von Pr[eußen] sich mit aller seiner Macht in Sachsen befindet und allem Ansehen nach die Winterquartiere, solange ihn nicht der Mangel aller Subsistenz und Feuerung einen Theil der Armée weiterzuschicken nöthigen, in selbigen nehmen und das arme Land vollens verheeren wird.

2) Die Oesterreicher sind nach Hause gegangen, um ihre Armée auf künftiges Jahr zu sparen, und ist noch zu besorgen, daß sie sich von der Gränze nicht entfernen und, um den Winter über die preußischen Truppen in denen Quartieren zu stören, auf denen Gränzen überal die beschwerlichsten und alles zu Grunde richtenden Veranstaltungen veranlassen werden.
3) Die Russen sind zurück an die Weichsel gegangen, werden daselbst zu Unruhen in Pohlen Anlaß geben und auch künftig schwerlich etwas zu Sachsen Erlösung beytragen.
... Was können uns aber alle Alliierten helfen, wenn sie auch ihr Interesse dem unsrigen nachsetzen wolten? ... Würden wir denn nicht bey fortdauernden Kriegen immer das Theatrum belli bleiben? Alles dies sind Gründe, welchen nicht zu begegnen und dan an allemal gestehen muß, daß wir nach allen Umständen in der betrübtesten Situation von der Welt befangen. Erwarten wir den Ausgang des Krieges, so gehen wir ganz verloren, suchen wir herauszukommen, so finden wir bey dem Verlust unserer Freunde wenig Sicherheit und bleiben in einen so ungewissen Zustande, daß man wenig gebessert.

(2/Nachlaß Fritsch, Loc. 13546, Conv. 21, N. 1)

Das Jahr 1759 brachte für das Land eine Besserung der Lage. Nachdem die Armee Friedrichs II. von den vereinigten Österreichern unter Loudon und den Russen am 12. August 1759 bei Kunersdorf in Schlesien vernichtend geschlagen worden war, begannen auch in Sachsen die Österreicher die Oberhand zu bekommen. Torgau, Wittenberg und Dresden mußten von den Preußen geräumt werden.

I. P. Haid nach J. Rugendas, „Gespräch zwischen denen sechs Kriegenden Nationen: 1. Der Unger, 2. Der Franzos, 3. Der Engelländer, 4. Der Preuß, 5. Der Sachs, 6. Der Ruß“

Johann Ernst Mansfeld, Leopold Graf Daun

Unbekannter Absender an Graf Seckendorff in Meuselwitz
10. September 1759

Die letzteren Briefe von Dresden sind vom 6.ten jedoch von einem sicheren Ort, welche melden: den 4.ten gegen Abend erbothe sich der General Schmettau zu capituliren, welches auch zum Stand kommen, und um deswegen mit avant a clusire conditiones, weil man Nachricht hatte, daß ein feindlicher Succurs, ohne jedoch seine Stärke zu wißen, in Anmarsch seye. Die erste Sorge war, die Königl. Familie in Sicherheit zu bringen, welches auch noch des Nachts um 11 Uhr geschah, da sie über die Elbe in die Neustadt sich begaben. Am Schloßthor ist zwischen dem Obrist Hoffmann und den Preuß. Hauptmann Sidow, so die Schloßwacht gehabt, wegen der von der Wacht gegen des Königs von Preußen Person gehaltenen Reden ein solcher Wortstreit entstand, daß der Obrist Hoffmann einen Pistolen Schuß auf den Hauptmann gethan, und ihn zwar gefehlet, hingegen der Hauptmann den Obristen mit einem Flinten Schuß Tod geschoßen.
Den Tag darauf, als d. 5.ten hörten wir früh das Canonen und Musqueterie Feuer. Ich eylte zum Quartier vom Kron Prinzen in die Neustadt, welche ich mit der höchsten Familie funde in die Kutsche einsteigen, da Er auf Einrathen des H. Pfalzgrafens von Zweybrücken nach Pyrna sich retirirt, und von da nach Töpliz gehen sollte. Wir erfuhren aber bald hernach, daß durch die beyden kaiserl. Generale Vehla und Brentano das General

Wunschische Corps von 6000 Mann repoußiret und zurück getrieben worden. Man glaubt, wenn der Prinz von Zweybrücken nach des General Macquire Rath die beyden Generals verstärket, man die 6000. Preußen Totaliter ruiniret hätte: Allein um Sicherheit willen, ließ man die Schiffbrücken auf der Elbe während dem Scharmuzieren mit dem Feind abtragen.
Ich habe noch gestern spät am Abend einen Boten mit Briefen erhalten, die Folgendes enthielten:
1) der Kommandant von Schmettau hat unter anderen gleich unmäßigen Bedingungen die Prinzen Albert und Clement als Geiseln verlangt um die Kapitulation zu sichern.

(3. FA. HA 1759)

Nach der Kapitulation Dresdens und dem Abzug der preußischen Truppen bietet sich endlich der kurfürstlichen Familie die Möglichkeit, die Stadt zu verlassen.

Albert
1759

Wir ließen uns dies nicht zweimal sagen. Mein Bruder und ich bestiegen schnellstens die einzigen Pferde, die wir besaßen, und ritten am rechten Ufer der Elbe entlang, während sich der Lärm der Kanonen und Musketen immer mehr näherte. Wir schwuren, ganz sicherlich nicht noch einmal lebend in die Hände der Preußen zu fallen, und so überschritten wir bei Pirna den Fluß.

(1, I/123)

Nach Mitternacht erreichten die Brüder, nachdem sie in Pirna die übrige kurfürstliche Familie erwartet hatten, Teplitz. Über Neustadt, inmitten sich zurückziehender preußischer Truppen, und Gorbitsch kommen sie schließlich nach Prag.

Mein Bruder und ich wurden am Hradschin in einem nahe dem Palais Czernin gelegenen Haus untergebracht, der Kurprinz und seine Gemahlin mit meiner Schwester im Palais selbst und die Kinder in verschiedenen Häusern der oberen Stadt.

Die malerische Lage der alten Königsstadt macht auf Albert einen tiefen Eindruck; die vielen prächtigen Kirchen, die reichen Paläste, das prunkvolle Auftreten des reichen Adels erregen sein Staunen. Vor allem fällt ihm die große Zahl von Geistlichen und Mönchen in ihren mannigfaltigen Ornaten auf. Der Reichtum der Klöster und die fürstliche Pracht ihrer Äbte ist für ihn überraschend.

Den ersten Gebrauch, den mein Bruder und ich von unserer Freiheit machten, war, unserem Vater, dem König, die Bitte vorzubringen, er möge einwilligen, daß wir als Volontäre in die Dienste des Marschalls Daun treten, um am Feldzug teilzunehmen. Als wir diese Zustimmung erhielten, beeilten wir uns, dem Marschall zu schreiben.

(1, I/126)

Albert
1759

Marschall Daun marschierte also von Bautzen auf Harta bei Bischofswerda. Von den Bewegungen der Armee auf Sachsen unterrichtet, beeilten wir uns, von Prag aufzubrechen, und begaben uns so rasch wie möglich nach Dresden zurück. Wir wurden von Oberstleutnant Stutterheim begleitet, der später nach dem Kriege als Gesandter des sächsischen Hofes nach Berlin geschickt wurde, Minister für Äußeres in Dresden wurde und hier 1783 starb, wie Major Miltitz, der 1792 starb, nachdem er Generalleutnant in österreichischen Diensten geworden war.
Der Zustand, in dem wir uns seit der Gefangenschaft befanden, bewirkte, daß wir bei der Armee, in der wir niemanden außer dem Prinzen Karl Liechtenstein und dem Prinzen de Ligne kannten, ohne Equipage, ohne Bett, mit dem einzigen Anzug, den wir am Leibe hatten, und mit einem einzigen Monturpferd ankamen. So schliefen wir auf Stroh, deckten uns bei der großen Kälte, die bereits hereingebrochen war, nur mit Pferdedecken zu und während des Regens oder bei Schneefall mit irgendeinem Mantel, den uns einer der österreichischen Offiziere hilfsbereit zur Verfügung stellte. Wir beteiligten uns bis in den Winter hinein an den Kämpfen dieses Feldzuges, während man sich in Dresden bemühte, unsere Ausstattung mit Pferden und den anderen Notwendigkeiten sukzessive fertigzustellen.

(1, I/129)

Albert an Feldmarschall Daun
1759

Es konnte mir nichts Schöneres widerfahren, als die Erlaubnis S. M. des Königs, meines sehr verehrten Vaters, zu erhalten, daß mein Bruder und ich den Rest des Feldzuges unter einem General dienen dürfen, der sich das höchste Ansehen durch die großartigen Erfolge seiner militärischen Operationen errungen hat. Welche Genugtuung für uns, bei der Laufbahn, die wir ergreifen wollen, von solch einem Geiste geführt zu werden!
Wir bitten Sie, verehrter Marschall, um Ihre Freundschaft, die uns so wichtig ist, und wir werden versuchen, sie durch die Gefühle von Ehrfurcht und Wertschätzung, die wir für Sie empfinden, zu verdienen.
Da die Vorbereitung unserer Ausrüstung, die auf das Notwendigste beschränkt ist, uns kostbarste Zeit verlieren lassen könnte, bitten wir Sie inständig, uns Nachricht geben zu wollen, falls irgendeine besondere Gelegenheit sich ergibt, die wir um nichts in der Welt versäumen wollen.

(Ehemals 4)

Die erste Schlacht, an der Prinz Albert mit seinem Bruder Clemens im Gefolge des Marschalls Daun teilnahm, war das Treffen von Maxen am 20. und 21. November 1759, wo ein preußisches Korps von ca. 12 000

Franz Paul Findenigg, Die Schlacht von Maxen

Mann unter General Finck zur Kapitulation gezwungen wurde, was in zeitgenössischen Flugblättern der „Finkenfang von Maxen" genannt wurde.

Albert
1759

Ich gestehe, daß ich mich nicht erinnern kann, einen glücklicheren Tag erlebt zu haben als diesen. Vor kaum zwei Monaten einer dreijährigen Gefangenschaft entronnen, war ich am Vorabend aus meinem Quartier in einer der Vorstädte Dresdens aufgebrochen, um gegen die Preußen zu kämpfen, und nun kehrte ich an der Seite des Feldherrn unserer siegreichen und triumphierenden Armee aus der ersten Schlacht, an der ich teilgenommen hatte, zurück.

(1, I/180)

Maria Amalie von Spanien an ihren Bruder Albert
24. November 1759

Entschuldigt sich dafür, daß sie seinen Brief aus Prag nicht beantwortet hatte, weil sie und ihre sechs Kinder in Saragossa an Masern erkrankt waren.

Ich mache Ihnen mein Kompliment, das siegreiche Gefecht vom 20. und 21. November betreffend. Gott gebe, daß der Sieg diesen Winter lang das arme Sachsen gegen Preußen schütze.

(85)

Feldmarschall Daun an Maria Theresia
24. November 1759

Die Prinzen von Sachsen, Prinz Württemberg, Braganza und Montasette wollen, daß ich sie bei Eurer Majestät anzurühmen [beloben] solle, nun muß ich den ersteren [das] Zeugnis geben, daß sie für ihre Jahre viel versprechen [und] auch recht brav sind.

(3, Alte Feldakten 1759, CA 11/22)

Albert an Maria Antonia von Sachsen
Hahnefeld, 14. Oktober 1759

. . . Alle Welt erzeigt uns die größte Höflichkeit, aber da wir erst seit einigen Tagen hier sind, haben wir noch keine besonderen Freundschaften geschlossen; diejenigen, mit denen wir

J. G. Haid nach M. van Meytens, Kaiser Franz I. Stephan und Maria Theresia mit ihren Kindern

den meisten Kontakt haben, sind Herr von Montazet, der Prinz von Württemberg und der Herzog von Braganza.

(6/349 Anm.)

Albert
1760

Inzwischen hatten mein Bruder und ich gegen Ende des Jahres die Erlaubnis bei unserem Vater, dem König, eingeholt, während der Zeit, die von der Armee in den Winterquartieren verbracht wurde, ihm in Warschau unsere Aufwartung machen zu dürfen. Zugleich wollten wir uns auf der Reise nach Polen am Hof in Wien vorstellen. Als die Zustimmung eingelangt war, verließen wir Dresden – Generalleutnant O'Meagher und zwei Generalstabsoffiziere bildeten unsere Begleitung –, um uns zuallererst zu unserer Familie nach Prag zu begeben. Da diese aber wenige Tage später nach München abreiste, wohin sie der Kurfürst von Bayern eingeladen hatte, setzten auch wir unsere Reise nach Wien fort.
An der letzten Poststation vor dieser Stadt erwarteten uns bereits Graf Flemming, Gesandter des Königs, unseres Vaters, und Gräfin Mniszek, Tochter des Grafen Brühl, die zu unserem Empfang hierher gekommen waren. Wir erreichten die Stadt und stiegen in einem Gasthof am Neuen Markt, der sich „Mehlgrube" nannte, ab; man hatte hier unser Quartier vorbereitet.
Am nächsten Tag begaben wir uns zu Hof und wurden zuallererst dem Kaiser Franz I. vorgestellt, der uns mit der ihn kennzeichnenden Güte empfing und uns in seiner freien und offenen Art und Weise behandelte, die ihn zum liebenswürdigsten Mann am Hofe machte.
Man führte uns zur Kaiserin. Ihr Empfang war von jener herzlichen Freundlichkeit, mit der sie alle gefangennahm, die ihr jemals begegnen durften; wir gingen ganz begeistert von dieser Audienz weg. Das Gespräch mit der großen Herrscherin hatte uns die Größe ihrer Gesinnung, die Zartheit ihrer Empfindungen gleichwie ihre Festigkeit und ihren Mut erkennen lassen, Tugenden, die man sehr zu Recht in ganz Europa an ihr schätzte.
Unser nächster Weg galt Erzherzog Joseph. Dieser Prinz, der soviel von sich reden machte, als er Kaiser wurde und die Regierung der österreichischen Lande übernahm, war damals kaum 18 Jahre alt und zeigte noch nicht jene Charaktereigenschaften, die er später entfalten sollte; man konnte aber nicht umhin, seine Beobachtungsgabe, der nichts entging, zu erkennen. Schließlich durften wir den übrigen Mitgliedern dieser

bewundernswerten und zahlreichen Familie unsere Aufwartung machen.
Am Abend fand in den Appartements der Kaiserin ein Konzert statt. In diesem hatten die beiden Erzherzoginnen Maria Anna und Marie Christine Gelegenheit, ihr Können in dieser Kunst zu zeigen. Beide waren hübsch, die jüngere aber vereinigte mit ihrem reizenden Äußeren, der tadellosen Figur, dem entzückenden Gesicht eine Lebhaftigkeit des Geistes, ein Temperament, alles Eigenschaften, die mich vom ersten Augenblick an für sie begeisterten.
(1, I/200)

Geburtsurkunde von Erzherzogin Marie Christine Wien, 1742

Anno Domini 1742, die 13. Maii Post horam 11^{tam} de nocte fuit nata Sere- / nissima Archiducissa Austriae filia legitima / Serenissimi Ducis Lotharingiae et Magni Ducis / Toscaniae Francisci Stephani ejusque Serenis- / simae conjugis Mariae Theresiae Natae Archi- / ducissae Austriae Hungariae et Bohemiae / Reginae Regnantis, quae die 14. Maii Ves- / peri circa horam 6^{tam} in magna equitum / sala vulgo Ritterstuben iuxta ritum / S. R. E. baptizata fuit a Reveren- / dissimo ac Excellentissimo D. D. Camillo / Paulutio, Archiepiscopo Iconiensi ac / p. t. ad Aulam Viennensem Nuntio Apo- / sto-

Jean Etienne Liotard, Erzherzog Joseph (der spätere Kaiser Joseph II.)

Martin van Meytens und Schule. Die kaiserliche Familie bei einem Konzert, 1763 (Ausschnitt)

lico . . . Nomina Neo Natae impo- / sita fuerunt sequentia: Maria / Christina Josepha Johanna Antonia. / Eam ex sacro fonte lavarunt Serenis- / sima Maria Anna Archiducissa Au- / striae loco Serenissimae Ducissae Viduae / Braunschweig-Wolffenbüttl Matris / Augustissimae Imperatricis Viduae Eli- / sabethae Christinae et Serenissimus / Dux ac Princeps Hessen Reinfels Con- / stantinus loco Serenissimae Regiae / Majestatis Caroli Emanuelis Regis / Sardiniae ac Ducis Sabandiae. . . .

(7, Hofburg, Pfarrprotokolle, 2, 27, Stammbaum A 27)

Marie Christine, die Lieblingstochter der Kaiserin, war mit 17 Jahren Albert zum erstenmal begegnet. Sie war von zarter Gestalt, und wie ihre Porträts zeigen, war nun das ehemals kindliche Oval ihres Gesichtes schmäler und feiner geworden. Wie die Geschwister besaß auch sie blaue Augen und den bezeichnenden Schnitt des Mundes, an dem die Unterlippe ein wenig hervortrat. Vor allem rühmte man die Zartheit ihrer Hände. Im Charakter zeigte sie sich bereits in früher Jugend recht eigenwillig, und ihr Temperament riß sie oft zu Heftigkeiten, ja auch unüberlegten Äußerungen hin. Auch ein gewisses Maß an Herrschsucht wurde ihr nachgesagt, alles Eigenschaften, die sich noch in der Charakteristik ihres Bruders Leopold in seinen Relazioni aus den Jahren 1778/79 (29, I/332 ff.) widerspiegeln.

Bei ihrer Erziehung wie auch bei der ihrer anderen Schwestern hatte man neben der Strenge der Selbstdisziplin das Hauptaugenmerk auf Sprachkenntnisse und Religion gelegt. Hier waren es hintereinander zwei Jesuiten, die sie unterrichteten, P. Franz und P. Lechner. Der letztere begleitete sie später in die Niederlande und starb auch dort. Marie Christine sprach vor allem Französisch, Italienisch und natürlich Deutsch, hatte aber auch einige Kenntnisse des Englischen. Für ihre Korrespondenz verwendete sie, wie noch in dieser Generation ganz allgemein üblich (erst mit den Franzosenkriegen ändert sich dies), die französische Sprache. Sie besaß offenbar schon von früh an besondere Neigung und Begabung für das Zeichnen und Malen, weshalb Liotard sie auch 1762 mit Pinsel und Malkasten porträtiert hat. Der Zeit entsprechend beschränkte sich der „Amateur" auf das Kopieren von Stichen und Vorlagen großer Meister, doch es gibt von ihrer Hand eine Reihe sehr liebenswürdiger Blätter, die sich zum Großteil heute in der Albertina befinden. Immerhin ist schon die Wahl der Vorlagen für Geschmack und Einstellung nicht wenig aufschlußreich.

Der Kaiserin war zwischen 1760 und 1765 die Neigung zwischen ihrer Tochter und Prinz Albert kein Geheimnis geblieben. Sie war durchaus nicht abgeneigt, das junge Paar darin zu unterstützen, wünschte aber keine Überstürzung und empfahl Marie Christine, vorläufig Geduld zu haben. Immerhin hatte Kaiser Franz, ihr Vater, andere Projekte, und Albert als einer der spätgeborenen Söhne des Sächsischen Hauses besaß keinerlei politische Bedeutung für das Kaiserhaus. Die Motive der Kaiserin aber mögen wohl andere gewesen sein. Zunächst wünschte sie einfach das persönliche Glück ihrer Lieblingstochter, um so mehr, als alle übrigen Geschwister der Staatsraison zu folgen hatten. Es ist aber ebenso unübersehbar, daß sie in ihrer impulsiv mütterlichen Art den jungen sächsischen Verwandten in ihr Herz geschlossen hatte, und er war wohl auch in seiner feinen, liebenswürdigen Höflichkeit, Kunstsinnigkeit und Fröhlichkeit von gewinnender Art. Schließlich aber mochte auch mitwirken, daß ihr eigenes Verhältnis zu Joseph sich bei dessen heftigem Wesen immer mehr verschlechterte und ihr zumal nach dem Tode des so begabten Carl, dem Abgang Leopolds nach Florenz und dem Tode ihres Gemahls die Anwesenheit eines Schwiegersohnes, der selbst besonnen war und dazu seiner von ihr beeinflußbaren Gattin innig ergeben, sehr erstrebenswert erscheinen mußte.

Franz I. Stephan an Marie Christine

Als er dem Kind einen Spiegel schenkte:

Er ist weder gut noch schön, aber wenn Sie hineinschaut, wird Sie darin immer das Porträt einer Person sehen, die ich sehr lieb habe.

Dank für ein übersandtes Nikologeschenk:

Ich werde versuchen, mich gut aufzuführen, damit der Grampüs [Krampus] mir nichts vorzuwerfen hat.

Nach einem kleinen Konflikt:

Sei Sie doch immer ohne Willen und befolg Sie alles ohne Widerrede, und Sie wird immer meine liebe Marie bleiben.

(4, Ktlg. 72/4)

Im Sommer 1754 machte das Kaiserpaar eine sechswöchige Reise nach Böhmen, um dem Lager bei Prag und der Grundsteinlegung des adeligen Damenstiftes beizuwohnen, die am 2. September stattfand. Auf dem Rückweg wurde in Podiebrad, das dem Kaiser gehörte, kurz Station gemacht. Es scheint, daß Maria Theresia zu dieser Zeit daran dachte, die Stellung einer Äbtissin des neuen Damenstiftes, die ab 1766 ihre älteste Tochter Maria Anna innehatte, an Marie Christine zu vergeben.

Unbekannter Hofmaler, Erzherzog Leopold und seine Schwester Erzherzogin Marie Christine

Jean Etienne Liotard, Erzherzogin Marie Christine

Jean Etienne Liotard, Erzherzogin Marie Christine beim Malen

Maria Theresia an Marie Christine
Podiebrad, 4. September 1754

Ich bin recht zufrieden mit Deinen Briefen, aber Deine Schrift ist noch zu flatterhaft. Du mußt gleichmäßiger sein und beim Schreiben nicht so hasten, man sieht ja, wie der Anfang immer ganz anders ist als das Ende . . . Wir haben hier ganz abscheulich kaltes Wetter, und der Kaiser hat den Kamin anzünden lassen. Das Haus ist sehr lustig und wohnlich eingerichtet . . . Seine Lage für die Jagd ist wunderbar, aber der Weg von Wien ist ein bißchen weit. Doch werde ich Dich einmal mit hierher nehmen. Der Kaiser war heute früh auf der Jagd und hatte nach einem halben Tag eine Strecke von hundertfünfzig Hirschen, Böcken und Frischlingen. Die Niederjagd ist nur eine Viertelstunde vom Haus entfernt, und wenn dieses scheußliche Wetter nicht wäre, hätten wir sicher schon Tausende von Rebhühnern und Fasanen gesehen. Aber niemand würde mir zuliebe geschossen haben, es sollte eine reine Treibjagd sein.

Während die Gäste beim Spiel sitzen, nutze ich das schlechte Wetter, um Dir zu schreiben, denn von Prag aus war das ganz unmöglich. Ich hatte nur die Morgenstunden für mich, mittags empfing ich die Damen, um ein Uhr Diner, was immer bis fünf Uhr dauerte. Danach gab es Musik oder ein lustiges Theater, vor neun oder zehn Uhr abends konnte ich mich nie zurückziehen. Aufstehen schon um fünf Uhr morgens jeden Tag, um sechs schon die ersten Audienzen, auf die Dauer hätte ich diese Anstrengung nicht aushalten können. Doch die Freude und Begeisterung, uns zu sehen, war bei allem Volk wirklich unglaublich groß und herzlich. Ich habe Prag eine meiner Töchter versprechen müssen, die nicht mehr ganz ein Kind sei, wie sie baten – da habe ich an Dich gedacht. Marianne, die älteste, kann ich nicht hergeben, Elisabeth ist noch in vielem zu kindisch, also habe ich ihnen versprochen, Dich zu schicken, und denke, Du wirst mir keine Absage geben. Ich küsse Dich innigst und habe Dich sehr lieb. Adieu. Deine getreue Mutter.

(8, 85)

Österreichischer Hofschlitten

Albert
1760

Der Hof nützte die Gelegenheit, daß Schnee gefallen war, um zum Jahresbeginn eine Schlittenfahrt vom Stadtpalais, der „Burg", nach Schönbrunn zu unternehmen.
Diese Vergnügung, an der wir teilnehmen durften, wurde so arrangiert, daß Nummern ausgegeben wurden. Der Zufall wollte es, daß mein Los ausgerechnet mit jenem der Erzherzogin, deren Liebreiz mich am Abend vorher so begeistert hatte, zusammenfiel. So kam ich in die Lage, für einige Stunden dieses Tages mit ihr gewissermaßen allein zu sein. Man kann sich vorstellen, was ich damals empfand, um so mehr, als die Konversation mich mehr und mehr entzückte. Ich wagte jedoch nicht einmal mir selbst solche Gefühle einzugestehen, die bestehende Distanz zwischen dieser Prinzessin und einem armen „petit cadet" wie mir erlaubte nicht den geringsten Gedanken daran.
Wir blieben noch den ganzen Jänner in Wien. Es fand auch noch eine Schlittenfahrt statt, „öffentliche" oder Paradefahrt genannt, die durch alle Straßen und über alle Plätze der Stadt führte. Ein prachtvolles und in seiner Art einziges Ereignis, bei dem der ganze Reichtum der Equipagen und der Schmuck des Adels am Wiener Hof zur Schau gestellt wurde. Dabei wurden die Sitzplätze nicht ausgelost, sondern nach dem Rang beim Hofe bestimmt. Und wieder war ich dabei so glücklich, dieselbe Erzherzogin an meiner Seite zu haben, und ich steigerte mich noch weiter in meine Verzückung über ihren Liebreiz.

Eine Reihe von Festen und Hofbällen folgte, abwechselnd mit Diners und Soupers, so beim Prinzen Joseph Wenzel Liechtenstein, den Ministern und in verschiedenen Wiener Adelspalästen. Man besucht die Hoftheater, bewundert die italienische Oper, die großartigen französischen Tragödien, Komödien und komischen Opern, das deutsche Theater am Kärntnertor, „wo der Hanswurst in dieser Zeit noch seine Späße machte".

Eigentlich atmete das Wien der damaligen Zeit, und in seiner Mitte der Hof, trotz des Krieges, der sich außerhalb abspielte, Freude und Frohsinn. Die Neigung des Kaisers dafür, die innige Beziehung der Kaiserin zu ihrem Gemahl und die ganze junge Familie trugen viel dazu bei. Die große Zahl schöner Frauen, die zu dieser Zeit in den ersten Kreisen der Bewohner dieser Stadt existierten, verbunden mit der Schönheit der kaiserlichen Familie selbst, verlieh den Festen einen Glanz sondergleichen. Es gab kaum etwas Reizenderes zu sehen als die lange Reihe der Familie, wenn sie ihren erlauchten Eltern bei den öffentlichen kirchlichen Zeremonien folgte.
Die Zeit war gekommen, um an den Abschied zu denken. Wir hatten uns zu unserem Vater nach Warschau zu begeben, und so ersuchten wir die Kaiserin um eine Audienz. Die Herrscherin, die uns mit Güte und Wohlwollen während unseres Aufenthaltes überhäuft hatte und anscheinend durch Marschall Daun über unser Verhalten im Feldzug günstig unterrichtet worden war, wohl auch bewogen durch den Gedanken, welche Opfer unser Haus der Allianz mit ihr gebracht hatte, wollte uns einen deutlichen Beweis ihrer Güte geben: Sie forderte uns auf, in die österreichische Armee einzutreten.

(1, I/203)

Maria Theresia an Maria Antonia von Sachsen
28. Jänner 1760

Die Prinzen Albert und Clemens sind gerade abgereist, was sehr bedauert wird. Sie haben mich durch die zärtliche Anhänglichkeit entzückt, die sie für Sie hegen; sie erkennen sehr wohl an, was sie Ihnen alles schulden und können ihre Dankbarkeit gar nicht genug bezeugen. Ich habe mich viele Stunden lang mit ihnen über Sie unterhalten – wir haben viel getanzt und musiziert – und bei allem war teure Erinnerung an Sie wach; es schien mir, als ob sie Wien mit Bedauern verließen.

(6/68, Nr. 52)

Die Kaiserin empfiehlt aus Besorgnis vor preußischen Truppen, den Reiseweg über Ungarn zu nehmen und bestimmt den Grafen Pálffy als Begleitung. Dem Oberstkämmerer Fürsten Khevenhüller erteilt sie folgende Anweisung: „Sie werden spätestens 10 Uhr sich zu den sächsischen Prinzen begeben, um ihnen von unserer Seite noch adieu zu sagen, und dieselben nicht verlassen, als bis sie den Wagen bestiegen haben; sie gedenken von der Kirche aus wegzufahren." So verlassen die Prinzen Wien und erreichen am ersten Tag Kittsee.

Matthias Greischer, Schloß Kittsee mit Preßburg im Hintergrund

Johann Ernst Mansfeld, Joseph Haydn

ALBERT
1760

Das Schloß Kitzée oder Köpcsen liegt in Ungarn, etwa eine Meile von Preßburg entfernt, nahe der Grenze von Österreich; es gehörte dem Fürsten Esterházy, der uns hier aufnahm. Er gab uns abends ein musikalisches Konzert, das sein Kapellmeister Haydn dirigierte, wonach ein Souper folgte.

(1, I/207)

Da Haydn von Fürst Paul Anton erst 1761 angestellt wurde, muß es sich um die Reise im Winter 1761/62 nach Warschau handeln. Am nächsten Tag geht es über Neszméty an der Donau weiter; Buda wird am dritten Tag erreicht. Am fünften Tag kommen die beiden Prinzen nach Szerencs, dann nach Eger, Erlau und an die polnische Grenze bei Bartfeld. Als sie am neunten Tag in Baranow ankommen, erkrankt Clemens und ist außerstande, die Reise fortzusetzen. Erst nach Tagen der Erholung geht es weiter.

ALBERT
1760

Tags darauf fuhren wir zeitig von Kezienicze weg und kamen endlich glücklich in Warschau an. Wir bezogen das Palais des Königs in der Krakauer Vorstadt. In wirklich väterlicher Güte wurden wir empfangen und einquartiert. Nach einem knappen Bericht über unsere Gefangenschaft und den Feldzug danach wie über unsere Reise kam ich auf die Einladung der Kaiserin zu sprechen, mich in ihre Dienste zu nehmen. Er antwortete scherzend, aber so, daß ich trotzdem sehr verlegen wurde, er verstünde nicht, was ich damit sagen wolle, ich hätte ihm doch schriftlich meinen Entschluß mitgeteilt, den geistlichen Stand zu wählen. Ich sagte daraufhin frei heraus, dieser Entschluß war nur meiner damaligen Situation entsprechend gewesen, seit ich aber das Kriegshandwerk ein wenig kennengelernt hätte, könnte ich es nicht mehr aufgeben. Der König unterbrach kopfschüttelnd das Gespräch und sprach während der Dauer unseres Aufenthaltes nicht mehr davon. Kurz darauf erfolgte unsere Ernennung zu sächsischen Generalleutnants.
Das Leben, welches der König, unser Vater, hier führte, war sehr zurückgezogen und einförmig. Mit Ausnahme einiger Wolfsjagden, die er von Zeit zu Zeit im Park von Marimont machte, verließ er kaum seine Zimmer, höchstens um in die Messe zu gehen, und er speiste sogar täglich ganz allein, nun also mit uns und dem Herzog [von Curland], unserem Bruder.
Es gab viel Unterhaltung in der Gesellschaft; der Ton der Damen, sagte man, nähere sich hier mehr als irgendwo anders jenem des Adels von Paris. Eines Tages geschah es, daß ich mich entgegen aller Erwartung bei den Damen besonders beliebt machte durch eine Bemerkung zu einem Herrn, die später wiedergegeben wurde; daß nämlich, wenn die Damen von Wien den Geist und die Manieren der polnischen und diese die Schönheit jener besäßen, sie beide unwiderstehlich wären.
Störend wirkte es nur, daß in diesen Unterhaltungen die Politik eine übergroße Rolle spielte und die Diskussion über dieses Thema mit einer anderwärts unbekannten Leidenschaft geführt wurde.

Bernardo Bellotto, gen. Canaletto, Blick auf Warschau mit dem königlichen Schloß

Unser Aufenthalt in Warschau, wo ich mich so sehr unterhalten hatte, dauerte nur einige Wochen. Man mußte daran denken, zur Armee zurückzukehren, ehe der Feldzug wieder begann, und wir wollten doch vorher noch einmal nach Wien gehen, um den Majestäten unsere Aufwartung zu machen.
Wir nahmen also gegen Ende der Fastenzeit Abschied vom König, meinem Vater. Als er auch bei dieser Gelegenheit noch immer nichts über die Frage meines Eintritts in die österreichische Armee sagte, verließ ich ihn recht verwirrt und wandte mich im Vorzimmer an den Grafen Brühl mit der Frage, was ich in Wien nun sagen solle. Er antwortete, daß die Angelegenheit bereits gänzlich arrangiert sei und ich nur in die Hauptstadt abreisen solle.

(1, I/211)

Die Reise führt die Brüder über Krakau, Biala, Teschen, Troppau, Olmütz und Brünn. Spätnachts erreichen sie Wien. Der Hof befindet sich aber gerade für mehrere Wochen zur Reiherjagd in Laxenburg.

Albert
1760

Da die Kaiserin wollte, daß wir auch einige Tage bei ihr verbringen sollten, hielten wir uns nur kurz in Wien selbst auf, in welcher Zeit ich mit dem Gesandten Graf Flemming über meinen Eintritt in die kaiserliche Armee eingehende Gespräche führte.
Die Gräfin Mniszek, die sich noch in der Stadt befand und sich gerne um Dinge kümmerte, die sie nichts angingen, wollte mich damals überreden, in spanische Dienste zu treten, da ich als Schwager des regierenden Königs sicher eine vorteilhafte Etablierung erreichen könnte. Aber ich blieb meinem Entschluß treu: in den Dienst keiner anderen Armee als den der Kaiserin und Königin wollte ich eintreten. Die Kaiserin wurde unterrichtet. Sie übersandte mit darauf das Patent eines Generalleutnants und verlieh mir das Kavallerieregiment des Generals Kalkreuth, der zu meinen Gunsten zurückgetreten war.

(1, I/211)

Albert
1760

Einige wenige Tage verbrachten wir mit dem Hof in Laxenburg, einem Landschloß, das zur damaligen Zeit ein wahrer Sitz der Freude und Unterhaltung war. Schon bei Tagesanbruch ritt man mit dem Kaiser zur Jagd; vor dem Diner versammelte man sich in einem der Gartenpavillons des Hofes; man speiste entweder im Schloß oder bei einem der hohen Offiziere, der gerade Tafel hielt; des Nachmittags begleitete man zu Pferde die Wagen, in denen die Kaiserin, die Erzherzoginnen und die Hofdamen ausfuhren wie auch andere Damen der Gesellschaft, die zu diesem Aufenthalt geladen waren, um die Strecke der Jagd zu besichtigen; nach der Rückkehr schließlich traf man sich dann abends im Theater, das in einem Teil des Gartens erbaut war, um einer Aufführung beizuwohnen.

(1, I/222)

Albert
1760

Die Zeit, die die Eröffnung des Feldzuges wieder erlaubte, rückte geradezu mit Riesenschritten näher, und wir beeilten uns, zur Armee aufzubrechen. Gegenwärtig befand sie sich in der Umgebung von Dresden; wir hielten uns auf dem Weg dahin kaum auf, lediglich um ein paarmal einige Stunden zu rasten. In Dresden angekommen, meldeten wir uns unverzüglich bei Marschall Daun, den ich bat, diesen Feldzug noch als Volontär in seiner Suite mitmachen zu dürfen; ich wollte mich noch viel besser über die großen Dispositionen und Operationen des Krieges unterrichten. Der Marschall stimmte nicht nur zu, sondern setzte mich mit großem Vertrauen auch in die Kenntnis seiner Absichten, Entschlüsse und Vorbereitungen und gab mir den Generalmajor Graf Thurn und den Oberstleutnant, seinen Bruder, der bis dahin Adjutant des Marschalls gewesen war, zur Seite. Nun hatte ihn die Kaiserin zu meinem Begleiter in diesem Feldzug ernannt, er sollte mich auch zugleich in die Aufgaben des Truppendienstes einweisen. Diese Disposition wurde gegen jeden vernünftigen Grund von den sächsischen Offizieren meiner Suite nur schwer ertragen: sie betrachteten es als eine Überwachung ihrer Conduite. Vor allem der sehr ambitionierte Oberstleutnant Stutterheim stachelte die anderen auf, sich zu widersetzen. Dies hätte für mich sehr unangenehme Folgen haben können, hätte nicht der ehrenhafte Charakter des stets fröhlichen und jovialen Generals Thurn und die Klugheit

Wandteppich mit Szene aus dem Soldatenleben

seines jüngeren Bruders, die mich beide zu tiefer Freundschaft fürs ganze Leben verpflichteten, alles bald behoben. Nach dem Feldzug wurden die beiden Grafen nach Wien zurückberufen, wo man ihnen die Erziehung des Erzherzogs Leopold, des späteren Großherzogs der Toskana und schließlich Kaisers und Herrschers über die österreichischen Lande, anvertraute.

(1, I/223)

Die Versuche Friedrichs II., noch in diesem Jahr Sachsen wieder ganz in seinen Besitz zu bekommen, führten am 3. November zur Schlacht von Torgau, die auch Schlacht von Süptitz genannt wird, weil die Erstürmung der Süptitzer Höhen durch General Ziethen den Tag zugunsten der Preußen entschied.

Albert
3. November 1760

Da der Feind daher am 4. morgens das Kampffeld von unseren Truppen verlassen fand, löste er einen Teil der seinen heraus, um gegen Mittag Torgau zu besetzen. Den Rest hieß er auf dem Felde, auf dem man gekämpft hatte, vorgehen, wo er die Toten und Verwundeten zusammensuchen und Freudensalven abschießen ließ.

So endete die grausame Schlacht, in welcher die Bravour unserer Truppen, vor allem der Kavallerie, in manchem Sinn die Pläne des Königs scheitern ließ. Man hätte unsere Armee mit Ehren überhäuft, wäre nicht ein Fehler geschehen: hätte man nicht die Höhe des Berges Süptitz zum Fluß unterschätzt, ein Fehler, den der General Ziethen so exakt ausnützte und durch den wir

Unbekannter Künstler, Franz Graf Thurn-Valsassina als Rittmeister der Hohenembs-Kürassiere

Johann Peter Beaulieu de Marconnay. Die Schlacht von Torgau (Süptitz) – (Ausschnitt)

plötzlich alle Früchte unserer Erfolge verloren. Es ist unnötig zu erwähnen, mit welchem Feuer der Begeisterung alle Generäle und Truppen den Kampf durchhielten. Die hier beigefügte Liste der Toten und Verwundeten beweist dies nur zur Genüge und kann zeigen, daß nicht ein einziges Regiment der Armee weniger gekämpft hatte.

(1, I/413)

Daun hatte sich zur Ausheilung einer Wunde am Schenkel, die er in der Schlacht von Torgau erhalten hatte, nach Wien begeben.

Feldmarschall Daun an Albert
13. Dezember 1760

Ich habe gleich den Brief E. K. H., den sie mir die Ehre gaben beizulegen, I. M. der Kaiserin zukommen lassen, die mir Ihnen zu sagen befiehlt, daß sie nur aus dem Grunde nicht selbst antwortet, um die Couriere nicht aufzuhalten und so desto früher die Freude zu haben, E. K. H. hier zu sehen. Sie läßt durch mich mitteilen, daß Sie Ihre eigenen Herren [Daun bezieht sich hier auf Alberts Bruder Clemens] sind zu kommen, wann es Ihnen gefällt, und daß sie höchst erfreut sein wird, sie hier anzutreffen.

(9, P 298)

Albert an Maria Theresia
Dresden, 21. November 1760

Madame, man muß soviel Güte und Nachsicht wie E. M. besitzen, um mir Beweise Ihrer Zufriedenheit zu geben, die ich nicht verdiene. Ich habe dies nur der Freundschaft, die mir Marschall Daun immer bewiesen hat, zuzuschreiben.
Ich wäre nur zu glücklich gewesen, mein Blut im Dienste E. M. vergießen zu können; was hätte ich nicht getan, um Ihnen meinen Eifer und meine tiefe Dankbarkeit zu beweisen. Kann man, Madame, anders denken, wenn man von so gerechten und schwerwiegenden Gründen bewegt ist. So kann ich nur mit einem Ihrer erlauchten Person ganz ergebenen Herzen die Taten erkennen, die Sie immer zum Wohle unseres armen Vaterlandes zu setzen geruhten. Die gleich liebenswürdigen wie weisen Lehren, die mir E. M. die Gnade erweist zu erteilen, durchdringen mich ganz, sie sind einer Fürstin, die die Welt durch ihre hervorragende Tugend erleuchtet, wahrhaft würdig.
Ich wage es, Ihnen auch die beiden Grafen Thurn zu Füßen zu legen, die während des ganzen Feldzuges, besonders aber am dritten November ihren Wert und ihr Wissen unter Beweis gestellt haben. Dies bin ich der Wahrheit und ihren Verdiensten schuldig.

(4)

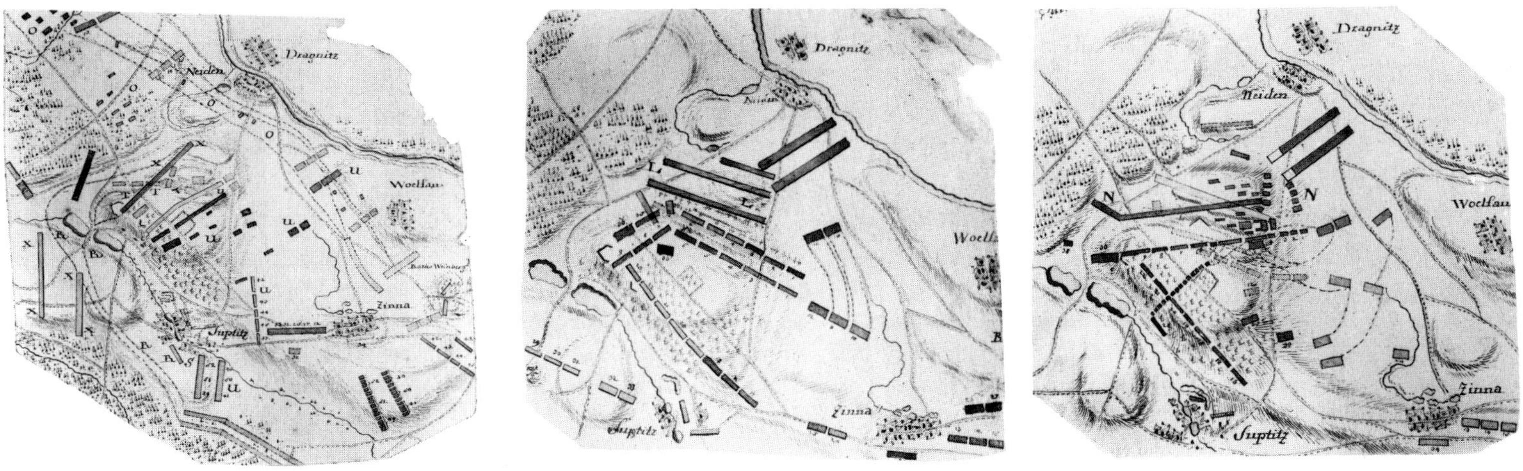

Die Aufstellung der Truppen bei Süptitz in verschiedenen Phasen der Schlacht am 3. November 1760

ALBERT
DEZEMBER 1760

Die Truppen bezogen wieder die Winterquartiere. Also dachten wir, mein Bruder und ich, aus der durch die Jahreszeit erzwungenen Unterbrechung der Kriegsoperationen Gewinn zu ziehen, indem wir den Majestäten in Wien unseren Besuch machten; danach planten wir, uns dem König, unserem Vater, in Warschau zu Füßen zu werfen. Wir reisten also zu Jahresende von Dresden ab. Wenige Tage verbrachten wir in Prag, wo man uns die gleiche Höflichkeit und Zuvorkommenheit wie im vorigen Jahr erwies. Wir wollten ja an erster Stelle nach Wien. Hier angekommen, erkrankte aber mein Bruder: Es zeigten sich die gleichen Schmerzen, die ihn im Winter zuvor so attackiert hatten. Diesmal aber wurde es viel gefährlicher; sie steigerten sich im ganzen Körper, wurden von einer fieberhaften Entzündung begleitet, und schließlich trat Scharlach dazu. Ein paar Tage schwebte sein Leben an einem Haar, und wegen der Ansteckungsgefahr wurde ich gezwungen, mich von ihm zu separieren.

(1, I/442)

ALBERT
1761

So also machte ich meine Aufwartung bei Hofe allein und wurde mit der gleichen Güte aufgenommen, wie ich sie bei meinem ersten Aufenthalt in dieser Hauptstadt erfahren hatte. Alles, was ich sah, war festlich und glänzend wie bisher, aber nun noch gesteigert ins Großartige, was eine Folge der vorangegangenen Hochzeit des Erzherzogs Joseph war. Allein, die Feste des Karnevals wurden jäh unterbrochen: der zweite der Erzherzoge, Karl genannt, starb. Der junge Prinz, damals siebzehn Jahre alt, berechtigte zu den schönsten Hoffnungen. Sein scharfer und klarer Geist, seine frühen Talente hatten ihn zum Liebling seiner Eltern, seiner ganzen Familie gemacht. Die Spottsucht allerdings, die er an den Tag legte und mit der er auch den Menschen seiner nächsten Umgebung gegenüber nicht gerade sparte, hatte ihm nicht die allgemeine Zuneigung eingebracht. Er starb an einer Art von Skorbut-Fieber, das in der Folge seiner Pockenerkrankung im Vorjahr auftrat. Dieses Ereignis stürzte den Hof in tiefste Trauer.

(1, I/443)

ZEITUNGSBERICHT
WIEN, 24. JÄNNER 1761

Der Zustand S. K. H., des jüngeren kgl. poln.- und kursächsischen Prinzen Clement, ist in einen gefährlichen Ausschlag ausgebrochen, wobei hochdieselben so schwach geworden, daß man um dessen Wiedergenesung sehr besorgt und daher vorgestern 11 Uhr vormittags von dem hochwürdigsten Herrn Prälaten des löbl. Benediktinerstiftes Unserer Lieben Frau zum Schotten mit den hl. Sakramenten öffentlich versehen worden.

(12, 1761)

ZEITUNGSBERICHT
WIEN, 21. JÄNNER 1761

Die gute Hoffnung, der man sich von angewünschter Besserung Sr. Königl. Hoheit unseres Durchl. Erzherzogens Carl noch letzt verflossenen Posttage geschmeichelt, ist wider alles Vermuten und zum grösten Leidwesen des gesamten höchsten Hofes sowoll als aller getreuen Unterthanen des Durchl. Erzhauses von Österreich auf einmal verschwunden indeme es dem Allerhöchsten gefallen, Se Königl. Hoheit den Königl. Hungarisch und Böheimischen Prinzen, Erzherzogen Carl (welcher

den 1. Febr 1745 geboren worden) dessen Ruhm durch eine frühzeitige Klugheit, seltsamen Gnaden und viele andere grosse Eigenschaften mit seiner blühenden Jugend in dem 16. Jahr Dero Alters so hoch gestiegen, daß man sich schon zum Voraus die glückseeligsten Folgerungen seines Betragens versprechen können aus diesem sterblichen Leben noch die am Samstag vergangene Nacht ein Viertel nach 12 Uhr zu sich in die immerwährende Ewigkeit zu beruffen. Der Leichnam dieses Hochseeligen Erzherzogens, Königl. Hoheit, ist am Montage vormittag um 10 Uhr in der großen Hof-Kapellen auf einem 3 Staffel hoch errichteten, mit vielen brennenden Waxlichtern erleuchteten Todtengerüste, im Mantelkleide, da zur rechten Seite des Hauptes die Hauskrone und bey denen Füßen die goldenen Kette des goldenen Vlieses, zur linken aber der Herzogshut und der in Gold gefaßte Säbel, nebst weisser Handschuhe auf schwarzsammtenen Pölstern gelegen, unter einem schwarzen Baldachin, zu jedermanns Beschau durch 3 Tage ausgesetzet worden, wobey der hohe Adel beyderley Geschlechts die Betstunden in schwarzer Trauerkleidung wechselweise gehalten.
Die traurige Leichenbegängniss aber wird heute Abends mit dem gewöhnlichen Ceremoniel unter Begleitung Sr. Königl. Hoheit des Durchl. Erzh. Joseph selbsten, dann Ihrer K. H. dessen Durchl. Frauen Gemahlin und Ihren Königl. Hoheiten den älteren Durchleuchtigsten Erzherzogen und Erzherzoginnen mit dem gesamten übrigen Hofstaat aus der kaiserlichen Burg über den neuen Durchgang durch die WW EE PP Augustiner Baarfüsser Hofkirche zu denen EE PP Capuzinern am neuen Markt in dasige Kruft, als der Ruhestatt des Durchl. Erzhauses von Österreich gehalten werden. Die höchsten Herrschaften des kaiserl. königl. Hofes haben sich die Tage her in der äussersten Betrübnuss retirad gehalten, und es sind sowol die Schauspiele in den beiden hiesigen Theatern, als auch die öffentlichen Tänze eingestellt worden. Prinz Clement befindet sich annoch in dero zugestossenen Unpässlichkeitsumständen noch nicht besser.

(12, 1761)

Albert an Maria Antonia von Sachsen
Jänner 1761 (von Albert irrtümlich mit Dezember 1759 datiert)

Ich kann Ihnen den Kummer, den ich beim Lesen ihres lieben Briefes vom 10. des Monats empfand, nicht beschreiben, da ich das Gefühl hatte, daß Sie sich verletzt fühlten von der ein wenig heftigen, wenn auch respektvollen Ausdrucksweise, deren ich mich bedient hatte, um Ihnen mitzuteilen, wie sehr wir des Geldes bedürfen.
Er kam zu einer Zeit, wo ich eher des Trostes bedurft hätte. Stellen Sie sich, Madame, die Situation vor, in der ich mich befand; einen Bruder, den ich so wie mich liebe, zwei Schritte vom Tode entfernt zu sehen, gezwungen zu sein, mich sechs Wochen lang von ihm zu trennen, fast ohne Hoffnung, ihn jemals wieder zu sehen; außerdem des Glückes beraubt, mich zu Füßen des Königs, unseres sehr werten Vaters, zu werfen, in einer Stadt zu sein, in der alles nur Trauer atmet und wo mein aufrichtiger Schmerz mir verbietet, unter Menschen zu gehen. So war der Zustand, in dem ich Ihre liebenswürdigen Zeilen erhielt, nach denen Sie zu glauben scheinen, Madame, daß wir von allem Geld, das Sie die Güte hatten, uns auszuzahlen [Albert erhielt monatlich 6 000 Taler, die aber infolge der Münzverschlechterung in Sachsen kaum die Hälfte ihres Wertes an Kaufkraft hatten], nichts für den Unterhalt der Leute, die wir in Dresden und in Prag zurückgelassen hatten, bestimmt haben, sondern alles für unser sogenanntes Superflu verwendeten.

(5, 26/92–9)

Albert
1761

Gleich nach meiner Ankunft war ich der neuvermählten Prinzessin vorgestellt worden [Isabella von Parma, die erste Frau Josephs I.]. Diese wirklich erstaunliche Frau war noch nicht zwanzigjährig und nicht nur versehen mit allen Vorzügen des Herzens, die sie schätzenswert machten, sondern auch mit allen Kenntnissen und Talenten, die man bei einem noch so vollendeten jungen Mann hätte suchen können. Ihre Mutter, Infantin von Parma, geborene Prinzessin von Frankreich, hatte ihr dieselbe sorgfältige Erziehung, die sie genossen hatte, angedeihen lassen und ihren Charakter gebildet, so daß sie nicht nur in jenen Bereichen, die für eine Dame von Stand notwendig sind, sondern vielmehr auch auf abstrakten Gebieten, von der Mathematik bis zur Taktik, sich eingehende Kenntnisse erworben hatte. Sie hatte zu alledem noch ein besonderes Talent für Musik – sie spielte unter anderem hervorragend Violine – und für Zeichnen und Malerei, aber auch für das Kunsthandwerk, in welchem sie die von ihr beschäftigten Künstler anzuleiten wußte. Sie schrieb mit besonderer Leichtigkeit und voll Geist. Ich besitze noch einige Briefe von ihr, die dafür den besten Beweis liefern. Auch ihre Abhandlungen über Moral, Politik und einige andere interessante Themen waren früher in meinem Besitz, sind aber 1792 beim Schiffsunglück zwischen Rotterdam und Hamburg verlorengegangen. Im Vergleich mit ihren Schwägerinnen konnte sie zwar nicht strahlend schön genannt werden; zu reserviert in ihren Gesprächen, verriet ihr Gesicht – bei aller Mühe, die sie sich gab, es zu verbergen – einen Hang zu schwermütigen Ideen, wodurch sich erwies, daß sie nicht vollkommen glücklich war. Allerdings hat sie sich über dieses Thema niemals klar ausgesprochen, nicht einmal mit Personen, denen sie volles Vertrauen schenkte. Sie schien damals eine tiefe Neigung zur zweiten Erzherzogin, ihrer Schwägerin [Marie Christine], gefaßt zu haben und wurde deren intimste Freun-

Jean Marc Nattier d. J., Isabella von Parma, erste Gemahlin Josephs II.

din. Ich habe also bei der Gelegenheit auch diese wiedergetroffen. Aber als ich sie sah, erkannte ich auch die Wahrheit einer Bemerkung, die einer meiner Freunde, der Einblick in die Hofkreise hatte, während des Feldzuges zu mir gemacht hatte: Ihr jugendliches Herz hatte sich für einen andern als mich entschieden, einen, den sie schon ein Jahr vor meinem ersten Besuch kennengelernt hatte.
Dieser glückliche Rivale, wenn es erlaubt ist, mich eines solchen Ausdruckes zu bedienen, war der Prinz Ludwig, spätere Herzog von Württemberg, ein kluger und sehr liebenswürdiger Mann. In Berlin erzogen, ging er dann nach Paris, wo er längere Zeit verblieb. Dort gewann er durch das Vorbild von Persönlichkeiten der Gesellschaft dieser großen Stadt Lebensart und Manieren. Allerdings hatte er von dort auch alle Fehler und Laster übernommen. Leichtfertig in Rede und Prinzipien, vielleicht auch gänzlich ohne letztere, war es ihm nicht schwer, einen Geist von Irreligiosität, die bis zum Atheismus ging, jenen gegenüber zu vertreten, vor denen er glaubte, als geistreich und ohne Vorurteile gelten zu müssen. Auch die Kunst, einmal so, einmal anders zu erscheinen, verstand er sehr wohl, wie die kleinen Intrigen, die manchmal zum gesteckten Ziele führen. Meine Entdeckung der zarten Beziehungen, die Prinz Ludwig seinerzeit hier geknüpft hatte und die sich nun erneuerten, ließ mich einfach nicht mehr, auch nicht vor mir selbst, das Gefühl verstecken, das ich nicht unterdrücken konnte; dies aber war aller Vorsicht, die der Verstand gebot, entgegengesetzt. Glücklicherweise für mich mußte ich bald nach Warschau abreisen, leider aber, ohne von meinem Bruder Abschied nehmen zu können. Er mußte seiner Krankheit wegen in Wien bleiben.
Wieder nach Wien zurückgekehrt, fand ich meinen Bruder zwar vollkommen hergestellt, aber ganz verändert, was seine Pläne für die Zukunft betraf. Gedanken über seine Aussichten auf Fortkommen und Karriere hatten seiner Umgebung die Möglichkeit geboten, ihn zu überzeugen, in den geistlichen Stand zu treten, und er hatte sich dazu entschlossen. Gleich nach meiner Ankunft teilte er mir dies mit, und ich bestärkte ihn gerne in diesem vernünftigen Ziel. Wir blieben noch ein wenig am kaiserlichen Hof, reisten dann aber gleichzeitig ab; er nach Warschau, um unserem Vater seinen Entschluß mitzuteilen, ich aber nach Dresden zur Armee des Marschalls Daun.

(1, I/444)

Eine tiefe beiderseitige Freundschaft verband die Prinzessinnen Isabella von Parma und Marie Christine. In einem an Isabella gerichteten Brief hat Marie Christine schwärmerisch die Schwägerin geschildert: sie kenne, so sagt sie von und zu ihr, kein gewinnenderes Äußeres, als sie es besitze; schöne Augen und Haare, einen hübschen Mund, eine ungemein reizend geformte Figur; vollendete Herzensgüte sei der Grundzug ihres inneren Wesens, großmütig und mitleidsvoll sei sie, voll Mutwillen auch, doch immer gute Tochter, gute Gattin, gute Schwester und gütige Herrin. Um nichts weniger schwärmerisch sind die Briefe Isabellas, die aber sehr häufig schon von düsterer Todesahnung geprägt sind.

Albert

Auf dem Umschlag des Archivfaszikels der Briefe Isabellas an Marie Christine:

Son esprit et son caractère estimable se trouvent manifesté dans tous ce qui reste d'ecrits de cette princesse, aussi admirable qu'aimable.

(9, P 298)

Sir Nathanael Wraxall über Isabella von Parma

Ich habe, sagt Wraxall, viele Porträts von ihr gesehen, namentlich zwei von Erzherzogin Christine gemalte auf dem Preßburger Schlosse, die ihr wahrscheinlich schmeichelnd ähnlich sind.

(13, 9, 15/2)

Die tiefe Zuneigung Isabellas zu Marie Christine drückt sich auch in vielen ihrer Schriften aus.

ISABELLA AN MARIE CHRISTINE

Man sagt mir, das sicherste Mittel, zum ewigen Heile zu gelangen, bestehe darin, daß man mit Gott den Tag beginne, während desselben recht oft die Gedanken zu ihm erhebe und ihn auch wieder mit Gott endige. Ich aber fange den Tag damit an, daß ich des Gegenstandes meiner Liebe gedenke, und ich ende ihn mit dem Gedanken an diejenige, mit der ich unaufhörlich beschäftigt bin. Warum kann ich nicht so wie an sie auch an Gott denken? Er ist eben unsichtbar, und man kann nur lieben, was man sieht.

(14, I/45)

Isabella sollte auf Wunsch der Kaiserin Marie Christine trösten. Um ihr die Trennung von Ludwig von Württemberg, der wegen seiner Intrigen Wien hatte verlassen müssen, zu erleichtern, schildert Isabella ihr eigenes Schicksal.

ISABELLA AN MARIE CHRISTINE

Eine Fürstin kann nicht wie die ärmste Frau in der Hütte ihre Erholung in der Familie finden. In der großen Welt, in der sie leben muß, hat sie weder Bekannte noch Freunde; dafür verläßt sie ihre Familie, ihre Heimat, und warum? Um einem Manne anzugehören, dessen Charakter sie nicht kennt, in eine Familie einzutreten, die sie mit Eifersucht aufnimmt, und um ein Opfer der unglücklichen Politik eines Ministers zu sein, der sich von der Verbindung eine ewige und doch so unsichere Allianz verspricht.

(15, I/24)

Isabella war überzeugt, daß sie bald sterben müsse, und gibt Marie Christine daher Ratschläge, die deren spätere enge Verbindung zu ihrer Mutter bewirken.

ISABELLA AN MARIE CHRISTINE

Der Kaiser liebt Dich, er besitzt ebensowohl große Eigenschaften als Fehler, auf die man sehr achtsam sein muß. Er ist ein redlicher Mann, und sein Herz ist gut, man kann auf ihn zählen als auf einen wahrhaften Freund. Aber man muß sich hüten vor seiner Willfährigkeit, Leuten Gehör zu geben, welche in keiner Weise die gütige Gesinnung verdienen, die er für sie hegt. Die Fürstin Auersperg ist es, von der ich rede. Du weißt oder weißt es vielleicht nicht, wieviel sie über ihn vermag.
Dir kann das am wenigsten schwerfallen, denn Du kennst ohne Zweifel seine feste Überzeugung, daß Du ihn mehr liebst als die Kaiserin, und hierin ist schon ein großer Vorteil gelegen.
Die Kaiserin hat ein ausgezeichnetes, zärtliches, gefühlvolles und mitleidiges Herz. In Wahrheit liebt sie diejenigen, denen sie ihre Neigung zuwendet, und sie würde sich für sie oder sogar für deren Freunde aufopfern. Alles, was jene angeht, wird dadurch auch für sie ein Gegenstand der Aufmerksamkeit und der Teilnahme. Wendet man sich mit Offenheit an sie, so wird sie selbst dann nicht verschmähen, ihren Rat zu erteilen, wenn man dessen am wenigsten gewärtig sein sollte. Das geschieht übrigens nicht allein für ihre Freunde. Jeder, der es wünscht, kann sich dieses Vorteiles versichern, und mit der gleichen Güte, der gleichen Herzlichkeit tut sie das für alle. Sie hat in ihrem Leben viel erduldet, und das hat sie die Welt zu verstehen gelehrt. Deshalb bitte ich Dich inständig, wenn Du einen Zweifel hegst, wende Dich unmittelbar an die Kaiserin und lasse sie sogleich entscheiden, denn wenn man ihr Zeit läßt, zieht sie andere zu Rate. Beeile Dich, wenn sie Dir ihre Ratschläge erteilt, ihr Deine ganze Dankbarkeit zu erweisen, aber

P. Tanjé nach C. Troost, Das holländische Wochenbett, 1757

Erzherzogin Marie Christine, Kaiser Joseph II. am Wochenbett seiner Gemahlin Isabella; Zeichnung nach Cornelis Troost

Unbekannter Hofmaler, Erzherzogin Marie Christine zeichnend

zeige Dich vor allem durchdrungen von der Richtigkeit ihrer Meinung. Bekräftige selbst mit überzeugenden Gründen ihre Behauptungen, und beweise ihr gleichzeitig Deinen Vorsatz, so nützliche Ratschläge zu befolgen, indem Du sie dringend bittest, gegen niemand, wer es auch sein möge, davon zu reden, weil dasjenige, das Du ihr vertrautest, für immer zwischen ihr und Dir ein Geheimnis bleiben soll. Darin liegt ein unfehlbares Mittel, sie gegen jedermann schweigen zu machen.
Die Freundin einer großen Fürstin, die Freundin einer Monarchin, die Freundin der eigenen Mutter zu sein, das sind drei wichtige Punkte, die in vielen Dingen einander zu widersprechen scheinen, obwohl im Grund die Freundschaft immer nur die gleichen Pflichten auferlegt, gegen wen sie auch gerichtet sein mag.
Um eine wirkliche Freundin zu sein, muß man den Charakter, die guten Eigenschaften wie die Fehler derjenigen, mit der man befreundet sein will, aufs genaueste kennen. Man muß etwas Anziehendes, man muß Gefälligkeit und Aufrichtigkeit besitzen. Aber es bedarf noch mehr als das. Die beiden Herzen müssen sich gegeneinander öffnen, sie müssen sich eines in das andere ergießen. Das macht die Glückseligkeit, den wunderbar süßen Reiz einer Freundschaft aus, welche lebhaft und freiwillig, aber doch auf Überlegung und Hochachtung gegründet ist. Um jedoch die Freundin einer großen Fürstin zu sein, genügen alle diese Eigenschaften nicht, sondern man muß auch ein gehöriges Maß an Klugheit besitzen. Man muß sich ihr gegenüber mit Offenheit aussprechen, gleichzeitig jedoch es nur mit Vorsicht tun.
Die Kaiserin wird Dir vor allem ihr Herz eröffnen im ersten Schmerz über meinen Tod wird sie nichts so Teures besitzen wie Dich. In Dir wird sie mich wiederaufleben sehen, denn sie weiß, daß Du meine Freundin warst, daß ich Dich anbetete und Du mich liebtest. All das wird Dir große Gewalt über ihr Herz geben. Sie wird entzückt sein von Dir, und Du wirst ihr als die einzige erscheinen, die den Verlust begreift, den sie an mir erleidet. Aber dieses Gefühl wird auch eine Quelle von Vorwürfen für die übrigen sein. Als ein Beispiel wird sie Dich allen anderen aufstellen, zuerst dem Erzherzog, den sie entweder zu gefühllos oder zu übertrieben in seinem Schmerz finden wird. Sei hievor sehr auf Deiner Hut, denn obwohl der Erzherzog Dir vielleicht verpflichtet sein wird für Deine Trauer um mich, so wird er doch in hohem Grade wider Dich aufgebracht sein, wenn er sieht, daß Du die Ursache der Vorwürfe der Kaiserin bist, insbesondere deshalb, weil sein Schmerz wahrscheinlich sehr heftig sein wird.

(14, I/49)

Am 27. November 1763 stirbt Isabella von Parma tatsächlich nach kurzer Krankheit an den Blattern. Sie hatte fünf Tage vor ihrem Tode, am 22. November 1763, eine zweite Tochter zur Welt gebracht, die jedoch, nachdem sie auf den Namen Christine getauft worden war, noch am selben Tage starb. Die hinterbliebene Tochter Therese wurde von Marie Christine wie ihr eigenes Kind gehütet. Als nach wenigen Jahren diese kleine Nichte erkrankte, brachte die Erzherzogin in Erinnung an Isabella Abende und Nächte bei ihr zu, aber am 23. Jänner 1770 starb Therese ebenfalls.

Schule Martin van Meytens, Isabella von Parma

MARIE CHRISTINE

Notiz auf einer Miniatur der Verstorbenen in ihrem Gebetbuch:

Ich habe die beste und wahrhaftigste Freundin verloren. Diese Frau war mit allen Tugenden begabt, sie lebte und starb als ein Engel.

(15, I/27)

FRANZ I. STEPHAN AN MARIE CHRISTINE
1763

Ich werde nie das, was Sie verloren hat, ersetzen können; was den Willen dazu, das Vertrauen, die Freundschaft und die Zärtlichkeit betrifft, so werde ich sie jedem streitig machen. Das ist mein Angebot, und Sie kann es ganz nach Belieben annehmen. Ich setze dem keine Grenze, dessen bedarf es zwischen uns nicht. Sei Sie versichert, daß Sie von meiner Seite her immer einen wahrhaftigen Freund finden wird, einen Freund für alle Fragen, und daß sich der Vater nur in der Zärtlichkeit, die ich für Sie hege, ausdrücken wird. Sie muß also mit sich ins reine kommen, ob Sie sich diesem Vertrauen ausliefern mag, ob Sie gewillt ist, sich an alle die Bindungen, die solche Freundschaft als Gegenbeweis verlangt, zu halten.

(4, Smlgktg. 72/4a)

Schon 1760 dachte Albert daran, in den Deutschen Orden einzutreten. Damals lebte der Hochmeister Clemens August von Bayern, Kurfürst von Köln, ein Onkel Maria Antonias, noch. Im folgenden Jahr bewarb er sich offiziell um die Stelle eines Hoch- und Deutschmeisters. Er wollte, wie Brühl an die Kurprinzessin von Sachsen schrieb, „renoncer au mariage et ambitioner la grand maitrise de l'ordre Teutonique".

ALBERT AN MARIA ANTONIA VON SACHSEN
DRESDEN, 12. JUNI 1760

Madame,

. . . S. M. der König machte nicht die geringsten Schwierigkeiten, als er hörte, daß I. M. die Kaiserin mir angeboten habe, in die österreichische Armee einzutreten. Nachdem dieser Vorschlag ganz der Vorliebe entspricht, die ich für das Waffenhandwerk habe, dürfte ich nun nichts anderes als zufrieden sein. Ich habe mittlerweile daran gedacht, ein Etablissement anzustreben, welches meiner Freude am Soldatenstand entspricht und gleichzeitig auch nach Ende des Krieges mir eine Versorgung gewährleistet. Darum ist mir die Idee gekommen, an den Deutschen Orden zu denken, und ich möchte Sie deshalb um Ihren Rat bitten, um nach Beendigung des Feldzuges diesbezügliche Maßregeln treffen zu können. Das alles muß, bitte, unter uns bleiben . . .

(2, IV 10b No. 24 A Brief 27 bzw. 6/366 ff.)

ALBERT AN MARIA THERESIA
8. MÄRZ 1761

Durchdrungen von der Gnade, von der Eure Majestät mir zu jeder Zeit so sichtbare Beweise gegeben hat, könnte ich meine Dankbarkeit nicht besser erweisen, als indem ich mein Schicksal Ihrer Güte unterwerfe. Der Grund, der mich so handeln läßt, ist auf das Vertrauen gegründet, welches sie mir eingibt. Eben dieses bringt mich dazu, jener Güte ein Herz zu öffnen, das ganz Eurer Majestät geweiht ist. Ich wage es daher sehr demütig, Eurer Kaiserlichen Majestät vor Augen zu führen, daß das Großmeisteramt des Deutschen Ordens durch den Tod des Kurfürsten von Köln verwaist ist und ich es als dauerhaften Gewinn ansehen würde, mit diesem Amt bekleidet zu werden.

Unbekannter Hofmaler, Carl Alexander von Lothringen, Hoch- und Deutschmeister

Diese Stellung erscheint mir um so wünschenswerter, als sie mich nicht daran hindert, meinen Eifer für Ihre Dienste unter Beweis zu stellen und mein Leben bis zu meinem letzten Blutstropfen zu opfern. Ich hätte mir die Freiheit genommen, dies Euer Majestät gegenüber zu erwähnen, als sie mir die Ehre gaben, mit mir vom Tode des Kurfürsten zu sprechen. Aber da ich noch nichts von den Intentionen des Königs, meines sehr lieben Vaters wußte, glaubte ich es als meine Aufgabe ansehen zu müssen, respektvoll zu schweigen. Durch seine Zustimmung jetzt dazu berechtigt, flehe ich Eure Kaiserliche Majestät an, mir Ihre Protektion gütigst gewähren zu wollen und darin einzuwilligen, daß ich die Großmeisterwürde anstrebe. Ich vermöchte dies sicher ohne alle Schwierigkeiten zu erreichen, wenn Sie die Gnade hätten, mir Ihr Interesse zu schenken. Ich erhoffe nun alles von der Güte Euer Majestät, die ich Sie bitte, mir immer erhalten zu wollen, und bin mit dem tiefsten Respekt und der vollkommensten Ergebenheit . . .

(7, Staatskanzlei Sachsen – Hofcorr. Fasc. I., Sachsen 1)

Maria Theresia an Albert
27. März 1761

Monsieur mon Cousin!
Zu meinem großen Bedauern kann ich mir nicht das Vergnügen erlauben, Ihre Pläne, die Sie bezüglich der Stellung eines Hoch- und Deutschmeisters haben, zu unterstützen. Ich habe, was dieses Amt betrifft, eine Verpflichtung gegen jemanden, dem ich mein ganz besonderes Interesse entgegenbringe, übernommen, und dies setzt mich daher außerstande, Ihnen in dieser Sache behilflich zu sein. Ich hoffe, daß sich eine andere Gelegenheit dazu bieten wird, die mir dann erlauben wird, den Regungen meiner wahrhaftigsten Freundschaft für Sie folgen zu können. Ich bitte Sie, davon überzeugt zu sein . . .

(10, 342 bzw. 7, Staatskanzlei Sachsen – Hofcorr. Fasc. I., Sachsen 1)

Gleichzeitig lehnt Kaiserin Maria Theresia die Befürwortung von Alberts Bruder Clemens zur Erlangung des Erzbistums und Kurfürstentums von Köln ab. Am 4. Mai 1761 erfolgte die Wahl und am 27. November 1762 die Belehnung Carl von Lothringens, des Schwagers der Kaiserin, als Hoch- und Deutschmeister. Maria Theresia hatte Albert aber Hoffnung auf die Stellung als Coadjutor gemacht, welche dann, nach Alberts Vermählung, der jüngste Sohn der Kaiserin, Erzherzog Maximilian, erhielt.

Albert an Anton Graf Thurn
Lungwitz, 10. Juni 1761

Da mir der Marschall die vier sächsischen Regimenter und das von Zweibrücken, die alle in der Gegend von Dippoldiswalde stationiert waren, als Brigade zugewiesen hat, habe ich hier mein Quartier genommen, um allen Truppen näher zu sein. Seit einigen Tagen hat der General Hadick [Hadik], der dieses Corps befehligt, die Hälfte davon zwischen die beiden Weistritz gestellt, um die Vorposten zu unterstützen, was mich fast dazu brachte, mein Quartier in Bayreuth aufzuschlagen. Da aber keine Wahrscheinlichkeit für einen überraschenden Angriff besteht, hat es General Hadick für günstiger gefunden, daß ich einstweilen da bleibe.
So lebe ich also hier, fern dem Treiben der Stadt, als ein Mann, der sich aus der Welt zurückgezogen hat, und verbringe meine Zeit entweder mit Geländeerkundungen oder mit Besuchen in den Quartieren meiner Regimenter, aber auch bei Unterhaltungen mit meinen Offizieren über den Dienst und alles, was mit unserem Beruf zusammenhängt. Ich vergnüge mich auch damit, zu lesen und vor allem zu schreiben, und vertreibe meine freien Stunden, indem ich die Schönheiten bewundere, die die Natur auf diesem Flecken Erde entfaltet hat. Um Ihnen eine Idee davon zu geben: Der Ort liegt in einem gerade zur Sommerzeit sehr angenehmen Tal, die Berge ringsherum, die mit Laubwald bedeckt sind, geben der Glut der Sonne nicht Zutritt. Ein schmaler, klarer Bach durchbricht es in Serpentinen und bewahrt die Frische. An den Ufern dieses Wassers liegen zwei Gärten, der eine gepflegt und nutzbar gemacht, der andere wild, wo aber die sowenig von der Kunst unterstützte Natur reizvolle Blickpunkte eröffnet, gerade in ihrer Einfachheit und Ländlichkeit, vor allem aber durch den Reichtum an Abwechslung. Kleine Brücken, die bald hier, bald dort überqueren, führen zu großen, wilden Alleen, die in Grotten und aus Stein gehauenen Höhlen enden. Inmitten dieser Einsamkeit liegt eine kleine Eremitage, außen mit Baumrinde und innen mit Moos ausgelegt. Eine Zugbrücke verbindet das Haus mit dem Berg, der, obwohl sehr steil, doch besteigbar ist durch die in Zick-Zack-Windungen abwärtsführenden Wege. An diesem reizenden Platze, jeder Sorge enthoben, verbringe ich ruhige Stunden, das Leben eines wahren Philosophen führend. Ich beschäftige meine Gedanken mit allem, was ich gesehen und gehört habe, und versuche für meinen Geist Nutzen daraus zu ziehen. Dann setze ich mich mit einem Buch in den Schatten der Bäume, welche die große und schöne Wiese umstellen, die an die Eremitage grenzt. Der melodische Vogelsang, begleitet vom zarten Gemurmel des Baches, verlockt mich zuweilen zu einem friedvollen Schlafe, der mir dazu dient, die Kräfte für neue Anstrengungen zu sammeln. Mit einem Wort, um Ihnen am besten die Annehmlichkeiten des Gartens vor Augen zu führen, kann ich Ihnen nur den Zaubergarten aus der Oper Armida ins Gedächtnis rufen, den die Musik des Traëtta so gut nachempfindet. Der einzige Unterschied ist, daß die Armida fehlt, die solche Verzauberungen hervorzurufen imstande wäre. Um aber nicht ganz dem Gedächtnis der Welt zu entschwinden, fahre ich von Zeit zu Zeit in die Stadt, sowohl um den Marschall zu sehen, der mir alle Freundlichkeiten erweist, als auch um gleichzeitig zu hören, was draußen vorgeht. Da sich alles noch immer in demselben Zustand befindet, geschieht es meist, daß ich nicht unterrichteter gehe, als ich gekommen war. Meine Philosophie ist aber dergestalt, daß sie mitteilungsbedürftig ist, und um auch mit anderen die Vergnügungen meines neuen Landsitzes zu teilen, habe ich es gewagt, alle Damen der Umgebung und alle der nächstliegenden Armeen zu mir zu bitten, Mad. de Poniatowska, Harrach, Ayasass, Renard, um nur einige zu nennen. Bei dieser Gelegenheit haben wir mit nur einer kleinen Unterbrechung zur Zeit des Soupers von 4 Uhr nachmittag bis 4 Uhr früh des nächsten Tages ununterbrochen Contredances und Walzer getanzt. Trotz aller Annehmlichkeiten, die ich in diesem ruhigen Wohnsitz genieße, kann ich Ihnen versichern, daß ich vor Begierde vergehe, den Ort zu verlassen, um im Dienste der Kaiserin und meines Vaterlandes meinen Eifer zu beweisen, um auch mithelfen zu können zur Erlangung sowohl des öffentlichen als auch privaten Wohles.

(11)

Den ganzen Sommer hatte die kaiserliche Armee unter Feldmarschall Daun in Sachsen ziemlich untätig zugebracht. So beklagt sich Prinz Albert

Walther d. Ä. (vermutlich Konstantin J. G.), Die Eremitage bei Maxen in Sachsen zu Beginn des Feldzuges von 1761

in einem Schreiben an den Grafen Anton Thurn-Valsassina vom 4. Juli 1761 aus Lungwitz (11), daß er hier und nicht bei der schlesischen Armee des Feldmarschalls Loudon sei. Erst im Herbst trat auch die Daunsche Armee in Aktion. Dabei erhielt Prinz Albert sein erstes selbständiges Kommando.

ALBERT
OKTOBER/NOVEMBER 1761

Endlich schien der Zeitpunkt gekommen; die Vorteile, die unsere Truppen in Schlesien erzielt hatten, waren dem Plan günstig. Kurz nachdem die Nachricht davon Marschall Daun zugekommen war, entschloß er sich, das Corps des General Hadick zu verstärken, ihm einige Regimenter aus der Armee und dem Corps des General Lacy mit dem Auftrage zuzuteilen, gegen die Mulde vorzugehen, um auf der Seite von Freiberg und von dort noch weiter vorzugehen, falls die Umstände dies erlauben würden.

(1, I/477)

ALBERT
1761

Er übergab mir das Kommando dieser 2. Abteilung und ließ mich am 6. mit der Infanterie und der Kavallerie gegen Haynchen [Hainichen] vorgehen; der Befehl lautete, die Abteilung des Obersten Török über diesen Ort hinaus gegen Döbeln vorrücken zu lassen, um festzustellen, was sich noch an Feinden in diesem Gebiete befand.

(1, I/488)

ZEITUNGSBERICHTE VOM KRIEGSSCHAUPLATZ
VOM 24. OKTOBER 1761

Dresden, 15. Oktober

Da wir den heurigen Feldzug in hiesigen Landen bereits vor geendiget hielten, scheint derselbe erst recht ernsthaft werden zu wollen und mag ein Theil der Kaiserl. Königl. Armee zu

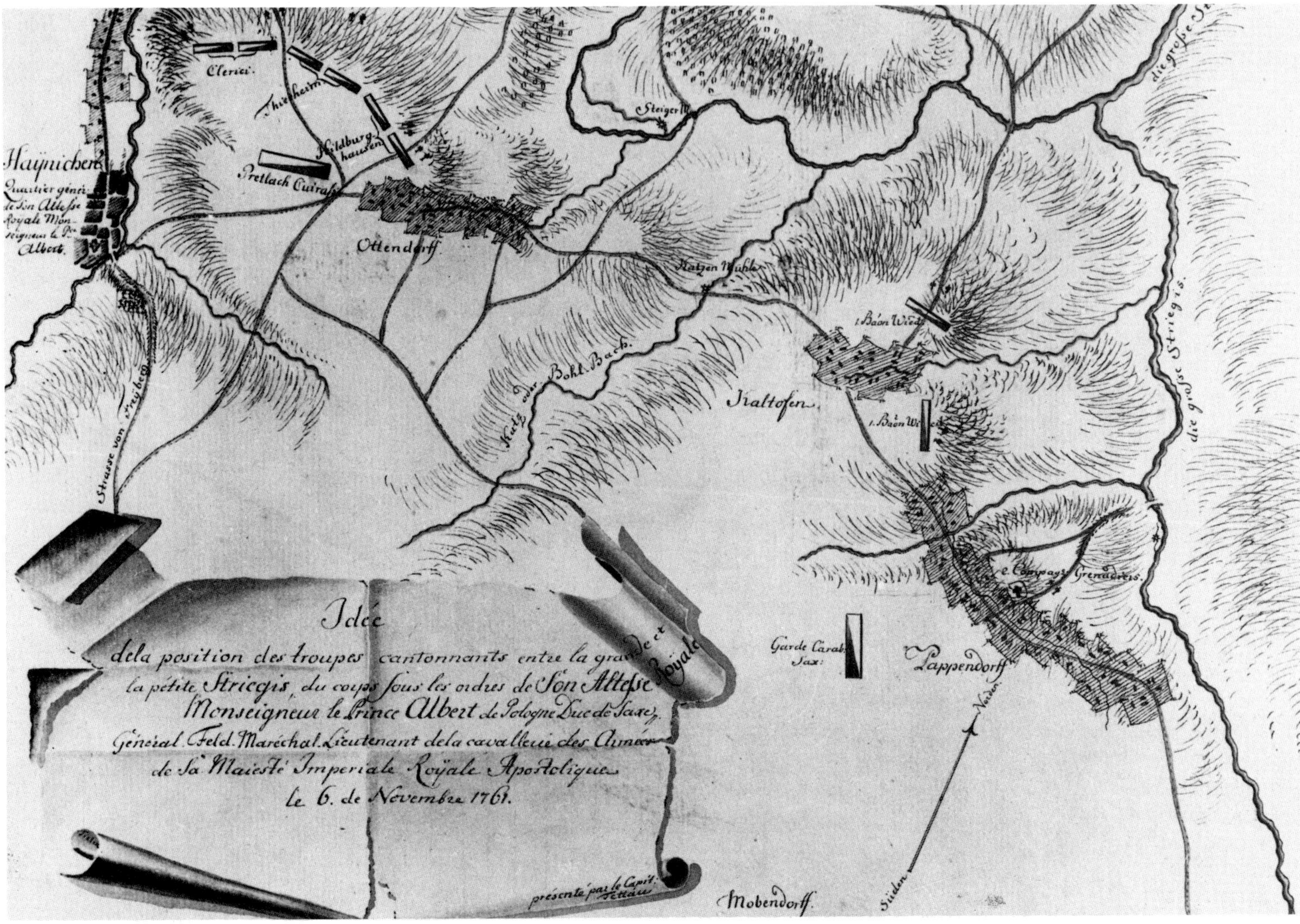

Das Corps Herzog Alberts bei Hainichen am 6. November 1761

keinem anderen Ende in die Cantonierungsquartiere verleget worden seyn, als um das Gegentheil sicher zu machen, wie denn seit der Zeit der Prinz Albert von Sachsen Königl. Hoheit und der Herr General v. Hadik Exc. mit einem beträchtlichen Corps die Stadt Freiberg nebst dem Erzgebürge besetzt haben.

Vom 25. November 1761

Sachsen, 16. November

Sobald es die noch immer anhaltende schlechte Witterung zugelassen, sind am 14. des Prinzen Albert von Sachsen Königl. Hoheit mit einigen Kommandierten und den leichten Truppen wiederum gegen Döbeln vorgerückt und haben den Feind nach einem hitzigen Gefecht, worinnen diesseits 30 Mann gefangen gemacht und eingebracht worden, die Anhöhen linker Hand zu verlassen genötiget. Nachdeme jedoch dieses erwähnte Döbeln, wenn man es besetzen würde in Brand zu schiessen gedrohet, ist man überein gekommen, sothanen Ort für neutral zu erklären und links der Brücke ein K. K., rechts hingegen ein Preußischer Wacht zu sitzen.

Vom 12. Dezember 1761

Dresden, 6. Dezember

Die Kaiserl. Königl. Armee in Sachsen breitet sich weiter aus. Der Prinz Albert von Sachsen, Königl. Hoheit ist mit einem Corps von dem Herrn General v. Haddick bei Chemnitz sofort bei Hönichen vorgedrungen, alwo das Hauptquartier des gedachten Prinzens, das des Hrn General der Cavallerie Freyherrn von Haddick aber noch zu Freyberg vorwärts den preußischen Kantonierungen ist. Nach Aussage der Deserteurs ist alles bei den Preußen erstaunlich theuer, zumalen Kaiserl. Königl. Seits alle Erpressungen gehindert sind und die Zufuhr sehr erschweret wird. Wenn dieses Corps (wie es allem Anschein nach in Bälde geschehen dürfte) noch etwas vorrücken wird, so siehet es für die Feinde allerdings nicht gut aus. Des Herrn FM Gr. v. Daun Exc. haben noch am 21. die Stellung der feindlichen Armee von dem Gebirge aus rekognosciert. Sonsten aber ist beiderseits alles ganz ruhig und die Desertion kontinuiert bei dem Feinde nach wie vor. Des k.poln. und Ch.S. Prinzen Albert K. H. werden theils wegen wachsamer Aufsicht, theils wegen haltender guten Ordnung sowohl in Militari als auch im Lande von jedermann geliebt und hochgeschätzt. Nachstehende Regimenter stehen bey diesem Prinzen als Infanterie, Clerici, Wied, Giulay, Thierheim, Hildburgshausen, nebst einigen Battallions Croaten. Cavallerie: Bretlach. Sächsische Regimenter: Churland, Albert, Brühl, Gardecarabiniers, von Hussaren und Uhlanen Palatinal, Sclavenier, Bannalisten und Schiebel Uhlanen.

(12, 1761)

Franz Graf Thurn an Albert
Wien, 15. November 1761

Franz Graf Thurn war zum Erzieher Erzherzog Leopolds nach Wien berufen worden.

Aber man kann mir verzeihen, wenn man über die Lebensweise, die ich seit dem Monat, in dem ich unter das Joch kam, führe, Bescheid weiß: ich habe keine Viertelstunde für mich, ich betrachte mich ganz richtig civiliter mortuum, nur für den Herrn, dem ich diene, atmend und lebend. Ich befinde mich täglich um ½ 7 bei seinem Lever und verlasse ihn abends erst gegen 10 Uhr, wenn er zu Bette geht, so daß ich, um meine persönlichen Angelegenheiten zu erledigen, meiner Nachtruhe kaum eine Stunde opfern kann.
Mit welcher Freude und echten Befriedigung habe ich folgende Nachricht aus dem geheiligten Munde der Kaiserin selbst empfangen, als sie mich diese letzten Tage ganz bewegt ansprach: „Ich beglückwünsche Sie, lieber Thurn, zu dem Ruhm, den sich der liebe Prinz Albert in Döbeln erworben hat, wo er das Glück hatte, durch seine Tüchtigkeit und seine Intelligenz eine kräftige feindliche Attacke zurückschlagend, den Platz zu behaupten und weitere Beweise seiner Geschicklichkeit und Umsichtigkeit zu geben. Lesen Sie nur den Rapport, den mir der Marschall über diese Angelegenheit schickte. Ich wünsche nur, daß Ihre Mühe auf dieselbe Weise in der Person meines Sohnes, den ich Ihnen anvertraut habe, belohnt werde. Ich erzähle Ihnen das, weil ich weiß, daß niemand einen größeren Anteil an diesem Geschehen nimmt als Sie selbst, und ich kenne genau den Wert, den sie ja immer den Talenten dieses Prinzen beigemessen haben, und auch Ihre immer wieder bewiesene Anhänglichkeit. Ich befehle Ihnen, ihm zu schreiben und alle erdenklichen Komplimente von mir zu machen, ihm alle Dankbarkeit für den Eifer auszudrücken, den er meiner Person gegenüber erweist. Sagen Sie ihm auch, daß er es mit keiner Undankbaren zu tun hat, da ich ihn herzlich liebe und immer seinen Verdienst und seine Anhänglichkeit zu schätzen wissen werde."
Dies ist die genaue Wiedergabe der Worte der Kaiserin, und ich habe sie getreulich wiederholt. Ich bin nun allerdings wahrhaftig davon überzeugt, daß ich nie im geringsten dazu beitragen konnte, die Kenntnisse eines Mannes zu bereichern, der schon von Natur aus alle glücklichsten Gaben des Geistes besitzt; eines Mannes, der daher dazu bestimmt ist, mit eigener Kraft durch immerwährende Bemühung sich selbst alle nur möglichen Fähigkeiten eines großen Feldherrn anzueignen. Ich überlasse Ihnen die Beurteilung, ob solch ein Kompliment der Kaiserin mich nicht zur Eitelkeit verführen würde und sogar meine Sinne verwirren könnte.
Die ganze kaiserliche Familie hat regen Anteil an dieser Auszeichnung genommen und dankt für die Ehre, daß man ihrer gedenkt. Ich bin beauftragt, Ihnen zu sagen, daß man sich immer der Annehmlichkeit Ihrer Gesellschaft erinnert. Sie werden sicher von der Bestürzung, die eine hartnäckige Verkühlung der Erzherzogin Marie hervorgerufen hat, gehört haben; man hatte Anlaß, schwere Folgen zu fürchten, aber gottlob haben sich alle unsere Ängste zerstreut, und sie wird sich sehr bald wieder öffentlich zeigen. Diese Krankheit hat sie während mehrerer Wochen an das Zimmer gefesselt, und die Erzherzogin hat sehr schlechte Nächte verbracht. Sie erwähnen in Ihren liebenswürdigen Briefen gar nicht, ob Sie daran denken, ein wenig Aufenthalt in Wien zu nehmen, um sich nach den Strapazen, die der Kriegsgott Mars Ihnen auferlegte, zu erholen: Niemand würde sich mehr darüber freuen als ich, hätte ich doch auch die Gelegenheit, Ihnen mündlich alle respektvollen und wahrhaften Wünsche, die ich mein Leben lang für Sie hegen werden, zu wiederholen, die Gnaden, mit denen Sie mich überhäuften, dankbar erkennend. Seien Sie überzeugt, daß der ganze Adel und alle, welche die Ehre hatten, Ihnen zu begegnen, nicht weniger als ich Ihre Rückkehr herbeiwünschen.

(9, P 298)

Die militärische Situation war für Österreich am Ende des Jahres 1761 sehr günstig, man mußte sich aber, da die Finanzen erschöpft waren, gegen den Willen des Kaisers, des Erzherzogs Joseph und der Generalität gerade damals zu einer Reduktion der Truppen entschließen. Prinz Albert ist darüber sehr enttäuscht. Da keine weiteren militärischen Aktionen folgen, reist er nach Wien.

Albert an Anton Graf Thurn
Hainichen, 5. Dezember 1761

Die Truppen verringern und vor allem die leichten Truppen, von denen wir nie genug hatten, zu einem Zeitpunkt, an dem wir die schönste Aussicht haben, durch einen Angriff einen so grausamen Krieg wie diesen zu beenden; wo durch die vorteilhafte Stellung unserer Armeen am Ausgang des Schlesischen und Sächsischen Gebirges der Feind in diesen ganz kahlgefressenen Landen eingeengt wurde; wo wir moralisch sicher waren, diesen stolzen Feind zu vernichten und die Verluste, die das Haus Österreich erlitten hat, wieder gutzumachen! Welchen Lärm wird diese Truppenverringerung in der Welt machen, und was werden unsere Alliierten sagen! Welche Freude wird nicht der König von Preußen empfinden, der auf diese Weise noch länger imstande sein wird, einen Krieg gegen einen Feind weiterzuführen, der ihm ja doch auf alle Fälle so sehr überlegen ist.

(11)

Die Langeweile des Winterquartiers läßt Albert wiederum Reisepläne schmieden. Die Familie befindet sich zu Besuch in Bayern, und so nimmt er eine Einladung dahin an.

F. Jungwierth nach B. Bellotto, Schloß Nymphenburg bei München

Albert
1761/62

Der Hof von Bayern war zu dieser Zeit von besonderer Großartigkeit. Trotz der untadeligen Lebensführung des Kurfürsten selbst war dieser Hof aber unendlich galant. Es war selbstverständlich, daß alle Damen, selbst die Demoiselles des Hofes, ganz offen ihre erklärten Liebhaber haben mußten. Jene, die keinen aus ihrer Umgebung fanden oder von ihm gelangweilt waren, teilten die Fremden unter sich, die am Hofe weilten. Dieser „Esprit de Galanterie" verfehlte natürlich nicht, zum Vergnügen der Residenz beizutragen. Er konnte aber auch nicht, jung wie ich war und dem schönen Geschlechte zugetan, ohne Eindruck auf mich bleiben. Einer der schönsten Damen dieser Stadt – sie war in diesem Moment eben ohne Geliebten – schien meine Verehrung nicht zu mißfallen, und meine Aufmerksamkeiten waren ihr nicht unangenehm. Leider war es nun ihrem Mann, der selbst sonst sehr freizügig war, eingefallen, eifersüchtig zu sein. Sie mußte einige Unannehmlichkeiten ertragen, die ich mir sehr vorwarf, ihr verursacht zu haben. Dabei hatte ich mich nur den allgemeinen Gepflogenheiten angepaßt.
Ich konnte nicht lange in München verbleiben, aber ich besichtigte trotzdem alles, was es Sehenswertes in dieser Stadt und der Umgebung gab, wie Nymphenburg und seine schönen Gärten, Schleißheim mit seiner Bildergalerie und Fürstenried. Den Rest der Zeit verbrachte ich bei Hof bei meiner kurfürstlichen Schwester, wo jede Woche ein großes Konzert gegeben wurde. Auch Bälle besuchte ich, die während des Karnevals in der Stadt abgehalten wurden.

(1, I/510)

Von München reiste Albert über Wien nach Warschau, wo er das Ende des Karnevals erlebte, dann begab er sich wieder zur Armee. Der Feldzug des Jahres 1762 hatte – durch den Tod der Zarin Elisabeth im Jänner, durch das Bündnis, das ihr unmittelbarer Nachfolger Peter III. mit Friedrich II. schloß bzw. durch die Neutralitätserklärung der nach Peter III. an die Macht gekommenen Katharina II. und den Kriegsaustritt von Schweden – eine für Preußen günstige Wendung genommen.

Albert
Oktober 1762

Die Situation, in der ich mich befand, war sehr schwierig geworden. Marschall Daun hatte mich beim Abmarsch beauftragt, entlang der feindlichen Linien nach Stolpen zu gehen, für den Fall, daß der Feind direkt zur Elbe vorgehen würde, ohne aber deshalb die Grenzen Böhmens zu entblößen, sofern dies nur möglich wäre. In allen mir überbrachten Orders hatte er mir dies ins Gedächtnis gerufen und sogar den Obersten Fabris, den er mir sandte, dahingehend unterrichtet, mir diese Angelegenheit besonders zu empfehlen.
Andererseits aber hatte er mich dem General Hadik zugewiesen, der, vom Nahen des Feindes durch den General Zollern in Kenntnis gesetzt, mich drängte, gegen Sachsen zu marschieren, da er befürchtete, ich würde von seiner Armee abgeschnitten werden.

(1, I/617)

Durch den Sieg des Prinzen Heinrich von Preußen über die Reichsarmee unter Prinz Stolberg war General Hadik gezwungen, seine Stellungen zu verstärken. Schließlich formierte er ein kleines Korps in einer Zwischenstellung zwischen dem Lager von Plauen und von Dippoldiswalde, für das er den Ort Rabenau bestimmte. Das Kommando dieses Korps erhielt Prinz

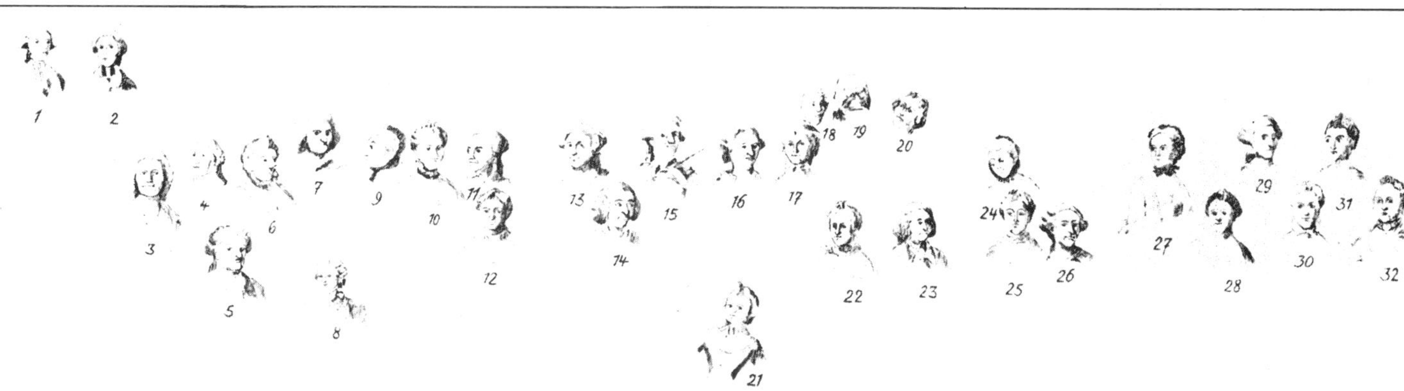

1. Albert August, Prinz von Polen und Sachsen
2. Clemens, Prinz von Polen und Sachsen
3. Salnoure von Wackerbort, Graf und Obersthofmeister
4. Seidenitz von, K. poln. Kämmerer
5. Friedrich Christian, Kurprinz von Polen-Sachsen
6. Friederice, Freiin von Schönberg, bayer. Kammerfräulein
7. Rex, Graf von, K. poln. Minister
8. Karl, Prinz von Polen-Sachsen
9. Josepha, Freifrau von Wetzel
10. Elisabeth, Prinzessin von Polen-Sachsen
11. Joseph Graf von Salern, bayer. Generalmajor
12. Maria Josepha, Markgräfin von Baden
13. Clemens Franz, Herzog aus Bayern
14. Clemens August, Kurfürst von Köln
15. Karl, Prinz von Sachsen, Herzog in Kurland
16. Xaver, Prinz von Sachsen
17. Maria Anna, Kurfürstin von Bayern
18. Judas Thaddäus, Baron von Frauenberg
19. Ignatius, Baron von Zündl
20. Crescentio, churfürstl. Läufer
21. Maria Amalia, Prinzessin von Sachsen
22. Christina, Prinzessin von Sachsen-Polen
23. Theodor, Herzog von Bayern
24. Franziska, Gräfin von der Wahl
25. Josepha, Prinzessin von Bayern
26. Max Joseph III. von Bayern
27. Franziska, Gräfin von Heimhausen
28. Maria Anna, Herzogin von Bayern
29. Daun, Graf und Generaladjutant
30. Kunigunde, Prinzessin von Sachsen-Polen
31. Beichling, Gräfin von, sächs. Kammerfräulein
32. Maria Antonia, Prinzessin von Bayern

Peter Jakob Horemans, Zusammenkunft der kurbayerischen und kursächsischen Familie während des Siebenjährigen Krieges, 1761

J. E. Mansfeld nach J. G. Weikert, Andreas Graf Hadik

Albert. Es bestand aus fünf Bataillonen Infanterie und zwei Regimentern Kavallerie. Als Friedrich II. mit einem Korps persönlich nach Sachsen kam, schien es, als würde gerade Albert in seiner Stellung von ihm angegriffen werden. Er ließ seine Truppen in Schlachtordnung aufstellen und erwartete die Attacke, aber der Feind zog ganz unerwartet wieder ab. Es kam zu keinen weiteren kriegerischen Handlungen mehr, und die Truppen rückten in die Winterquartiere ein.

ALBERT AN ANTON GRAF THURN
DRESDEN, 13. DEZEMBER 1762

Ich werde Ihnen nichts von den grauenhaften Erpressungen sagen, die der König von Preußen jetzt in unserem Lande macht, und von dem beklagenswerten Zustand, in den es dadurch versetzt ist. Es genügt zu wissen, daß, nicht zufrieden damit, es zu verheeren und ganz zu zerstören, seine Grausamkeit sich darauf erstreckt, es sogar entvölkern zu wollen. Seit einiger Zeit läßt er in allen Orten, die er besetzt, die Mädchen so einholen, wie man es sonst beim Getreide und beim Heu machen würde. Es gibt Städte, wo man über hundert entführt hat. Alle diese Greuel, die ich gezwungen bin sozusagen mit eigenen Augen zu sehen, enthalten sicherlich nichts, was meinen Aufenthalt hier sehr angenehm gestalten könnte. So sehne ich als guter Bürger das Ende des Krieges herbei, dessen Fortführung ich als Soldat nur wünschen kann.

(11)

Den Winter verbringt Albert in Dresden, beschließt aber dann doch, nach Wien zu gehen, um für den Fall des Friedensschlusses die Fortsetzung seiner Dienste zu regeln. August III. ordnet jedoch an, daß er sich nach München zu begeben habe, um familiäre Angelegenheiten zu besprechen. Auf dem Wege dahin besucht er seinen Bruder Clemens in Freising, der hier bereits Bischof geworden war. Den Karneval verbringt er am Hofe, wo ihn die Nachricht vom Friedensschluß erreicht. Sein Vater wurde damit als Kurfürst von Sachsen wiedereingesetzt.

ALBERT
1763

Die Truppen gingen wenig später auseinander und kehrten in ihre jeweiligen Staaten zurück. So also befindet sich jede der kriegführenden Parteien nach sieben Jahren blutigsten Kampfes ermüdet und erschöpft so gut wie an denselben Grenzpfählen angelangt, von denen man am Beginn dieser Zwistigkeiten ausgegangen war. Aus der Verheerung eines großen Teiles des Landes, dem Verlust einer Unmenge von tapferen Untertanen war nicht die Spur eines wirklichen Nutzens zu ziehen; wäre es wenigstens das Resultat, daß die Herrscher aus den wechselnden Geschicken, die sooft die Lage verändert hatten, lernen würden,

Johann David Schleuen d. Ä., Allegorie auf den Frieden von Hubertusburg: Maria Theresia, August III. (II.) von Polen-Sachsen und Friedrich II. von Preußen

in der Zukunft sehr wohl darüber nachzudenken, sich in solche für ihre Länder so schreckliche und gefährliche Schritte einzulassen. Und könnten nur die begangenen Fehler als Lehren für jene dienen, die im Dienste der Armee zu führen und zu kommandieren bestimmt sind.

(1, I/649)

ALBERT
1763

Da es nicht meine Bestimmung war, in meinem Heimatland zu verbleiben, und es mir sehr darauf ankam, nichts zu vernachlässigen, was die Verwirklichung der Dispositionen der Kaiserin, mich in ihren Staaten zu verwenden, beeinträchtigen könnte, so bereitete ich bald meine Abreise dahin vor. Aber zur Ausführung der Reise fehlte mir etwas Wesentliches: Meine Geldmittel waren so erschöpft, daß mir kaum etwas zur Verfügung blieb, und alle wiederholten Vorstellungen bei den königlichen Finanzstellen hatten mir auch nichts geholfen.
Es fand sich endlich ein ehrbarer Jude, der auf mein gutes Gesicht hin mir mehrere tausend Taler borgte, mit denen ich es wagen konnte.
Ich verließ also Ende September mit dem Obersten Miltitz Dresden. Die Kaiserin hatte mir nämlich gestattet, einen der mir im Kriege zugeteilten sächsischen Offiziere mitzunehmen. Der rechte Geist, die soliden Kenntnisse und die Biederkeit seines Charakters hatten mich bestimmt, ihn zu wählen.
Ich machte noch dem König, meinem Vater, die Abschiedsvisite. Er war durch eine Verkühlung beeinträchtigt, ohne daß die Ärzte aber etwas befürchteten, und so reiste ich ohne Sorgen ab.
Ich war kaum drei Tage in Wien, als unser Gesandter am kaiserlichen Hof, Graf Flemming, mich des Abends aus dem Theater holte und mir den Tod des Königs mitteilte.

(1, I/657)

ALBERT
1763

Mittlerweile hatte mich die Kaiserin zum General der Kavallerie ernannt und mir das Kommando eines Teiles der Truppen, die in Ungarn stationiert waren, übertragen. Weiters wurde ich zum Gouverneur von Komorn mit einem Jahreseinkommen von 30 000 Gulden ernannt. Sie ließ mich auch wissen, daß sie mir eigentlich dort den Wohnsitz hatte anweisen wollen, daß ich aber nun, da ein Erdbeben einige Monate vorher solche Zerstörungen angerichtet hatte, Quartier in Buda beziehen solle.

(1, I/659)

Unbekannter Künstler, Blick auf Ofen (Buda) (Ausschnitt)

Zunächst reist Albert nach Preßburg, um sich dem Generalkommandanten von Ungarn, dem Grafen Leopold Pálffy, vorzustellen. Dann ist er in Komorn, wo ihn das Unglück der Bewohner sehr berührt; er besucht die Schüttinsel und die dortige Festung. Schließlich erreicht er Budapest und bezieht sein Quartier.

ALBERT
1763

So verbrachte ich den Großteil meiner Zeit zu Hause, indem ich bemüht war, die mir fehlenden Kenntnisse zu erlangen, und ich ging nur aus, um die Umgebung der Stadt zu durchstreifen, oder gelegentlich, um einen Hasen zu jagen oder seltenes Wild in der Gegend von Promentory, einem Ort der Herrschaft Raczkeve, die damals dem Kaiser Franz I. gehörte und deren Jagdrevier er mir übertragen hatte.

(1, I/661)

JEAN-PIERRE AUDIBERT AN CHARLES JOSEPH FÜRST DE LIGNE
15. MÄRZ 1763

Ist die arme Christenheit nicht sehr zu bedauern? Nicht, daß die Feuer des Himmels je auf Ungarn herabfallen werden, aber schließlich und endlich ist es verpflichtet, den Prinzen Albert

A. A. Cardon nach C. le Clerq,
Charles Joseph Prince de Ligne als Feldmarschalleutnant

als eines der Bollwerke gegen die türkische Macht anzusehen. Es ist in Wirklichkeit ein sehr ehrenhaftes „Ihn-vor-die-Tür-Setzen", und das ist sicherlich nicht, was Sie beanstanden werden; aber wie läßt sich dieser Schritt mit den Interessen Jesu Christi verbinden? Es wäre wahrhaftig eine schreckliche Katastrophe für die Religion, und doch wäre es vergnüglich, wenn deren Untergang gerade von Ihrem Hofe ausginge.

Ami, ne croyez pas que je sois hérétique,
Je gémis seulement en zélé catholique,
Des projets que les Turcs vont former contre nous,
Et je vous vois déjà victime de leurs coups,
Vous courber humblement et sans force et sans vie,
Servir de Ganymède au Bacha de Bosnie.

(16, V/94)

Eine Reihe folgenschwerer Ereignisse bewirkt vor allem in Alberts sächsischer Heimat Veränderungen im politischen Leben. Nach dem Tod des Grafen Brühl am 28. Oktober 1763 werden einige reformfreudige Männer durch Kurfürst Friedrich Christian in die höchsten Staatsämter eingesetzt: Graf Flemming als Minister des Äußeren, Graf Einsiedel für das Innere und Rat Ferber als Kabinettssekretär. Der frühe Tod der Gemahlin Josephs, Isabella von Parma, läßt Albert im Dezember nach Wien reisen, um hier seine Beileidsbezeugungen auszudrücken. Bald danach trifft ihn der Tod seines 41jährigen Bruders, des Kurfürsten von Sachsen, der wie Isabella den Pocken erlag, schwer. Er erhält von der Kaiserin die Erlaubnis, in seine Geburtsstadt zu reisen, worum die Kurfürstin Maria Antonia ersucht hatte. Die Vormundschaftsregierung für den unmündigen Sohn des Kurfürsten tritt Alberts Bruder Xaver an.

Maria Theresia an Maria Antonia von Sachsen
27. Dezember 1763

Madame, meine Kusine!
Ich wollte nicht einen Moment den Eifer des Prinzen Albert, so schnell wie möglich zu Ihnen zu kommen, behindern. Seine Anhänglichkeit an Ihre Person macht ihm die gegenwärtige Situation besonders schmerzlich, und ich hoffe, er wird Ihnen nützlich sein und Sie wenigstens etwas zerstreuen können. Aber ich fürchte das erste Zusammentreffen.

(6/204 bzw. 2, A Nr. 76)

Am 12. März 1764 war Erzherzog Joseph zusammen mit seinem Vater, Kaiser Franz I., und seinem jüngeren Bruder Leopold – dem späteren Kaiser Leopold II. – nach Frankfurt aufgebrochen, wo er am 3. April zum Römischen König gekrönt wurde. Die Rückkehr nach Wien erfolgte am Ostermontag, den 22. April.

Albert
1764

Der kaiserliche Hof kehrte in die Hauptstadt zurück, nachdem Erzherzog Joseph in Frankfurt zum Römischen König gekrönt worden war. Damals stand dieser Hof am Höhepunkt seines Glanzes, und es war vielleicht eine der größten Epochen Österreichs. Das Land war von einer Herrscherin geführt, die durch ihre persönlichen Vorzüge allgemeine Wertschätzung und Bewunderung erlangt hatte, er erfreute sich höchsten Ansehens in ganz Europa, und sein Einfluß auf die Geschehnisse in der Politik war der größte, im besonderen auf jene des Reiches.
Der Anspruch des mutmaßlichen Erben dieser Monarchie auf die kaiserliche Krone im deutschen Reich war gesichert. Die Armeen, in denen die Prinzen der ersten Häuser Deutschlands und anderer Länder sich eine Ehre machten zu dienen, waren nach sieben Kriegsjahren stärker und angesehener als zuvor heimgekehrt. Auch die Finanzen hatte der so lange und erbitterte Kampf nicht zerrüttet. Das Papiergeld und die Coupons, die während des Krieges in Umlauf waren, verschwanden wieder sehr rasch, und man konnte den größten Aufgaben in Ruhe entgegensehen.
Unter den Ministern, welche die Geschäfte führten, befand sich Fürst Kaunitz, der wegen seiner hervorragenden Eigenschaften, seiner Weisheit und Loyalität, mit denen er die auswärtigen Angelegenheiten leitete, sich das Vertrauen und die Freundschaft seiner Monarchin erworben hatte und das größte Ansehen bei den fremden Ministern und Höfen genoß. Man verzieh ihm deshalb manche Eigenheiten, die man bei jedem anderen unerträglich gefunden hätte. Er war es, welcher der Kaiserin den Plan zur Einsetzung eines Staatsrates vorlegte, der bald darauf in Wirksamkeit trat. In demselben sollten die wichtigsten Regierungsfragen in Gegenwart der Monarchin beraten werden. Die Einrichtung würde wahrscheinlich die erhoffte Wirkung

Johann Dallinger von Dalling, Einzug Kaiser Franz I. Stephans und seines Sohnes Joseph II. in Frankfurt zu dessen Krönung zum Römischen König

Jean Etienne Liotard, Wenzel Fürst Kaunitz, österreichischer Staatskanzler

erzielt haben, wenn Kaunitz häufiger den Sitzungen beigewohnt hätte. So aber riß bald bei den Verhandlungen eine Methode ein, welche mit dem innersten Wesen dieser höchsten Körperschaft im Widerspruche stand und zu ihrem Verfall führte.

Das Militärwesen stand unter Leitung des Marschalls Daun, dem die Kaiserin durch den über Preußen erfochtenen Sieg [bei Kolin] die Rettung der Monarchie verdankte und der, ohne gerade ein genialer oder hochbegabter Mann zu sein, doch jene Eigenschaften besaß, welche zur Aufrechterhaltung der Ordnung und des militärischen Geistes notwendig sind. Ihm gebührt außerdem das Verdienst, in seinen Rat würdige Generäle aufgenommen zu haben, unter denen besonders Lacy genannt zu werden verdient, ein Mann von hervorragenden Talenten und einer unvergleichlichen Tätigkeit, der sich durch Theorie und Praxis außergewöhnliche Kenntnisse in der Taktik erworben hatte. Zu ihm gesellte sich der Marschall Fürst Josef Wenzeslaus Liechtenstein, ein allgemein verehrter Mann, würdevoll und geachtet, ein eifriger Staatsbürger und Grandseigneur in seinem Auftreten, welcher als General-Land-, Feld- und Haus-Artillerie-Zeugmeister dem Artilleriewesen vorstand und

Hyacinth Rigaud, Wenzel Fürst Liechtenstein im Ornat des Ordens vom Goldenen Vlies

dasselbe sogar durch Beisteuern aus seinen eigenen Mitteln zu jener achtungsgebietenden Stellung emporhob, in welcher es seitdem immer geblieben ist.
An der Spitze der Verwaltung in den deutschen Erblanden befand sich Graf Haugwitz, der sich um die Richtigstellung des Katasters, die Einführung einer geordneten Steuereinhebung sowie um die Quartierung und Verpflegung der Truppen verdient gemacht hat.
Bald nach meiner Ankunft in Wien übersiedelte der Hof nach Laxenburg, wohin zu kommen ich die Erlaubnis hatte, um an den Vergnügungen in diesem Lustschloß teilzunehmen, das die Kaiserin gerade mit neuen Gartenanlagen verschönerte.
Diese Erlaubnis bot die Gelegenheit, die schöne und liebenswürdige Erzherzogin wiederzusehen, für die ich nach wie vor das gleiche tiefe Interesse empfand. Es war durch den Kummer, den sie vor allem durch den Tod der geliebten Freundin, der Erzherzogin und Infantin, erlitten hatte, nur aufs neue erweckt worden.
Die Situation, in der ich mich befand, bewegte mich dazu, ihr noch größere Aufmerksamkeit zu erweisen, um so mehr, als ich sie erkennen lassen wollte, daß meine ihr entgegengebrachten Gefühle, bevor ich von ihrer Neigung zum Prinzen von Württemberg erfahren hatte und nach der Entdeckung dieser Tatsache, sich nicht geändert hatten.
Ich brauchte nicht lange, um zu bemerken, daß diese Aufmerksamkeiten der Prinzessin gar nicht gleichgültig waren, und das versetzte mich in eine um so größere Verwirrung, als ich mir selbst nicht verbergen konnte: die Gefühle, die ich für sie zu empfinden glaubte, gingen über das Mitfühlen und Wertschätzen weit hinaus.
Ich erkannte daraus, daß mir nichts anderes übrigblieb, als mich so rasch wie möglich vom Hofe zu entfernen und auf meinen Posten nach Ungarn zurückzukehren. Doch noch ehe ich mein Quartier in Buda wieder bezogen hatte, kam der Befehl, nach Preßburg zu gehen, wo ich während des Landtages, der sich dort versammeln würde, anwesend sein mußte. Man hatte zwei Infanterieregimenter, die sich in der Stadt befanden, und zwei der Kavallerie, die in der Umgebung lagerten – beide unter meinem Kommando –, hierher befohlen. Also konnte ich wiederum den Zweck, den ich mir mit meiner Abreise aus Wien vorgenommen hatte, nicht erreichen. Der Hof hatte sich gleich nach Preßburg begeben, und so sollte ich fast täglich die Erzherzogin sehen, der ich ja ausweichen wollte. War es doch ihr Anblick, der mich in die Schwierigkeit brachte, ihr gegenüber das Maß meines Betragens beizubehalten, das mir Stellung und Aufgaben zuwiesen.

(1, I/669)

Johann Michael Millitz, Friedrich Wilhelm Graf Haugwitz

Zu dieser Zeit dachte die Kaiserin noch nicht an eine Verbindung des sächsischen Prinzen mit ihrer Tochter. Noch in ihrem Testament vom 15. Jänner 1764 denkt sie daran, Prinz Albert die Nachfolge nach Herzog Carl von Lothringen als Hoch- und Deutschmeister zu sichern.

Aus dem Testament Maria Theresias
15. Jänner 1764

Septimo: nachdem den Prinz Albert von Sachsen als ein Kind angenommen, so ersuche ich den Prinzen Carl ihme zur Coadjuterie des Teutschmeisterthumes verhilflich zu seyen. auch bitte den Kayser und Meinen Sohn, ihme dazu oder zu einem anderen convenablen Etablissement zu helfen, vermehre auch seynen jährlichen Gehalt von dreissig auf vierzigtausend Gulden und ersuche meinen Erblasser, ihm allzeit Wert zu halten und für ihn zu sorgen, damit er nach seiner Geburt und Naher an Verwandtschaft mit Meinem Haus Etwas convenabler etablirt werde.

(7, Familienurkunden 2001–2007)

In der Zeit vom 19. bis zum 31. Juli unternahmen Albert, Joseph, Leopold und einige Herren der Hofgesellschaft eine Reise in die oberungarischen Bergstädte Schemnitz, Kremnitz und Neusohl. Da Franz Thurn erkrankt war, begleitete Anton Thurn die Reisenden.

Albert
1764

Diese in vielfacher Beziehung instruktive Reise wäre für mich in höherem Grade nutzbringend gewesen, wenn man in meiner Erziehung nicht gänzlich vernachlässigt hätte, mir einige Kenntnisse in Physik, Naturgeschichte, Mineralogie und Chemie beizubringen. Ich konnte daher nur die Großartigkeit des Bergwerkbetriebes, die Mannigfaltigkeit der Vorgänge zur Scheidung und Reinigung der Metalle, die mächtigen hydraulischen Pumpwerke, die das Wasser aus den Bergen brachten, sowie manches andere anstaunen, ohne daß ich einen großen Nutzen für meine Person daraus hatte, und ich kam nicht unterrichteter, als ich es vorher über diese Gegenstände war, von dieser Reise zurück.

(1, I/682)

Zeitungsberichte
Wien, 28. Juli 1764

Aus Schemnitz in Hungarn vom 20. Juli

Der heutige Tag ist nun der zweyte, dessen wir jederzeit mit Vergnügen erinnern werden. Den 3ten Junii 1751 sind wir durch die persönlich-allerhöchste Gegenwart Ihre Röm. Kais. Maj. FRANCISCI, heute aber durch die beglückteste Ankunft Ihro Röm. Kön. Maj. JOSEPH II. erfreuet worden als welche in Begleitung deren Durchlauchtigsten Herren Bruders Erzh.

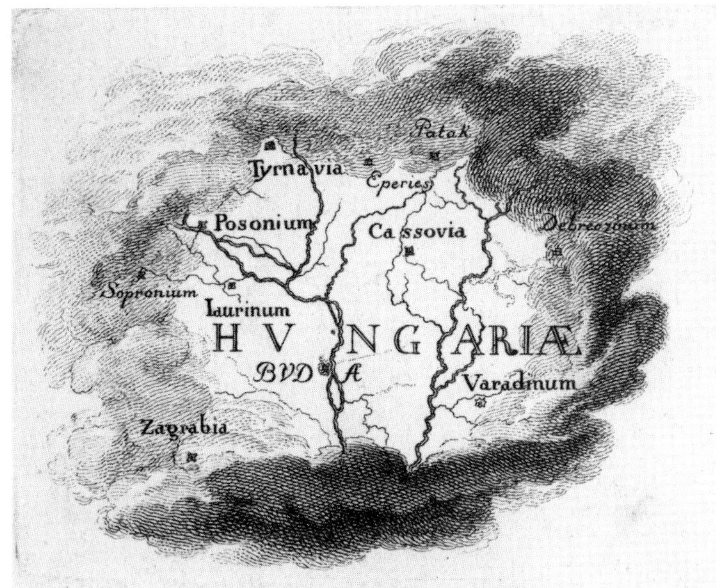

Jakob Schmuzer, Karte von Ungarn mit Buda und Preßburg

Leopold K. H. und Ihro Hoheit des Durchl. Prinzen Albert von Sachsen, anhero gekommen, um sowohl die hiesigen, als die umliegenden Gold-, Silber-, Kupfer-, Bley- und Eisenbergwerke zu sehen. Es ist bekannt, wie viel sehens- und bewundernswürdige Gegenstände diese unsere Bergwerke darbieten. Soviel seltene Kunstmaschinen, welche die Tag- und Grubenwasser heben, auch Erz und Berg treiben: Wieviel Puch-Schläg,

Unbekannter Künstler, Ansicht der Bergstadt Kremnitz von Osten

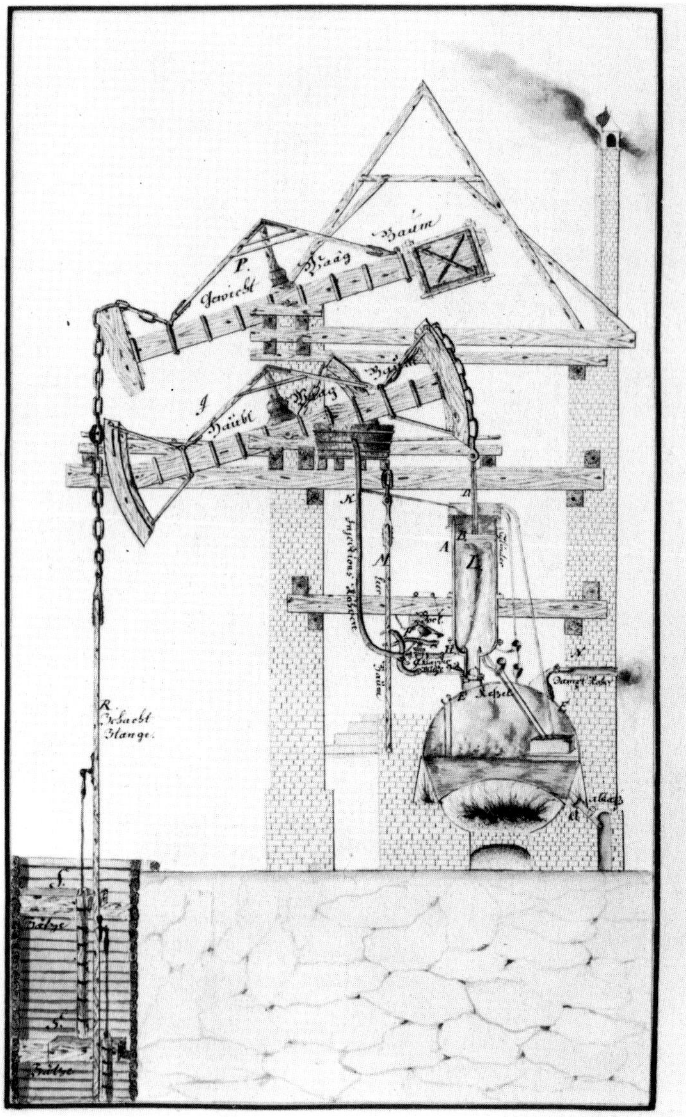

Unbekannter Künstler, Ansicht einer dampfbetriebenen Bergbaumaschine

– und Wascherker: Silber- und Bleyschmelzhütten: verschiedene große Wasserstuben oder Teiche, wodurch in Abgang eines lebendigen Wasserzuflusses allerley Maschinen, und die Puchwerke in Bewegung gebracht werden: nicht minder die Probier-Solvier- und Silberbrennlaboratoria. In der benachbarten Königl. Freyen Hauptbergstadt Cremnitz, die so alte als reiche Gold- und Silberbergwerke, mit der großen Goldscheidungsoperation und dem ganzen Gold- und Silber Münzwesen: wie auch zu Neusohl eben einer von den 7 Niederhungarischen Freyen Bergstädten, das Hauptkupferbergwerk im Herrngrund mit der grünen Nativfarberzeugung, und vor der Stadt die 2 großen Wasserrechen, die Silberschmelzhütte, die Kohlungen, die Kupfer- und Eisenhämmer: endlich das Thayoba, drey viertelstund von der Stadt das Kupferschmelzen, das Saigeren, und das Kupferspeisen.

(12, 1764)

Wien, 8. August 1764

Aus Schemnitz vom 28. Juli

Nachmittag um 3 Uhr beliebte es Sr. R. K. Maj. sich mit den beiden durchl. Printzen und dem gewöhnlichen Gefolg in das allhier auf K. K. Befehl unlängst neu errichtete Chimische Laboratorium zu verfügen, allwo dem K. K. Bergsrath, und Professor der Metallurgischen Chymie, Hrn. Niclos Jacquin die Gnade zu Theil wurde, die höchsten Herrschaften mit vielen Chymischen Experimenten bis 3 Stunden zu dero ganz sonderbarem gnädigsten Wohlgefallen zu unterhalten. Der Zulauf der Leute ware so gross, daß man bei dem Eingang des Hofes Wachen aufstellen musste, um das Eindringen des Volkes zu verhindern. Die Chymischen Versuche aber bestanden hauptsächlich in etwelchen Ertzproben, in Niederschlagung verschiedener Metallen,und Halbmetallen durch mancherley Auflösungsmitteln samt deren Verhalt gegeneinander und endlich in mehr anderen sehenswürdigen Seltenheiten der metallurgischen Probir- und Scheidekunst.

(12, 1764)

Wien, den 15. August 1764

Aus Schemnitz vom 30. Juli

Den 24ten dies Vormittag beliebte es Sr. Maj. dem Röm. König mit Ihro Königl. Hoh. dem Erzherzogen Leopold und dem Prinzen Albert von Sachsen, die 9 Puchwerke auf dem Ribnicker Grunde vor der Stadt samt den 2 Puchmehlführungen und Hauptschlämmstuben in Augenschein zu nehmen, und auf den dortigen 12 Herden der Schlämmung und Goldausziehungsmanipulation zuzusehen. Von dorten ritte man zur Bleyschmelzhütte auf dem Stadtgrunde wo der zum Verrösten gehörige Bleyschlich in einen Flammröstofen gestürzet, aus einem anderen aber der bereits genugsam verröstete Bleyschlich heraus gezogen wurde. Von den 2 Bleyschmelzöfen, war der eine schon zum Anlassen fertig, damit man alle Vorrichtung desto besser sehen könte; der 2te hingegen stund in voller Operation, so daß gleich bey dem Eintritt der höchsten Gäste auf das Bley gestochen worden. Man besuchte nicht weniger die Goldanreibstuben, allwo das zum amalgamiren, oder anreiben vorbereitete Gold vorgewiesen, und darauf wirklich angeriben, sofort in den Tiegel geleget, solcher in das Feuer gesetzet, und der Mercurius davon getrieben endlich das Gold so in 20 March 9 Loth 1 Quintel bestanden, aus dem Tiegel genommen und wiederum vorgezeigt wurde . . .

(12, 1764)

Anschließend an diese Reise besuchte der ganze kaiserliche Hof Schloß Waitzen, wo Albert am 18. August eine Parade abhält und man an der Hochzeit der Nichte von Kardinal Migazzi mit Graf Sztaray teilnimmt.

Albert
1764

Der Hof kehrte nach Wien zurück. Ich aber folgte ihm nicht in die Hauptstadt, ging auch nicht nach Buda, da der Generalkommandant Graf Pálffy die Kaiserin gebeten hatte, mich nach Preßburg zu versetzen, um der mir untergebenen Truppe näher zu sein. Sie hatte eingewilligt, allerdings unter der Bedingung, daß man ein als Ersatz geeignetes Quartier für mich finden würde. Als Nikolaus I. Fürst Esterházy mir zu diesem Zweck sein Palais in Preßburg anbot, ließ ich meine Leute von Buda nachkommen, um meinen Haushalt da neu zu gründen. Die gewonnene Muße nützte ich eifrig für Lektüren und Studien, fest entschlossen, nur bei Hof zu erscheinen, wenn die Pflicht es absolut erfordern würde. Aber schon kurze Zeit später wurde in Wien eine Militärkommission einberufen, die das neue Exerzier- und Dienstreglement für die Kavallerie beraten sollte und zu der ich bestimmt wurde, so mußte ich mich in die Hauptstadt begeben und hier Aufenthalt nehmen.
Durch die Kaiserin wurde ich in einem ihr gehörenden Haus, das an das kaiserliche Palais grenzt, untergebracht und mußte zu allen Unterhaltungen und allen Jagden mitkommen, ja die Kaiserin gestattete mir sogar den Zutritt zur Hofloge im Theater. Dermaßen hätte man mehr als ein Mensch sein müssen, um die Gefühle für diese so anmutige Prinzessin zu unterdrücken.

(1, I/685)

Zeitungsbericht
Wien, 17. Oktober 1764

Dienstag den 16. fruhe gegen 7 Uhr sind S. M. der Kaiser mit S. M. dem Röm. König und den Erzh. Maria Anna, Christina, und Amalia K. H. wie auch dem durchl. Prinzen Albert von Sachsen ohnweit Heilkreuzt gefahren, um alldorten mit einer grossen Schweinjagd sich zu erlustigen, wobei 161 Stück von verschiedener Größe geschossen worden. Die Zurückkunft nach Schönbrunn ist Abends gegen 6 Uhr erfolget, worauf nach 7 Uhr in dem Schlossgarten ein von dem Hr. Tomasoni, Lehrern der Ingenieurkunst in der Savoyischen Ritterakademie, verfertigtes artiges Lustfeuer abgebrannt worden.

(12, 1764)

Albert
1764

Als ich mich eines Abends wieder einmal an der Seite der Prinzessin in der Loge des Theaters befand, sagte sie plötzlich zu mir: Sie habe die Erlaubnis, mich hinsichtlich der Aufmerksamkeiten, die ich ihr erweise, zu beruhigen; ich dürfe ohne Angst vor Vorwürfen fortfahren, die Gefühle weiterhin auszudrücken, die ich ihr eben durch diese Aufmerksamkeiten erwies. Ich müsse mir aber die größte Mühe geben, nach außen eine Conduite an den Tag zu legen, die nicht das geringste verrate, bis die Zeit es erlaube; auf diese Art hoffe sie, es werde alles gut werden.
Ich konnte mich von meinem Erschrecken kaum erholen; dieses unerwartete Gespräch machte mich unsicher, ich wußte nicht, ob ich träumte oder ob sie wirklich mit mir geredet hatte. Konnte ich denn im Ernst mir vorstellen – ein „pauvre cadet", wie ich einer war, nichts besitzend als eine kleine Apanage und das, was ich aus dem Titel meines Generalsranges bezog, den ich auch nur der Güte der Kaiserin verdankte –, konnte ich mir überhaupt einbilden, diese große Souveränin würde soweit gehen, Gefallen an einem Attachement zu finden, an der Neigung zu ihrer geliebten Tochter, die doch wert war, Gemahlin eines der ersten Herrscher Europas zu werden; auch wenn diese die Empfindungen, die ihr entgegengebracht wurden, erwiderte. Allerdings sollten die Prüfungen, die ich noch zu bestehen haben würde, sehr hart und sehr langwierig werden.

(1, I/688)

J. Bauer, Herzog Albert von Sachsen-Teschen als Oberst-Inhaber seines Kürassierregimentes

Unbekannter Hofmaler, Benedikt Moritz Herzog von Chablais

MARIA THERESIA AN MARIE CHRISTINE
FRÜHJAHR 1765

Ich rate Dir sehr, mach die Dinge nicht schwieriger, als sie schon sind. Warum gibst Du aller Welt ein Schauspiel, das jedermann durchschaut? Sei überzeugt, daß man Dich in Laxenburg und noch mehr in Preßburg, wo Du so ruhig zu sein glaubtest, nur allzu leicht erriet. Du hast jetzt Ruhe nötig und darfst Dich nicht aufregen. Das kostet manche Überwindung, wenn Du die jetzige Zeit überstehen willst. Neffe Moritz kommt also nach Innsbruck. Mehr brauchst Du gar nicht wissen, und je netter und liebenswürdiger Du zu ihm bist, ohne Dich ihm an den Hals zu werfen, um so leichter lenkst Du die Leute ab und nützt Dir damit am meisten. Du hast Dein Glück in meine Hand gelegt und mir Dein Herz geöffnet, sei gewiß, daß es gut bei mir aufgehoben ist und daß ich niemals gegen Deinen Willen handeln werde. Doch laß Dich nicht im voraus für oder wider die Sache einnehmen, es geschieht ohnehin nur das, was die Vorsehung mit uns bestimmt hat, wir sind nur Werkzeuge in ihrer Hand. Bete zu Gott, daß er Dir seinen Schutz schenkt. Du brauchst ihn mehr als andere, weil Deine Heftigkeit sich zu leicht Deinem ganzen Wesen und Deiner Gesundheit mitteilt. Spiele in Gelassenheit und Mut die Rolle, die Deine Pflicht Dir vorschreibt, Du kannst das gut, wenn Dein Wille sie recht unterstützt. Habe keine Vertraulichkeiten oder Geheimniskrämereien, weder mit Deinen Schwestern noch mit sonst irgend jemandem. Sprich überhaupt so wenig wie möglich über die Prinzen. Ja, schlag sie Dir einmal ganz aus dem Sinn, damit Du Dich nicht immer wieder damit beschäftigt siehst. Gib Dich ganz natürlich und gelassen, Du kannst es eben um so leichter, weil im Augenblick doch alles aus ist, und ich verspreche Dir, Dich aufmerksam zu machen, wann es wieder soweit ist. Mit dem anderen brauchst Du kein sonderliches Mitleid zu haben, er hat nicht mehr und nicht weniger Hoffnung als seit fünf Jahren, daher wird sich für ihn nicht viel ändern. Kurzum, solange Du Dich hier aufhalten wirst, vergiß die Prinzen, das ist das beste Mittel für Dein zukünftiges Glück. Das ist auch das einzige Ziel, das ich verfolge, wozu ich Dir meinen ganzen Beistand verspreche.
Sprich nicht mit Joseph über ihn. Wenn er Dich aushorchen will, sag ihm einfach, er solle Dich, wenn er Dich lieb hat, in Ruhe lassen. Deine Lage ist ohnedies grausam genug für Dich, und Du solltest Dich sehr vor ihm in acht nehmen, seitdem er Dir wiederholt zu verstehen gab, Du würdest Dich in den Herzog auf der Stelle verlieben, wenn Du ihn siehst.

(8, 86)

Im Juli reist der Hof nach Innsbruck, um dort die Hochzeit des Erzherzogs Leopold, des zukünftigen Großherzogs von Toskana, mit der Infantin Maria Ludovica von Spanien zu feiern.

ALBERT
1765

Diese Reise und die Zeit, die ihr vorausging, waren schrecklich für mich. Der Kaiser hatte den Herzog von Chablais, den Sohn seiner Schwester, der ersten Gemahlin des Königs von Sardinien, nach Innsbruck eingeladen. Die Zuneigung zu seiner verstorbenen Schwester hatte ihn dahingebracht, ein Heiratsprojekt zwischen dem besagten Herzog und der Erzherzogin, der meine ganze Zuneigung gehörte, zu planen.
Er hatte sich auch diesbezüglich der Kaiserin eröffnet, die ihrem Gemahl jedoch viel zu sehr zugetan war, um ihm gegenüber nicht alle Behutsamkeit walten zu lassen. Sie hütete sich, sich ihm zu widersetzen, kannte sie ihn doch als zu guten Vater, um nicht zu wissen, daß er sich nie dazu hinreißen lassen werde, von seiner Tochter eine Unterwerfung unter seinen Willen in dieser Beziehung tatsächlich zu fordern, wenn sie eine entschiedene Abneigung zeigen sollte.
Die Kaiserin verlangte aber von der Erzherzogin und von mir eine noch größere innere Beherrschung, um vor allem dem Kaiser nicht in diesem Moment durch ein mangelhaftes Beneh-

Martin van Meytens (?), Erzherzogin Marie Christine

men zu mißfallen. Sie ließ uns hoffen, daß, wenn wir das befolgten und die erste Begegnung einmal vorbei sei, sie es doch noch erreichen könnte, die Dinge nach unseren und ihren Wünschen zu lenken.
Sie wollte indessen, daß auch ich die Reise mitmachen solle, und welche Einwände ich auch immer machte, mich davon zu befreien, und welche Schilderungen der traurigen Rolle ich auch gab, die ich meinem Rivalen gegenüber spielen mußte, der käme, um mir diejenige zu nehmen, die schon solange der Gegenstand meiner Anbetung sei – sie bestand darauf. Die Begründung war: Mein Bruder, der Bischof, käme auch nach Innsbruck, um dem Brautpaar den ehelichen Segen zu spenden, käme ich nicht hin, würde dies eine Aufmerksamkeit erregen, die gar nicht nach ihren Plänen wäre.

(1, I/692)

Herzog Albert reist über Bayern nach Tirol, der Hof wählt die Route durch die Steiermark und Kärnten.

Albert
1765

Wenige Tage später kam der Herzog von Chablais aus Turin an. Er wurde, vor allem vom Kaiser, mit der größten Freude empfangen, wie es ja durch das Wiedersehen mit dem einzigen Sohn seiner geliebten Schwester zu erwarten war. Ich sah ihn am nächsten Tag, und ich brauchte nicht lange, um festzustellen, daß, wie immer auch sein Charakter sein mochte, er nicht ein Äußeres besaß, das irgendein besonderes Gefallen hätte erregen können.
Zunächst wußte er nichts von dem Zweck seines Aufenthaltes. Bald aber konnte man seine Zurückhaltung, ja Scheu bemerken, und ich benützte sie, mich mit ihm in freundschaftliche Verbindung zu setzen.

Wegen der verspäteten Ankunft der Braut unternimmt Joseph unterdessen mit Albert eine Reise zu den Bergwerken von Schwaz und den Salinen von Hall.

Er [Joseph] nahm mich auch einige Male mit auf Schloß Ambras, das auf einer kleinen Anhöhe im Inntal liegt und wo ich Gelegenheit hatte, eine kostbare Sammlung von Steinen, Medaillen, Kameen und Bildern und, was für mich vielleicht noch interessanter war, von Waffen aller Art und aller Zeiten, im besonderen aus dem 16. und 17. Jahrhundert, zu sehen. Die Waffen wurden von Figuren in natürlicher Größe und mit den dazugehörigen Kleidungsstücken gezeigt, was alles in allem einen wahrhaft lebendigen Eindruck machte.

(1, I/695)

Maria Theresia an Marie Christine
Innsbruck, Frühjahr 1765

... Ich muß Deine Freundin [die Kaiserin spricht von sich selbst als „einer Freundin"] in Schutz nehmen und wäre bekümmert, wenn Du ihr mißtrautest und argwöhnisch gegen sie würdest. Das verdient sie nicht, sie ist Dir zugetan und würde Dich am liebsten weit weg von hier sehen. Es fällt ihr nichts Besseres ein als dies. Urteile selbst, ob sie nicht zu Deinem Besten alles getan hat, Dir zu helfen, oft sogar gegen ihre eigene Überzeugung. Vaters Anspielungen fielen ihr auf die Nerven, der Neid, der darob in der ganzen Familie aufkam, und der Tratsch über den anderen in der Stadt. All dies erregt und steigert ihre Besorgnisse. Leider hast Du sonst niemanden, auf den Du Dich verlassen kannst und der Dich wirklich liebt. Du mußt Dir Deine Freundin erhalten und darfst Dich jetzt nicht der einzigen Hilfe berauben, die Dir bleibt. Laß dieses Gewitter jetzt vorübergehen, und zieh Dich morgen mit Gottes Hilfe in Deine Klause zurück, sieh zu, soweit Du kannst, zur Ruhe zu kommen und alles in die Hände der Vorsehung zu legen. Je weniger Du Dich aufregst, desto weniger gibst Du wegen des Unseren [Albert] Anlaß, gegen Dich zu sein, was eben mehr als je vermieden werden muß, damit ich weiterkomme, doch brauche ich Zeit und kann vor der Rückkehr aus Innsbruck nichts einfädeln. Glaub ja nicht, ich hätte am Komplott der anderen teil; keine Rede davon, aber ich kann Deine Wünsche nur nach und nach erfüllen. Ich würde nur dann auf der Gegenseite stehen, wenn Du mich dazu beschiedest, und selbst dann hätte ich für den andern schon meine eigenen Pläne, wie ich sie jetzt für meinen Schützling gefaßt habe. Halte Dich also still und verdirb nichts durch zuviel Unrast. Sieh Dich vor bei Joseph, laß Dich mit ihm auf kein Gespräch mehr ein und nenne nur ja nicht den Unsrigen. Bedeute ihm [Albert], nachdem Du mit mir gesprochen, daß du deine ganze Zukunft auf seine Freundschaft baust; daß du ganz darauf rechnest und Dir keine Gedanken mehr machst und ganz ruhig bist und selbst nichts mehr darüber hören möchtest. Suche Vaters Zärtlichkeit mit tausend Aufmerksamkeiten, und gib ihm keinerlei Anlaß, gegen Dich und meinen Protegé zu sein, denn er ist hellhörig.

(8/87)

Albert
1765

Eines Abends befand ich mich beim Kaiser in der Loge des Theaters, als dieser mir in besonders herzlicher und geradezu rührender Weise sagte: „Meine beiden Söhne werden mich nun verlassen; ich werde also allein und ohne sie nach Holitsch gehen, aber Sie werden mich begleiten und ihre Stellung einnehmen."

Man kann sich die Wirkung dieser Worte auf mich vorstellen; und die Erzherzogin, die sie hörte, konnte sie mir gegenüber nur immer wieder betonen.

(1, I/700)

Mitten in der freudigen Stimmung trat jedoch ein Ereignis ein, das alle in die größte Bestürzung versetzte. Es sollte dem Kaiser nicht beschieden sein, das eben ausgesprochene Vorhaben auszuführen. In der Nacht vom 17. zum 18. August befiel ihn ein Unwohlsein. Wieder erholt, besuchte er am folgenden Abend mit Joseph, Albert und dessen Bruder Clemens das Theater, wo Goldonis „Il Tutore" und das Ballett „Iphigenie" gegeben wurden. Danach begleiteten ihn die Prinzen durch die Korridore der Hofburg. Vor dem Schlafzimmer Leopolds, der erkrankt war, angelangt, wollte sich der Kaiser nach dessen Befinden erkundigen, seine Begleiter sollten ihn beim Souper im Speisesaal erwarten. Kaum waren sie dort angekommen, als ein Diener herbeieilte und meldete, der Kaiser sei beim Eintritt in das Zimmer des Großherzogs vom Schlage gerührt worden und in den Armen seines Sohnes gestorben. Die Nachricht stürzte Maria Theresia in eine Verzweiflung, die das Schlimmste befürchten ließ. Die zur Hochzeit zusammengeströmte Gesellschaft zerstreute sich rasch. Auf dem Wasserwege wurde der Leichnam des Kaisers nach Wien gebracht, wo das prunkvolle Begräbnis stattfand.

ALBERT AN MARIA ANTONIA VON SACHSEN
INNSBRUCK, 21. AUGUST 1765

. . . als ich auf den Lärm hin herbeieilte, den sein Unwohlsein hervorgerufen hatte, sah ich ihn [den Kaiser] tot auf einem Dienstbotenbett hingestreckt, auf das man ihn gelegt hatte, nachdem er zusammengebrochen war. Der Schlag war so plötzlich, daß er kein einziges Lebenszeichen mehr gab, und obgleich der Beichtvater glaubte, daß er noch atmete, worauf er ihm die Absolution erteilte, ist es wahrscheinlicher, daß es nichts als ein letztes Zeichen der Lebensgeister war, an denen aber seine Seele nicht mehr teilnahm. Ich kann Ihnen kaum den Schrecken dieser Szene und danach schildern. Stellen Sie sich den Kaiser tot in den Armen seines Sohnes [Josephs] vor; die Kaiserin, die man am Betreten des Vorzimmers, wo sich der Vorfall abspielte, hinderte, ganz außer sich; Prinz Carl und seine Schwester [die Geschwister des Kaisers], kaum weniger erschrocken, führten sie in ihre Gemächer, obwohl sie sich selbst kaum aufrecht halten konnten; der Erzherzog krank in seinem Bett; die Erzherzogin ganz bestürzt, in Wehklagen verfallen; der gesamte Hofstaat, welcher sich zum Souper versammeln sollte, in Tränen aufgelöst; das ganze Palais widerhallend von Weinen, Schluchzen und Klagen: da haben sie das Ereignis, dessen Zeuge ich war und das ich in meinem ganzen Leben nicht vergessen werde . . .

(2, IV 10b Nr. 24 A, Brief 83 bzw. 6/463 ff.)

Am Tag nach dem Tode ihres Gemahls, am 19. August 1765, machte die Kaiserin ihren Sohn Joseph zum Mitregenten in den österreichischen Ländern.

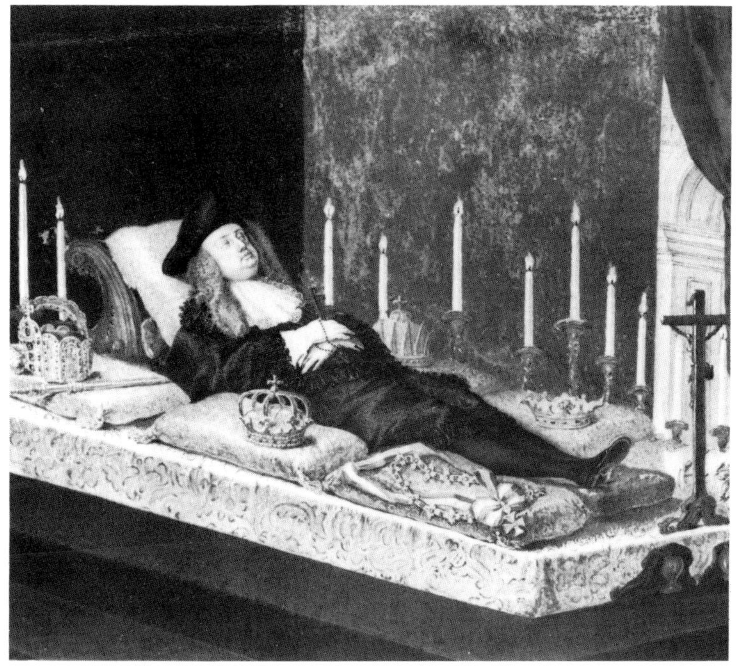

Gabrielle Beyer-Bertrand zugeschrieben, Kaiser Franz I. Stephan auf dem Totenbett

ALBERT
1765

Joseph hatte von Natur aus alle Eigenschaften, ein großer Herrscher zu werden. Sein scharfer und durchdringender Geist, der Bewunderung erregen mußte, ersetzte oft das, was ihm durch den Mangel an Konsequenz abging.
Ohne sich in der Jugend besonderen Studien oder der Lektüre gewidmet zu haben und ohne daher tiefere Kenntnisse in den Wissenschaften, den schönen Künsten oder der Geschichte zu besitzen, hatte es ihm seine natürliche und überlegene Begabung ermöglicht, sich alles, was er las, was an Bemerkungen fiel oder sich ereignete, anzueignen, und er wußte es in der Konversation in so angenehmer und unterhaltender Weise wiederzugeben, daß er einer der liebenswürdigsten Privatmänner hätte sein können. Nur war diese Liebenswürdigkeit, die den Beifall und die Bewunderung jener hervorrief, die ihn nicht häufiger sahen, für gewöhnlich allzu einstudiert und verbunden mit der Eitelkeit, in Gesellschaft brillieren zu wollen, und so wiederholte er sich oft.
Von früher Jugend an zu allen Beratungen und Sitzungen bei der Kaiserin zugelassen, hatte er sich eine Art von persönlichem Protokoll der Gegenstände, die behandelt wurden, zurechtgemacht und sich schon früh alles das gemerkt, was er an Fehlern und Gebrechen in der Administration entdeckt hatte. Er vergaß auch nicht, das Lächerliche mancher vorgebrachten Ansichten oder der Personen, die sie vertraten, hervorzuheben. So hatte er sich eine Art der Beurteilung gebildet, die von der in seinen

Unbekannter Hofmaler, Kaiser Joseph II.

Studien kennengelernten peripatetischen Philosophie beeinflußt wurde. Mittels dieser wußte er durch sophistische Argumentation die falschesten Prinzipien zu vertreten, derart, daß jeder, der nicht sehr solide Grundlagen der Logik und der Prinzipien besaß, in Verwirrung geriet, wenn er ihm seine eigenen Gründe entgegenhielt.

Dabei war er voll Feuer und Aktivität, besaß den Ehrgeiz, immer glänzen zu wollen, von sich reden zu machen, und war immer voller Ideen für Reformen, Verbesserungen und Änderungen. Diese Neigung hatte einerseits ihr Gutes, gab sie doch allen, die unter ihm arbeiten mußten, Impuls und Bewegung und trieb ihn selbst zu immer neuen Wegen in der öffentlichen Verwaltung, was also – wäre es immer mit der notwendigen Sorgfalt und Reflexion verbunden gewesen – zum gegenwärtigen und zukünftigen Vorteil seiner Untertanen geführt hätte. So aber rissen sie ihn andererseits häufig zu einer Überstürztheit hin, die ihn seine Ziele oftmals verfehlen ließen, während seine Grundsätze, auf die Politik übertragen, die Aufmerksamkeit der benachbarten Mächte sehr erregen mußten. Das Vertrauen, das diese in Maria Theresias Gesinnung und ihre Prinzipien hatten, wurde zerstört. Joseph hatte dabei auch den Fehler, daß er nur nach seinen Ideen vorging und eine ausdauernde Arbeit, die Kombination und Fleiß verlangte, ablehnte, daß er also dadurch oft sein Werk nicht bis zum Abschluß brachte. Vor allem, wenn er auf schwer lösbare Aufgaben stieß, ging er gerne von dieser unfertigen Arbeit auf eine andere über, die er mit derselben Leichtigkeit begann. Aber von noch größerer Tragweite war, daß er sich bald in seiner Bemühung aufhalten ließ, wenn jene, die mit ihm zu tun hatten, ihm Hindernisse in den Weg legten.

Man darf allerdings nicht verkennen, daß seine Anschauungen in der öffentlichen Verwaltung immer bedeutend waren und dem allgemeinen Wohl seiner Staaten dienten. Er hätte sie auch ohne Fehler durchgeführt, wenn er sich niemals in den Maßstäben geirrt hätte.

Die Kaiserin, seine Mutter, der seine Fehler nicht ganz verborgen blieben, litt vor allem an der Heftigkeit und Härte seines Charakters, deren Folgen sie fürchtete und die sich nur allzuoft zeigten, besonders als er die Herrschaft in der österreichischen Monarchie angetreten hatte. Aber sie war voll Bewunderung für seine Talente. Sie war sehr angetan von den Aufmerksamkeiten, die er ihr inmitten all des Kummers, den er ihr verursachte, zuwandte; oft allerdings beabsichtigten sie nur, die Kaiserin für seine Ansichten zu gewinnen.

Also hatte sie geglaubt, es nicht besser machen zu können, als sich seiner Unterstützung zu versichern, indem sie ihn zum Mitregenten ernannte, wie es der Kaiser, ihr Gemahl, gewesen war, und ihm die ganzen militärischen Angelegenheiten zu überlassen, ungeachtet der Vorstellungen, die Marschall Daun zu machen gewagt hatte, diesen Bereich doch nicht aus den Händen zu geben.

(1, I/709)

Albert
1765

Auch in den Momenten ihres tiefsten Kummers hatte sich die Kaiserin mit dem Gedanken beschäftigt, jenen Plan zu verwirklichen, der sie schon so lange beschäftigte: ihre geliebte Tochter und mich zu vermählen. Diese Idee gewährte ihr Erleichterung in ihrem unendlichen Schmerz.

Sie trat schließlich auch dem Kaiser, ihrem Sohn, gegenüber aus der Reserve. Dieser fügte sich nach bestem Willen ihrem Wunsche und stimmte mit ihr auch hinsichtlich der Aussteuer, die sie uns zugedacht hatte, überein. Schon am nächsten Morgen sollte er mir diese Neuigkeit mitteilen, und sie, die gute Mutter und Souveränin, beauftragte indessen die Erzherzogin, mich schon abends mit einem Handbillet davon in Kenntnis zu setzen.

Es war am 10. November morgens, als mich der Kaiser einladen ließ, mit ihm im Wagen zu dem Garten zu fahren, den er in der Vorstadt Josephstadt besaß und wohin er mich öfters mitzunehmen pflegte. Während der Promenade eröffnete er mir in seiner wie gewöhnlich scherzenden Weise die gestern von der Kaiserin und ihm gefaßten Entscheidungen und instruierte mich über die mein Etablissement betreffenden Punkte, welche sich aus der Verbindung mit seiner Schwester ergeben würden. Nun war ich ja ein wenig darauf vorbereitet gewesen, kannte ich doch seit längerem die Ansicht der Kaiserin, und ich konnte mir schmeicheln, selbst die Neigung des Kaisers am Ende gewonnen zu haben, und auch die Liebe zu seiner Tochter hätte zu einem solchen Resultat führen müssen. Aber nun war ich doch, so muß ich gestehen, durch diese Mitteilung des jungen Kaisers derart außer Fassung gekommen, daß ich nur mit Mühe darauf eine Antwort fand. Sie fiel auch mehr als ungeschickt aus, was ihm Gelegenheit zu neuen scherzhaften Bemerkungen bot.

(1, I/703)

Joseph II. an Leopold von Toskana
14. November 1765

Lange Zeit wollte er nicht glauben, daß ich im Ernste zu ihm redete. Als er sich jedoch davon überzeugte, kannst Du Dir die Augen vorstellen, die er machte, als er sah, daß seine seit sechs Jahren gehegten Wünsche in Erfüllung gehen sollten. Mir aber, dem Philosophen Joseph, konnte nichts Angenehmeres geschehen, als für meine ganze Lebenszeit einer tiefen Verbundenheit versichert zu werden. Da ich in meinem eigenen Hause keine Annehmlichkeiten genieße, wird mir diese neue Familie große Erheiterung gewähren. Bei ihr werde ich die Augenblicke zubringen, welche meiner Erholung gewidmet sind, da ich der Herrin des Hauses sehr zugetan bin und zu den Freunden des Hausherrn zähle. Ich bitte Dich, zu niemandem darüber zu sprechen außer natürlich zu Deiner Frau und den Thurns, die sicherlich regen Anteil daran nehmen werden.

(17, I/153)

Wiener Porzellanmanufaktur, „Die Verlobung"

J. Schütz nach J. Ziegler, Ausfahrt Kaiser Josephs II. (Ausschnitt)

Maria Theresia an Wenzel Fürst Kaunitz
November 1765

Ich habe gestern dank Ihnen einen Abend wie schon sehr lange nicht verbracht. Sie haben mir meinen Sohn sehr schnell und sehr entschieden zurückgeschickt. Er konnte es gar nicht abwarten, seine Schwester davon in Kenntnis zu setzen. Ich habe sie kommen lassen: Es war eine rührende Szene, aber die Freude, die ich an meinem Sohn sah, andere glücklich zu machen, hat mir noch mehr gegeben als die Befriedigung, daß diese Sache, die mir schon so lange am Herzen liegt, erledigt ist. Das Wichtigste ist getan, alles übrige beunruhigt mich nicht mehr, es ist in guten Händen.

(18, IV/254)

Anläßlich der Hochzeit von Albert und Marie Christine verlieh die Kaiserin dem Fürsten Kaunitz das Großkreuz des Stephansordens in Gold und Diamanten, die allein einen Wert von 20 000 Gulden hatten: „Als Zeichen meiner Dankbarkeit, die ihnen seit langem voll gehört und die erst mit meinem Leben enden wird."
Albert bittet nun seinen als Administrator von Sachsen an der Spitze der Familie stehenden älteren Bruder Prinz Xaver, für ihn in aller Form um die Hand der Erzherzogin anzuhalten.

CLEMENS, BISCHOF VON FREISING UND REGENSBURG, AN ALBERT
DRESDEN, 28. NOVEMBER 1765

Liebster Albrecht!
Der Miltitz, welcher Dir diesen Brief übergeben wird, kann Dir sagen, wiesehr ich seine Zurückreise pressirt habe, da ich mir eure Ungeduld vorstellen kan. Ich habe sie auch täglich der Churfürstin und dem Xaveri vorgestellt, es hat auch nicht von ihnen dependirt ihm geschwinder zu expediren; Du weißt aber, wann die große Peruquen consultirt müssen werden, es immer längsamer geht. Ich wolte wünschen ihn begleiten zu können und Dir meine Freude bezeigen, da ich versichert bin, daß er es Dir nicht genugsam sagen wird können.
Mich hat auch besonders gefreuet zu ersehen die avantage die Du durch diese Heurath erlangen werdest, bin auch versichert, daß man von hiesigem hoffe [Hofe] daß äußerste vor Dich machen wird, so viel es die traurige Umstände unsres lieben Vaterlandes zulassen. Ich kenne Dich genug, um leicht zu glauben, daß bey allen diesen Dich nichts so freuet als der Besitz Deiner liebsten Mimi, Du hast aber auch recht, denn sie verdient es wohl.
Wie sehr ich mich freue Dich bey dieser gelegenheit wieder zu sehen, kannst Du Dir leicht einbilden, und werde ich mich gewiß bey Dir so lang aufhalten als es meine Geschäften erlauben werden; was könnte mir wohl angenehmer sein als mit Dir zu sein und mit meiner Schwägerin die ich gewiß von Hertzen liebe – doch nur wie eine Schwester – erzeige ihr auch die Freude, so ich habe, sie wieder zu sehen und mit ihr von die alten historien reden zu können. Ich habe gestern Deinen Brief von 23ten erhalten, mit demjenigen von unserer Nièce. Sage denen Herrschaften Dank vor die genädige Erinnerung zu meinem Tag, unserer lieben Kaiserin wie auch dem Kaiser lege mich zu Füßen wie etiam der Kaiserin Josepha! und mache mein compliment allen denjenigen so sich meiner erinnern. Deinem lieben Schätzgen richte noch insbesondere was aus von mir. Die hiesigen Nachrichten kann Dir der Miltitz mündlich ausrichten, ich schließe Dich bittend denjenigen beständig zu lieben so Zeitlebens verbleibet . . .

(19, 187)

Johann Ernst Mansfeld, Ludwig Graf Batthyány

Der Hochzeitstermin wurde wegen der Einhaltung der Trauerzeit noch drei Monate verschoben. Zu den Weihnachtsfeiertagen 1765 verkündete die Kaiserin dem nach Wien gekommenen Prinzen die Ernennung zum Statthalter in Ungarn; als solcher hatte er nur dem König den Eid zu leisten, der Palatin dagegen war dazu auch der Nation gegenüber verpflichtet. Marschall Fürst Ludwig Batthyány, bereits hochbetagt, erklärte sich bereit, zugunsten Alberts auf die Würde des Palatins zu verzichten, allerdings war das durch seinen Tod im Oktober 1765 nicht mehr notwendig. Von den höchsten Adelskreisen jedoch wurden gegen die Ernennung Alberts Vorstellungen erhoben: es müsse für Ungarn als Demütigung betrachtet werden, daß nicht ein Erzherzog, sondern ein sächsischer Prinz die hohe Würde erhalte. Maria Theresia erklärt hierauf, sie betrachte Albert als ihren Sohn, und die Ungarn mögen ihn daher auch als Erzherzog betrachten. Man gab sich damit zufrieden, keine weiteren Einsprachen wurden erhoben.
Bereits am 7. Jänner 1766 konnte Herzog Albrecht seinen feierlichen Einzug in Preßburg halten. Der ihm von den Ständen und der Bevölkerung bereitete Empfang ließ auf eine allgemeine Zufriedenheit mit seiner Ernennung schließen. Die Kaiserin hatte dem Herzog den Oberst Kempelen als Direktor der ungarischen Kanzlei beigegeben, der ihn in die Geschäfte einführen sollte. Im königlichen Schloß, wo er nun residierte, nahm er die Glückwünsche des Adels entgegen.

Maria Theresia an Gräfin Enzenberg
26. Dezember 1765

Heute findet die Ernennung des Locumtenens statt, nur der Name macht mich schon erzittern. Gott gebe, daß der, der dieses Amt jetzt übernimmt, es so würdig wie unser großer und geliebter Herr ausfüllen wird, daß meine Tochter so glücklich wie ich sei und ihren Mann nicht überlebe.

(8. IV/467)

Kaiser Franz I. war als junger Mann noch vor seiner Vermählung von Kaiser Karl VI. 1732, nach dem Tod des damaligen ungarischen Palatins Graf Pálffy, zum Statthalter von Ungarn gemacht worden. In ihrem Brief spielt die Kaiserin darauf an.
Seit November, als die künftige Verbindung eine beschlossene Sache war, hatte sich zunächst über die Gräfin Vasquez, dann direkt mit Erlaubnis und Zustimmung der Kaiserin, ein lebhafter und intimer Briefwechsel zwischen Albert und der Erzherzogin entsponnen. Täglich eilten die Kuriere zwischen Preßburg und Wien hin und zurück. Herzog Albert muß berichten, wie er den Tag verbringt, mit wem er verkehrt, und Marie Christine ist nicht ohne Eifersucht auf die Damen, in deren Gesellschaft er sich bewegt. Als der Herzog in einem Brief den Ausdruck „liebe Freundin" gebraucht, ist sie bestürzt, gewinnt aber wieder ihre Fassung und schreibt:

Marie Christine an Albert
18. Februar 1766

Die törichte Liebe wird vergehen, die Freundschaft selber soll die Grundlage unserer Verbindung bleiben. Ja, ich glaube, daß die Ehe nur glücklich sein kann, wenn die Freundschaft die Grundlage bildet; wenn ich Ihre zärtlichste und beste Freundin werden kann, sehe ich das als meine beste Eigenschaft an. Nichts soll zwischen uns verborgen bleiben, alle Gefühle, Sorgen und Kummer wollen wir teilen.

(15, I/36)

Marie Christine an Albert
Undatiert, wohl 6. Dezember 1765

Da es Sitte ist, den braven Kindern zu dieser Zeit einen „heiligen Nicolo" zu schenken, so empfangen Sie, mein Herr, diesen, da ich annehme, daß Sie unter jene gelehrigen Kinder gehören, welche die Süßigkeiten, mit denen dieser Korb angefüllt ist, und das Geschenk, das der ehrwürdige Prälat selbst bringt, verdienen. Aber zittern Sie dagegen vor dem Schicksal der bösen Kinder, von denen eines der schlimmsten bereits im Sack dieses garstigen Krampus steckt. Es hängt einzig und allein von Ihnen, mein Herr, ab, dem guten oder bösen Geschick zu verfallen. Glauben Sie einem Ihrer eifrigsten und anhänglichsten Diener, der Ihnen dies schreibt. Vielleicht ist dies der „Krampus" selbst; deshalb unterlasse ich es, mich zu unterzeichnen, in der Besorgnis, Eure königl. Hoheit zu erschrecken.

(19, 160 bzw. 9, P 298-8a, 102)

Marie Christine an Albert
1766

Ich hatte geglaubt, daß das Schreiben Ihrer Billets Sie nicht soviel Zeit kostet, wie mich die meinigen, da Sie darin einfach alles sagen, was Sie denken, und ich dachte, daß dies alles von Ihrem Herzen diktiert sei. Aber anscheinend handelt es sich doch um Komplimente, die sie einstudieren, so daß diese zu schreiben Ihnen viel Mühe machen. Was sie auch mich an Mühe kosten, kann nicht bei Ihnen der Fall sein, da man, wie Sie sagen, immer alles nach militärischem Plan tun muß und ich das richtige Maß meiner Ausdrücke stets abwägen und mir zu diesem Zwecke Zeit lassen muß, damit meine Lebhaftigkeit und mein Herz mich nicht überfallen.
Jetzt, da ich Ihr Billet wieder lese, um es zu beantworten, finde ich darin einen Stachel über die Freundschaft auf Bestellung, die Sie mir unterschieben. Ich habe großes Verlangen, Sie deshalb auszuzanken, denn wenn Sie so denken, verdienen Sie nicht, daß ich die Gefühle für Sie empfinde, die ich habe. Glauben Sie, daß ich je in die Lage gekommen wäre, Sie auf Bestellung lieben zu müssen, wenn das Herz nicht diesem Befehl zuvorgekommen wäre und wenn dieses Herz nicht vor den Augen der Besten aller Mütter gänzlich offenbar gewesen wäre. Also keinen Vorwurf darüber, daß Sie alles, was Sie bis jetzt sind, der Freundschaft dieser lieben Mutter verdanken und der guten Meinung, die Ihr Charakter und Ihr Benehmen bei ihr gebildet haben. Ich behaupte aber, daß Sie meine Person nur mir selbst verdanken. Ich werde jetzt wenigstens versuchen, mir das Verdienst zu verschaffen, so zu sein, daß Sie mir nie vorwerfen können, ein so schlechtes Geschenk erhalten zu haben. Adieu! Ich hoffe, daß wir bei unserem Wiedersehen

Erzherzogin Marie Christine, Nikolobescherung in der kaiserlichen Familie; Zeichnung nach Cornelis Troost

Frieden schließen werden. Nehmen Sie den Ratschlägen folgend den Wagen und bestellen Sie Ihr Diner um halb 2, da ich zu dieser Zeit auch das meine bestellt habe. Die Vasques behauptet, daß dieses Billet mir viel Mühe verursacht hat. Sie sagt, daß dies nicht das Schlechteste für Sie ist; ich werde es ihr vorlesen. Ich bezweifle allerdings, daß sie dann noch finden wird, es hätte mir Mühe gemacht. Trotzdem hat sie recht. Adieu.

(9, P 298-8a, 110)

Marie Christine an Albert
1766

Ich bin sehr froh darüber, daß Sie sich von Ihrem Schnupfen erholt haben und daß wir zusammen spazieren gehen werden, da es sehr schön ist. Unsere kleine Freundin wird auch dabei sein. Mir geht es gut, und ich schreibe Ihnen, während ich meine Schokolade kalt werden lasse, um Sie darauf nicht zu sehr warten zu lassen und damit mein künftiger Herr und Gebieter, den ich aus ganzem Herzen liebe, nicht ungeduldig wird. Adieu.

(9, P 298-8a, 166)

Marie Christine an Albert
1766

Sie wollen also eine Antwort auf Ihre Wünsche für den Jahresbeginn. Empfangen Sie zunächst die meinen. Sie haben genau das Richtige gefunden, indem sie mir das Bildnis dessen schickten, von dem meine ganze Glückseligkeit in diesem Jahr und in meinem ganzen Leben abhängen wird, denn Ihr Herz, Ihr Vertrauen und Ihre Zärtlichkeit sollen mein ganzes Glück sein. Wenn das Ihre in diesen selben Dingen von meiner Seite aus besteht, dann rechnen Sie damit, vollkommen glücklich zu sein. Ich bin Ihren Wünschen gefolgt, indem ich diesen Morgen für Sie zu Gott gebetet habe, und ich habe damit das Jahr begonnen, dessen Anfang nicht nur für Sie glücklich war: Ich teile aus vollem Herzen Ihre Freude, mit der Sie es beginnen, Sie laufen nicht Gefahr, daß ich Ihre Komplimente in die Reihe derer einordne, die nur mit den Lippen sprechen und bei denen der einzige Beweggrund im Komplimentemachen selbst liegt. Ihr Herz und Ihre Geradlinigkeit sind mir wohlbekannt, und glauben Sie, daß ich das ganze Leben lang mich bemühen werde, zu Ihrer Glückseligkeit beizutragen, damit Sie nie Grund haben mögen, dieses Jahr umzudatieren und es in die Reihe der unglücklichen Ihres Lebens einzuordnen. Adieu. Ich freue mich darauf, Sie zu sehen. Man sagt, daß man das ganze Jahr so denkt wie am ersten Tag, und so werde ich immer sehr zufrieden darüber sein, mit Ihnen zu sein und Ihnen meine ganze Freundschaft entgegenbringen zu können. Ich werde Ihnen bei mir die Stunde sagen, zu der man zu unserer lieben Mutter geht.

(9, P 298-8a, 111)

Joseph II. an Albert
8. Jänner 1766

Sehr lieber Schwager,
noch immer in partibus infidelium, habe ich mit großer Freude Ihren Brief erhalten. Ihre Zufriedenheits- und Dankbarkeitsäußerungen spornen nur noch mehr dazu an, Gelegenheiten zu suchen, Ihnen gefällig zu sein. Wenn man will und man – so wie Sie – wollen kann, dann ist es nicht schwer, bei allen gestellten Aufgaben Erfolg zu haben. Ihre Demut, lieber Freund, kennt keine Grenzen. Für Ihre momentane Arbeit braucht man nur guten Willen, dessen ich bei Ihnen sicher bin, Geradlinigkeit, die ein Teil Ihres Charakters ist, sogar in der Liebe, und Urteilskraft. Gerade diese, das werden Sie mir nicht leugnen, haben sie während sechs Jahren, inmitten von Kriegshelden, Kassandren, alten und jungen Frauen und republikanischen Köpfen, zur Genüge bewiesen, schließlich und endlich durch das Gleichgewicht, das Sie zwischen dem ehrwürdigen Stand der Obersthofmeisterinnen und dem Getöse der Erzherzoginnen des Hauses zu halten imstande waren.

(3. Mémoires, 28/1479)

Marie Christine an Albert
15. Jänner 1766

Sie sind wirklich von einem bewundernswerten Fleiß beim Schreiben, und ich bin Ihnen sehr dankbar dafür. Meine Gesundheit ist bestens, und Sie haben gar keinen Grund, darüber beunruhigt zu sein. Unsere liebe Mutter, bei der ich war und die daher den Abgang dieses Schreibens verzögert hat, läßt Sie ihrer Güte versichern und sagen, daß Ihr Brief ihr Freude bereitet hat und sie mit Genugtuung Ihre erste lateinische Unterschrift gesehen hat [die offizielle Kanzleisprache in Ungarn war das Lateinische]. Ich meinerseits habe die wunderschöne Handschrift bewundert. Was Ihren gestrigen Brief anbelangt, hat es sich ergeben, daß eben, als ich ihn bekam, mein Bruder Joseph bei mir war. Sie können wohl annehmen, daß ich ihm diesen nicht gezeigt habe. Er ist jetzt seit einigen Tagen sehr schlechter Laune, sogar traurig. Ich glaube, daß seine Tochter, die noch immer krank ist, dazu beiträgt, und wie ich ihn kenne, möchte er seine Besorgnis darüber verheimlichen, um die schöne Theorie aufrechtzuerhalten, daß er nichts liebt, nicht einmal sein einziges Kind. Trotzdem kann er mir das nicht verheimlichen, die ihn gut kennt, und, um die Wahrheit zu sagen, er tut mir leid. Es ist fürwahr eine eigenartige Sache, diese Gefühllosigkeit erzwingen zu wollen, die er fälschlicherweise für Seelengröße hält und die ihm das Herz erhärten wird, das von Natur aus gut ist. Ich kann in meinem Innersten solche Philosophie nicht verstehen, da ich ein so gefühlvolles und zärtliches Herz habe, daß ich es nicht lassen kann, zuviel davon zu haben, „ein weiches Wachsherz", wie meine arme Schwägerin sagte. Und Sie erweitern noch die gute Meinung, die Sie von mir haben, da Sie sich Gedanken machen über die Langeweile, die ich dort [in Preßburg] haben werde. Sie wissen noch nicht, mit wem Sie es zu tun haben, wenn ich einem Menschen sehr verbunden bin, erfüllt mich diese Zärtlichkeit ganz, und es gibt weder Land noch Ort, noch Gesellschaft, die mich, wenn ich mit ihm zusammen bin, langweilen könnte.

(9, P 298-8a, 39-41)

MARIE CHRISTINE AN ALBERT
18. JÄNNER 1766

Ich kann Ihnen nichts Neues berichten – da ich nichts weiß. Die Vasques hat gestern Stoffe gekauft und ist damit beschäftigt, nur lebhafte Farben zu nehmen, wie Sie sie lieben, unter anderem Rot. Sie läßt Ihnen ausrichten, daß sie es ausschließlich für Sie macht, damit ich Ihnen darin gefalle. Ich für meinen Teil, die nichts davon versteht und dunkle Farben liebt, mische mich da nicht ein.
Was mein Porträt betrifft, rechne ich damit, Montag den Bacciarelli kommen und mich für Sie malen zu lassen. Aber es ist ein wahrhaftes Opfer, das ich Ihnen bringe, da ich mich bei diesem Zeitvertreib zum Sterben langweile und es mich der Morgenstunden beraubt, in denen ich anderes zu tun hätte.

(9, P 298-8a, 45–46)

Unbekannter Miniaturmaler,
Herzog Albert und Erzherzogin Marie Christine

MARIE CHRISTINE AN ALBERT
18. FEBRUAR 1766

Es handelt sich also um einen alten Groll, der Sie den Titel Freundschaft, auf mich bezogen, mit ein bißchen Abstand betrachten läßt. Trotzdem ist es gerade Freundschaft, was ich am meisten anstrebe. Die törichte Liebe wird bald vergehen, und wenn die Freundschaft nicht die Grundlage unserer Verbindung bildet, wird die Zärtlichkeit bald erloschen sein. Sie sollten bemerken, daß ich dabei nur von Ihrem Herzen spreche. Geben Sie, mein lieber Albert, zu dieser Stunde zu, daß ich recht habe. Endlich bin ich, durch die Güte unserer lieben, anbetungswürdigen Mutter, am höchsten Punkt aller Erfüllung angelangt, nämlich wagen zu dürfen, Ihnen diese Freundschaft, die ich, gemischt mit aller Zärtlichkeit, für Sie hege, zu gestehen. So glaube ich also, daß eine Ehe nur glücklich sein kann, wenn Freundschaft die Grundlage bildet, ich glaube auch, daß ich eine zärtliche und gute Freundin sein kann, da ich gerade diese Eigenschaft als die beste betrachte, die ich habe, und unter diesem Gesichtspunkt möchte ich mich Ihnen schenken. Da man zwischen wirklichen Freunden nichts verheimlichen darf, da man ohne seinen Freund sich nie wirklich wohlfühlen kann, da Kummer und Zufriedenheit ehrlich mit seinem Freund zu teilen sind, so stelle ich mir vor, daß zwischen Eheleuten, die sich lieben und glücklich sein wollen, dieselbe Verbindung zu bestehen hat. Wenigstens werde ich darin meine Glückseligkeit sehen und immer so denken. Verzeihen Sie mir, daß ich Sie als besten Freund gewählt habe und daß ich wünsche, Sie mögen auch dasselbe von mir denken.

(9, P 298-8a, 63–64)

MARIE CHRISTINE AN ALBERT
20. FEBRUAR 1766

Die Kaiserin glaubt, daß Maria Anna eine Partie wie die meine wünschen würde, und da sie nicht zwei gleiche bieten kann, hat sie, um Maria Anna zu beruhigen und zufriedenzustellen, mich gebeten, mit ihr zu tauschen. Da Sie mein Herz kennen, können Sie beurteilen, welche Kraft es mich kosten würde. Ich habe der Kaiserin geantwortet, daß ich ihr in allem Gehorsam schulde, daß ich aber ohne Sie in nichts einwilligen könne; ich glaube nämlich, daß Sie dies nicht wollen werden. Darauf sagte sie mir, daß sie genug auf Ihre ehrerbietige Anhänglichkeit zähle, um sicher zu sein, Sie würden Ihr nicht abschlagen, die eine Tochter statt der anderen zu nehmen; vor allem eine, die es so sehr wünscht. Ich sagte, daß ich meinerseits mich unmöglich kaltblütig damit zufriedengeben könne; da sie mir aber befohlen hat, Ihnen davon zu schreiben und Ihren Entscheid darüber einzuholen, zumal ich habe sagen hören, Sie könnten nur mit mir glücklich sein, sagte ich ihr, daß, wenn Sie annehmen würden, ich mich nicht widersetze. Denn wenn Sie mich nicht jeder anderen vorziehen, dann verdienen Sie mich auch nicht. So steht es. Denken Sie nach und entscheiden Sie sich. Sie werden drei Tage lang keinen Brief von mir erhalten. So haben Sie Zeit, sich zu entscheiden, ohne daß die Gefühle meiner Zärtlichkeit Sie verwirren. Ich erinnere mich, daß Sie in letzter Zeit Maria Anna so schön, so sanft, so angenehm empfunden haben, vielleicht wird da das Opfer für die Kaiserin gar nicht so groß sein. Weil diese Gründe für mich aber nicht gelten, würde es mich unendlich viel kosten, mich zu entwöhnen, Sie zu lieben, anders nun als einen Bruder und Freund. Obwohl Sie mir vorwerfen, daß ich in meinem Herzen kein anderes Gefühl als Freundschaft habe, und glauben, daß ich eine Teilung Ihres Herzens hinnehmen könnte, täuschen Sie sich trotzdem. Ich nehme für diese drei Tage Abschied. Adieu.

(9, P 298-8a, 68-69)

Joseph II. an Albert
23. Februar 1766

Ich bin Ihnen, lieber Prinz, sehr für Ihren Brief, den ich heute morgen erhalten habe, dankbar, vor allem aber für die Zahl der Wölfe, die Sie mir bekanntgeben. Ich rechne damit, Mittwoch – gegen Mittag – in Ungarisch-Altenburg einzutreffen, weniger um Wolfsblut zu trinken, als um die Freude zu haben, Ihnen zu begegnen. Ich werde hier um 4 Uhr früh wegfahren und glaube, daß ich nur 8 Stunden brauchen werde. Wenn es Ihnen genehm ist, können wir gleich auf die Jagd gehen. Ich werde die Nacht dort verbringen und am nächsten Tag zu meinem Schreibtisch, den ich seit 3 Tagen kaum verlassen habe, und zu einem meiner Werke, das ich unter der Feder habe, zurückkehren. Sonst gibt es nichts Neues, meine Lieblingsschwester hat sich zurückgezogen, ich habe mich mit einem Diner verabschiedet, und morgen zum Frühstück werde ich Sie – in all Ihrer Liebenswürdigkeit – wiedersehen.

(3, Mémoires, 28/1479

Marie Christine an Albert
24. Februar 1766

Um Sie der drei Tage Schweigens wegen zu entschädigen, nehme ich die Feder zur Hand, Ihnen Bericht zu erstatten. Ich habe meinen Ausgang gut begonnen, da ich bei meiner lieben Mutter mit dem Kaiser dinierte. Ich muß gestehen, daß ich mir wie ein Mädchen, das aus einem Kloster kommt, vorkam, da ich während dieser drei Tage kaum zum Sprechen kam. Aber mein Bruder hat die Konversation geführt, da er sehr guter Laune war. Gott möge ihn so bei der Wolfsjagd erhalten. Man wird in großer Gesellschaft sein, von hier aus wollen alle Liechtensteins aufbrechen, sogar Fürst Joseph Wentzl, aber ich zweifle daran, daß er es tun wird. Der Kaiser hat große Freude an dieser Reise, nicht sosehr der Jagd als der Gesellschaft wegen und des Diners mit allen diesen Herren. Es werden schöne Reden geführt werden. Jetzt ist der Kaiser nach Laxenburg gefahren, unser Haus anzuschauen und zu sehen, ob er es zu klein für uns findet, was ihn sicherlich begeistern würde. Wenn er zu Ihnen davon spricht, sagen Sie nur, Sie hätten aus meinen Briefen ersehen, daß diese Erwerbung mir große Freude macht. Unsere liebe Mutter fügt hinzu, daß es mir um so mehr Freude machen würde, als ich mit meinem lieben Prinzen Albert allein sein werde, ohne Eindringlinge fürchten zu müssen.

(9, P 298-8a, 72)

Aus diesem Schreiben ist ersichtlich, daß Maria Theresia ihren plötzlichen Einfall, Albert mit ihrer ältesten Tochter Maria Anna anstelle von Marie Christine zu vermählen, wieder aufgegeben hatte.

Marie Christine an Albert
9. März 1766

Da mich die Prinzessin [Kunigunde] um einen Brief gebeten hat und ich immer sehr froh bin, Ihnen zu schreiben, beginne ich, indem ich Sie Ihres Vorwurfes wegen schelte, daß mich der Vetter [der Herzog von Chablais] aus Italien beschäftige. Ich habe wohl vorsätzlich diesen genannt, da ich es nicht gewagt hätte, meinen lieben Bischof [Clemens] zu nennen, der, wenn er hierher käme, bei Ihnen viel Eifersucht verursachen könnte. Trotzdem, müssen Sie wissen, bin ich ehrlicher als Sie, der Sie mir nur schreiben, daß Sie große Gesellschaft zum Diner gehabt haben, ohne mir zu sagen, wer dies war. Ich bekomme von Ihnen zwar ganze Listen, aber nur wenn die Familien Pálffy etc. bei Ihnen speisen; die anderen aber muß ich erraten. Nun, unterhalten Sie sich nur noch diese zwei Tage, morgen kehren Sie zurück und kommen dann nicht mehr ohne Ihr „Haus Creutz" nach Preßburg.
So nehmen Sie nur recht artig Abschied von Ihrer schönen Welt. Heute abends ist die letzte Gesellschaft, die Sie halten werden. Trennen Sie sich sehr zärtlich von Ihrer „Hausfrau", denn in Zukunft wird Ihre Mimi diesen Platz keiner mehr überlassen, ob alt oder jung, ob häßlich oder schön, und sie will ihre Tage und ihr Herz allein dem Glück ihres Prinzen Albert weihen.

(9, P 298-8a, 92)

Maria Theresia zur Hochzeit an Marie Christine
April 1766

Ihr möchtet gern von mir für Euren neuen Lebensabschnitt einen Rat haben. Es gibt mancherlei Bücher, die von diesen Dingen handeln, ich kann es mir ersparen, sie nochmals aufzuzählen. Ihr wißt, daß die Frau dem Manne untertan ist, daß

wir unserem Gemahl Gehorsam schulden und daß er in allem unsere Erfüllung ist, daß wir ihm dienen, helfen und in ihm unseren väterlichen Freund und besten Gefährten sehen sollen. Wenn auch viele Beispiele heute das Gegenteil zeigen – ich kann Euch niemals von diesen Pflichten entbinden. Ihr habt Euren Gemahl aus Neigung erwählt, Ihr kennt ihn und habt allen Grund zu der Hoffnung, mit ihm so glücklich zu werden, wie man es auf dieser Welt nur sein kann.
Trachtet danach, Gottes Gnade durch ein christliches Leben zu verdienen. Seid anderen ein Vorbild durch Eure Mildtätigkeit, Eure Frömmigkeit, durch einen rechtschaffenen Lebenswandel und eine edle Bescheidenheit. Ihr habt für Eure Umgebung den Ton anzugeben, und ich bin überzeugt, daß Ihr Euch sehr dazu eignen werdet.
Ihr besitzt Anmut und seid anhänglich. Doch hütet Euch davor, diese Tugenden und Eigenschaften zu übertreiben. Ich muß Euch das besonders einschärfen, weil Ihr Euren Gemahl liebet und dabei in ein Übermaß geraten könntet, das ihm zur Last würde. An dieser delikaten Frage scheitern ja oft gerade die liebenden und tugendsamen Frauen, die aus Neigung heiraten. Je sparsamer Ihr mit Euren, auch den unschuldigsten Zärtlichkeiten seid, desto heftiger werdet Ihr begehrt werden.
In heutigen Zeiten schätzt man keinerlei Zwang. Je mehr Freiheit Ihr Eurem Gemahl lasset, je weniger Zwang und Pünktlichkeit ihr von seinen Besuchen erwartet, um so liebenswerter macht Ihr Euch, und um so verlangender wird er Eure Nähe suchen.
Das Wichtigste ist, daß er Euch stets bei gleichem Sinn, bei gleicher Freundlichkeit und Aufmerksamkeit für ihn findet. Seht zu, es ihm in Eurem Hause recht zu machen, damit er sich nicht anderswo wohler fühlt. Wenn Ihr sein Vertrauen besitzen wollt, beweist ihm, daß Euer Verhalten und Eure Verschwiegenheit es verdienen. Nie soll eifersüchtiger Argwohn in Euer Herz dringen. Je mehr Freiheit Ihr Eurem Gemahl lasset, je mehr Ihr ihm darin Eure Gefühle und Euer Vertrauen zeiget, um so begehrenswerter werdet Ihr für ihn sein. Denn alles Glück der Ehe besteht in gegenseitigem Vertrauen und in gegenseitiger Zuvorkommenheit. Die närrische Liebe ist bald dahin – man muß einander achten und einer muß den anderen dienen, man muß wahre Freundschaft füreinander empfinden, um in einer Ehe glücklich zu leben. Nur so wird man die Widerwärtigkeiten dieser Welt ertragen können. In dieser Hinsicht fürchte ich bei Euch höchstens das Zuviel, das Euer gemeinsames Glück trüben könnte. Ich habe Euch auf Eure Freundinnen eifersüchtig gesehen. Hütet Euch, es auf Euren Gemahl zu sein, das wäre der erste Schritt, ihn fernzuhalten. Neckt ihn nicht in diesem Punkt, vom Scherzen gerät man leicht in Vorwürfe, ein bitterer Tropfen mischt sich darein, die Achtung voreinander muß darunter leiden, und plötzlich spürt man das Gift der Abneigung. Je größer das Vertrauen ist, das Ihr Eurem Gemahl entgegenbringt, je weniger Zwang Ihr ihm auferlegt, um so sicherer werdet Ihr seiner Liebe und Treue sein.

Unbekannter Hofmaler, Herzog Albert im Ornat des Stephansordens

Es stünde besser um viele Ehen, wenn man sich also verhalten würde. Alles hängt hierin von der Frau ab, sie muß die rechte Mitte halten, die Achtung und das Vertrauen des Mannes zu gewinnen, nie Mißbrauch damit treiben oder gar damit prahlen wollen oder – das Schlimmste – den Willen haben, ihn zu beherrschen. Eure Lage ist in dieser Hinsicht ebenso heikel wie die meine. Lasset ihn nie Eure Überlegenheit fühlen – nichts fällt schwer, wenn man vernünftig liebt; was mich betrifft, so kann ich jedenfalls über diesen Punkt beruhigt sein.

(8, 87 f.)

Anläßlich der feierlichen Brautwerbung in Wien am 2. April 1766 erhielt Prinz Albert von der Kaiserin unter anderem das mit Brillanten besetzte Goldene Vlies und den Stephansorden. Die ausführlichste Beschreibung der Festlichkeiten anläßlich der Hochzeit von Albert und Marie Christine gibt uns das sogenannte „Journal de Schloßhof", das wahrscheinlich von Erzherzogin Maria Anna verfaßt wurde. Mit kleinen textlichen Änderungen fügt es Fürst Khevenhüller-Metsch seiner Beschreibung der Hochzeit bei (siehe 10, 204). Allerdings spricht der letzte Abschnitt dieses Journals,

Bernardo Bellotto, gen. Canaletto, Blick auf Schloßhof von der Gartenseite

das in Ich-Form gehalten ist, eher dafür, daß der Verfasser Herzog Albert selbst war, der wahrscheinlich auch das folgende „Journal de Landschitz" verfaßt hat, wofür eine Stelle in dem Brief Kaiserin Maria Theresias vom 11. Jänner 1767, anläßlich der italienischen Reise, spricht, in welchem sie von ihm eine ähnliche Abfassung täglicher Berichte wünscht wie hier.

Erzherzogin Maria Anna (?)
1766

Am 7. April hat I. M. die Kaiserin und Königin um 7 Uhr morgens mit der Erzherzogin Maria Anna und den Gräfinnen Loscy und Berthold Wien verlassen. Der Rest der Gesellschaft folgte ihr nach dem Diner um 2 Uhr in drei Wagen: der erste war der des Kaisers mit Dietrichstein, seinem Oberststallmeister, und Karl Pálffy, seinem Kammerherrn; der zweite jener der Kaiserin [Maria Josepha] mit der Erzherzogin-Braut, mit den Damen von Linden und Vasquez; der letzte war den Damen Salmour, Goëss, Wallis und Sztaray bestimmt. Um 6 Uhr abends kam man an und begab sich gleich in den Garten, um die Kaiserin-Königin zu finden, die hier promenierte.
Der schöne Abend hat es uns erlaubt, bis nach 7 Uhr einen Spaziergang zu genießen, dann versammelten wir uns im Vorgemach des Kaisers Joseph, wo wir uns mit Gesellschaftsspielen bis zum Souper, das vor 9 Uhr serviert wurde, unterhielten. Die Kaiserin-Königin hat sich dann zurückgezogen, da sie immer allein die Mahlzeiten einnimmt. Nach einer halben Stunde zog sich jeder in sein Zimmer zurück.
Am 8., dem Tag der Hochzeit, war bis zum Diner jeder beschäftigt, zunächst die Messe zu hören und sich dann zu schmücken. Nach 11 Uhr versammelte sich alles langsam im Vorgemach der Erzherzogin-Braut, und auch die beiden Prinzen von Sachsen waren am Morgen gekommen. Alle Damen waren weiß gekleidet, mit Diamanten, die Kavaliere in Grau, außer dem Kaiser und dem Bräutigam, die in Uniformen eines Feldmarschalls erschienen. Die Braut war angetan mit einem weißen Musselinkleid mit silbernen Blumen und viel Schmuck und war in voller Schönheit. Um 1 Uhr ging alles zum Diner.

Der Saal war mit herrlichen Tapisserien ausgestattet und mit vielen Lustern erhellt, deren oberer Teil mit Blumengirlanden geschmückt war, was einen prachtvollen Anblick bot.
Man zog mit Pauken und Trompeten ein, die von den Schülern des Vaters Bahrhamer wie von echten Musikern gespielt wurden. Sie musizierten dann auch zu Tisch. Nach der Tafel hat die Kaiserin-Königin die Gesellschaft wieder in dem Vorgemach angetroffen, und man begann mit Spielen.
Für 6 Uhr war die Hochzeit angesetzt. Prinz Clemens nahm das heilige Amt vor, die ganze Gesellschaft begleitete die Brautleute in die Schloßkapelle, die Kaiserin-Königin nahm auf der Empore Platz.
Es hat nicht lange gedauert, da man, statt das Te Deum zu singen, es nur am Altar sprach. Wieder zurück im Vorgemach, wurde der Braut von allen die Hand geküßt. Die Kaiserin-Königin, die eine Viertelstunde danach kam, unterzog sich auch dieser Zeremonie. Schließlich begann man eine Partie Ombre mit den Brautleuten zu spielen. Alles beteiligte sich daran, bis es Zeit war, zu soupieren. Diesem Souper wohnten, wie auch schon dem Diner, alle Kavaliere der Prinzen bei und alle, die ausgewählt waren, die Neuigkeit von der Hochzeit zu überbringen: Reischach für Florenz, Leopold Pálffy für Dresden und Schoyer für die Niederlande. Es gab eine Menge Zuschauer bei diesem Souper, da man alle, selbst die Bauern des Dorfes, hereinließ. Nach dem Essen hat man die Braut in ihre Gemächer zurückgeführt, und alles zog sich zurück. Die Anweisung lautete, sich am nächsten Morgen um 10 Uhr wieder zu versammeln.
Alles kam am 9. zur bezeichneten Stunde wieder in dem Vorzimmer der Erzherzogin zusammen, um sie in die Schloß-

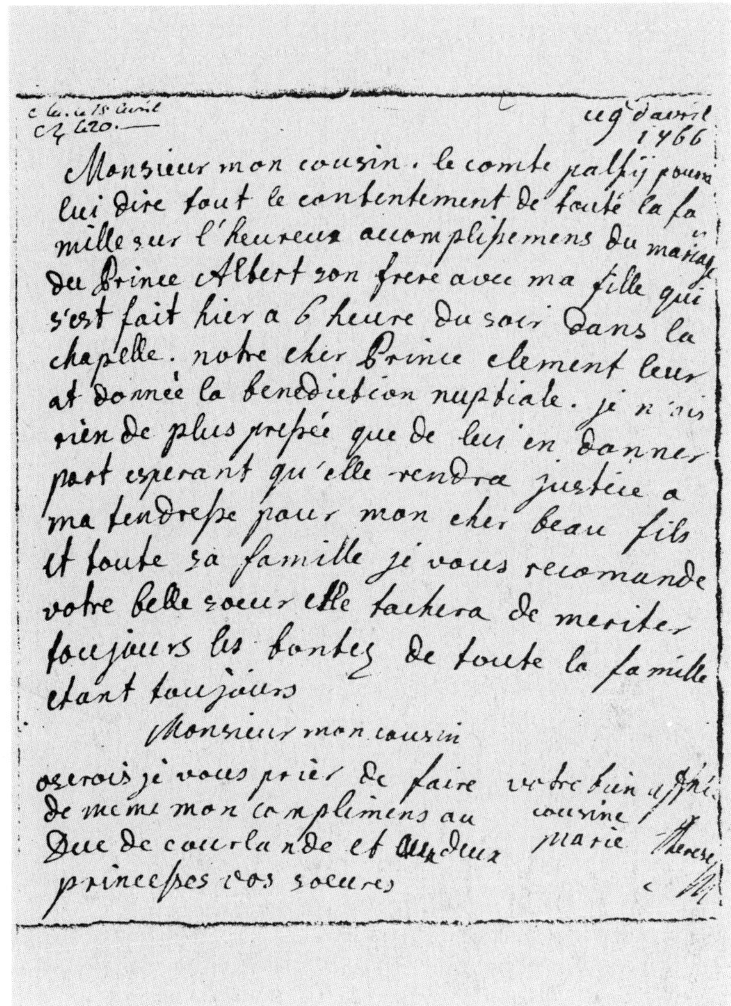
c le 18 avril
ch 220.
ce 9 d'avril 1766
Monsieur mon cousin. le comte palfy pourra lui dire tout le contentement de toute la famille sur l'heureux accomplissemens du mariage du Prince Albert son frere avec ma fille qui s'est fait hier a 6 heure du soir dans la chapelle. notre cher Prince clement leur at donnée la benediction nuptiale. je n'ai rien de plus pressé que de lui en donner part esperant qu'elle rendra justice a ma tendresse pour mon cher beau fils et toute sa famille je vous recomande votre belle soeur elle tachera de meriter toujours les bontes de toute la famille etant toujours
Monsieur mon cousin
oserois je vous prier de faire de meme mon complimens au Duc de courlande et au deux princesses vos soeurs
votre bien affec. cousine
marie therese

Handschreiben Maria Theresias an Alberts Bruder Xaver von Sachsen

Bernardo Belotto, gen. Canaletto, Schloßhof von der Hofseite

kapelle zu begleiten, wo der Prinz Clemens die Messe las. Um 11 Uhr empfing man die angekommenen Gäste aus Wien und Preßburg, es waren dies Prinz Kaunitz, Prinz und Prinzessin Batthyáni, der Judex Curiae Pálffy und seine Gemahlin. Das Diner war um 1 Uhr wie gewöhnlich. Nach Tisch stellte man sich an die Fenster, die in den Hof gehen, um der Bauernhochzeit zuzusehen; es waren 30 Paare, 20 davon in ungarischen Trachten und 10 in sächsischen. Die ersten begannen den Einmarsch in grand ordre von der Musik der Schüler des P. Bahrhamer begleitet. Einer von ihnen war nicht mehr als 5 Jahre alt und schlug mit all seiner Kraft im Takt die Pauke.
Das letzte Paar hatte einen großen Korb, den es in die Mitte stellte, er enthielt Geschenke für die ganze Gesellschaft. Dann nahmen alle ihre Körbe in der gleichen Reihenfolge, in der sie sie gebracht hatten, wieder auf und trugen sie in den Saal. Alles hatte sich dort eingefunden, um das Mitgebrachte zu sehen. Zuerst aber öffnete man einen großen Schrank, in dem sich alle möglichen Arten von Bauerngewändern befanden, aber auch Zinngeschirr und gefüllte Geldbeutel – ein schöner Anblick.

Josef Ducreux, Maria Theresia als Witwe

Dann nahm man auf Anordnung der Kaiserin-Königin Platz, die Bauern und Bäuerinnen trugen ihre Körbe zur kaiserlichen Familie hin. Der Inhalt des letzten, der für alle war, wurde nach den Zetteln, die an jedes Geschenk geheftet waren, verteilt; auch jeder andere Korb war beschriftet.

(7, Journal de Schloßhof)

MARIA THERESIA AN MARIE CHRISTINE
18. APRIL 1766

Meine liebe Tochter!
Ich habe mich um 8 Uhr zurückgezogen und schreibe Euch nun, da Ihr um eine baldige Antwort gebeten habt und Pálffy Euch sprechen will. Immer habe ich Euch vor meinen Augen, jetzt eben besonders. Ihr könnt und müßt jedermann anhören und sollt alle Welt sehen. Ihr seid meine Tochter und braucht Euch keinerlei Zwang anzutun. Aber niemals dürft Ihr selbständig Entscheidungen treffen, sondern Eure Gespräche und Antworten sollen sich nach dem richten, was Euer Gemahl für gut befindet, und Ihr dürft nicht vergessen, daß die Regierungsgeschäfte die Wege einzuhalten haben, die dafür vorgesehen sind. Ihr kennt meine Wünsche und Absichten, ich will nichts anderes als das Wohl des Staates und seiner Bürger und rechne auf Euch beide, mir darin beizustehen, daß es mir gelingen möge. Ihr sollt mich über alle wichtigen Vorgänge unterrichten, darum sollt ihr zuhören, beobachten, den Leuten wenigstens ein Wort des Verstehens sagen, wenn man ihnen nicht sofort helfen kann. Das ist das mindeste, was man von uns verlangen kann. Wenn Ihr Euch so verhaltet, bricht man am besten von vornherein Intrigen die Spitze ab, nachträglich könnt Ihr dann untereinander austauschen, was man Euch gesagt hat. Die Verständigung zwischen Euch beiden in diesem Punkt ist sehr wesentlich, sie wird um so leichter sein, als Ihr ja bei jeder Gelegenheit erklären könnt, daß Ihr selbst nur die Pflichten der Repräsentation habt. Doch geht es freilich nicht an, daß Ihr als meine Tochter ohne Kenntnis der laufenden Geschäfte bleibt. Die Minister, Pálffy und die anderen, können Euch beide ja immer gleichzeitig zusammen sprechen, doch das hängt davon ab, wie Ihr beide es einrichten wollt, ich schreibe Euch nichts darin vor.
Ich war sehr erbaut von Eurer Bescheidenheit gegenüber Euren sechs Schwestern. Ich hatte geglaubt, daß Euer neues Leben Euch schon so erhaben gemacht hat, aber das hat nicht lange gedauert, denn Ihr setzt Euch über alles hinweg, das macht mich herzlich lachen. Krapf, Euer Arzt, ist aus Florenz angekommen, er brachte sehr gute Nachrichten von Eurem Bruder und ist von ihm wie von ihr höchst angetan. Wenn das Haus fertig ist, will er sofort zu Euch, van Swieten unterrichtet ihn inzwischen über alles. Der Maler erwartet Euch Mittwoch hier, wenn Ihr nicht anders bestimmt, er bittet um Euren Befehl. Mit meinem Schnupfen ist es etwas besser, es geht mir soweit ganz gut, nur bin ich ohne Ruhe. Mein Herz hat eine schwere Erschütterung erlitten und kommt noch nicht darüber hinweg, zumal an einem Tag wie dem heutigen nicht. Binnen acht Monaten verliere ich den besten Gatten, ein Sohn geht fort, dem meine ganze Liebe und Sorge galt, und eine Tochter heiratet, die nach dem Tode Ihres Vaters mein ganzer Trost und meine Freundin war. Heute nach Tisch war ich ganz dumm und kindisch, als ich um 3 Uhr Eure Schwestern in meiner Kammer hörte, glaubte ich einen Augenblick, meine liebste Mimi käme. Ach, sie hält Hof bei sich und genießt die Nähe ihres Geliebten – ja, das habe ich nun von meinen Sorgen, die ich seit zwei Jahren um sie gehabt. Doch ich kann Gott nicht genug danken, alles nun zu einem glücklichen Ende geführt zu haben, und erhoffe von seiner Gnade und von Euch selbst, daß Euch dieses Glück erhalten bleibe und alle Tage größer werde. Aber ich will nicht vor Euch jammern und brummen, sondern behalte Euch von ganzem Herzen lieb.

(8, 88 f.)

MARIE THERESIA AN ALBERT
18. APRIL 1766

Mein lieber Sohn!
Nicht so viele Komplimente! Das Madame am Anfang Eures Briefes ist mir zuwider, schreibt ein ander Mal Meine liebe

Martin Engelbrecht, Ansicht der Stadt Preßburg mit dem Schloß

Mutter und bleibet dabei, wie ich es tue. Auch zeichnet einfach mit dem mir teuren Namen Albert. Ohne Umstände. Wenn Ihr mit meiner Tochter glücklich seid, so liegt darin alles, was ich erhoffte. Sie jedenfalls scheint es vollkommen und ist willens, sich Eure Liebe und Zuneigung zu erhalten. Dies ist augenblicklich meine einzige Freude, und wenn es mich auch viel kostet, von meiner lieben Tochter getrennt zu sein, die zumal in den letzten 8 Monaten mein einziger Trost, meine Freundin und Gesellschafterin war, so versöhnt mich der Gedanke, daß Ihr mit ihr glücklich seid.
Der Kaiser und die Kaiserin gehen nach [Maria-] Zell und sind vor Montag mittag nicht zurück. Es hängt von Euch ab, ob ihr lieber Donnerstag statt Mittwoch kommen wollt. Mir ist es gleich, da ich zu Hause bin. Ich vergaß noch, Euch zu sagen, daß meine Tochter über die Bittschaften und Besuche, die sie empfangen muß, beunruhigt ist. Saget bitte Kempelen, er solle sie öfters beraten und unterrichten, da sie selbst nichts anzuordnen und weiterzugeben hat. Doch als meine Tochter kann sie sich dem nicht entziehen, Menschen zu empfangen und anzuhören. Und immer soll sie am besten durch Euch selbst unterrichtet werden, ohne sich in die Dinge einzumischen. Ich verlange nicht, daß Ihr mir regelmäßig schreibt, Ihr habt genug andere Korrespondenz am Halse. Eure Mimi kann das übernehmen. Ich habe schon vier Briefe von ihr erhalten, die mir solche Freude bereiten. Sie sind voll davon, mit welchem Zartgefühl und welch besonderer Herzlichkeit Ihr sie über meine Heimreise nach der Hochzeit zu zerstreuen suchtet. Ich lege sie Euch immer ans Herz und bin stets Eure getreue . . .

(8, 99)

Die Kaiserin hatte beschlossen, dem Paar eine glänzende Lebensstellung zu schaffen, ein Etablissement, das sowohl Ihrer Tochter wie auch dem an sich so gut wie unvermögenden Prinzen eine Position verleihen sollte, die manchem gekrönten Haupt nicht nachstand. Ihre Absicht ging dahin, beiden die angesehene und einträgliche Statthalterschaft in den österreichischen Niederlanden zu sichern, und sie ließ daher die Nachfolge bereits jetzt festlegen, die dann nach dem Tode des Herzogs Carl von Lothringen in Kraft treten sollte. Für den Fall, daß sie selbst diesen Zeitpunkt nicht mehr erleben würde, mußte auch Joseph seine Zustimmung bekräftigen. Bis dahin sollte Albert als Locumtenens und Generalkapitän das Königreich Ungarn mit dem Sitz in Preßburg führen.
Durch die geradezu als gigantisch zu bezeichnende Erbschaft an Vermögen nach Kaiser Franz I. Stephan war Maria Theresia selbst in die Lage gekommen, nicht nur das Staatsdefizit zu bereinigen und einen Familienfonds des Hauses Habsburg-Lothringen zu begründen, sondern vor allem ihre Tochter in einer bisher nie dagewesenen Weise auszustatten. Bereits im Februar 1766 übertrug sie den Besitz Ungarisch-Altenburg (Magyarova) mit Mannersdorf im Wert von 2 700 000 Gulden an sie, das Fürstentum Teschen im Wert von 734 512 Gulden verbunden mit dem Fürstentitel, Banco-Obligationen von 598 166 Gulden und Bargeld von 188 696 Gulden, insgesamt also 4 221 375 fl. 51 1/2 kr. So stand

Das Schloß Preßburg mit dem Anbau des „Theresianums"

daraus zunächst ein jährlicher Ertrag von etwa 200 000 Gulden dem jungen Paar zur Verfügung, zu dem von seiten des Herzogs die Erhöhung der sächsischen Apanage von 30 000 auf 75 000 Gulden und die Einnahme als Generalkapitän der Jazygen und Kumanen von etwa 40 000 Gulden kam. Ein bedeutendes Vermögen also, das ihnen mit einem Schlage zufiel. Demgegenüber lebten sie in äußerster Bescheidenheit. Dadurch wie durch kluge Käufe von Ländereien, durch ökonomische Bemühungen, Meliorationen und Kapitalverlagerungen hat der Herzog im Laufe seines Lebens diese Grundlage um ein Vielfaches vermehrt. Er verfügte zum Zeitpunkt seines Todes im Jahr 1822 über ein Vermögen von etwa 18 290 000 Gulden sowie über die Güter Altenburg, Teschen, Bellye, Friedeck, Chrzanow, Bestwina, Zywiec, Raczkeve und eine Reihe von kleineren Besitzungen, dazu das Palais in Wien mit seinen gesammelten Schätzen. Er konnte über einen Jahresertrag von etwa 525 000 Gulden verfügen, wobei allerdings der Hofstaat von rund 110 Bediensteten allein mehr als die Hälfte (256 150) erforderte.

Die Belehnung mit Teschen 1766

Die Kaiserin gab mit kaiserl. Reskript vom 31. Mai 1766 dem k. k. Amt Troppau zur Kenntnis, daß sie sich entschlossen habe, das nach dem Ableben des Kaisers, ihres Gemahls, an Kaiser Joseph gekommene, von ihr aber am 1. Februar von diesem käuflich erworbene Herzogtum Teschen ihrer Tochter Erzherzogin Marie Christine und deren Gemahl Herzog Albert von Sachsen als Mannslehen zu überlassen. Ernst Benjamin Freiherr von Mitrowsky habe sich nach Teschen zu begeben, um sich mit dem von den neuen Lehensträgern abgeordneten Adam Josef Freiherrn von Goczalkowsky ins Einvernehmen zu setzen.

Frh. von Mitrowsky als Übergangskommissär traf am 30. September, von Ständen, Bürgerwehr, Beamtenschaft, Honoratioren und Bevölkerung begrüßt, in Teschen ein. Den 1. Oktober fand sodann in feierlicher Form im Schloß, nach einem Aufmarsch, einem Gottesdienst und der Versammlung im großen Saale, der feierliche Akt der Lehensübertragung statt. In einer Rede wies Frh. von Mitrowsky auf die alten freundschaftlichen Beziehungen zwischen dem Hause Sachsen und Habsburg hin, insbesondere auf die Treue und opferwillige Bundesgenossenschaft im letzten Kriege, wofür gleichsam als Belohnung dem Prinzen Albert „das edelste österreichische Kleinod und auserlesene Zierd, die durchlauchtigste und holdseligste anderte Erzherzogin Marie Christine durch Vermählung zuteil geworden".

Der Landeshauptmann Karl Franz Frh. von Skrbensky leistete das Treuegelöbnis, danach die 51 Landsassen, denen die Deputierten der Stadt folgten. Reden, in denen der Dank und die Treue unter weit in die Vergangenheit greifenden historischen Beispielen ausgeführt wurden, schlossen den festlichen Akt. Den 2. Oktober wurde sodann die Übergabe des Besitzes praktisch vollzogen, sämtliche Einkünfte wurden ab sofort an die neuen Lehensträger geleitet. Das „Camerale" wurde abgehandelt und der Wortlaut des Lehensbriefes vom 31. Mai 1766 bekanntgemacht, womit die Formalitäten ihr Ende fanden.

(20)

Die Kaiserin selbst richtete alles für das junge Paar ein. In der Wiener Burg bezog sie den zweiten Stock und bestimmte ihre frühere Wohnung für Albert und Christine, wenn sie ihren Aufenthalt in Wien nehmen sollten. In Laxenburg wurde ein kleines Haus, das später so genannte Grünnehaus, für sie eingerichtet. Mehrmals fuhr die Kaiserin nach Preßburg, um die Einrichtung des Schlosses in Augenschein zu nehmen. Wagen und Pferde, die Aussteuer, Schmuck, die kleinsten Kostbarkeiten wurden von ihr eigenhändig besichtigt.

Das Grünnehaus in Laxenburg

Dieses Gartenhaus, das seinen Namen nicht von der gräflichen Familie Grünne von Pinchard ableitet, sondern von der Verballhornung des Namens „Grünes Haus", wurde ursprünglich 1698 bis 1701 erbaut und hat in der Grundrißlösung mit einem querovalen Hauptsaal Ähnlichkeiten mit Raumlösungen Fischer von Erlachs, der tatsächlich auch zu dem Bauherrn, Fürst Leopold Dietrichstein, in Beziehung stand. 1752 erwarb die Kaiserin Maria Theresia den Blauen Hof in Laxenburg von

Johann Wenzel Bergl. Die Freuden des Landlebens; Detail des Deckenfreskos im Grünnehaus in Laxenburg

Feldmarschall Graf Leopold Daun und baute ihn als Lustschloß um. Graf Daun erhielt dafür das Grünnehaus. Nach dem Tode des Feldmarschalls, 1766, kaufte es die Kaiserin um 40 000 Gulden von den Erben zurück und schenkte es ihrer Tochter Marie Christine anläßlich ihrer Vermählung. Die Instandsetzung des Gebäudes erfolgte wahrscheinlich durch den Hofarchitekten Nikolaus Pacassi, der auch kleine Erweiterungen vornahm. Der Hauptsaal wurde mit einem Fresko ausgestattet, das neuerdings Johann Bergl zugeschrieben wird und die Freuden des Landlebens darstellt, wie sie der kaiserliche Hof jedes Jahr in Laxenburg genoß. Das Thema der Jagd, hier in Laxenburg viel mehr gepflogen als in Schönbrunn, wird an der Nordseite des Freskos angesprochen. Es folgen der Getreideschnitt, die Gärtnerei, der Fischfang und auf der Westseite die Darstellung der Weinlese.

(21)

Das Schloss zu Pressburg

Das Schloß von Preßburg (Pozsony, Bratislava) wurde aus einem bescheidenen festungsartigen Monumentalbau in den Jahren 1760 bis 1762 in eine dem ungarischen Königreich und dessen Hauptstadt würdige, glänzende Residenz umgewandelt. Die Planung hatte im Auftrag Maria Theresias bereits 1750 J. H. Jadot begonnen, die Ausführung war N. F. Pacassi und J. B. Martinelli übertragen, die entscheidende Phase stellte jedoch die Tätigkeit F. A. Hildebrandts dar, wie sich aus erhaltenen Plänen und Briefen der Kaiserin an das ungarische Bauamt erkennen läßt. Dieser Hofarchitekt war es auch, der späterhin die Pläne für den Neubau der Stadtkirche erstellte. Die Ausstattung war Ende 1769 fertiggestellt.

Den Hauptteil der Anlage bildete das ein unregelmäßiges Viereck darstellende dreistöckige alte Mittelgebäude mit dem Kronturm an der Westecke und drei anderen gleichförmigen Blendtürmen an den übrigen Ecken; auch diese entstammen bereits früheren Bauperioden. Der theresianische Umbau schuf zunächst ein neues, dreiteiliges Hauptportal, einen weit ausladenden Balkon und ein Hallenvestibül mit mächtiger, dreistöckiger Marmortreppe im Inneren.

Die Bestimmung als Residenz der Statthalter erforderte jedoch, um ein ausreichend bequemes Leben zu ermöglichen, einen weiteren Ausbau. So wurde an der bislang freien Ostseite des

Hauptgebäudes das zwei Stock hohe sogenannte Theresianum errichtet. Es ist auffallend, daß an diesem jedes Rokokoelement verdrängt ist durch die sehr bewußte tektonische Form eines ausgeprägten Wiener Frühklassizismus; man kann tatsächlich von einem Wandel der Baugesinnung in diesen knappen Jahren zwischen 1750 und 1765 sprechen. Die Umbauten erfaßten die Gestaltung der Innenräume, weitere Außengebäude und den Garten; die Ausstattung der Gemächer, ihr künstlerischer Schmuck, erfolgte mit größter Schönheit. Nördlich des Hauptgebäudes erstreckte sich die weitläufige Halle eines Wintergartens und eine große, gedeckte Reitschule. Dann folgte eine Terrasse und in zwei Abstufungen ein von einer niedrigen Mauer umgebener Ziergarten mit einem Springbrunnen. An diesen grenzte in flachem Bogen die Anlage der Unterkunft für die Schloßgarden und, um ein Stockwerk niedriger gelegen und gleichfalls neu erbaut, ein Gebäudekomplex um einen Platz: die Sommerreitschule mit den Stallungen.
Im ersten Stock des Wohngebäudes befanden sich ein Speisesaal, die Ahnengalerie und bald auch die graphische Sammlung mit der Bibliothek; im unteren Stockwerk die Waffensammlung mit ihren berühmten Stücken und die Galerie alter Meister mit Gemälden von Tizian, Rubens, Bruegel, Kupetzky u. a. Die Statthalter bewohnten das Schloß bis 1780/81; sofort danach ließ Kaiser Joseph seine Bestimmung ändern, bis es als Kaserne im Jahre 1811 einem Brand völlig zum Opfer fiel.

Der Einzug des Statthalterpaares in Preßburg selbst vollzog sich sehr festlich; die Bewohner der Stadt, Magnaten und Klerus, die Beamten der Hofkammer und der Statthalterei hießen es willkommen. Der Stadtrat hatte in die Befestigungsmauer sogar eine Einfahrt brechen lassen, um einen angenehmeren Zugang zum Schloß zu schaffen. Dem gesellschaftlichen Leben setzte die Anwesenheit Alberts und seiner Gemahlin bald Glanzpunkte. Jagden und Feste überboten sich, sowohl auf dem Schlosse selbst als auf den Ansitzen des Adels der Umgebung. Die häufigen Besuche der Kaiserin belebten den Zuzug nach Preßburg, der Adel und bald auch ein aufstrebendes Bürgertum errichteten ihre Stadthäuser und schufen in Preßburg so eine völlig neue Entwicklung. Alberts Bemühungen um den Ausbau und die Verschönerung der Stadt führten zu manchem Fortschritt, wie beispielsweise 1774 zu der Errichtung eines Theaters.

Maria Theresia an Albert
1766

Monsieur mon cher fils,
Ihr lieber Brief, die Zärtlichkeiten, die Sie mir bei allen Gelegenheiten beweisen, und die Anhänglichkeit an eine so traurige und langweilige Person haben mich wirklich gerührt und ermuntern mich, mich selbst zu ertragen, da doch davon Ihre Zufriedenheit abhängt. Es bedarf eines so liebenswerten Anlasses, einer so wichtigen Ursache, um mich aus meiner Niedergeschlagenheit zu reißen. Wenn ich an Euch beide denke, wird mir alles erträglich, ich mache mir eine echte Freude daraus, Euch in sechs Tagen zu sehen.
(10, 357)

W. v. Kempelen

M. J. Gfn. Ugarte

Graf Zinzendorf

Wir traten dann in ein Schlafzimmer ein, wo zwei Kachelöfen standen, wovon einer in Wirklichkeit eine Garderobe war; ein herrlicher, weiß-goldener Salon, mit Blattgold verziert, von wunderbarem Geschmack und keineswegs überladen. Die Tische mit marmorierten Platten imitierten Bronze, an der Wand eine anmutige Savonnerie. Der Salon befindet sich neben dem Schlafzimmer. Weiter weg zwei Kabinette, in dem einen ein Kamin in Form einer Vase, das andere, das ganz klein ist und mit indischem Satin ausgeschlagen, hat einen herrlichen Ausblick. Durch ein Bilderkabinett, wo viele Werke der Erzherzogin sind, traten wir in das Speisezimmer ein, wo es ausgesprochen kalt war. Dort waren die Personen, die ich schon genannt habe, Graf und Gräfin Zichy, Tochter meines Vizepräsidenten Kollowrat, eine lebenslustige Dame, die verwitwete Gräfin Bethlen, Fürstin [Gräfin] Tonerl Esterházy aus Wien, Gräfin Goëss, Hofdame in Wien, Gräfin Sztaray, Hofdame bei der Frau Erzherzogin, die sehr freundlich ist, wenn auch nicht ganz so wie ihre Herrin. Beim Essen waren die Gastgeber von der höchsten Aufmerksamkeit. Nach dem Essen nahmen wir in ihrer Gegenwart den Kaffee ein. Frau Erzherzogin kam zu mir. Ich sah ihr beim Ombrespiel zu. Sie erzählte mir viel von der Prinzessin Esterházy in sehr positiver Weise für uns beide. Beim Kamin plauderte ich mit Sr. Kgl. Hoheit. Um 5 Uhr verließen wir das Schloß und gingen zu dem Judex Curiae, Graf Nikolaus Pálffy. Seine Frau erwartete uns mit derselben Freundlichkeit wie die Gräfin Cobenzl, seine Tochter hat eine anmutige Figur, ihre Augen und ihre Stimme gleichen sehr der ihrer Schwester, der Marquise de Los Rios. Von da ging es zum Gasthof, um 7 Uhr wieder ins Schloß. Man spielte in dem Salon mit dem Kamin bei der Frau Erzherzogin. Sie und die Esterházy nahmen dem Fürsten Joseph [Lobkowitz] 38 Dukaten ab. Colloredo, Wurmbrand und ich spielten nicht. Sie hieß uns niedersetzen und unterhielt sich mit uns in der liebenswürdigsten Weise mit viel Charme. Die Erzherzogin ist voll Anmut

Francois Gonord, Silhouetten der österreichischen Hofgesellschaft:

F. Gfn. Hadik *J. Gfn. Hadik* *M. E. Gfn. Hartig* *E. Gfn. Batthyány*

und höchst liebenswürdig. Sie ist eine wahre Grazie. S. Kgl. Hoheit spielte Billard mit einer roten und zwölf weißen Kugeln, mit ihm der Fürst Esterházy, Graf Joseph Kinsky, Herr Simbschen und Graf Richecourt. Als das Spiel beendet war, geleitete sie uns mit der größten Güte hinaus und sagte zu Colloredo, daß er aus Spanien einen ganzen Wagen kleiner Colloredos mitbringen solle, tausend nette Dinge zu Wurmbrand und zum Fürsten Lobkowitz und zu mir, daß mich die Fürstin in ihrem Wagen mitnehmen müsse, da ich sowieso nicht viel wiege. Sie gab mir tausend Grüße an die Fürstin Esterházy mit. In den Gasthof zurückgekommen, aßen Wurmbrand und ich sehr schlecht zu Abend. Lobkowitz und Colloredo kamen noch in mein Zimmer und neckten mich wegen meiner Zuneigung zu dieser liebenswürdigen Erzherzogin. Ihre Majestät die Kaiserin schreibt ihr manchmal drei- bis viermal am Tag . . .

(7, Tagebuch des Grafen Zinzendorf, 159 f.)

Maria Theresia an Erzherzogin Maria Beatrix
1766

Ich hoffe noch immer, Ihre Vereinigung so vollkommen zu sehen wie die meines Sohnes in der Toskana und meiner Tochter mit dem Prinzen Albert. Es ist eine wahre Freude, sie zu sehen und Briefe von ihnen zu empfangen. Gott möge sie so noch lange Jahre bewahren als die einzige wahre Freude auf dieser Welt . . .

(18, III/77)

Maria Theresia an Gräfin Enzenberg
19. April 1766

Meine Frischvermählten sind in Preßburg, überglücklich. Der Abschied fiel schwer. Ich bin sehr über den Zustand meiner Tochter zufrieden, sie aber ist es nicht . . .

(18, IV/473)

1. Mai 1766

Ich fahre heute für 24 Stunden nach Preßburg. Es ist eine große Freude, die beiden Eheleute zusammen zu sehen. Wenn ich doch dies auch noch genießen könnte . . .

(18, IV/474)

Maria Theresia an Marie Christine
29. April 1766

Colloredo hat mir versprochen, vor der Post in Preßburg zu sein, ich gebe ihm die Bestellung für die Medaillen mit, fürchte nur, daß sie zu spät kommt. Hier auch ein Papier für meinen lieben Prinzen Clemens, ich schreibe ihm nicht, um ihn nicht zu behelligen, und tue desgleichen mit Eurem lieben Alten. Alle Welt zeigt sich entzückt von Preßburg, man sieht nur breite Mäuler. Fuxeder ist bezaubert von Eurem guten Gemahl, und wir sind uns hier einig, Euch noch große Aufträge für diesen Sommer zu geben. Ich erhielt Euren Brief durch Fladerer und bin tief gerührt über Eure Verliebtheit in Euren Gatten. Ich glaube, Ihr tut recht daran, Euch am ersten Mai öffentlich zu zeigen, das macht immer einen guten Eindruck. Wenn Ihr morgen nach Königsaden geht, hoffe ich, daß Ihr Euch von Eurem Halsweh rasch erholt und ich darüber beruhigt sein kann. Gestern war die Sternberg bei mir und hat sich darüber ausgelassen, wie wohl sie Euch gefunden hätte, ein bißchen Halsschmerzen noch, aber nicht so schlimm wie in Hof, auch könnte es von anderen Umständen herrühren. Ich habe ihr gar nicht darauf geantwortet, nahm mir aber vor, es Euch zu sagen. Ihr werdet also erst Samstag zum Kreuzfest hier in die Stadt kommen und werdet bis Dienstag abend in Laxenburg wohnen. Donnerstag, wenn ich Euch nicht schon vorher am Samstag sehe, werde ich abends um 8 Uhr in Preßburg sein und einen ganzen Tag bleiben. Ich bringe nur die Berchtold mit und denke, daß Eure Leute schon mit meiner Bedienung fertig werden. Habe schon neulich alles in Preßburg gelassen in der Absicht, öfters solche Unternehmungen zu machen. Es sollte geheim bleiben, und ich wollte Euch überraschen, aber da ich mir ganz ernstlich vorgenommen habe, Euch bei Eurer arg großen Lebhaftigkeit niemals in nichts zu überraschen, vertraue ich es einzig und allein doch meiner Freundin an. Keinerlei Vorbereitungen – es macht mir unendliche Freude, nur Euch beide allein zu besuchen. Ich umarme Euch, adieu.

(8, 90)

ALBERT
1766

Die Kaiserin blieb nach unserer Hochzeit nicht lange in Preßburg. Doch hielt sie noch eine Reihe von Besprechungen ab, welche die gegenwärtigen Aufgaben betrafen und zu welchen sie meine Anwesenheit wünschte.
Der Gegenstand dieser Konferenzen war es, Mittel und Wege zu bedenken, die ersten Explosionen einer Bauernrevolte aufzuhalten, die in einigen Komitaten des Königreiches ausgebrochen war, und deren Folgen zuvorzukommen.
Diese Unruhen besaßen ihren Grund in den harten Bedingungen, die den Vertretern des Bauernstandes von ihren Grundherren auferlegt waren. Man weiß ja, daß die Bauern in Ungarn Leibeigene dieser Herren sind, nur als einfache Nutznießer des Grundes, den sie bebauen, angesehen werden, wofür sie jenen, denen der Boden gehört, Abgaben schulden; sie können jederzeit entlassen und nach dem Gutdünken des Grundbesitzers ersetzt werden.
Die Gesetze des Königreiches schrieben zwar in Wahrheit eine Ordnung vor, die von den Herren eingehalten werden mußte, vor allem was die Forderung von Diensten und Ablieferungen betraf; aber die genaue Beobachtung dieser Gesetze war außer Gebrauch gekommen, und sie konnte auch nicht durch genügend zwingende Mittel gesichert werden. Da doch alle Stellen der Judikatur bis zu den Advokaten vom Adel besetzt waren, war es schwierig, zu erzwingen, daß jene, die diese Gesetze zu erfüllen hatten, auch geneigt waren, sie denen gegenüber anzuwenden, deren persönliche Interessen sie teilten. Vor allem hatten sie doch auch das Wohlwollen der Großen und Mächtigen zu bedenken.
So war es gekommen, daß manche Herren, indem sie sich sogar auf den Wortlaut der Gesetze beriefen, die ihnen gestatteten, ihre Güter nach Gutdünken zu verwenden, die sinngemäße Auslegung dieser Gesetze derart überschritten hatten, daß es für ihre Untertanen gänzlich untragbar geworden war.
Man hatte sich beim letzten Reichstag damit beschäftigt, diese Mängel zu beseitigen und die diesem Zwecke dienenden Gesetze wieder zu beleben. Obwohl nun in den Beratungen diese Ziele auf großen Widerstand seitens der Stände gestoßen waren, hatte die Herrscherin die Angelegenheit doch so weit gebracht,

C. Beyer nach J. Heinbucher Edl. Bikkessy, Musizierende Zigeuner in Ungarn

daß an die Ausführung des neuen Urbarien-Reglements, an die Einsetzung einer Kommission und von Kommissären zur Einführung und Überwachung geschritten werden konnte.

(1, II/5)

Jedoch von beiden Seiten zeigt sich Unzufriedenheit: der Adel will seine Vorrechte nicht geschmälert sehen, und die Bevölkerung wünscht eine rasche Erfüllung ihrer Forderungen. Als das Volk „sich mit der Waffe in der Hand gegen ihre Bedrücker erhebt", kommt es zum Einschreiten des Militärs. Auch im folgenden Jahr ist das Land noch nicht befriedet.

MARIA THERESIA AN ALBERT
27. APRIL 1766

Mein lieber Sohn,
bitte entschuldigt, daß ich Euren Brief noch nicht beantwortet habe. Doch ich hatte in diesen Tagen soviel Verdruß, daß ich keinen Augenblick für mich selbst hatte. Und es gehört doch zu dem Angenehmsten, mich mit Euch unterhalten zu können, denn ich habe dann das Empfinden einer immerwährenden Verbindung mit meinen lieben Kindern und spüre wahrhaftig davon eine Wirkung, die mich erstaunlich berührt und angeregt macht.

C. Beyer nach J. Heinbucher Edl. Bikkessy, Bauern aus Niederungarn

C. Beyer nach J. Heinbucher Edl. Bikkessy, Bauern aus den Carpatischen Gebirgen

Ihr werdet Brunswick empfangen, er bat mich um die Gunst, Euch sehen zu dürfen. Er ist ein wenig bäurisch, aber er scheint mir aufrichtig und eifrig. Er braucht Unterstützung und Anregung, denn die Partei ist stark gegen ihn aufgebracht. Er wünscht den Prozeß des Gießling, den man absichtlich eine Ewigkeit hinausgeschoben hat. Ich bitte Euch, diesen Prozeß jetzt zu beschleunigen, damit er mit seinem Auftrag beginnen kann. Auch aus dem Simegher Komitat sind schwere Klagen gekommen und selbst aus den Ländereien unseres Grafen Batthyány, aber ich halte sie für übertrieben. Wenn Brunswick nicht ausreicht, können noch andere geschickt werden, doch ist es hoffentlich nicht nötig. Der Aufwand wird beträchtlich sein. Aber da ich mich zu dieser Sache durch mein Gewissen habe bestimmen lassen, so will ich sie auch mit aller Kraft zu einem guten Ende führen. Es sind da Nachlässigkeiten geschehen, grundsätzliche Fehler, und die ganze Sache ist zu wichtig geworden, als daß man sie nicht durch entsprechende Gegenmaßnahmen klären müßte. Die geringe Wahrheit, die im allgemeinen in den Berichten aus Ungarn herrscht, ruft eine dem öffentlichen Wohl sehr nachteilige Ungewißheit hervor und macht unsere eigenen Entschlüsse schwankend. Aber lieber will ich schwach scheinen als ungerecht, wovor Gott mich bewahren möge.

Ich schäme mich fast dieser Kritzelei und der vielen Verbesserungen, aber ich wurde zwanzigmal durch Fragen unterbrochen. Ein Hochzeitstag kann einen auch etwas konfus machen, wenn auch nicht so sehr wie der achte des Monats, von dem ich hoffe, daß ich ihn immer als einen der glücklichsten Tage meines Lebens ansehen kann. Er wird es sein, wenn Ihr miteinander glücklich seid, und ich hoffe, daß Eure kleine Frau die Zärtlichkeit und das Vertrauen verdient, mit dem Ihr sie immer auszeichnet. Das wird unser dreier Glück vollkommen machen.

(8, 99 f.)

Maria Theresia an Gräfin Enzenberg 2. Juni 1766

Sie werden von den Unruhen in Ungarn reden gehört haben; sie sind nicht von Bedeutung. Es sind einzig und allein die Grausamkeiten der Grundherren, welche diese armen Leute zum Äußersten getrieben haben. Sollten Sie es glauben, daß der verstorbene Palatin, der Fürst Batthyány, sowie die Esterházy in diesen Unterdrückungen am weitesten gegangen sind? Das macht mich schaudern.

(14, I/258)

Maria Theresia an Albert
1767

Die vielfachen und unmenschlichen Exzesse, welche in Ungarn begangen werden, beunruhigen mit Recht mein Gewissen. Ich muß ihnen um so kräftiger vorbeugen, als ich sehe, daß man nicht die passenden Mittel anwendet und Dinge zu entschuldigen und zu beschönigen sucht, welche zu weit gehen und derén üble Folgen das Militär später wohl selbst empfinden wird.

(14, I/267)

Währenddessen nahm Albert an der Reise Kaiser Josephs nach Böhmen Anfang Juni 1766 teil, die er ausführlich schildert. Er selbst kehrt aber bald zu seiner Gemahlin zurück, während Joseph bereits im August eine zweite Reise plant. Nun bestimmt die Kaiserin, daß Albert und Marie Christine statt dieser Reise nach Buda gehen sollten, der Anlaß ist die Teilnahme des Statthalters an den Sessionen der obersten Gerichte und Verwaltungen. Eine „Art von geheimer Unruhe herrscht noch im Geiste eines Teils des ungarischen Adels", und gerade dies zwinge, fordert Maria Theresia, zu besonders aufmerksamer Beachtung „ihrer conduit".

Albert
1766

Vor unserer Abreise von Buda wohnten wir noch einem recht interessanten Ereignis bei. Es war dies eine feierliche Messe, die zum Jahrestag der Befreiung von den Türken [1686] ganz oben auf der Schanze der Festung gelesen wurde.
Ein alter Aberglaube sagt, wenn Adler bei dieser Gelegenheit erscheinen und über die Versammlung schweben, sei dies ein gutes Vorzeichen; wenn sie aber ausbleiben, zeige dies nahendes Unglück an. Die Aufmerksamkeit des ganzen Volkes war daher während der gesamten Zeremonie darauf gerichtet. Als dann glücklicherweise tatsächlich ein Adler gerade während der Predigt auftauchte, war ein Freudenausbruch aller Anwesenden die Folge. Jedenfalls verhinderte er, daß man die Worte des Predigers verstand.

(1, II/12)

Journal de Gödöllö
1766

II. KK. HH. haben am 6. September um 5 Uhr nachmittag mit ihrem Gefolge Buda verlassen und sind nach Kerepef, einer Besitzung des Grafen Kraschalgovitz, gekommen. Dieser empfing sie mit einigen andern Kavalieren zu Pferd; Fackelträger kamen II. KK. HH. entgegen. Man konnte die Salutschüsse auf eine halbe Meile im Umkreis vernehmen. Auch die Beleuchtung war prachtvoll: 7 200 Lampions schmückten Garten, Arkaden, Wiegen, Kolonnaden und bildeten in der Mitte sogar eine Art Ehrenpforte, die die Aufschrift trug: Utriusque honori,

Triumphbogen für Marie Christine und Herzog Albert am 20. August 1766 in Ofen

Unbekannter Künstler, Anton Graf Grassalkovich

testimonium devotionis, ex amore Principium. Zu deutsch: Die Liebe zu den Prinzen hat zu Ehren der beiden diesen Beweis der Anhänglichkeit geschaffen.
Am 7. September versammelte man sich gegen 11 Uhr morgens im Vorzimmer der Erzherzogin und geleitete II. KK. HH. zur Schloßkapelle, die sehr schön und geräumig ist. Nach der Messe auf dem Rückweg hielt man sich beim Kardinal auf, in seiner Bibliothek und Waffensammlung, die herrliche Stücke enthält.

(67)

Der Hof verbringt noch den 8. September dort, am 9. geht es zurück nach Buda. Am 16. reisen der Herzog und die Erzherzogin schließlich nach Halbturn.
Wieder drängt die Kaiserin auf Erfüllung der neuen Gesetze, sie „sieht mit Mißvergnügen die Langsamkeit des Fortschreitens" und trägt Albert auf, für die Beschleunigung entschiedener zu sorgen. Im selben Jahr hatte Maria Theresia in die einzelnen Komitate Kommissäre gesandt, um vor allem dort, von wo die stärksten Beschwerden kamen, zu helfen. Sie hatten die Aufgabe, den gesetzmäßigen Umfang der bäuerlichen Besitzungen und die bisherigen Leistungen der Untertanen an die Grundherren festzustellen, die Übergriffe dieser aufzuzeigen und die Mittel zur Abhilfe anzugeben. Nach zwei Jahren war das bereits, wie Joseph seinem Bruder mitteilt, in sechs oder sieben Komitaten durchgeführt.

JOSEPH II. AN LEOPOLD VON TOSKANA
MÄRZ 1768

Diese Bestimmung muß nicht nur Gottes Segen auf I. M. herabgerufen haben, die es als erste gewagt hat, dem ungarischen Adel zu zeigen, daß sie, um Gutes zu tun und Gerechtigkeit walten zu lassen, keine Schranken kennt. Es hat aber auch gezeigt, daß sie sich nicht von Schwierigkeiten verärgern läßt, vielmehr ihre Pläne bis zum Schluß konsequent durchführt. Wenn ihr dies gelingt, woran ich keinen Grund mehr habe zu zweifeln, wenn man mit der gleichen Weisheit und Entschlossenheit wie bisher fortfährt, so hat sie damit nicht nur die ruhmreichste Tat ihrer Regierungszeit gesetzt, sondern auch ihren Staatshaushalt gefestigt.
Sie sieht den Dingen auf den Grund, sie kann die Kräfte der Bauern und des Adels beurteilen. Endlich wurde so ein Grundstein für sehr nützliche Maßnahmen gelegt, die man für die Zukunft zu nehmen haben wird.

(14, I/537)

ALBERT
WINTER 1766/67

Wir blieben dann die ganze Nachsaison und die größte Zeit des Winters in Preßburg, wo ich mich mit allem mir möglichen Eifer bemühte, meiner Arbeit als Locumtenens nachzugehen. Die Kaiserin sah mit Mißvergnügen das Hinauszögern, das durch die Art und Weise der Behandlung der Geschäfte in dem Rat erfolgte, dessen Vorsitzender ich war. So beauftragte sie

Herzog Albert – Franz (?) Fuchseder – François Lefevre, Die von Herzog Albert zu einem Karussell in Budapest getragene Uniform

mich kurze Zeit danach, diesen neu zu organisieren und zu instruieren, um die Möglichkeit der Ordnung und Beschleunigung, die sie wünschte, zu gewährleisten. Diese Arbeit war in Wahrheit sehr mühsam für mich, da ich noch nicht die dafür erforderliche Routine erworben hatte. Aber ermuntert von der Kaiserin und unterstützt vom ehrenwerten Oberst Kempelen, den sie mir als Kanzleidirektor in Ungarn zugewiesen hatte, unterbreitete ich ihr trotzdem ein Projekt, das zum Großteil das Werk des besagten Obersten war, und sie genehmigte es und befahl mir, den Inhalt der Verordnung, die sie mir daraufhin schickte, zur Ausführung zu bringen.
Die Verlautbarung und Veröffentlichung derselben zog mir indes eine unangenehme Aussprache im Rat seitens des Judex Curiae Graf Pálffy zu, der sonst ein vollkommen ehrenwerter Mann, aber ein Hitzkopf war und – obwohl der Kaiserin sehr zugetan – zu jenen gehört, die jegliche Neuerung ablehnen, auch dann, wenn sie von Nutzen ist. Er war nebenbei auch gekränkt, daß man ihn der Änderung wegen nicht befragt hatte. Da ich seine Art zu denken kannte, hätte ich voraussehen müssen, daß ich auf starken Widerstand stoßen würde.

(1, II/14)

Marcus Weinmann, Schloß Esterházy

Paul Szathmáry-Kiraly, Selbstbildnis als adeliger ungarischer Leibgardist, 1763

Zu den allgemeinen Schwierigkeiten bezüglich der Durchführung der Theresianischen Reformen trat das nun folgende jahrelange Zerwürfnis des Statthalters mit dem Judex Curiae, dem Grafen Nikolaus Pálffy. Bei diesen Differenzen bemühte sich die Kaiserin, eine vermittelnde Rolle zu spielen.

Albert an Maria Theresia
Pressburg, 3. März 1772

Ihre Majestät wird die Güte haben, sich zu erinnern, wieweit die Ordres gingen, die Sie die Gnade hatte, mir diesbezüglich zu erteilen. Sie wird sich genauso an die verschiedenen vorangehenden Gelegenheiten erinnern, bei denen Sie mir audrücklich einschärfte, ohne seine Beteiligung zu arbeiten und daß besonders die auszubessernden Fehler und die Änderungen in der Handhabung der Agenda des Rates ihm erst, nachdem ich Ihre Majestät mehrmals darum ersucht hatte, gezeigt wurden. Indes ist es keine ungerechte Annahme, wenn man dem Grafen Pálffy eine Denkweise zuschreibt, ohne die er sich nicht Rechte anmaßen könnte, wie sie ihm auf keinen Fall zustehen. Kein Palatin oder Locumtenens war je gezwungen worden, für jeden seiner Schritte den Rat des Judex Curiae einzuholen. Wenn es aber der Wille Ihrer Majestät sein sollte, kann Sie ganz davon überzeugt sein, daß ich Ihr mit der gleichen Unterwerfung gehorchen werde, die ich glaube Ihr immer bewiesen zu haben, und wie ich es auch, solange ich lebe, tun werde. Sie wird nur dann die Gerechtigkeit haben, nicht mich verantwortlich für die Dinge zu machen, die gegen Ihren Willen geschehen. Gleichermaßen werde auch ich nicht die Eitelkeit besitzen, weniger noch als jetzt, mir alles das zuzuschreiben, was sich bereits Gutes in Ihren Angelegenheiten ergeben hat: das Gute, das bis dahin das Ziel meiner Wünsche und Bemühungen war und für das ich nie aufhören werde, alles, was ich am liebsten in der Welt habe, aufzuopfern, solange es Ihrer Majestät gefallen wird, mich zu brauchen.

(14, I/376)

Privat sollte 1767 zu einem wahren Unglücksjahr für die Familie werden. Den Beginn machte Marie Christine mit der schwierigen Geburt eines Kindes; es stirbt noch am selben Tage. Marie Christine selbst ist lange Zeit ernstlich krank. Van Swieten kann nicht zu Hilfe kommen, denn am Hof von Wien brechen die Blattern aus.

Albert an Maria Antonia von Sachsen
Wien, 27. Mai 1767

Madame,
ich habe Ihnen mit der Samstagpost nicht schreiben können, da ich in einem Zustand näher dem Tode als dem Leben war. Urteilen Sie, ob ich nicht Grund dazu hatte: die Aufregung, die

die Nachricht von der Erkrankung der Kaiserin, Ihrer Schwester, meiner lieben kleinen Frau verursachte, hat ihrem Körper, der schon durch die Anstrengungen der Geburt so geschwächt ist, sehr geschadet. Das Fieber, das sie bekam, stieg durch zwei Tage, so daß man nicht nur gezwungen war, sie am 22. des Morgens zur Ader zu lassen, sondern, da die Symptome sich nicht besserten und die Entzündung alles befürchten ließ, man sich auch genötigt sah, am selben Abend den Aderlaß zu wiederholen. Es wird Ihnen nicht schwerfallen zu verstehen, wie groß meine Ängste waren, da ich einerseits meine kleine Frau in der größten Gefahr wußte und andererseits sah, wie unsere Kaiserin ganz außer sich vor Schmerz und Furcht war, diese teure Tochter zu verlieren. Von diesem Moment an ist es ihr besser gegangen, und wir hoffen jetzt, daß alles gut wird.

(2, IV, 10b Nr. 24 A bzw. 6, 481 f.)

Die zweite Gemahlin Josephs, die unglückliche Maria Josepha, erliegt der Epidemie am 28. Mai. Die Kaiserin selbst wird von der Krankheit erfaßt, übersteht sie aber.

ALBERT
1767

Eine Bemerkung, die Kaiser Joseph bei dieser Gelegenheit gemacht haben muß, hat mich zu sehr berührt, als daß ich sie je vergessen könnte. Sein Drang zu Reform und Ökonomie, der sich immer mehr manifestierte, seine Prinzipien der Festigkeit, die Härte und Despotismus nach sich zogen, hatten ihn schon mehrfach dazu geführt, trotz aller persönlichen Anhänglichkeit, die er für seine Mutter empfand, recht lautstark ihre Mäßigung, ihre Güte und äußerste Großmütigkeit zu mißbilligen. Er bezeichnete dies als Schwäche und Vergeudung, und er täuschte sich auch nicht über die dadurch hervorgerufenen Folgen. In dieser Stimmung ließ er sich soweit gehen zu sagen, daß die Tränen und die Bestürzung [der Bevölkerung, die um die Genesung der Kaiserin betete] nicht nur aus Liebe zu ihr hervorgerufen worden seien, sondern vielmehr aus Furcht, in ihm ihren Nachfolger sehen zu müssen.

(1, II/16)

Nun zeigt sich die Blatternkrankheit auch bei Albert. Sein Zustand wird ernst; er überwindet schließlich die Krise. Seine „glückliche Konstitution und die Mühe der Ärzte" ließen ihn wieder genesen, allerdings sehr langsam. Marie Christine war, wie gesagt, durch die Folgen der Geburt noch länger leidend, und man wollte sie absolut in Unkenntnis der schweren Erkrankung der Kaiserin und des Zustandes Alberts belassen. Dem mit der Pflege der Pockenfälle überforderten van Swieten ist keine Zeit geblieben, ihr genügend ärztliche Aufmerksamkeit zu widmen. Als nächste wird Erzherzogin Maria Josepha, die Braut des Königs Ferdinand von Neapel, erfaßt und stirbt unter besonders tragischen Umständen unmittelbar vor ihrer Abreise nach Neapel, wo sie den Thron hätte besteigen sollen.

Schule Martin van Meytens, Kaiserin Maria Josepha

ALBERT
1767

Diese Reihe von so tragischen Pockenfällen bestimmte nun den Kaiser und Maria Theresia, durch ein damals bei uns noch kaum bekanntes Mittel, nämlich durch Einimpfung, die Kinder der Familie vor dieser Krankheit zu bewahren. Man ließ für diese Behandlung einen Arzt aus dem Auslande, Ingenhousz mit Namen, kommen, dessen wissenschaftliche Werke ihn bekannt gemacht hatten.

(1, II/16)

Erzherzogin Elisabeth, die nach ihrer strikten Weigerung als einzige dieser Impfung nicht unterworfen worden war, wird als letzte angesteckt. Sie übersteht die Krankheit zwar glücklich, aber mit schweren Entstellungen im Gesicht, was vor allem seelische Folgen für die von da an sehr schwierige Erzherzogin mit sich brachte, die bis zu diesem Zeitpunkt als die Schönste der Familie gegolten hatte.
Selbst während ihrer schweren Erkrankung sorgt Maria Theresia in ihrer letztwilligen Verfügung vom 20. Mai 1767 für eine finanzielle Sicherstellung ihrer Lieblingstochter und des Herzogs.

Anton Raphael Mengs, Erzherzogin Charlotte (Königin Maria Carolina von Neapel)

Anton Raphael Mengs, Erzherzogin Maria Josepha

Aus dem Testament Maria Theresias
1767

Nachdem Meiner Tochter der Erzherzogin Maria und Meines Eydams des Herzogen Albert lbd. lbd. mit dem ihnen dermahlen angewiesenen Unterhalt nicht auslangen können: so verschaffe denenselben annoch über sothaner Apanage fünfzigtausend Gulden jährlich; insolang bis dieselben in das Gouvernement von Niederlanden und in die hirmit verknüpften Einkünfte eintretten werden.

(7, Familienurkunden 2001–2007)

Die Geburt eines Sohnes von Großherzog Leopold, des späteren Kaisers Franz II., löste große Freude aus. Impulsiv hatte die Kaiserin selbst die Nachricht während einer Theatervorstellung von der Hofloge aus den Besuchern zugerufen.
Erzherzogin Charlotte war als Braut Ferdinands von Neapel kurzerhand an die Stelle ihrer verstorbenen Schwester Maria Josepha befohlen worden, und sie wird als Maria Carolina Königin beider Sizilien. Albert begleitet sie gemeinsam mit Joseph bis Wiener Neustadt, wendet sich aber dann nach Brünn zu einer Truppenrevue, besichtigt den Spielberg, inspiziert das Lager der Truppen bei Olschau, die Befestigungen von Olmütz und besucht schließlich Prag. Über Pilsen, von wo er einen Ausflug nach Pillnitz in Sachsen unternimmt, kehrt er zurück. Ohne weiteren Aufenthalt reist er mit Marie Christine sodann nach Mariazell. Wieder in Wien, empfängt er den Prinzen von Zweibrücken. Dem Wunsch Josephs entsprechend, die Gebiete der Monarchie mit eigenen Augen zu sehen, folgen ausgedehnte Reisen, die Albert großteils mitmacht. Detailliert schildert er 1769 die Bereisung Ungarns, wozu Arneth eine Fußnote angebracht hat, die feststellt, daß Albert in seinen Erinnerungen im Datum ein Irrtum unterlaufen sein muß, da die Reise schon 1768 stattgefunden habe, was der Briefwechsel auch bestätigt.

Albert an Anton Graf Thurn
Schönbrunn, 16. August 1768

Wir befinden uns am Vorabend einer Reise, weniger unangenehm und weniger ermüdend, aber nicht weniger interessant als die vom Frühjahr.

(24)

Die Schilderung von Land, Leuten, Kleidung, Ernährung, Bildungsstand, Administration, Bauten und Vegetation in Ungarn zeigt ein sehr detailliertes Interesse. Immer wieder nimmt Albert kritisch Stellung.

ALBERT
1768

Ich hatte nicht genug Muße, mich über die Art und Weise der Rechtsausübung in diesem Lande zu informieren. Es schien mir trotzdem, daß die Bestrafung, die man Verbrecher erleiden ließ, besonders streng war. Man gab mir als Grund die Wildheit der walachischen Bewohner an, deren Neigung zu Diebstahl und Mord nur durch die Grausamkeit der Leibesstrafen gebremst werden könne. Ich meinerseits glaube, daß eine bessere Erziehung mehr Einfluß auf diese unwissende Nation ausüben kann als alle Strenge, mit der man ihr begegnet.

(1, II/38)

Als Grenzland gegen die Türkei erhält das Banat besondere Beachtung.

ALBERT
1768

Es gibt in Mehadia nichts Interessantes zu sehen außer den Häusern, die man Contumaz nennt. Sie liegen außerhalb des Ortes, und alle Reisenden, die aus der Walachei oder aus der

Unbekannter Hofmaler, Erzherzogin Maria Elisabeth

Vignette der Mappa Geographica novissima regni hungariae, 1769

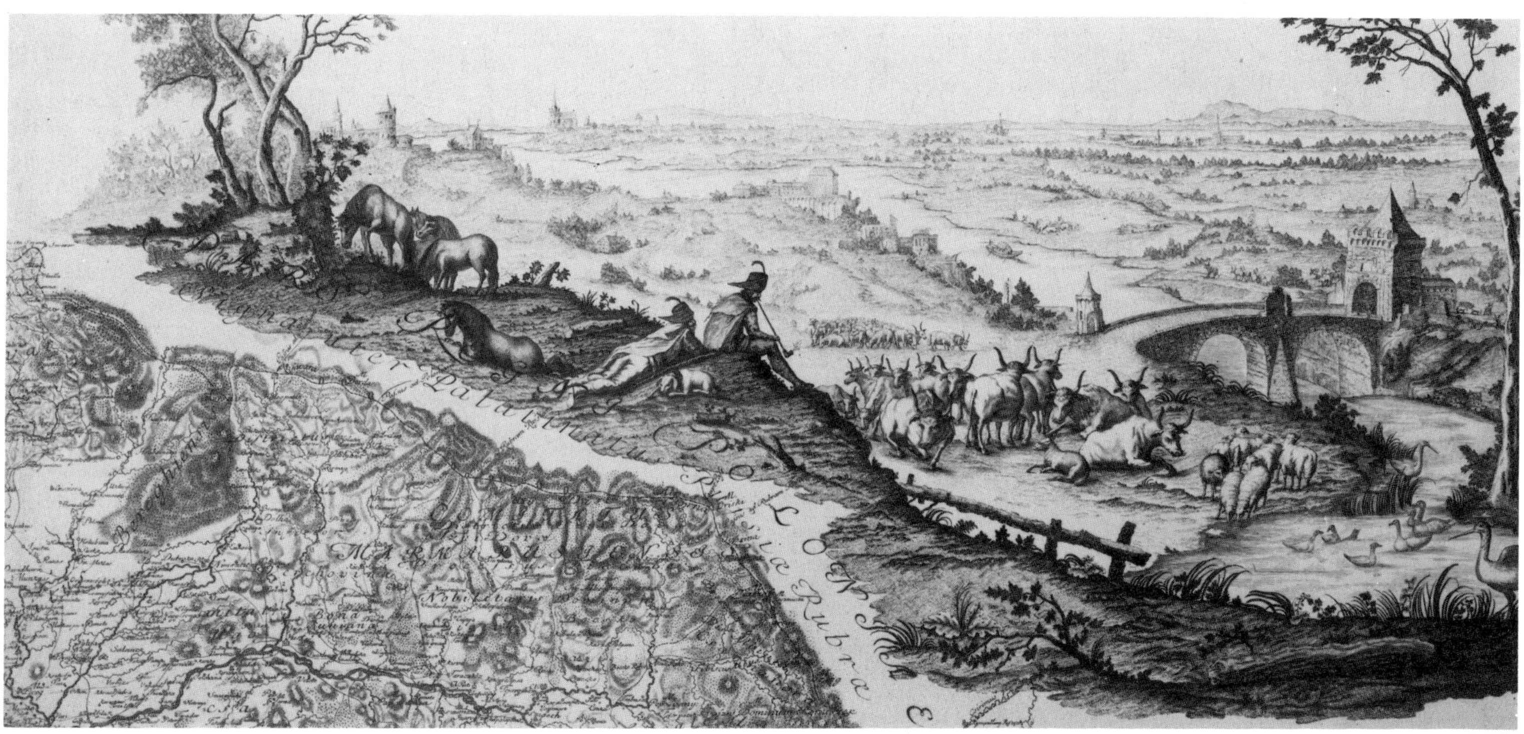

Türkei kommen, werden hier mit ihren Effekten angehalten wegen der Quarantäne. Als wir dort waren, befanden sich hier tausend Personen, von denen der überwiegende Teil Walachen waren, welche ins Banat gekommen waren, um Kohle in den hiesigen Minen zu brennen. Man sagte mir, daß diese Leute, nachdem sie eine Zeitlang gearbeitet hätten, mit dem Erlös ihrer Arbeit in ihre Heimat zurückkehrten. Ich zeigte mein Erstaunen darüber, nachdem ich die Vorsichtsmaßnahmen gesehen hatte, die man getroffen hatte, den Verkehr zwischen unseren Ländern und der Türkei zu unterbinden. Man antwortete mir darauf, daß es hier unmöglich sei, Leute zu finden, die diese Arbeit machen wollten, daher müsse man es tolerieren.

(1, II/57)

Dubowa
1. Mai 1768

Von Stupanek ritten wir längst unserer Gränitze und des türkischen Aquaduits allwo ein ganz neuer unschicksamer Weg sehr breit gemacht worden ist, welcher bei den Türken vieles Aufsehen verursacht hat. Wir ritten bei Alt-Orsowa vorbei allwo sich schier kein Mensch sehen ließe, sie auch von dem ganzen jenseitigen Ufer alle Schiffe herüber haben kommen lassen, damit uns kein Mensch einige Ungelegenheiten verursache. Alt-Orsowa siehet aus wie ein schlechtes Dorf ohne Mauer, diesseits der Donau sind viele abgebrannte Häuser, jenseits siehet man eine alte Schartaken [Chartaquen] mit etlichen wenigen Häusern worinnen ein Scheredar und Woyoda ist.

(7, FA, Hofreisen, II/12)

Aber immer wieder greift auch die Außenpolitik in die Ruhe des Preßburger Lebens ein.

Albert
1769

Kaiser Joseph und der große Friedrich [von Preußen] wünschten beide ihre gegenseitige Bekanntschaft zu machen und hatten mittlerweile zwischen sich eine Begegnung in Neisse in Schlesien ausgemacht. Der König von Preußen lud den Kaiser ein, einem Manöver eines Teiles der Truppen dieses Landes beizuwohnen, wozu man im Sommer ein Lager nahe der Stadt aufgeschlagen hatte. Ich erhielt den Vorzug, den Kaiser zu dieser Verabredung zu begleiten, in einer Suite, der noch die Marschälle Lacy und Loudon, General Graf Althan wie die Generäle Nostitz und Miltitz angehörten.
In Neisse angekommen, wurden wir vom König mit allen nur möglichen Bezeigungen der Freude, Zuneigung und Herzlichkeit empfangen. Er hatte Prinz Heinrich bei sich, seinen Bruder,

Louis Simon Boizot, Kaiser Joseph II., 1777

den General Tauentzien wie auch General Seydlitz und Minister Schlaberndorff.
Nachdem der König sich lange in persönlichem Gespräch mit dem Kaiser unterhalten hatte, ging man zu Tisch, wobei Prinz Heinrich, die Suite des Kaisers und die Generäle Tauentzien und Seydlitz anwesend waren. Das Diner dauerte sehr lange. Der König sprach ganz allein, und er hatte außer seiner perfekten Art, sich auszudrücken, noch einen sehr angenehmen Klang der Stimme: Er entfaltete im Gespräch seine Gelehrsamkeit in verschiedenen Zweigen des Wissens, besonders auf dem Gebiet der Taktik, in deren Erörterung er bis zu den Hebräern und Philistern zurückging.
Alle anderen, Prinz Heinrich nicht ausgenommen, beobachteten während dieser Zeit nur ein respektvolles Schweigen, und es wurde mir bald klar, daß dies an diesem Hofe eine gegebene Sache sein mußte, da mir General Seydlitz, der auf der einen Seite neben mir saß, nichts als abgehackte, einsilbige und halblaut gesprochene Antworten auf die von mir gestellten Fragen gab. Wenn auch dieses Diner mehr militärisch als glänzend war, aßen wir dafür ausgezeichnete Früchte, die der

König sorgfältig in seinen Gärten ziehen ließ, und tranken einen sehr guten Wein.

Nach einer Ruhepause nach Tisch unterhält sich Friedrich mit den Generälen, vornehmlich mit Lacy, und zeigt sich besonders erfreut, die Bekanntschaft Althanns machen zu können.

Ich beobachtete, daß er den Marschall Loudon nicht würdigte, ich glaube, weil ihm dieser im letzten Krieg zuviel Mühe bereitet hatte.
Gegen Abend führte uns der König in das ziemlich schlechte Theater des Ortes, wo man eine komische Oper gab, und es erstaunte mich, den König über die flachen Scherze der Schauspieler so von ganzem Herzen lachen zu sehen.
Von da ging man zum Souper, wo wieder er ganz allein sprach, was ebenso wie das Diner drei Stunden dauerte. Einige unserer Generäle schliefen ein.

(1, II/135)

Es folgen Manöver und ebensolange Diners; ausführlich schildert Albert das preußische Exerzierreglement, aber auch Stadt und Landschaft.

JOSEPH II. AN MARIA THERESIA
NEISSE, 29. AUGUST 1769

Liebste Mutter,
endlich erhalten Sie einige flüchtige Nachrichten von meiner so sonderbaren Reise nach Neisse. Ich bin gestern gegen Mitternacht hier angekommen und habe Ihren Eilboten vorgefunden,

Adolph von Menzel, Die Begegnung zu Neisse

Daniel Chodowiecki, Friedrich II. von Preußen

wofür ich Ihnen vielen Dank sage. Wir befinden uns gottlob alle wohl, und obwohl die Wege abscheulich waren, ist doch keinem ein Unfall zugestoßen. Der König hat uns mit Höflichkeit und Freundschaft überhäuft. Er ist ein Genie und ein Mann, der wunderbar spricht, aber er tut keine Äußerung, die nicht etwas Verschlagenes hätte. Ich glaube, daß er den Frieden wünscht, aber nicht aus gutem Herzen, sondern weil er sieht, daß er keinen vorteilhaften Krieg führen kann. Ich habe ihn über alle möglichen Dinge befragt, und ich wage einen flüchtigen Bericht oder vielmehr ein Tagebuch der bemerkenswertesten Dinge anzufügen. Alles zu wiederholen wäre unmöglich, weil wir täglich mindestens sechzehn Stunden miteinander gesprochen haben; so viele Gegenstände sind verhandelt worden. Er ist ganz von seiner Furcht vor der russischen Macht durchdrungen und wollte auch auf uns diese Furcht übertragen. Er hat mit aller Hochachtung von E. M. und mit großer Wertschätzung von dem Fürsten Kaunitz gesprochen.
Ich bitte Sie, mich nicht ewig für einen guten Preußen, sondern für den ergebensten Sohn der besten Herrscherin und zärtlichsten Mutter zu halten.

(27, 69)

FRIEDRICH II. VON PREUSSEN ÜBER JOSEPH II.
1769

Der Kaiser ist ein Mann von lebhaftem Geist und liebenswürdigem, gewinnendem Wesen. Er ist von Ehrgeiz verzehrt. Ich kann im Augenblick noch nicht sagen, ob er es auf Venedig, Bayern oder Lothringen abgesehen hat; aber das ist sicher, daß Europa in Flammen stehen wird, wenn er zur Herrschaft gelangt.

(28, 452)

Albert
1770

Kurz nach unserer Rückkehr in die Hauptstadt Wien kamen einerseits der Großherzog von Toskana mit seiner Gemahlin aus Florenz und andererseits Prinz Carl von Lothringen mit Prinzessin Charlotte, seiner Schwester, aus den Niederlanden. Sie folgten dem Kaiser und der Kaiserin nach Preßburg, wohin ich mit meiner Frau vorangeeilt war, um sie zu empfangen. Das große Schloß, das wir bewohnten, war weiträumig genug, um bequem alle durchlauchtigsten Herrschaften, aber auch die jüngeren Herrschaften, Erzherzogin Maria Anna, Prinz Kaunitz, Marschall Lacy und die wichtigsten Herren aus der Suite Prinz Carls aufzunehmen.

Das eigentliche Ziel der Reise ist die Besichtigung der Manöver bei Kittsee, zu denen Joseph den König von Preußen als Revanche für den vergangenen Besuch eingeladen hatte.

Der König von Preußen kam einige Tage darauf. Er hatte den kgl. Erbprinzen, den späteren Herzog von Braunschweig, mitgenommen. Mit neuerlichen Bezeigungen der Freude und der Zuneigung wurde nicht gespart, wie man sich vorstellen kann. Während dieser zweiten Begegnung beider Herrscher ging der König soweit, mit seiner ganzen Suite in weißen [österreichischen!] Uniformen zu erscheinen. Seine Höflichkeit wäre ihm beinahe teuer zu stehen gekommen, als er bei seinen Verbeugungen gegen den Kaiser, der ihn hinausgeleitet hatte, zurücktretend über die Stufen gestürzt wäre, hätte man ihn nicht rechtzeitig aufgefangen. Er kam anschließend zum Kaiser zum Diner, das durch seine Gespräche wie gewöhnlich sehr interessant wurde.
Es geschah aber, daß es dem Fürsten Kaunitz, der – ich weiß nicht, ob auf seine Bitte hin oder aus sich heraus – neben ihm zu sitzen kam, manchmal gelang, die Konversation an sich zu ziehen, da er auch sehr gut sprach und sichtlich gewohnt war, es zu tun. Es schien mir aber, daß der König mehr erstaunt als beglückt darüber war.
Ich hatte an meiner Seite den Erbprinzen von Braunschweig, und da das Schweigen der anderen Gäste bei uns nicht üblich war, wie es am preußischen Hof so zu sein scheint, genoß ich den Vorzug, mich viel mit dem Prinzen zu unterhalten, den seine Tapferkeit und seine militärischen Talente, welche er bei den alliierten Armeen während des Siebenjährigen Krieges entwickelt hatte, berühmt gemacht hatten. Nicht weniger aber taten dies seine Kenntnisse in den Wissenschaften, der Literatur und den schönen Künsten und seine Freundlichkeit, eine Höflichkeit, die er allerdings – ein wenig zu seinem Nachteil – bis zum Höchstmaß an Komplimenten trieb.

Die schlechte Witterung zwingt dazu, die Manöver abzubrechen.

Besonders animiert war in diesen Tagen die Konversation zwischen dem König und dem Prinzen Kaunitz, und ich weiß nicht, ob nicht da schon die Rede bezüglich Polens war.

(1, II/209)

Während des Aufenthaltes von Maria Antonia von Sachsen am Hof von Berlin im Oktober 1769 war mit Friedrich II. auch die polnische Frage erörtert worden, da Maria Antonia wegen der Ansprüche ihres Sohnes als Enkel Augusts III, auf die Krone daran interessiert war.

Gespräche Maria Antonias von Sachsen mit Friedrich II.
2. Oktober 1769

„. . . allem Anschein nach würde sich der Hof von Wien nicht dagegenstellen wie auch Frankreich nicht. Außerdem könne sich ihr Sohn, der Kurfürst, schmeicheln, auch die Kaiserin von Rußland nicht in seinem Weg zu haben. Diese Herrscherin sei ihm wohlgesinnt und teile seine Ansichten." Der König von Preußen schien darüber erstaunt und sagte mit Lebhaftigkeit: „Sind Sie dessen ganz sicher?" „Ja, Sire", erwiderte Ihre Kgl. Hoheit. „In diesem Fall", antwortete er, „sei es sehr richtig, wenn der Kurfürst seine Anstrengungen bezüglich Polens fortsetze. Was den Wiener Hof betreffe", fügte er hinzu, „wisse er nicht, ob dieser nicht aus Mißgunst darauf zurückkommen würde, den Prinzen Albert an diese Stelle zu setzen, wenn die Gelegenheit dafür günstig sei."

(26, I/244 f.)

Die Schwächung der Macht der polnischen Krone, die seit dem Tode Augusts III. immer mehr unter russischen Einfluß geraten war, und der seit 1768 währende Krieg Katharinas II. mit der Pforte hatten das politische Gleichgewicht im Osten und Südosten Europas empfindlich gestört, wobei Österreich der Abtretung der zwei zur Türkei gehörenden Fürstentümer Moldau und Walachei an Rußland nicht zustimmen wollte. Preußen von Rußland abzuziehen war einer der Gründe, die Joseph II. bewogen hatten, 1769 mit Friedrich II. in Neisse zusammenzutreffen, was aber keinen Erfolg gehabt hatte. Noch im Sommer 1771 schien der Krieg zwischen Österreich und Rußland fast unvermeidlich, nachdem Österreich mit der Pforte in Konstantinopel einen Bündnisvertrag unterzeichnet hatte. Schließlich einigte man sich, Rußlands Forderungen auf Gebietszuwachs mit der Angliederung von Teilen Polens zu befriedigen. Bei dieser ersten Teilung Polens vom Jahre 1772 erhielt Österreich die Städte der Zips, die es bereits 1769 auf Wunsch des polnischen Königs, um Unruhen zu verhindern, besetzt hatte, und Galizien. Außerdem ließ Joseph II. die Bukowina besetzen. Dem König von Preußen fielen das Ermland und Westpreußen ohne Danzig und Thorn zu.

Albert an Anton Graf Thurn
Pressburg, 24. März 1771

Wenn ich nicht in Ihrer Freundschaft eine so starke Grundlage wüßte, müßte ich zu Recht fürchten, Ihre Freundlichkeit zu mißbrauchen, indem ich mich noch einmal an Sie wende, Dinge betreffend, die meine häuslichen Interessen angehen. Nicht, daß ich Sie diesmal mit Bestellungen für die Möblierung von Zimmern, für Chaiselongues und Sofas belästigen will; diesmal handelt sich es um Geräte ganz anderer Art, für die ich mir die Freiheit nehme, Sie um Rat zu fragen. Sie werden wissen, daß man von einem baldigen Krieg spricht. Obwohl ich ja meine Bestimmung in diesem Fall noch nicht kenne, scheint es trotzdem, daß ich so oder so mitmachen werde. Eines der notwendigsten Möbel für den Feldzug, das man in unseren Ländern nicht finden kann, ist der Vierfüßler mit den langen Ohren, der dafür geeignet ist, das in der Armee unentbehrliche Gepäck zu tragen. Wir haben bei uns weder diese Tiere noch Leute, die fähig sind, das dafür notwendige Sattel- und Zaumzeug herzustellen. Ich wende mich daher an Sie, der Sie jetzt in einem Lande leben, wo man davon übergenug hat. Man sagte mir, daß man sie sowohl in der Toskana wie auch im Genueser Land antrifft, aber man weiß nicht zu sagen, wo sie besser und wo sie billiger sind. Darüber wage ich Sie zu befragen.

(11)

Albert an Prinz Carl von Sachsen, Herzog von Kurland
1771

Sie teilen mir Ihre Beunruhigung über die Kriegsvorbereitungen, die auf unserer Seite erfolgen, mit, und ich bin nicht überrascht, daß alle diese Dinge, von der Entfernung gesehen, nicht verfehlen können, schrecklich zu erscheinen; vor allem für jene, die sich schon in ähnlichen Situationen befanden, so wie wir sie erlitten haben. Die schöne Eintracht, in der wir uns mit jenem unserer Nachbarn befinden, der auch der Eure ist, eine Beziehung, die in wiederholten Besuchen sicherlich immer mehr untermauert wurde, läßt Ihnen unterdes keinen Grund zur Besorgnis von dieser Seite her und würde genügen, von den friedlichen Gefühlen unseres Hofes zu überzeugen; Gefühle, von denen niemals Abstand genommen werden wird, es sei denn, daß man von denen gezwungen wird, deren ehrgeizige Pläne darauf abzielen, die Ruhe der Staaten zu stören.
Sie werden vielleicht glauben, daß ich als Bevollmächtigter so zu Ihnen spreche. Ich versichere Ihnen, daß ich von nichts weiter entfernt bin und daß ich mit Ausnahme der Truppenanzahl, die sich bei uns in Ungarn versammelt, keine Ahnung habe, wozu die anderen Verbände bestimmt sind.

(5, 26/92)

Maria Theresia an Maria Antonia von Sachsen
30. Mai 1771

... glauben Sie nicht, daß meine Interessen von den Ihren differieren. Sollte der polnische Thron vakant sein, würde ich mich von ganzem Herzen dafür einsetzen, um ihn dem Kurfürsten, Ihrem Sohn, zukommen zu lassen, ohne Rücksicht auf andere Kandidaten, sogar meinen lieben Sohn Albert, der genauso denkt und seine Familie viel zu sehr liebt, um ihr nicht zu einer Sache zu verhelfen, die Ihnen so am Herzen liegt.

(2, A No. 15 bzw. 6, 273)

Als General Esterházy Befehl erhält, mit seinem Korps in Polen einzurücken, um dort mit den Russen und Preußen die Teilung vorzunehmen, vollzieht sich eine politische Entwicklung von größter Bedeutung. Maria Theresia hatte sich bis zuletzt dieser politischen Maßnahme widersetzt und dies sogar aktenmäßig festgehalten: „Will es approbieren, wie alles Übrige, das sehr wohl verfehlt ist, und eine Sache, die so verwickelt und nicht nach unserer sonstigen Denkungsart ist." Schon um 1768 war die Pforte an Maria Theresia herangetreten, im Falle einer österreichischen Kriegserklärung an Rußland und Preußen der Monarchie bei der Rückgewinnung Schlesiens und „Erhebung ihres Lieblingsschwiegersohnes Albert von Sachsen-Teschen auf den polnischen Thron" behilflich zu sein (86, 311, 319).

Albert
1772

Ich möchte mich hier nicht ausbreiten über dieses frappante Ereignis, das die Aufmerksamkeit von ganz Europa auf sich lenkte, und auch nicht die Grundlagen jener Rechte diskutieren, auf die diese Okkupation gestützt war. Ich möchte nur bemerken, daß sie ohne irgendeinen Widerstand der Polen geschah, da diese unter sich allzu uneins waren, um eine sinnvolle Resistenz gegen ihre Teilung bieten zu können.
Eine Begebenheit, an die ich mich bis zu meinem Lebensende erinnern werde, ist, daß die Kaiserin Maria Theresia, nachdem sie sich nur widerstrebend und mit größter Mühe durch den Kaiser, ihren Sohn, und seine Minister zu dieser Besitznahme überreden ließ, eines Tages, meiner Frau und mir die Überwindung ihres Widerstandes anvertrauend, hinzufügte, daß sie darin die Quelle des Unglücks sehe, welches später die österreichische Monarchie heimsuchen und schließlich ihren Verfall herbeiführen würde.

(1, II/218)

Eine Neuformierung der Kavallerieverbände nach den Vorschlägen Marschall Lacys ergibt die Aufstellung von zwei ‚Carabinier-Regimentern' von je vierzehn Eskadronen; deren erstes, wünscht die Kaiserin, solle Albert anstelle seines Kürassier-Regimentes übernehmen.

Niederösterr. Dragoner-Regiment Albert, König v. Sachsen

Errichtung und nachfolgende Veränderungen. 1768 mit 1. November aus den Carabinier-Compagnien der Cürassier-Regimenter Toscana (aufgelöst 1801), Serbelloni (Dragoner Nr. 4), Herzog Albert (aufgelöst), Erzherzog Max (Nr. 8), Alt-Modena, Stampach (aufgelöst), O'Donell (Nr. 5), Kleinholdt, Podstatzky, Voghera (alle drei aufgelöst), D'Ayassasa (Nr. 6), Stampa, Anspach (aufgelöst) und Berlichingen (Nr. 9), dann dem Stabe von dem aufgelösten Regimente Alt-Modena zu Ung.-Altenburg als „Erstes Carabinier-Regiment" aufgestellt.

Herzog Albert, Kürassiere zu Pferd

Von 1769 bis 1798 führte das Regiment in der ganzen Cavallerie die Rangs-Nummer 5.
1798 wurde dasselbe in ein Cürassier-Regiment umgewandelt und erhielt als solches die Nummer 3; die Chevauxlegers-Division wurde an das neu aufgestellte Cürassier-Regiment (Dragoner Nr. 12) abgegeben.
1802 die Majors-Division des aufgelösten Cürassier-Regiments Anspach anher eingetheilt.
1867 wurde das Regiment unter Beibehalt seiner Nummer in ein Dragoner-Regiment umgewandelt.

Feldzüge

Erstes Carabinier-Regiment

Herzog Albert. 1778/79 stand das Regiment bei der Haupt-Armee in Böhmen, kam aber nicht zur Action.
Von 1793 an stand dasselbe, inclusive der Chevauxlegers-Division, auf dem Kriegs-Schauplatze in den Niederlanden und zeichnete sich letztere unter Rittmeister Baron Dienersperg bei Aldenhoven und Neerwinden, das Regiment unter Oberst Freiherrn von Seckendorf vor Maubeuge und bei Wattignies aus. Dieser, sowie 8 Officiere wurden belobt.
1794 nahm das Regiment an den Kämpfen von Landrecies und der Schlacht bei Fleurus theil; die Chevauxlegers-Division zeichnete sich bei Jüllich aus.
1795 stand das Regiment vor Maynz (anläßlich der Erstürmung des verschanzten Lagers nicht in's Feuer gekommen), und nahm an den Gefechten an der Pfrimm und bei Lampertsheim theil; die Oberstlieutenants-Division unter Oberstlieutenant Freiherrn von Winkler zeichnete sich in jenem bei Bacharach aus.
1796 focht die Chevauxlegers-Division bei Malsch und Bopfingen und zeichnete sich später bei dem Überfalle auf Kitzingen aus; die Majors-Division focht bei Camberg, das Regiment mit besonderer Auszeichnung bei Würzburg.
Oberstlieutenant Vrécourt hat durch einen Überfall auf Bamberg sich hervorgethan.
1797 kam blos die Chevauxlegers-Division in einigen unbedeutenden Gefechten in das Feuer.

Cürassier-Regiment Nr. 3

Herzog Albert. 1799 auf dem Kriegs-Schauplatz in Deutschland eingetheilt, stand das Regiment im Reserve-Corps und kam im ersten Theile des Feldzuges nicht zur Verwendung. An der Erstürmung der Neckarauer Schanzen vor Mannheim nahm dasselbe auch nur indirecten Antheil. Die Oberlieutenants-Division war später in dem Gefechte bei Stetten; in jenem bei Wiesloch machen 2 Divisionen unter Oberst Wolfskehl glänzende, erfolgreiche Attaken.
1800 stand das Regiment im Reserve-Corps und kam bei Engen und Möskirch nicht zur Verwendung; bei Dellmensingen hat die Oberst-Division nach Durchschwimmen der Donau die feindliche Cavallerie vertrieben; bei Gutenzell die Majors-Division sich ausgezeichnet.
Mit besonderer Auszeichnung focht dasselbe jedoch unter Oberst Graf Radetzky bei Hohenlinden und kam noch bei Laufen in das Feuer.
1805 auf dem Kriegs-Schauplatze in Deutschland (Corps Werneck) eingetheilt, zeichnete sich das Regiment unter Oberst von Kroyher und Oberstleutnant Kuttalek bei Wertingen, Jungingen und Langenau aus; der Katastrophe, von welcher das Corps Werneck bei Trochtelfingen betroffen wurde, entging

das Regiment, indem es sich an die unter dem kühnen Reiterführer Erzherzog Ferdinand aus Ulm ausgebrochene Abtheilung anschloss und im Verbande derselben, vom Feinde vielfach verfolgt und mit demselben in steter Fühlung wiederholte Kämpfe bestehend, sich nach Böhmen durchschlug und später an dem Treffen bei Stecken theilnahm (in eine Division formiert).
1809 bei der Haupt-Armee in Deutschland eingetheilt, rettete Rittmeister Andreas von Phannhauser in der Schlacht bei Eggmühl durch einen glänzenden Angriff mehrere vom Feinde bereits eroberte Geschütze. In der Schlacht bei Regensburg deckten 2 Escadronen unter den Rittmeistern Heinrich von Bayerweck und Moritz Graf Clary mit heldenmüthiger Tapferkeit den Rückzug der Infanterie der Nachhut-Brigade.
Mit Auszeichnung focht das Regiment bei Aspern und Wagram.
Regiments-Arzt Dr. Hauer wurde wegen seiner Leistungen in den Feldspitälern, nachträglich (1812) mit der GCEM 1. ausgezeichnet.
1813 standen nur die Oberst- und Majors-Division bei der Haupt-Armee in Sachsen, kamen bei Dresden nicht in das Feuer, bestanden ein glückliches Nachhutgefecht bei Mulda und fochten später mit Auszeichnung bei Leipzig (Wachau).
Regiments-Commandant Oberst Bayerweck und Major Phannhauser haben sich hervorgethan.
1814 waren diese beiden Divisionen in der Süd-Armee eingetheilt, kamen jedoch nicht in das Feuer; ebenso
1815, wo sie bei der Armee in Frankreich standen.

Regiments-Inhaber

Carabinier-Regiment Nr. 1:
1768 Sachsen-Teschen, Albert Herzog zu, FM
1798 Cürassier-Regiment Nr. 3:
1822 Friedrich August Albert, königlicher Prinz und Mitregent von Sachsen, seit
1836 Friedrich August, König von Sachsen
1856 Johann, König von Sachsen
1867 Dragoner-Regiment Nr. 3:
1873 Albert, König von Sachsen

Regiments-Commandanten

1768 Zezschwitz, Wolfgang Caspar Freiherr von, Oberst
1775 Desfours, Franz Wenzel Graf, Oberst
1784 Hoditz, Franz Friedrich Graf, Oberst
1790 Hildebrandt, Johann Freiherr von, Oberst
1794 Karst, Matthias, Oberst
1795 Vimercatti, Hieronymus Freiherr von, Oberst
1798 Wolfskehl, Christian Freiherr von, Oberst
1800 Radetzky de Radetz, Joseph Graf, Oberst
1805 Kuttalek von Ehrengreif, Ferdinand, Oberst
1813 Bayerweck, Heinrich Freiherr von, Oberst
1823 Clary, Moritz Graf, Oberst

Adjustierung
Erstes Carabinier-Regiment

1768 weißer Rock, pompadourrothe Egalisierung, weiße Hosen, gelbe Knöpfe.

Herzog Albert, Kürassiere zu Fuß

Cürassier-Regiment Nr. 3

1798 weißer Rock, pompadourrothe Egalisierung, weiße Hosen, gelbe Knöpfe.

(22, II/1)

Albert an Feldmarschall Lacy
Pressburg, 4. März 1772

Euer Excellenz habe die Ehre die hier beiliegenden Plans und Schriften laut dero Verlangen zurückzusenden und denselben für deren Mitteilung den erkenntlichsten Dank zu erstatten. Es haben mir dieselben eine neue Gelegenheit anmit an die Hand gegeben, durch die darinn enthaltenen einsichtsvollen Anmerkungen, die Eigenschaften eines großen Generals neuerdings zu erkennen, welche ich an E. E. stets schätze und ehre. Es kann auch diese sowohl als die Ausdrücke mir erzeugter Freundschaft nicht anders als jene ausnehmende Gesinnungen immer mehr und mehr bestätigen, mit welchen ich verharre.

Giuseppe Ceracchi, Moritz Graf Lacy

Feldmarschall Lacy an Albert
7. März 1772

Lediglich auf Euer Hoheit gnädigsten Befehl habe ich mich unterfangen, meine wenigen Gedanken, Plans und Aufsätze über das Militär-Exercitium unterthänig zu übersenden. Es sind solches nur dermalen überhaupt entworfener Ideen gewesen, und es ist mir genug, daß Ew. Hoheit aus meinem Gehorsam, womit ich solche dem Verlangen gemäß einzureichen befleissigt gewesen, derjenige respectvolle . . .

(7, Nachlaß Lacy, VI)

Jean Baptiste Greuze, Johann Georg Wille

Trotz der unruhigen Zeiten findet Herzog Albert die Muße, in stärkerem Maße sein Interesse den bildenden Künsten zuzuwenden.

Aus dem Briefjournal von Johann Georg Wille aus Paris an Jacob Schmuzer in Wien

Hierin ist die erste Nachricht von Erwerbungen graphischer Werke durch Herzog Albert enthalten.

14. August 1768. Antwort an M. Schmuzer in Wien. Ich beklage das tragische Ende von J. J. Winckelmann, ermordet in Triest, und ich sage, daß die Kaiserin ihm ein Grabmal errichten lassen müßte, man könnte sonst in wenigen Jahren vergessen haben, wo seine Gebeine ruhen.
Ich melde ihm auch, daß ich die Stiche für den Herzog von Sachsen-Teschen abgeschickt habe, mit einem Brief an diesen Prinzen.
1. November 1768: Ich habe auf den Brief geantwortet, den SKH Prinz Albert von Sachsen-Teschen mir geschrieben hat. Ich sende ihm meine Antwort an M. Georgio beim Grafen

Johann Georg Wille, Der Schreiber

Salm, der beauftragt ist, sie dem kaiserlichen Kurier mitzugeben.
2. Juli 1769: Antwort an M. Schmuzer. Ich habe dem Brief eine Quittung beigegeben, die sich auf das Geld bezieht, welches er mich von seiten SKH des Herzogs von Sachsen-Teschen hat einnehmen lassen. Ich sage ihm meinen unendlichen Dank auch für die Aufnahme in die kaiserliche Akademie.
17. Juli 1770: M. Sutter wurde beauftragt, ein Paket mit Stichen zu übernehmen, das ich SKH nach Wien sende.
16. September 1770: Schreiben an M. Schmuzer nach Wien. Ich schicke ihm die Rechnung, die mir SKH Prinz von Sachsen-Teschen schuldet für Stiche, die ich ihm in sechs verschiedenen Rollen geschickt habe.
10. Februar 1771: Antwort an M. Schmuzer in Wien auf mehrere seiner Briefe. Ich unterrichtete ihn auch, daß ich das Geld erhalten habe, das der Herzog von Sachsen-Teschen mir schuldete. Diese Antwort wie auch eine Rolle mit Stichen an den Herzog ist in Händen von M. Kruthofer, der sie überbringen lassen wird, indem sie der eine oder andere Kurier nach Wien mitnimmt.
21. Mai 1771: Antwort an M. Schmuzer. Ich habe eine Rolle beim Botschafter für SKH den Herzog von Sachsen-Teschen hinterlegt.
9. November 1771: Antwort an M. Schmuzer in Wien. Ich übersende ihm die Rechnung für SKH, den Herzog von Sachsen-Teschen.
13. Februar 1773: Antwort und Schreiben an M. Schmuzer in Wien. Ich teile ihm mit, daß ich das Geld des Herzogs Albert für die Stiche des vergangenen Jahres erhalten habe, daß ich morgen eine neue Rolle in das Haus des Herrn Botschafters schicken werde, damit der kaiserliche Kurier, eben hier, sie mit meinem Brief mitnehmen kann.
11. Dezember 1774: Antwort an M. Schmuzer in Wien. Ich übersende in meinem Brief die Rechnung für die Kupferstiche, die ich während dieses Jahres SKH geliefert hatte.

(23/380, 410, 447, 468, 476, 492, 541, 583)

Auch in Rom werden Erwerbungen bekannt.

Rom, 1767

Rat Reiffenstein hat für Herzog Albert den Ankauf und den Versand von Kunstgegenständen besorgt, die Akten des Altertumsaufsehers verzeichnen die Genehmigung an ihn für die Ausfuhr von 14 Gemälden. In diesen Jahren zeichnet für die Ausfuhr von Kunstgegenständen J. J. Winckelmann.

(24, I/277)

Der Herzog beginnt sich selbst als Zeichner zu betätigen.

Franz Moessmer – Jakob Kohl, Jacob Mathias Schmuzer

Herzog Albert, Odysseus raubt Andromache den Sohn; Zeichnung nach Mattia Preti

Aus den Aufzeichnungen der Wiener Kunstakademie
1768

Von den Ehrenmitgliedern beehrte des Herzogs Albert von Sachsen-Teschen K. H. die Akademie mit einer Handzeichnung, den 6. April 1768.
Eine Zeichnung auf grauem Papier mit schwarzer und weißer Kreide. Sie stellt Ulyssen vor, der den jungen Astyanax seiner widerstrebenden Mutter Andromache aus den Armen reißt. Dieses Stück ist von der Hand Seiner Königl. Hoheit, des Herzogs Albert von Sachsen-Teschen. Hat in der Höhe 1 Sch. 5 Z., in der Breite 1 Sch. 2 Z. und ist mit einem zierlich geschnitzten und koloriert vergoldeten Rahmen versehen.

(25, 17)

Wie später in Belgien beim Bau des Schlosses Laeken, scheint Albert auch in Preßburg bereits selbst bei der Plangestaltung des Umbaues seiner Appartements im Schlosse mitgewirkt zu haben.

Maria Theresia an Anton Graf Grassalkovich
31. Juli 1767

Es möge Euch der Architekt Hillebrand das Projekt zur Erweiterung des Schlosses von Preßburg vorlegen, welches mein Schwiegersohn Albert ausgearbeitet hat. Er wie ich wünschen, daß dieses Projekt innerhalb eines Jahres ausgeführt werden möge, und zu diesem Zweck bestimme ich, daß 4 000 fl. monatlich dafür bereitgestellt werden.

(9, Cam. Hung. Poson. – 1767)

Albert bittet Anton Graf Thurn, ihm bei der Ausstattung des Preßburger Schlosses behilflich zu sein.

Albert an Anton Graf Thurn
Hetzendorf, 20. September 1767

Wir bauen jetzt in Preßburg (natürlich auf Kosten der Kaiserin), um unser Appartement zu vergrößern, und es handelt sich nun auch darum, es zu möblieren. Da die Damaste aus Florenz, wie ich glaube, die besten ihrer Art sind, bitte ich Sie, sobald es Ihnen möglich ist, mir die schönsten Proben, die es im Moment gibt, zu schicken.

Wien, 27. Oktober 1767

Was meine Tapisserien betrifft, so schreiben Sie, ich soll Ihnen Zeichnungen schicken, um sie in Damast anfertigen zu lassen. Könnte man sie nicht eher dort machen lassen und mir schicken statt der Muster, die, wie Sie mir sagen, nicht vorhanden sind. Sie müssen ohne jeden Zweifel bessere Entwerfer dafür haben als wir. Ich habe zuallerletzt beim Prinzen Liechtenstein ein Möbel aus Florenz mit rot-weißem Muster gesehen, das mir gefiel. Man sagte mir, daß es mit einem Muster übereinstimmen soll, das sich im Palazzo Pitti befindet. Das einzige, was ich auszusetzen hatte, ist, daß es für die Raumproportionen ein bißchen zu groß war. Dies ist jedenfalls eine Überlegung, die man bei den Zeichnungen, die ich Sie bitte zu besorgen, nicht anstellen muß, da die Höhe unserer Tapisserien 14 Wiener Zoll [Fuß] mißt.

Pressburg, 24. Februar 1768

Erlauben Sie mir, daß ich Ihnen gleichzeitig die Zeichnungen für die Tapisserien zurückschicke, die Sie mir durch den Obersten Reischach zukommen hatten lassen. Ich hätte es schon lange gemacht, aber Sie können mir glauben, daß ich, um die kleinen Änderungen anzufügen, die Sie in den sehr schlechten Mustern finden werden, mindestens 30 Proben anfertigen lassen mußte. Sie sind von dem elenden Maler, den wir hier haben, der – um mich vollends rasend zu machen – zwei Monate brauchte und eine Dummheit nach der andern machte, ehe er verstand, was ich meinte.

Laurenz Janscha, Blick auf Schloß und Stadt Preßburg

PRESSBURG, 6. FEBRUAR 1769

Die Tapisserien, die Sie mir in Ihrem Brief vom 16. Jänner angekündigt haben, sind gerade gekommen. Ich kann Ihnen gar nicht genug sagen, wie sehr ich Ihnen zu Dank verpflichtet bin für alle Mühe, die Sie sich damit gegeben haben, und wie sehr ich von der Schönheit der Arbeit, die meine Erwartungen zur Gänze erfüllt hat, begeistert bin. Ich hoffe, daß auch alle anderen so sehr entsprechen werden und daß wir sie rechtzeitig bekommen können, um sie für unser neues Appartement zu verwenden, das wir wahrscheinlich im kommenden Oktober beziehen werden. Es bleibt mir nur eine einzige Befürchtung: Da das Maß für die Tapisserien so genau abgenommen worden war, wären sie, falls sich auch nur der kleinste Fehler dabei eingeschlichen hätte, zu kurz gewesen. Da die Zimmer 2, 3 und 4, die höher sind, noch nicht ganz fertig waren, als ich die Maße schickte, glaubte ich, sicherheitshalber die für die Tapisserien notwendige Höhe noch einmal genau abmessen lassen zu müssen und mitzuschicken, um etwaige Fehler der ursprünglichen Maße noch korrigieren zu können. Auch habe ich gefunden, daß die Stücke, die für die Sessel und Kanapees verwendet werden sollen, größer als notwendig sind und daß das Muster, wenn man die Teile zerschneidet, verliert. Um diese Unannehmlichkeit vielleicht bei denen zu verhindern, die noch nicht gearbeitet sind, bitte ich Sie, die Arbeit bis zu dem Moment aufzuschieben, an dem ich Ihnen die Maße oder sogar den Schnitt der Möbel schicken kann. Ich habe auch I. M. der Kaiserin die Rechnung, die Sie zu übernehmen geruht hat, weitergeschickt. Wir warten daher auf Ihren diesbezüglichen Bescheid.

SCHÖNBRUNN, 18. MAI 1769

Den Überbringer der Neuigkeit, die hier solche Freude verursacht hat [die Geburt des zweiten Sohnes von Großherzog Leopold, Ferdinand, am 6. Mai], beauftragte ich, Ihnen bei seiner Rückkehr die Maße der Möbel zu überbringen, die ich vor sehr langer Zeit erwähnt habe und die Sie mir in Ihrem letzten Brief vom 2. April in Erinnerung gebracht haben. Ich hätte sicherlich nicht solange gezögert, sie zu schicken, wären nicht sowohl die Langsamkeit der Tischler als auch der Schnitzer, die sie anfertigen, und auch meine Abwesenheit schuld gewesen. Sie werden vielleicht auf der Liste einige Möbelstücke finden, für die die Damaste nach den zuerst geschickten Maßen schon fertig sind, wie zum Beispiel die vom 2. Vorzimmer oder für das Bett. Die Liste kann also nur für jene Stücke gelten, die noch nicht gearbeitet sind. Es wird auch notwendig sein, sie ins Italienische übersetzen zu lassen, und ich hätte es sicherlich hier machen lassen, wenn ich es nicht schon so eilig gehabt hätte, sie sofort nach Erhalt Ihnen zu schicken. Ich hoffe, daß es die übrigen Arbeiten nicht aufgehalten hat. So freue ich mich darauf, dieser Tage eine neue Lieferung Tapisserien zu erhalten, die wir, selbst wenn der Rest der Möbel noch nicht fertiggestellt ist, ja immer brauchen können.

(11)

ALBERT AN MARIA ANTONIA VON SACHSEN
1771

Ich begrüße sehr die Leidenschaft, welche Sie für van Dyck ergriffen hat, und finde sie besser als jene für Wälder und Eber. Das schöne Bild nach diesem Meister, das ich von Ihrer Hand besitze, ist der schönste Schmuck der kleinen Sammlung von Bildern, die ich besitze.

(26, I, 276)

Die heute der Österreichischen Nationalbibliothek zugeordnete Kartensammlung bildete neben der Kunstbibliothek, der Kupferstichsammlung und der Sammlung von Handzeichnungen den vierten, zumindest gleich bedeutenden Teil der Albertinischen Sammlungen. Schon während der militärischen Tätigkeit Herzog Alberts im Siebenjährigen Krieg, wo er – vor allem für seine eigenen Aktionen – begann, Karten und Lagepläne zeichnen zu lassen (s. o. S 41), setzte eine intensive, gezielte Sammeltätigkeit ein.

GRAF SAINETIGNON
CHATEAU DE PUXEE BEI METZ, 6. NOVEMBER 1772

Monseigneur,
ich habe die Ehre, E. K. H. mitzuteilen, daß die große Frankreichkarte von Cassini am 2. dieses Monats abgegangen ist, und zwar an die Adresse des Barons Fries in Wien zur Verfügung E. K. H. Bis jetzt sind nur 104 Blätter fertig gestochen. Der Rest wird mit der Zeit nachfolgen.

(9, P 298, Nr. 5)

GRAF FERRARIS AN ALBERT
BRÜSSEL, 17. DEZEMBER 1776

Seit unendlich langer Zeit habe ich die fünf Blätter der Frankreichkarte, die E. K. H. fehlen, um alles vollständig zu haben, was bisher erschienen ist. Das Werk wird nicht sehr vorangetrieben. Seit beinahe zwei Jahren verspricht man mir von Tag zu Tag die Nummer 33, welche Stadt und Provinz Limoges enthält, zu schicken. Um kein schuldhaftes Vergessen meinerseits vermuten zu lassen, habe ich mir mit allem Respekt die Freiheit genommen, mit dem letzten Kurier E. K. H. die fünf Blätter zu schicken, die Sie von den bereits erschienenen noch nicht haben. Es handelt sich um: Nummer 68 Charroux, 99 Mortagne, 102 Saintes, 140 die spanische Grenze. Die fünfte ist eine Zusammenstellung der 17 Blätter, aus denen das ganze Kartenwerk über das französische Königreich bestehen wird.

(9, P 298, Nr. 5)

Immer wieder kommen Besuche nach Preßburg, am häufigsten die Kaiserin, die sich durch die glückliche Ehe ihrer Lieblingstochter an ihre eigene Jugend erinnert fühlt.

MARIA THERESIA AN MARIE CHRISTINE
4. OKTOBER 1771 *(Namenstag des Kaisers Franz I.)*

Welch ein Tag, liebste Tochter! Ich habe mit der treuen Vasquez unsere traurigen, doch tröstlichen Pflichten für unseren liebsten Gemahl erfüllt. Sie konnte sich nicht zusammennehmen und mußte weinen. Mein Herz, durch all die Verluste hart geworden, tat nichts dergleichen . . .
Nun zu uns. Ich müßte mit Euch schimpfen – könnt Ihr auch nur einen Augenblick glauben, daß ich meine Gesinnung gegenüber Eurem Gemahl geändert hätte oder mich von Schwätzereien beeindrucken ließe, die nur aus Neid und Eifersucht kommen und an die man selber nicht glaubt? Ich habe schon lange auf diesen meinen Sohn achtgegeben, viel früher als Ihr ihm begegnet seid, ich kenne ihn daher genau, seinen ausgezeichneten Charakter, seine gute Seele, sein wohlbeschaffenes Herz. Der eitle Glanz fehlt; vielleicht versteht er nicht ganz, seine Ware gleich an den Mann zu bringen, aber dies gerade – ist es nicht das, was seinen Wert ausmacht, die Wahrhaftigkeit und die Unbestechlichkeit an ihm? Daß Ihr mit ihm glücklich seid – und wenn es nur dies wäre, so wäre es schon genug, daß er mir nahesteht und daß ich niemals meine Wahl bedauern würde. Ich habe nichts als seine Persönlichkeit gesucht, als ich ihn mir näher ansah. Seitdem er Euch glücklich gemacht hat, hilft er mir in meinem langweiligen Alter mit Geduld und Rücksichtnahme, ist er meine Zuflucht, wenn ich müde bin. Kann ich jemals all seine Güte zu Euch erwidern oder etwa noch andere Beweise verlangen? Pálffy, den Ratgeber, und hunderttausend andere Dinge mehr, die ich meinem lieben Schwiegersohn schulde und die mich ihm immer mehr zu Dank verpflichten. Deo gratias!
Ich komme bestimmt am vierzehnten, aber nach dem Mittag. Ich werde eine Kleinigkeit in der Stadt essen. Genau kann ich die Stunde nicht angeben, und wenn ich eilen muß, werde ich gleich grantig für den ganzen Tag, und ich möchte doch mit dem breiten Maul [lachend] zu Euch kommen.

(8, 90 f.)

Die verwitwete Kurfürstin von Sachsen wollte im Mai 1773 Herzog Albert und Marie Christine einen Besuch abstatten. Der Herzog weiß diese unbequeme Visite in Preßburg und Wien mit Geschicklichkeit abzuwenden.

Albert an Maria Antonia von Sachsen
(Briefentwurf)

Alle diese Hindernisse sind indes nicht groß genug, um mich in dem Entschluß zu behindern, Mittel zu finden, um meinem Wunsch, Sie wiederzusehen, zu entsprechen. Ich habe einen anderen Plan gefaßt, zu dessen Ausführung Sie sicherlich viel beitragen könnten und dessen erfolgreiche Durchführung mir sehr am Herzen liegt. Es ist dies, selbst nach München zu kommen und meine kleine Frau dorthin mitzunehmen, nachdem sie die Kuren, die man ihr verschrieben hat, vollständig hinter sich gebracht hat. Dieses noch vage Projekt, das ich heute auch meiner Schwester eröffnet habe, könnte sich vielleicht am Ende des nächsten Monats verwirklichen. Vor allem müßte man dafür die Einwilligung und Zustimmung des Kurfürsten erlangen, das sichere Versprechen, daß man über alle Etiketten und Rangordnungen hinweg gehen werde und daß man, bevor die Sache entschieden sei, sie in keiner Weise erwähnen werde.

(5, 26/92–14)

Albert an Maria Anna von Bayern
(Briefentwurf)

Liebe Schwester, Sie haben ja jetzt die Kurfürstin von Sachsen, unsere Schwägerin, bei sich, die, seit einiger Zeit von der Reiselust besessen, mir gerade den Vorschlag unterbreitet hat, nach Preßburg oder hierher zu kommen, um mich zu sehen. Die Wirkung, die dies auf die Leute macht, ist zweifellos anders, als sie sich das vorstellt, und vor allem in diesem Lande hier. Diese ausgeprägte Vorliebe einer Prinzessin ihres Alters, die Welt zu bereisen, läßt mich um so mehr darauf schließen, daß sie an unserem Hofe keine passende oder angenehme Rolle spielen würde, was ich auch öfters schon die Gelegenheit hatte, feststellen zu können.

(5, 26/92)

Albert an Prinz Charles de Ligne
Wien, 28. Jänner 1774

Endlich, nach einem ganzen Jahr des Stillschweigens, gibt mein lieber Charles ein Lebenszeichen von sich und beweist, daß er die Freunde, die ganz betrübt sind, sich so lange von ihm getrennt zu sehen, noch nicht ganz vergessen hat. Aber ist es wirklich Ihr Herz allein, dem ich diesen Ihren lieben Brief schulde, oder ist es nicht viel mehr der Auftrag, mit dem die Princesse de Ligne mich beehrt, der mir diesen Beweis Ihrer Erinnerung verschafft? Ich will mir einbilden, daß es das erstere sei, denn meine herzliche Freundschaft für Sie ist zu sehr im Spiel und würde im anderen Fall sich verletzt fühlen. Sie sind also noch immer sehr von den Russen und Türken in Anspruch genommen, und Ihre martialische Gesinnung erlaubt es Ihnen nicht, mit Gleichgültigkeit die mageren Heldentaten der ersteren und langweilige Untätigkeit der letzteren zu sehen. Ich warte darauf, Sie eines Tages anstelle des Chevalier de Foth an ihrer Spitze zu sehen, um sie im Namen des Zebaoth nach Moskau zu führen.
Ich liebe die Unempfindlichkeit nicht, die Sie gegenüber jeglichem Vergnügen beweisen. Jedenfalls geschaffen, um solches zu bieten, müssen Sie gewiß empfänglich sein, die ganze Feinheit solcher Freuden zu spüren, die Sie sich verschaffen können. Ich weiß wohl aus guter Quelle, daß Sie sich auch in keiner Weise denen, die sich bieten, versagen. Ich weiß sogar, daß Sie nicht einmal einen so abgekühlten Geschmack haben, um nicht, sogar inmitten von Eiszapfen und im Schnee, welche zu finden. Gottlob haben diese Sie nicht vollständig unsere Preßburger Streifzüge und unsere maskierten Redouten vergessen lassen. Die in diesem Jahr haben nicht mehr die gleichen Anziehungspunkte für mich. Auch ist keine Rede mehr von den Verkleidungen, auch nicht mehr von Soupers bei der Prinzessin, deren Neffen (in allen Ehren gesagt) Ihr noch mehr im Auge hattet als die Mädchen.
Ihre militärischen Kommentare werden sicherlich schon weit gediehen sein. Ich kann Ihnen leider nicht dasselbe von meinem didaktischen – und ich gestehe, sehr langweiligen – Werk, dessen Anfänge Sie miterlebt haben, sagen.
Es scheint wirklich, daß der Friedensgeist, der jetzt in unserem politischen System herrscht, eine Erschlaffung in allem, was zum Krieg in irgendeiner Beziehung stehen könnte, mit sich bringt und beinahe alles zu ersticken vermag, was noch die Idee davon erwecken könnte. Ohne meine Kentauren-Kolosse, die mich manchmal angenehme Augenblicke verbringen lassen und mich doch an das erinnern, was ich sein sollte, wäre ich bald darauf beschränkt, wie Herkules meine Wolle bei Omphale zu spinnen, ohne leider die Talente zu entwickeln, die dieser Held dabei hatte. Es sind Sie, mon cher Charlot, der am meisten dazu beitragen kann, mich aus dieser Lethargie herauszureißen, in die zwölf Friedensjahre (eine unerhörte Sache seit Jahrhunderten in unserem Dienst) mich bringen werden. Sie, der mit liebenswürdigen Eigenschaften des Literaten und des verfeinertsten Epikuräers den ganzen Eifer und den ganzen Heldenmut des nach Ehre und Gemetzel am meisten dürstenden Kriegers vereinen, kommen Sie doch bald in diese Gegenden zurück.

(16, IV, 136)

Albert
1775

So verbrachte ich diese Jahre der inneren Ruhe unserer Länder in dem Glück, das mir die Gesellschaft einer anbetungswürdigen und geliebten Gemahlin gewährte und die Güte einer

unvergleichlichen Mutter und Herrscherin, die ihrer Tochter gegenüber eine beispiellose Zärtlichkeit hatte.
Mit Ausnahme der Zeit, die wir erübrigen mußten, um der Kaiserin in Wien, Laxenburg oder Schönbrunn Hof zu machen oder die ich mit dem Kaiser auf irgendeiner Reise, wie alljährlich in die Lager in Österreich, Ungarn, Mähren oder Böhmen, verbrachte, blieb ich den Winter mit meiner Gattin in Preßburg. Danach gingen wir einige Zeit im Frühjahr nach Lanschütz, drei Meilen von dort, sehr angenehm gelegen, ein Besitz des Grafen Esterházy, des damaligen ungarischen Kanzlers. Die Jagdzeit führte uns dann nach Schloßhof, das, dem Hof gehörend, etwa gleich weit von Wien und Preßburg liegt. Wir schlossen schließlich mit einigen Herbsttagen in Halbthurn und in Ungarisch-Altenburg, das uns gehörte, die Saison ab.
Da die gewöhnlichen Beschäftigungen, zivile und militärische, meine Zeit nur zum Teil in Anspruch nahmen, konnte ich mich daneben dem Studium und der Lektüre widmen. Ich verbrachte einen großen Teil meiner Zeit damit und erwarb so nicht nur Kenntnisse von fast allem, was die Alten und Modernen über Kunst, Geschichte und Militär geschrieben hatten, sondern war auch bald auf dem laufenden, was damals an Interessantem in verschiedenen Zweigen, vor allem auf dem Gebiet der deutschen Literatur, erschien.

(1, II/221)

Albert
1775

Die Besuche, die uns aber von allen am liebsten waren – und auch am häufigsten –, waren die unserer lieben und verehrten Mama. Als sie sich wünschte, die Kinder des Großherzogs von Toskana zu sehen, diese aber nicht eine Reise bis Wien unternehmen lassen wollte, entstand der Plan, im laufenden Jahre 1775 für das kommende Frühjahr ein Familientreffen in Görz vorzubereiten.
Dies brachte meine Frau und mich auf die Idee, um Erlaubnis zu bitten, zu dieser Zeit nach Venedig reisen zu dürfen, um ihnen schon dort auf der Durchreise zu begegnen. Aber „l'appétit vient en mangeant", und so baten wir sie endlich, uns statt dessen gleich in die Toskana gehen zu lassen und von dort aus unsere anderen Verwandten in den verschiedenen Ländern Italiens zu besuchen. Und so bereiteten wir auch sofort alle notwendigen Schritte für diese Reise vor.

(1, II/225)

Maria Theresia an Albert und Marie Christine
Ende Dezember 1775 *(vor Antritt der Reise)*

Ihr habt mich um Punkte für Eure Reise gebeten, hier sind sie. Ich habe sie in mehreren Absätzen zur Welt bringen müssen, da mir die Zeit gefehlt hat und ich alt werde, da auch mein Gedächtnis zu voll ist von verschiedenen Sachen und mein Herz die meiste Zeit sehr bedrückt . . .
Eure Gesundheit beschäftigt mich; ich kann Euch nicht genug ans Herz legen, keine Wagnisse zu unternehmen und mit aller Vorsicht in einem fremden Klima und Land zu handeln . . .
Ich beginne mit Florenz. Da ich das Gute nicht erreichen kann, versuche ich nichts Schlechtes zu tun. Ich habe nur zu sehr beobachtet, wie zartfühlend und sensibel Euer Bruder ist. Die geringste Sache schockiert ihn; er ist gewohnt, in allem seinen Willen zu haben, hat aber weder Ablenkung, Zerstreuung, Hof noch Compagnie, was für ihn in vorgerücktem Alter sehr heikel und notwendig werden wird. Aber was das betrifft sowie vieles andere, kann man ihm nichts sagen, da er gleich Feuer fängt, schlecht gelaunt wird und dazu alle Welt verdächtigt, ohne sich zu bessern. So wird er doch nur unzufriedener. Wenn man die Menschen zu sehr zerpflücken will, findet man so viele Fehler, daß man Misanthrop werden muß und weder sich noch andere glücklich machen kann. Man muß sich den großen Angelegenheiten widmen und sich und den andern das Vergnügen der kleinen Fehlerhaftigkeiten, die ein Bestandteil unserer Menschheit sind, lassen. Nichts in dieser Welt ist vollkommen . . .
Was Neapel betrifft, ist dies etwas ganz anderes. Ihr wißt sehr gut, wie sehr mir Eure Schwester am Herzen liegt, und ich muß ihr diese Gerechtigkeit widerfahren lassen, daß nach Euch sie es ist, die mir immer am meisten echte Anhänglichkeit bewiesen hat. Aber jung und rasch, wie sie ist, mit einem heftigen Mann ohne Erziehung, inmitten von allem Schlechtesten, was kann man da hoffen. Es ist ein Wunder, daß die Dinge noch so gehen, wie sie sind . . .
Ich bin sehr ärgerlich, da ich hinzufügen muß, daß Ihr in der Toskana Euren Bruder nicht im Guten für sie eingenommen finden werdet. Ob es Eifersucht ist oder Klatsch, jedenfalls hätten sie sich gegenseitig zu ihrem beiderseitigen Vorteil wohlgesinnter sein können, aber dies ist nicht zu erhoffen. Euer Bruder läßt sich immer von Subalternen berichten, was zumeist nicht exakt ist und schon gar nicht dazu bestimmt, zu versöhnen oder zu beruhigen. Wenn Ihr auf beiden Seiten das Vertrauen ein bißchen zurückgewinnen könntet, würdet Ihr eine sehr nützliche Sache, etwas sehr Tröstliches für mich tun.

Leopold von Toskana
Um 1770 *(Tagebucheintragung)*

Der Maria erweist Joseph mehr Liebenswürdigkeiten und Aufmerksamkeit, aber er hat vor ihr eine sehr große Angst, weil er weiß, daß sie immer mit der Kaiserin ist, er kann sie nicht leiden, weil er sagt, daß sie mit ihr intrigiert, um ihren Kreaturen Anstellungen und Pensionen zu verschaffen, er erzählt alle diese Dinge, die sie tut, und glaubt, daß sie die Kaiserin sehr viel Geld kostet und immer bei allen Gelegenheiten intrigiert.

Unbekannter Hofmaler, Leopold, Großherzog von Toskana

Er zeigt ihr seine Bosheit, indem er sie immer öffentlich lächerlich macht und boshafte Dinge sagt und ihrem Gemahl Prinz Albert zufügt, den er manchmal lobt, aber meistens verachtet und in der Öffentlichkeit lächerlich macht; aber gegenüber der Maria hat er große Angst und Eifersucht.

(29, I/347)

Fortsetzung des Briefes von Maria Theresia:

Von Neapel bitte ich Euch alle zwei, eine genaue Beschreibung der Königin und des Königs und ihrer Kinder zu geben, ob sie ihren Porträts ähneln und wie ihr sie geistig und körperlich findet . . .
Ich sage Euch nichts von Parma: es wird übrigens noch Zeit dazu sein, Euch davon zu schreiben; da ist nichts zu machen, und in die Vergangenheit zu gehen, wäre in keiner Weise schicklich. Die Situation Eurer Schwester, die sie in Wirklichkeit selbst verschuldet hat, ist nicht angenehm, fast untragbar, vor allem für ihren Charakter. Sie tut mir sehr leid, und ich möchte sie ändern können, aber das Mittel ist nicht einfach und hängt von der Persönlichkeit aller beider ab. Ihr würdet mir eine Freude machen, diesen armen Infanten zu beschreiben und mir zu sagen, ob es möglich ist, daß von dieser unvergleichlichen Schwester [Isabella] ein solcher Bruder existieren kann . . .
In Mailand kennen wir die Personen; Ihr werdet nur beobachten, ob die Melzi wirklich so einen großen Einfluß hat. Mit Firmian werdet Ihr Euch sicher verstehen, da er mit Kaunitz mein ganzes Vertrauen besitzt und mir besonders anhänglich ist. Ihr werdet Euch in allem nach seinen Aufschlüssen richten, so auch in Turin, wo er alle Welt kennt und sehr geschätzt ist . . .
Welche Freude würde ich doch haben, von überall zu hören, daß es meinen lieben Kindern gelingt, sich aller Wertschätzung und Freundschaft zu versichern! Ihr wäret alle beide dazu sehr wohl imstande, und meine Eigenliebe wäre sehr geschmeichelt, wenn man im Ausland meiner Zärtlichkeit für Euch und meiner kleinen Vorliebe Verständnis entgegenbrächte. Unterhaltet Euch gut und keine schwarzen Gedanken, kein Bedauern Euer stilles Leben in Preßburg oder in Schloßhof betreffend. Gedanken an daheim dürfen erst wieder in Mantua beginnen; dann erst erlaube ich Euch dies. Das Vergnügen, Euch wiederzusehen, wird wahrhaftig nicht gering sein, ist es doch die längste Trennung, die wir seit Eurer Geburt erleben.
Behaltet Eure Gesundheit, Eure gute Laune und rechnet auf meine Zärtlichkeit und damit, daß Eure Nachrichten mich wiedererwecken werden. Ich umarme Euch.

(18, II/376 ff.)

Maria Theresia an Erzherzog Ferdinand
30. November 1775

. . . Sie werden von dem Entschluß Ihrer Schwester, eine Italienreise zu machen, sehr überrascht sein. Man kann ihn aber nicht schlecht finden, wenn man bedenkt, daß sie dort zwei Brüder, zwei Schwestern, zwei Schwager, zwei Schwägerinnen und siebzehn Nichten und Neffen zu besuchen hat; außerdem ist es eine der schönsten Provinzen Europas, so interessant durch seine Altertümer und Kunstwerke. Der Prinz ist außer sich vor Freude. Nur die Gesundheit Ihrer Schwester beunruhigt mich, vielleicht wird ihr die Luftveränderung und der Zeitvertreib guttun. Die Suite wird nur aus der Prinzessin Batthyány, aus Miltitz und Kempelen, drei Kammerfrauen und drei Kammerherren bestehen, weder Sekretär, noch Arzt, noch Beichtvater, da sie ja überall die Diener der Familie vorfinden. Sie hatte vor, am 8. Jänner abzureisen, aber sie wartet noch auf Bescheid von Leopold, um ihre Route zu fixieren . . .

(18, I/344)

Marie Antoinette an Maria Theresia
15. Dezember 1775

Meine Schwester wählt ja nicht gerade die schönste Jahreszeit für ihre Italienreise, aber da die Temperatur wärmer ist, gestehe ich, daß die Reise sehr angenehm für sie sein kann, vor allem, da sie ja den Großteil der Familie sehen wird.

(30, II/152)

Maria Theresia an Erzherzog Ferdinand
21. Dezember 1775

... Ich bin zur Zeit gerade sehr damit beschäftigt, meine Andachtsübungen zu vollbringen, aber auch mit der Abreise Ihrer Schwester, die mir sehr schwer werden wird; ich befürchte, daß ihre Gesundheit durch die Reise zu dieser Jahreszeit Schaden nehmen könnte – da sie auch nicht alle Bequemlichkeiten haben wird und auch die notwendigen Maßnahmen nicht erfolgt sind ...

(18, I/347)

Maria Theresia an Erzherzog Ferdinand
28. Dezember 1775

Ihre Schwester ist heute um halb 6 Uhr abgereist, da sie in drei Tagen in Laibach sein will, woran ich nicht glaube, da vor allem der Regen seit zwei Tagen nicht aufhört. Ich bin in keiner Weise über ihre Gesundheit bei diesem schlechten Wetter beruhigt, und alle Flüsse, die zu überqueren sind, ängstigen mich. Sie haben niemand Vernünftigen, um die notwendigen Dispositionen zu treffen, und sie wird mir sehr fehlen, da ich gewohnt bin, sie immer um mich zu haben, und ich mich auf ihre Verschwiegenheit verlassen kann ...

(18, I/348 f.)

Reisewagen um 1770

Italienreise 1776

Dezember	28. Wien – Bruck
	29. Bruck – Marburg
	30. Marburg – Cilli
	31. Cilli – Laibach
Jänner	1. Laibach – Görz
	2.–3. Görz
	4. Görz – Portogruaro
	5. (Schiffsreise)
	6.–7. Venedig
	8. Venedig – Ferrara
	9. Ferrara – Bologna
	10. Bologna – Caffagignolo
	11.–21. 2. Florenz
Februar	22. Florenz – Pisa
	23.–1. 3. Pisa
März	2. Lucca, Poggio a Cajano
	3.–15. Florenz
	16. Siena
	17. Montefiascone
	18.–9. 4. Rom
April	10. Frascati
	11. Gaëta
	12.–14. Neapel
	15. Pompej
	16. am Vesuv
	17. Pozzuoli
	18. Herculaneum
	19. Neapel
	20. Pozzuoli
	21.–23. (Jagd)
	24.–25. Neapel
	26. (Jagd)
	27. Capo di Monte
	28.–29. Neapel
	30. Neapel-Caserta
Mai	1.–2. Caserta
	3. Terracina
	4.–6. Rom
	7. ab Rom
	8. bis Radicofani
	9.–13. Florenz
	14.–24. Poggio a Cajano
	25.–28. Prato
	29. Pistoja
	30.–31. Poggio a Cajano
Juni	1.–3. Florenz
	4.–5. Bologna
	6. Sassuolo
	7. Parma
	8. ab Parma

Reiseroute von Wien nach Rom, 1750

9. Piacenza, Alessandria
10.–15. Turin
16. Albert: Coni, Marie Christine: Mailand
17. Mutin
18. Fenestrelles
19. Susa – Turin
20.–24. Mailand
25. Pavia
26.–27. Mailand
28. Cremona
29. Mantua
30.–1. 7. Verona

Juli 2. Vicenza, Padua
3.–4. Padua
5.–7. Venedig
8. Mestre – Treviso – Görz
9. Laibach
10. Loiblpaß, Rosegg
11. Rosegg
12. Klagenfurt
13. Leoben – Schönbrunn

Albert
28. Dezember 1775

Wir begaben uns vor Tagesanbruch zu S. M. dem Kaiser und von da zur Kaiserin, die uns zu dieser ungewöhnlichen Stunde empfing und mit besonders rührenden und schmeichelhaften Bezeugungen ihrer Güte überhäufte, so daß wir Wien nicht verließen, ohne ganz stark zu spüren, wie schwer es uns fiel, für diese lange Zeit eine so zärtliche Mutter und bewundernswerte Herrscherin zu verlassen.

(1, II/226)

Wochenlange schwere Winterstürme hatten die Straßen außerhalb von Wien fast unbenützbar gemacht, einsetzendes Tauwetter verschlechterte sie noch weiter; man überlegt, über Tirol zu reisen, erreicht aber glücklich am ersten Tag Bruck an der Mur und entschließt sich dort, doch die Strecke über Krain zu wählen. Die Reise sollte unter strengem Inkognito erfolgen, um jedes nur verzögernde Zeremoniell zu verhindern. Die Begleitung ist dementsprechend klein: die beiden Adjutanten Baron Miltitz und Oberst Kempelen und die beiden Begleiterinnen der Erzherzogin, Prinzessin Batthyány und Fürstin Windischgraetz; neun Postillions führen als Kutscher, solange man in den Erblanden ist, die sechs Wagen. Im Venezianischen und Bolognesischen sind es dann 17 Kutschen und Begleiter: der Leibwagen mit sechs Pferden, ein Wagen für Männer mit sechs Pferden, der Kammerdienerwagen, die „Menscherwagen" mit sechs Pferden, die „Küchen-Kalesch" mit vier Pferden und ein Brancard (wohl der Gepäckwagen), ebenfalls mit 6 Pferden; dazu begleitet sie ein Reiter. Erforderlich sind also 35 Pferde an jeder Poststation und Postillions. Über Marburg, Cilli, Laibach erreicht man am fünften Tag Görz.

Francesco Guardi, Santa Maria della Salute in Venedig

Maria Theresia an Erzherzogin Maria Beatrix
8. Jänner 1776

Die letzten Neuigkeiten, die ich von der Marie habe, sind aus Görz, 4 Uhr früh. Eine kleine Unpäßlichkeit der Prinzessin Batthyány ließ sie dort einen Tag länger als geplant bleiben, aber sie sind am 4. abgereist, um sich in Portogruaro einzuschiffen. Ohne sich in Venedig aufzuhalten, da das Tauwetter stärker hereinbricht, werden sie sogleich nach Bologna weitergehen, wo Leopold sie erwartet. Sie hatten sehr schlechte Wege, und die Marie scheint nicht mehr so begeistert . . .

(18, III/212)

In Portogruaro erwartet sie bereits der österreichische Gesandte in Venedig, Graf Durazzo, mit vorbereiteten Gondeln, die aus Ferrara gekommen waren, drei „Buccintori" für die Reisenden und den „Peote" für die Wagen.

Giacomo Graf Durazzo an Fürst Kaunitz
10. Jänner 1776

Ich darf es sagen, die Reise ist bis jetzt zur höchsten Zufriedenheit verlaufen. Schon am Vortag war ich zirka 70 Meilen nach Portogruaro gereist, um die KKHH zu geleiten. Vom Eintritt in die Lagunen an wurden sie von Gondeln umringt, und so fuhren wir bis an mein Haus.

(7, Gesandtschaftsberichte Venedig 1776)

Venedig macht auf das Paar einen mächtigen Eindruck, es sind vor allem Markuskirche, Dogenpalast und die Palazzi am Canale Grande, die sie bewundern. Abgestoßen fühlen sie sich aber vom Schmutz und der Unreinlichkeit in allen Straßen. Sie bewohnen das Hotel Lo Scudo di Francia und folgen einem reichen Programm Durazzos: einem Souper in seinem Palazzo dell' Ambasciatore (Loredan-Luzzato Gaggia) und mehreren Theaterbesuchen, bei denen sie besonders den berühmten Noverre in einer Ballettaufführung bewundern. Sie schließen auch manch interessante Bekanntschaft. Dann geht die Fahrt auf Booten zur Mündung des Po weiter, flußaufwärts erreicht man Ferrara und von da aus schließlich Bologna. In einer ausgedehnten Stadtbesichtigung erhalten sie vor allem viele Kunsteindrücke.

Albert
1776

Wir sahen die Kirche San Salvatore, wo man zwischen einigen schönen Stücken von Carracci und von Guido Reni einen Salvator, der sein Kreuz trägt, eine wundervolle Tafel des letzteren, sieht, und eine Bibliothek, in der wir einige seltene Manuskripte besichtigt haben.

Besondere Aufmerksamkeit erweckt in Bologna das Mosaikporträt von Papst Benedikt XIV., dessen Persönlichkeit Albert als die eines „philosophe aimable" besonders verehrt.

Dann die Kirche San Giovanni in Monte, wo sich die berühmte Cäcilia von Raffael befindet, und St. Paul, dessen Hauptaltar von zwei schönen Statuen des Algardi geschmückt ist. Wir verblieben auch einige Augenblicke, um den schönen Neptunbrunnen von Giovanni da Bologna zu betrachten.
Man schlug uns in der Universität allen Ernstes vor, noch einen Tag in der Stadt zu bleiben, um dem Sezieren der Leiche einer am Tage zuvor verstorbenen Frau beizuwohnen und auch die akademische Diskussion darüber anzuhören. Wir dankten ob

Die Stadt Bologna im 18. Jahrhundert

dieser ausgezeichneten Aufmerksamkeit und verabschiedeten uns, um die Akademie der Wissenschaften und schönen Künste zu besuchen, die wohl der interessanteste Teil der Stadt ist und ihr am meisten Ehre bereitet.

(1, II/250)

Maria Theresia an Marie Christine
11. Jänner 1776

Meine liebe Tochter,
es war vier Uhr, als ich Eure Staffette aus Venedig bekam, die mich tröstete und beruhigte, begleitet von einem Brief von Durazzo, der, seinem Schreiben nach, den facendone macht. Er berichtet, wie er Euch persönlich mit Beschlag belegte (da er Pichler sehr klar alle Sorgfalt, die er für Eure glückliche Ankunft verwandte, mitteilte) und wie zufrieden er sei, nicht unnütz gewesen zu sein; seine Planung und sein Rat hätten viele Fehlarrangements zu verhindern gewußt. Da ich ihn kenne, bin ich nicht ungeduldig geworden, sondern habe beim Lesen Eures Berichtes darüber sehr gelacht. Ich gestehe Euch, ich bin wie Ihr; ich glaube nicht, daß der Unfall der Batthyány geringfügig ist, hoffentlich kommt sie nach Bologna. Wenn sie Euch nicht aufhält, vermute ich Euch am 9. abends oder 10. vormittags in Florenz, urteilt selbst, ob ich diesem Gedanken nicht ganz verfallen sein muß. Während ich schreibe, sehe ich Euch alle vier und die vier Kinder um Euch in dem Kabinett der Großherzogin. Es ist sieben Uhr, Ihr seid alle ruhebedürftig. Was sagt Miltitz, wie geht es Azor [Marie Christines Hund]? Ich bin sehr ärgerlich darüber, daß Ihr keine Neuigkeiten von mir habt; ich habe Euch vier Tage lang hintereinander geschrieben und den fünften über die italienische Post und seit damals zweimal die Woche. Die große Eile, die ihr hattet, vorwärtszukommen, ließ mich alle Briefe nach Italien senden.
Gottlob ist der Kaiser von seinem Schnupfen geheilt. Ich schicke Euch hier diesen Bericht aus Rom; man erwartet Euch mit Ungeduld in Neapel; man möchte Euch bei Hofe einquartieren. Ich werde Euch die Abschriften über den achttägigen abgesicherten Postweg zuschicken. Wilczek glaubt, daß er Euch besser bei sich unterbringen könnte.
Euer Debut in Italien ist dasselbe wie meines; ich habe mich ein wenig darüber unterhalten; es ist eine Art von Heimweh, die Zwiebeln des ungarischen Ägyptens fehlen Euch, dieses süße und ruhige Leben mit einem Gemahl, der Euer alles ist. Aber gebt acht, daß Euch nicht wie mir geschieht, ich habe beim Zurückkommen vor Kummer geweint. Es ist wahr, es war um gegen die Türken, Pest und Hungersnot ins Feld zu ziehen. Eure Ungarn sind ganz traurig, Euch nicht zu haben, der Judex wird in vier Tagen wegfahren, und der Primas bald danach . . .

Bernardino Regoli, Papst Benedikt XIV.

Meine Komplimente an Euren lieben Mann. Ich wäre sehr ärgerlich, würde er sich damit belasten, mir zu schreiben, aber er würde mich sehr verpflichten, wenn er nach seiner Rückkehr nach Schloßhof ein Journal verfertigen könnte, das exakt und angenehm wäre. Ich denke dabei an das von Landschütz . . .

(18, II/382)

Die Weiterreise wird durch dichten Schneefall sehr erschwert. Nahezu unpassierbar erscheinen die Bergstraßen; als man die Toskana erreicht, ändert sich die Situation aber sofort, und die Reisenden gedenken dankbar der Leistung Franz Stephans als Großherzog und seines Nachfolgers Leopold, die beide dem Ausbau der Straßen so große Mühe zugewandt hatten.

Maria Theresia an Erzherzog Ferdinand
18. Jänner 1776

Ich habe Briefe von Eurer Schwester aus Bologna vom 10., sie rechnet damit, am 12. mittag in Florenz zu sein. Unterwegs hatten sie sehr unter dem schlechten und kalten Wetter zu leiden, aber vor allem auch unter den Wegen. Gott gebe, daß sie in Florenz nicht krank werden. Die Batthyány hat sich sehr geängstigt, aber es geht ihr nun besser, und sie ist ihnen nachgereist.

(18, II/4)

In Pietralma erwartet sie bereits Großherzog Leopold. In Caffagignolo, einem Landhaus mitten im Gebirge, wird Nachtquartier gemacht. Die Freude des Wiedersehens ist groß, fühlten sich doch beide dem Bruder bzw. Schwager immer besonders verbunden. Nach der Überquerung des Apennin scheint ihnen die Fahrt des nächsten Tages wie durch ein Paradies zu führen. Sie begeistern sich an der Schönheit der Landschaft, den reizvollen Landhäusern und der Kultur. Lorbeer- und Olivenbäume stehen in Blüte, von Baum zu Baum schlingen sich grüne Ketten, und das „zu einer Zeit, wo in der Heimat Kälte und Eis noch die Erde bedecken". Vollends entzückt fühlten sie sich schließlich, als im Morgennebel halb verdeckt endlich Florenz vor ihnen liegt. Nun treffen sie auf die ihnen entgegenfahrende Großherzogin, die sie in den Palazzo Pitti führt. Hier hat sich bereits die gesamte Familie versammelt. Albert beginnt in Florenz unverzüglich ein äußerst intensives Besichtigungsprogramm; mit größtem Eifer ist er bemüht, die Stadt, ihre Schönheiten, den allgemeinen Charakter, Land und Leute kennenzulernen.

Albert
1776

Es ist nicht meine Aufgabe, die Geisteshaltung oder den Charakter der Nation im allgemeinen zu besprechen; ein Fehler, der so oft von denen gemacht wird, die glauben, weil sie schnell oder sehr oberflächlich fremde Länder besucht haben, dem Publikum imponieren zu können, indem sie über alle diese Dinge Details geben, die ihre Leser aber höchstens täuschen oder langweilen. Gänzlich unverzeihlich wäre es bei einem, dessen Aufzeichnungen nur das Ziel haben, sich an das Gesehene und Gehörte zu erinnern und Nutzen daraus zu ziehen, ohne Mutmaßungen anzustellen, die sehr oft ohne jegliches Fundament sind.

Erzherzog Leopold ist mit den Regierungsgeschäften und der Kindererziehung ganz beschäftigt. Er verbringt die meiste Zeit bei der Arbeit, die sein größtes, ja sein einziges Vergnügen ist und der er sich dermaßen überläßt, daß er in solche Details Einblick nimmt, von denen es eigentlich scheint, er könne sie anderen überlassen. Wenn er sich in Gesellschaft aufhält, ist er besonders liebenswürdig, weiß seine Konversation interessant zu gestalten, ist natürlich und ungeniert, so daß sich alle in seiner Nähe wohl fühlen. Ich sage, wenn er sich in ihr aufhält, denn einer der Vorwürfe, den man ihm vielleicht machen könnte, ist, daß er nicht, sowie er es tun müßte, trachtet, Freundschaften zu gewinnen, um auch damit beizutragen, Gewohnheiten und Geist des toskanischen Adels zu kultivieren. Dies, verbunden mit der geringen Neigung, die er für jede Art von Vergnügen hat, um die freie Zeit eines Prinzen angenehm und auch nützlich auszufüllen, und die Leere, die er dadurch in seinem Tagesablauf hat, ist ohne Zweifel der Beweggrund, sich in Details zu verlieren und sogar Polizeiangelegenheiten (meiner Meinung nach unter seiner Würde) zu erledigen, die ihn nur Zeit kosten.

Nicht weniger eingehend als mit Leopold beschäftigt sich Albert mit der Familie, vornehmlich mit dem Thronfolger Erzherzog Franz.

Johann Ernst Mansfeld, Franz II. (I.) als Kind

Johann Joseph Zoffany, Die Familie des Großherzogs Leopold von Toskana im Palazzo Pitti

Vor allem scheint es notwendig, seine ernste Aufmerksamkeit dem ältesten der Prinzen zuzuwenden. Alles, was man an ihm bemerkt, verrät einen scharfen Geist und bedachten Charakter. Er ist aber stets reserviert, was sich in Falschheit und Härte wandeln könnte, wenn man verabsäumen würde, rechtzeitig in seinem Herzen Güte und Wohltätigkeit zu wecken.

(1, II/266)

Aus dem Tagebuch Leopolds von Toskana

Die Maria lebt für sich und verkehrt mit keiner ihrer Schwestern. Sie, die sehr viel Talent hat, weiß und wußte die Kaiserin bei ihren Schwächen zu nehmen. Immer bedauerte sie sie, gibt ihr recht, ist immer bei ihr zu allen Stunden und zu allen Zeiten, immer schreibt sie ihr, und auf diese Weise hat sie sie völlig gewonnen und macht mit ihr, was sie will, und antwortet ihr und widerspricht ihr auch oft, verlangt viel, und die Kaiserin, um sie nicht zu ärgern, weil sie ihr dann ein böses Gesicht zeigt, und um sie nicht zu verlieren, macht alles, was sie will. Und oft wagt sie es nicht, viele Dinge zu tun oder den anderen Schwestern eine Aufmerksamkeit zu erweisen, um sie nicht zu ärgern. Sie hält sich in der Öffentlichkeit darauf sehr viel zugute, behandelt alle von oben herab, droht allen, bei der Kaiserin etwas zu sagen oder zu tun, mischt sich in alle Geschäfte, macht sich wichtig und vergibt ihre Protektion, verspricht und vermittelt Anstellungen, Pensionen und Gnadengeschenke, wobei sie sich dann sofort über die Kaiserin beklagt, daß nicht alles

Die Stadt Florenz im 18. Jahrhundert

so geglückt ist, wie sie es gewollt hat. Sie schilt alle mit großem Hochmut, und in der Tat, obwohl sie manchmal Gefälligkeiten erwiesen hat, ist sie doch allgemein verhaßt und gefürchtet, weil sie eine böse Zunge hat und alles der Kaiserin weitersagt. Oft hat sie vielen Leuten Unrecht und Nachteil gebracht. Sie ist voll Ehrgeiz und Gewinnsucht, in allem will sie mehr bedient und ausgezeichnet sein als alle übrigen der Familie, sie gibt im Namen der Kaiserin Geld aus und verwendet ihre Dienerschaft, als ob es ihre eigene wäre, und macht sich sehr wichtig mit ihrer Protektion. Außerhalb der Familie mischt sie sich in alle Staatsgeschäfte und intrigiert oder rührt um, hat immer viele Leute und Angelegenheiten um sich herum und intrigiert viel in den Angelegenheiten von Sachsen und mit den Sachsen und ihrem Schwager, dem Kurfürsten von Trier, wobei sie sich in alle Geschäfte einmischt. Uns zeigt sie große Freundschaft, aber sie hat einen großen Haß und Eifersucht gegen die Schwester in Parma und eine große Freundschaft und Protektion für jene in Neapel, und der König schreibt ihr immer, und sie informiert sie über alles und beeinflußt auf ihre Art die Kaiserin zu deren Gunsten. Sie macht alle Geschäfte, solange sie gut gehen, mischt sich in alles, hat eine große Korrespondenz nach auswärts, mit Rom, Turin, Neapel, und schreibt nicht immer mit der nötigen Vorsicht. Wenn sie jemanden haßt oder ihm mißtraut, ist sie zu jedem Exzeß fähig, sie hat große Eifersucht und Abneigung gegen die beiden Schwestern, doch gegen die Maria Anna weniger, wenngleich sie sie verachtet, sie lächerlich macht und von oben herab behandelt, aber gegen die Elisabetha noch mehr, besonders seit sie gemerkt hat, daß sie begonnen hat, Einfluß bei der Kaiserin zu gewinnen. Sie verfolgt sie dauernd, hetzt die Kaiserin und alle gegen sie auf und macht, daß die Kaiserin sie ausschilt, indem sie alles das eröffnet, was sie sagt und tut und indem sie sie lächerlich macht und sie ständig von oben herab und mit Verachtung, auch vor den Leuten, behandelt. Sie hat einen ähnlichen Haß, aber noch heftiger gegen die Erzherzogin in Mailand und meinen Bruder, weil sie sieht, daß die Kaiserin sie gerne hat, und erzählt von ihnen schreckliche Dinge vor den Leuten und der Kaiserin, um sie gegen sie einzunehmen. Sie hat auch einen großen Haß und Abneigung gegen den Kaiser, weil er oft sie und ihren Gemahl lächerlich macht, sagt von ihm schreckliche Sachen, daß sie nicht mehr in Wien im Dienst bleiben will und ähnliche Dinge, ganz öffentlich, aber dann macht sie ihm andererseits den Hof und verächtlicherweise auch den Fürstinnen und der Chanclos, wo der Kaiser hingeht, und ist sehr aufmerksam zu ihnen. Und sie stachelt die Kaiserin immer gegen ihn auf, hat eine große Partei und ist sehr an Geld interessiert, bemüht sich immer, mit Sparsamkeit Geld zusammenzubringen, läßt die Kaiserin Geschenke in Geld und Sachen sich und ihrer Dienerschaft geben, um Ersparnisse anzulegen, weil sie daran denkt, einmal Güter in irgendeinem Ort in Italien zu kaufen, ihren Mann den Dienst quittieren zu lassen und sich dorthin zurückzuziehen, um dieses Land zu verlassen. Sie hat eine sehr schöne und große Versorgung, mehrere Millionen und Ländereien, außerdem in Eigenbesitz die Herrschaft von Altenburg, das Herzogtum Teschen, das höchste Amt in Ungarn und beim Tode des Prinzen Carl für sie die Regierung der Niederlande, aber sie sagt, sie will in ihrem Testament alles einem meiner Söhne vermachen und dann kommen und bei uns in Italien leben, da sie nicht mit dem Kaiser bleiben will.

Ihr Mann, gut und ein Ehrenmann, ist ganz von ihr eingesponnen, und seine ganze Familie ist ganz von ihr gewonnen, und sie muß das sagen und tun, was sie will. Sie hat ihre Parteigänger, und zwar viele Beamte in Ungarn, die Vasquez, die ganze Familie Batthyány und viele andere.

(29, I/350)

Maria Theresia an Marie Christine
1. Februar 1776

Meine liebe Mimi!
Noch immer eine schreckliche Kälte, ärger als das Jahr 49. Das verursacht viele Krankheiten und viel Elend. Unser Karneval hat rauschend begonnen, aber die letzte Woche waren weder Fahrten noch zahlreiche Bälle, man hält das eben auf die Dauer nicht aus. Ich gestehe, daß Eure Reise nach Livorno mich befürchten läßt, die Großherzogin werde inzwischen ihr Kind zur Welt bringen. Das Angebot, das Ihr gemacht habt, sieht Euch ähnlich, aber ihre Ablehnung ist auch am Platz. Hoffentlich wird das Wetter besser, man muß hoffen . . .
Es wäre für den Prinzen sehr ärgerlich, wenn er sich nicht in Rom aufhalten könnte, wo es am meisten Kuriositäten und Antiquitäten gibt. Ihr habt sehr gut daran getan, Euch meines

Johann Joseph Zoffany, Erzherzogin Marie Christine in Florenz

J. S. Muller nach J. Zocchi, Der Palazzo Pitti in Florenz

Stoffes zu bemächtigen. Da die fünf anderen Stücke abgegangen sind, muß ich gestehen, daß ich sie mit Ungeduld erwarte . . .
(18, II/396)

Albert 1776

Ich werde hier nicht eine Beschreibung der so berühmten Galerie und aller Kunstwerke verschiedener Art geben, wie sie des Mäzenatentum der Medici hier zusammengetragen hat. Jeder kennt das Museum oder Kabinett der Gemmen und Medaillen, die schöne Folge von alten Kaiserbüsten, darunter seltenste Stücke, unter denen aber trotzdem die Dekadenzperiode erkennbar ist, in der die Künste versanken. Besteht doch eine deutliche Differenz zwischen den Marc Aurel vorangehenden Herrschern und seinen Nachfolgern. Man hält jenes von Alexander für eines der besten Herrscherbildnisse. Jedermann kennt auch den berühmten Bacchus des Michelangelo. Das Kabinett mit den Porträts der Maler ist nun durch jenes des Mengs bereichert, welches man gerade zu den Raffaels gehängt hat. In der Mitte des Raumes steht die früher in der Villa Medici befindliche kauernde Venus. Die geschätztesten Werke von Malern und Bildhauern findet man in dem berühmten achteckigen Salon, wo man die Ringer, den Scherenschleifer beziehungsweise den Bauern, der die Verschwörung des Catilina belauscht, ebenso findet wie den tanzenden Faun, den jungen Apoll und die Venus Pudica oder Midiceervenus, deren Schönheit wohl auch das Auge des Nichtkenners entzückt.
Alles dies ist schon sehr ausführlich in so vielen verschiedenen Werken behandelt, in denen man alle wünschenswerten Details finden kann. Ich möchte nur hinzufügen, daß wertvollste Objekte, vor allem in der Malerei, mit einer Reihe von mittelmäßigen vermischt sind, die niemals verdienen würden, in solch

Johann Joseph Zoffany, Selbstbildnis mit Stundenglas

G. Vasi nach G. Zocchi, Die Uffizien in Florenz

eine Sammlung aufgenommen zu werden; ebenso erstaunt hat mich der Mangel an Pflege. Dennoch war ich begeistert vom Anblick so vieler herrlicher Schätze, die wahrhaft der Bewunderung wert sind und die beweisen, bis zu welcher Höhe künstlerischer Entfaltung es eine den Künsten zugewandte Förderung bringen kann.
Die Ursache für die genannten Mängel kann nur die geringe Neigung der letzten Medici für die Kunst bilden. Der Erzherzog hat ihr wohl wieder Schutz gewährt und der Stadt mit dem schönen Werk der Niobe und des Apoll wie anderen wertvollen Stücken aus Rom und den Landhäusern der Toskana neue Bereicherung geschaffen. Dennoch wäre zu wünschen gewesen, daß etwas mehr natürliche Neigung für die Künste dies begleitet hätte, um die Sammlung zu einer solchen Vollständigkeit zu bringen, die sie haben könnte. Damit wäre auch das Kunstschaffen wieder zu heben, das einst in der Toskana so geblüht hat und zur Zeit fast völlig verfallen ist. Man vermag in diesem Land, das einen Brunelleschi, Michelangelo und Petrarca hervorgebracht hat, weder einen Architekten, noch einen Bildhauer, Maler oder Dichter zu finden, der nur irgendwie bekannt ist. Es waren Deutsche, wie Mengs, Maron und Zoffany, die man zu Hilfe rufen mußte, um einigermaßen gute Porträts der Herrscherfamilie zu erhalten.

(1, II/287)

Maria Theresia an Erzherzog Ferdinand
1. Februar 1776

... Ihr werdet erstaunt sein, Eure Schwester ganz nach der Mode frisiert zu sehen: ohne Federn-Schmuck, die Haare nach hinten herabfallend – beinahe eine Viertelelle – und ganz füllig. Es steht ihr sehr schlecht, die Marie hat es ja nie verstanden, sich gut herzurichten. Der Kaiser hat vor ihrer Abreise diese Veränderung bewirkt, ich glaube, daß sie darüber nicht böse war, aber ich muß gestehen: es ist schlechter als mit Federn ...

(18, II/8)

Maria Theresia an Marie Christine
15. Februar 1776

Meine liebe Tochter!
Ich werde mich sehr kurz fassen, da ich Euch gestern durch den Kurier geschrieben habe und heute sehr geplagt und ermattet von der Arbeit bin. Gott sei Dank laufen die Angelegenheiten Polens und der Türken gut, aber die böhmischen beschäftigen mich wieder sehr unangenehm; nicht daß es Aufstände gäbe, aber es gilt, ihnen vorzugreifen. Es ist unwahrscheinlich, was der Adel und die Beamten alles machen, quelle malice noire!
Ich bin ärgerlich über das, was Ihr mir von Eurem Porträt sagt. Ich habe die Angelegenheit der Großherzogin gegenüber berührt, bevor ich Eure Briefe bekam, und ich wollte sie bitten, ihn [wahrscheinlich Zoffany] nach Neapel zu schicken, um ein gutes Porträt der Königin zu erhalten, da ich keines besitze. Aber auf diese Weise hatte ich weder mit Euch noch mit der Großherzogin Erfolg und ziehe es darum vor, daß er das Bild für mich vollendet. Ihr gebt mir aber eine schlechte Nachricht damit, daß ich es erst in einem Jahr haben werde; ich erwartete es im Mai. Ich bitte Euch, mir die Höhe und Breite zu nennen, um zu überlegen, wohin es kommen soll. Lacy ist gerade von mir weggegangen und hat mich zwischen drei Mimis und zwei

Johann Joseph Zoffany, Erzherzog Carl (Ausschnitt)

Anton von Maron, Großherzogin Maria Ludovica mit ihren ältesten Kindern vor der Büste Maria Theresias, 1770

Alberts gefunden, da ich die aus Schönbrunn hier habe und das neue von Weikert, das Lacy bewundernswert findet und alle Welt; aber um so schrecklicher sind die anderen. Er konnte kaum das Bild verlassen, und ich sah zu meiner großen Freude, wie sehr er an Euch beiden hängt. Meine Komplimente an den Prinzen und Eure beiden Herren – Euch zärtlich, aber nicht freudig umarmend – le jeudi gras chez moi est maigre – Adieu.

(18, II/399 f.)

Marie Christine an Maria Theresia
Florenz 1776

Der dritte Sohn Carl ist das reizendste Kind der ganzen Familie. Er ist klein, aber stark und bildschön. Sein feines Gesicht erzählt von Glück, Güte und Offenheit, und die Augen sind ein wenig schmachtend und matt, die Nase ist wohlgeformt, die Hände sind hübsch, dabei ist er lebhaft und gewandt und zeigt einen Geist, der bei seinem Alter von kaum vier Jahren in Staunen versetzt. Er kennt keine Furcht, ist fröhlich und, ohne lästig zu fallen, das zutunlichste unter den Kindern. Ist er einmal unartig, so währt es immer nur einen Augenblick, im nächsten bereut er, was er getan hat. Sein Herz ist gut; bei allen Gelegenheiten tritt sein sanftes, gefälliges Wesen hervor, selbst im Spiele mit seinen Brüdern. Für sein Alter zeigt er sich erstaunlich unterrichtet und gelehrig. Kurz, er ist eines der liebenswürdigsten Kinder, die ich in meinem Leben gesehen habe.

(31/1)

Maria Theresia an Marie Christine
26. Februar 1776

Meine liebe Tochter,
wenn dieser Brief ankommt, werdet Ihr zurück sein und in der größten Erwartung der Niederkunft Eurer Schwägerin, Gott möge sie glücklich verlaufen lassen. Ich bin Euch wirklich sehr dankbar, daß Ihr mir den Calbo Savio geschickt habt. Ihr hättet noch Euren Liebling selbst anschließen müssen. Diese Kleinigkeiten sind es, die mir Freude bereiten, mich zufriedenstellen; die anderen sind nicht fähig, daran zu denken, im Gegenteil, sie vergessen alles. Hier ist eine kleine Antwort für das liebe Kind. Ich bin sehr erfreut, daß Ihr dem Bild Carls auch eines von Franz beifügt, der mich auf alle Fälle am meisten interessiert.
Die Annahme der Rosa d'oro in Rom betreffend, billige ich, was Ihr mir davon sagt.
Wir haben das schönste Wetter hier, ich hoffe, Ihr auch. Alles, was Ihr mir über Eure Gesundheit berichtet, macht mir große Freude, was aber die Wohlbeleibtheit betrifft, bin ich noch

unentschlossen. Ich bin Euch sehr verbunden für die Geduld, die Ihr Euch mit Zoffany nehmt; ich fühle deren ganzes Gewicht, hoffentlich gelingt es ihm gut. Ich finde das des Weikert nicht so herrlich wie die anderen . . .

(18, II/402 f.)

Ursprünglich war beabsichtigt, im Mai 1776 in Görz ein Familientreffen zu arrangieren, wobei die Kaiserin Gelegenheit haben sollte, die Kinder ihres Sohnes Leopold von Toskana kennenzulernen. Der Plan wurde aber fallengelassen und dafür beschlossen, daß das großherzogliche Paar gemeinsam mit Albert und Marie Christine nach Wien reisen sollte.

Maria Theresia an Maria Christine
4. März 1776

Viel Freude hat mir Euer Brief aus Pisa gemacht, in dem Ihr die Schönheit dieser Stadt schildert. Schade, daß das Wetter für den Ausflug in die Umgebung so schlecht war. Das Meer bei Livorno wird Euch gefallen, ich hoffe, daß Ihr dann besseres Wetter haben werdet. Es spricht immer mehr gegen meine Reise als dafür, die Jubiläumstage werden es entscheiden. Wenn ich zwei Wochen ununterbrochen aushalte, im Wagen die vier Kirchen zu besuchen, werde ich wahrscheinlich mehr Mut haben. Gewiß werde ich eine traurige Gestalt machen, da ich weder mit den Leuten laufen noch essen kann, ich kann nicht mehr spazierengehen, und auch ins Theater schaffe ich es nicht mehr. Gehemmt in meinen Bewegungen, innerlich und äußerlich in meinem Gehaben behindert, kaum angekommen, wieder abreisen, in ein Land der Allerärmsten einfallen, wo alles über den Haufen geworfen wird und unzufrieden ist, das gibt zu überlegen. Die Marianne ist zur Ader gelassen, auf die übliche Weise, der Elisabeth ist ein Fleisch nicht bekommen, und sie mußte liegen. Was mich betrifft, so werde ich bald nicht mehr schreiben können, beide Arme geschwollen, die mich incommodieren. Ihr werdet es an der Handschrift merken, was es mich für Mühe kostet. Meine Grüße Eurem lieben Gemahl, Euch umarme ich.

(8, 92)

Die Reise über Pisa nach Livorno schließt den Aufenthalt in der Toskana ab. Der Großherzog, der sie begleitet, führt sie hier auf einer Galeere aufs Meer hinaus und läßt ihnen zu Ehren ein Seegefecht ausführen. In Pisa werden die mannigfaltigen Kunstschätze gewürdigt.

Albert
1776

Was noch sehr bemerkenswert an dem Campo Santo scheint, sind die Wandmalereien, vor allem jene, die das Ende des Menschen darstellen. Der Maler scheint unter anderem Wert darauf gelegt zu haben, in der Hölle, deren Kompositionen dem berühmten Gedicht Dantes entstammen, zwischen die Krallen des Teufels jene Leute zu geben, mit denen er anscheinend Grund hatte, unzufrieden zu sein. Sie sind von jedem Stand, und man glaubt Porträts zu erkennen. Auch sieht man einen Teufel und einen Engel, die sich um die Seele eines dicken Mönches streiten, jeder an einer anderen Seite ziehend, um sich diese gegenseitig zu entreißen.

(1, II/319)

In Livorno bewundern die Reisenden die Festungswerke und den Hafen, Albert interessiert sich eingehend für die großherzogliche Marine, informiert sich über den Aufstieg des Handels, die Einrichtung verschiedener

C. Lasinio nach F. Traini, Fresken des Campo Santo in Pisa

Fabriken, darunter einer Korallenfabrik und einer Druckerei. Auf dem Rückweg von Livorno erreicht man am 1. März wieder Pisa und schließlich Lucca. In Florenz nehmen Marie Christine und Albert noch freudigen Anteil an der Geburt eines Sohnes der großherzoglichen Familie am 9. März, der auf den Namen Joseph getauft wird. Wenige Tage danach setzen sie ihre Reise nach Siena und Rom fort.

Maria Theresia an Marie Christine
25. März 1776

Ich habe meine zärtlichste Mimi sehr vor mir gehabt in all ihren Briefen und Erzählungen, als sie Florenz besuchte. Ich habe sie alle erhalten, sie haben mir viel Freude gemacht, aber auch mancherlei Gedanken sind mir gekommen. Wenn Ihr schon so lebhaftes Bedauern beim Abschied von der Familie in Florenz empfindet, wo Ihr doch zu jeder Zeit wieder hinkönnt – was soll da ich erst sagen, da ich sie für immer verloren habe, es wäre töricht, anders darüber zu denken. Ich will ja gar nicht von zwei Monaten reden, aber wenige Stunden will ich sie wiedersehen, doch mein Zustand verlangt nach vollkommener Ruhe für Herz und Körper. Zudem häuft sich immer wieder die Arbeit, ich muß für Leute da sein, die mir seit fünfunddreißig Jahren dienen, muß sie anhören und freundlich zu ihnen sein, denn ohnedies sind es arme Menschen, die ein trauriges Los haben. Am meisten fürchte ich bei der Reise die Hitze in Triest, die mir derart zusetzt, daß ich rein gar nichts bin.
Nach Euren Darstellungen und denen des Kaisers kann ich mir ein gutes Bild von der dortigen Familie machen. Was soll ich dazu sagen! Wenn sie mit mir sprechen wollen, sollen sie für einen Monat oder länger herkommen, dann hätte ich Zeit, mich zu erklären. Wenn ihnen Wien nicht behagt, so mögen sie, ohne sich dort zu zeigen, nach Laxenburg gehen oder nach Schloßhof oder nach Eckartsau, die übrige Familie wird dann höchstens zu kurzem Besuch dorthin eingeladen.
Ihr werdet zu Ostern sicher einen Kurier von mir haben, der Euch die Sachen für Neapel bringt. Wenn er aber zum Fest nicht da ist, möchte ich Euch bitten, ein paar Tage länger in Rom zu bleiben, um ihn abzuwarten. Mir wäre lieb, Ihr würdet ihn empfangen, bevor Ihr nach Neapel geht. Ich freue mich schon sehr auf alle Nachrichten über Euren Aufenthalt in Rom, so sehr verschieden von Florenz. Ihr könnt Euch ruhig alle beide zeigen, ich glaube nicht, daß Ihr Euch etwas dabei vergebt. Paßt euch der Art der Römer an, das gibt Sicherheit, denn wenn man auf Reisen ist, muß man sich nach den Völkern richten, bei denen man sich aufhält: ländlich, sittlich.

(8, 92)

Maria Theresia an Marie Christine
28. März 1776

Meine liebe Tochter,
ich habe heute Euer Billet aus Siena bekommen. Die Stadt ist traurig, aber sie mißfällt Euch noch mehr, da Ihr unglücklich seid, diese liebe und anziehende Familie verlassen zu haben. Was Ihr von Franz und Marianne bei Eurem Abschied berichtet, ist rührend und interessant, und Eure Empfindsamkeit wird sehr berührt worden sein . . .
Ich werde morgen einen Kurier an Euch abschicken mit allen meinen Fragen für die Kinder und dem, was Ihr für Neapel beachten müßt . . .
Die Großherzogin teilt mir mit, daß sie schwach ist. Der Brief wird Euch zu den Festtagen erreichen. Meine Wünsche für Euch beide. Bei uns wird das Osterlamm traurig sein; trotzdem Alleluja! Ich umarme Euch beide, Adieu.

(18, II/410 f.)

Die ersten Eindrücke, die Albert und Marie Christine empfingen, nachdem sie die Toskana verlassen hatten, waren weniger günstig. Die der Reisegesellschaft zum Schutz beigegebene Abteilung Soldaten schien ihnen „eher ein Haufen Deserteure als Militär" zu sein. Doch als sie endlich durch die Porta del Popolo in die Ewige Stadt einfahren, erfaßt sie ein mächtiges Gefühl. Sie steigen in der Villa Medici ab, die dem Großherzog von Toskana gehört, und werden vom Kardinal Visconti, dem Grafen Monsignore Hržan und der ebenso liebenswürdigen wie schönen Herzogin von Bracciano empfangen.

Albert
1776

Von dieser Anhöhe aus eröffnet sich einem wie bei dem herrlichsten Bilde ganz Rom. Man überschaut beinahe alle Teile dieser großen Stadt. Mich erinnerte der Ausblick an jenen, den ich so oft vom Hradschin aus auf Böhmens Hauptstadt hatte, und es bereitete mir eine gewisse Befriedigung, den Vergleich wenigstens unter diesem Blickpunkt mit der Hauptstadt der christlichen Welt ziehen zu dürfen. Allerdings fand ich mit dieser Bemerkung bei unserem Cicerone und Altertumskenner, der uns als Begleiter diente, keinen Beifall. Es war dies Herr von Reiffenstein, Schüler Winckelmanns, ein Mann, der durch sein Wissen allgemein geschätzt und sogar vom Papst sehr gerne gesehen war, obgleich er Protestant ist. So gut deutsch oder, besser gesagt, preußisch er auch war, verzieh er nicht leicht, daß man außerhalb Roms auch nur etwas irgendwie damit Vergleichbares finden könnte.
Da wir nur vier Wochen in Rom bleiben konnten und es in dieser kurzen Zeitspanne unmöglich gewesen wäre, sich etwas über die Sitten der Nation, über ihre Konstitution oder Staatsregierung eingehend genug zu informieren und gleichzeitig die große Zahl der Kunstschätze, die diese Stadt beherbergt, nur einigermaßen zu studieren, entschloß ich mich, auf diesen letzten Bereich besonderen Wert zu legen.

(1, II/361)

Albert und Marie Christine beginnen ihren Aufenthalt in Rom damit, General Kempelen in den Vatikan zu entsenden, um eine Audienz beim Papst zu erbitten. Sie studieren zuerst die monumentalen Werke von St. Peter, dann aber, unter Reiffensteins Anleitung, ist es das antike Rom, sind es Grabdenkmäler und Katakomben, die Tempel, Aquädukte und

Unbekannter Künstler, Blick auf die Villa Medici und die Stadt Rom

Brücken, die sie besuchen. „Sein Wissen", schreibt Albert von seinem Cicerone, „gab allen diesen Ruinen Geist und Leben." In seinen Beschreibungen erinnert er sich der großen Päpste, vergleicht die alte und neue Architektur, schildert die Basiliken und Kirchen, Sta. Maria Maggiore, San Giovanni in Laterano, die Paläste der Borghese, Colonna oder Doria. Immer wieder besuchen sie die Villa Albani. Der damals schon achtzigjährige Kardinal, der große Förderer Winckelmanns, hatte sich ihnen schon am ersten Abend in Rom vorgestellt.

MARIA THERESIA AN MARIE CHRISTINE
1. APRIL 1776

... Ihr seid also in diesem prachtvollen Rom, und trotzdem, Euer Herz ist in der Kinderstube. Ich sehe meinen lieben Sohn umherwandern und alles betrachten. Laßt Euch diesmal mehr Zeit, auch wenn Ihr mit Eurem Bruder nicht mehr zur „ascensa" [Christi Himmelfahrt] kommt. Dieses Schauspiel ist nicht so einzigartig, daß Ihr es nicht versäumen könntet, um Euch mehr in Rom oder in Neapel zu beschäftigen. Diese Liste wurde das letzte Mal beim Abschicken des Kuriers vergessen. Ich weiß nicht, wo mir der Kopf steht zwischen den Geschäften, Devotionen und Arrangements für die Reise ...

(18, II/417)

Am 19. März wurde die Peterskirche besichtigt und auch die Kuppel bestiegen. Zur Erinnerung an dieses Ereignis wurde dort eine Steintafel eingelassen:

A DI XIX MARZO MDCCLXXVI ALBERTO DUCA DI SAXE TESCHEN E MARIA CHRISTINA ARCIDUCHESSA D'AUSTRIA (S)UA CONSORTE SALIRONO AD OSSERVARE LA CUPOLA

G. P. FEI BERICHTET NACH FLORENZ
20. MÄRZ 1776

Um 8 Uhr morgens sind dann II. KK. HH. mit ihrem Gefolge zur Besichtigung der Basilika von St. Peter aufgebrochen, wo sogar die kgl. Erzherzogin mit bewundernswertem Eifer bis in die Kuppel zu steigen wünschte und voll Staunens über die Großartigkeit dieser Kirche war. Man ging dann nach Sant' Agnese auf der Piazza Navona weiter, von da zur Rotonda [Pantheon] und zum Palast der Herzogin von Bracciano, von da zum Kapitol unter der Führung des Antiquars Francstein [Reiffenstein]. Um 2 Uhr nachmittags begab man sich zurück in die Villa Medici, wo das Mittagsmahl eingenommen wurde. Anschließend um 4 Uhr wurde die Basilika von San Giovanni in Laterano besucht, Sta. Maria Maggiore, die Villa Negroni und anschließend die Madonna della Vittoria. Mit einem Rundgang wurde die Besichtigung an diesem Tage abgeschlossen.

Ch. G. Schultze nach J. E. Schenau, Johann Friedrich Reiffenstein

Giovanni Battista Piranesi, Blick auf das Kapitol

M. Carloni nach F. Smugliewicz, Eine Hofgesellschaft besichtigt die Überreste der Thermen des Titus in Rom

Heute morgens um 6 Uhr sind II. KK. HH. aufgebrochen, die Trajansäule zu besichtigen, wobei die königliche Erzherzogin sogar bis zur Spitze stieg. Es wurden auch die nahegelegenen Kirchen besichtigt. Dann stieg man erneut zum Kapitol hinauf, wo die Skulpturensammlung und die Gemäldegalerie besichtigt wurden. Von da ging man zu Fuß, um den Severusbogen zu besichtigen wie auch den Triumphbogen des Titus und des Konstantin; man betrat das Kolosseum, stieg bis ganz oben hinauf und besichtigte die benachbarten Kirchen und die Überreste des ehemaligen Tempels des Friedens.
Heute nach dem Mittagsmahl um 4 Uhr besichtigten sie die Villa Ludovisi und kehrten vor Einbruch der Dunkelheit in die Villa Medici zurück, und nachdem man sich umgekleidet hatte, sind II. KK. HH. zusammen mit der Herzogin von Bracciano und Msg. Hržan zur Audienz beim Heiligen Vater aufgebrochen.
Der königliche Prinz sagte mir heute, daß er überrascht sei über die Vielfalt und Größe der Baudenkmäler Roms.
II. KK. HH. sind entschlossen, niemanden zu empfangen.

(32)

Albert macht sich Gedanken über die damalige moderne Architektur und vergleicht die Kirchen Il Gesù und Sant'Ignazio.

ALBERT
1776

All der Luxus und die Herrlichkeit, mit der der Orden der Jesuiten als vormaliger Eigentümer diese Kirche erbaut hat, scheinen eher Zeugnis von der Befriedigung eigener Eitelkeit abzulegen als von der Liebe zu Gott, dessen Glauben sie predigen. Trotz aller Pracht macht sie auf mich nicht den gleich starken Eindruck wie die Kirche des hl. Ignatius, die früher den gleichen Ordensvätern diente. Diese verdient wahrhaftig in vieler Hinsicht den Vorzug vor allen anderen modernen Kirchen, der Einfachheit ihrer Architektur und des Ebenmaßes der Proportionen wegen. Dennoch ist auch sie nicht schmucklos, besitzt sogar eine sehr bemerkenswerte Ausstattung, das schöne Flachrelief des hl. Ludwig von Gonzaga, von Legros ausgeführt, und die Freskenmalerei des Jesuiten Pozzo.
Ich möchte nur bemerken, daß, obwohl die Paläste im allgemeinen unvergleichlich großartiger als die florentinischen sind, ich nicht aufgehört habe, in deren architektonischer Gestaltung die Einfachheit und das Maß zu bewundern; aller Reichtum und Dekoration der römischen ließen mich dies nicht vergessen.

(1, II/392)

Giovanni Battista Piranesi, Blick auf das Forum Romanum

Albert
1776

Audienz bei Papst Pius VI.:

Wir fanden uns zur angegebenen Stunde in Begleitung der Herzogin von Bracciano und Msg. Hržans im Vatikan ein und stiegen dann eine in sehr schlechtem Zustand befindliche Treppe hinunter, von wo man uns zu Kardinal Pallavicini führte, der den Posten eines Staatssekretärs innehatte. Wir blieben nur kurz, um einige Höflichkeiten auszutauschen und einige ins Leere dahingeredete politische Raisonnements von diesem sonst sehr ehrenwerten und höflichen Minister anzuhören. Dann gingen wir durch eine Suite von kleinen Appartements, die mit verschiedenen Domestiken in runden Perücken und spanischen Gewändern und mit Prälaten aller Art gefüllt waren. Der Papst empfing uns mit allen erdenklichen Höflichkeits- und Freundschaftsbezeigungen. Er hieß uns gleich neben sich Platz nehmen und unterhielt sich fast eine Stunde lang in weltmännischer Verbindlichkeit und Ungezwungenheit mit uns. In allen seinen Reden gab er Beweise seiner Klugheit, Güte und Vorsicht, wie sie seinem Stand und der Zeit entsprachen. Dieser zuvorkommende Empfang berührte uns tief, und wir gingen sehr bewegt von dieser Audienz weg.

(1, II/402)

Louise Massard, Papst Pius VI.

Giovanni Pichler, Erzherzogin Marie Christine

Giovanni Pichler, Herzog Albert

Unbekannter Stecher, Zugang zu den Stanzen des Raffael im Vatikan

ALBERT
JOURNAL, 22. MÄRZ 1776

. . . den 22sten haben wir früh in der Bibliotheca Vaticana das von Mengs gemahlte und gezeichnete Cabinet egyptischer Papiere, das Museum Clementinum und die Statuen des Belvederes betrachtet, alsdann seynd wir durch die St. Peterskirche in die Fabrica dei Mosaici, hernach aber um die ganze Kirche von außen herumgegangen.

(9, P 298-16/2)

Jahre später erwirbt Herzog Albert eine Serie von aquarellierten Zeichnungen von Feoli und Micinelli, Vorlagen für ein Stichwerk über das Museo Pio Clementino. Der erstere wird in dem in Rom erschienenen Subskriptionsprospekt der aus 24 Blatt bestehenden Folge mit Ansichten der Säle und Antiken des Museo Pio Clementino als Stecher genannt, während Micinelli sonst in der Kunstgeschichte nicht bekannt ist. Im Prospekt wird als Zeichner der ebenfalls sonst unbekannte Francesco Costa angeführt.

ALBERT
1776
Über einen Ausflug nach Tivoli:

Wir erstiegen die Anhöhen, die sich auf der rechten Seite des Flusses befinden, um von dort die Wasserfälle, die man Cascatelle nennt, zu sehen. Man kann sich kaum ein schöneres und malerischeres Bild als dieses vorstellen. Gesteigert wurde es noch durch die herrliche Sonne und die Klarheit des Tages, an dem wir uns dort befanden. Die Höhen, auf die wir gestiegen waren, um sie zu bewundern, waren mit Olivenhainen bedeckt. Man findet auch einige moderne Landhäuser dort, deren bemerkenswertestes die Villa d'Este ist, nun Besitz des Herzogs von Modena. Die Kardinäle dieses Hauses, die es im vorhergehenden Jahrhundert gebaut hatten, wußten die Vorteile dieser Lage auszunutzen, die riesigen Mengen Wasser zu sammeln und sie effektvoll in die angrenzenden Gärten zu leiten.

(1, II/426)

G. P. FEI BERICHTET NACH FLORENZ
ROM, MÄRZ 1776

Montag morgens, den 25. ds. Mts. zum Feste Mariä Verkündigung, stieg die feierliche Prozession unter Teilnahme des Heiligen Vaters vom Vatikan zur Kirche der Minerva herunter. II. KK. HH. mit ihrem Gefolge begaben sich zur Besichtigung dieser feierlichen Handlung in das Haus des Marquese Massei, welches auf der Piazza von Sant'Andrea della Valle liegt, in dem sie sich an eines jener Geländer stellten, von dem aus man die Ankunft der Kavalkade sehen konnte. Man kann kaum schildern, wie von der großen Volksmenge, die hierher geeilt war, um die Begegnung mitzuerleben, die fürstlichen Personen und der Heilige Vater sich gegenseitig Zeichen ihrer Wertschätzung gaben. Beim ersten Anblick des Papstes, der zu Pferde in überraschender Majestät erschien, knieten II. KK. HH. auf der Loggia nieder und wurden vom Papst schon von weitem mit einem huldvollen Winken seiner Hand belohnt. Darauf erhoben sich II. KK. HH. wieder, und als sich der Papst genähert hatte, hielt er unter ihnen an, segnete sie dreimal, wobei sich II. KK. HH. wieder auf ihre Knie niederließen. Nun grüßte der Papst sie liebenswürdigst mit einem Neigen des Hauptes, während er ihnen wieder mit der Hand ein Zeichen gab, sich aufzurichten. Nach diesem kurzen Aufenthalt zog Seine Heiligkeit wieder weiter, wendete sich um, um zu grüßen und sie wieder zu segnen, worauf II. KK. HH. sich erneut niederknieten. Beim Anblick dieser Huld des Heiligen Vaters und der Frömmigkeit, die II. KK. HH. bezeigten, erhob sich ein starkes Hochrufen und sogar Händeklatschen aller Leute, was viele Tränen der Rührung bei den Anwesenden hervorrief. Man hielt sich in diesem Hause bis zur Rückkehr des Heiligen Vaters auf, welcher zwar nicht zu Pferd, aber im Wagen wieder hier

Francesco Smugliewicz,
Die Villa d'Este in Tivoli

vorbeimußte. Dabei streckte der Heilige Vater, als er unter der Loggia angekommen war, den Kopf aus dem Wagen, um II. KK. HH. in der huldvollsten Art zu segnen und zu grüßen.

(32)

ALBERT
1776
Über den Kirchenstaat:

Ich will nicht entscheiden, ob alles richtig ist, aber im ganzen ist der Kirchenstaat schlecht verwaltet. Wie könnte es anders sein, da nur Geistliche an die Spitze der Geschäfte kommen; da alle jene, welche Talent, Geist und eine besondere Kenntnis des Landes wie seiner Bedürfnisse besitzen, schon deswegen ausgeschlossen werden, weil sie keine Geistlichen sind; wie kann ein festes System in einem Land befolgt werden, wo der Souverän immer wechselt; wie kann man erwarten, daß eine Regierung gut sei, deren veraltete Politik nur die Macht und den Reichtum zu vermehren strebt und sich mehr mit Gewalt und religiösem Fanatismus zu befestigen sucht als durch das, was das öffentliche Wohl und das Glück der Provinzen begründet. Seit den Herrschern und ihren Völkern die Augen geöffnet sind, seit der Bannstrahl seine Kraft verloren hat, seit die Annaten von Tag zu Tag kleiner werden und nicht mehr so große Summen nach Rom fließen, ist der römische Hof gesunken und die Administration vernachlässigt.

(1, II/406)

BERICHT DES PÄPSTLICHEN ARCHIVS

Die Erzherzogin Marie Christine von Österreich und der Herzog Albert von Sachsen-Teschen, Statthalter des Königreiches Ungarn, begaben sich von Florenz nach Rom, um Pius VI. und die Ewige Stadt zu besuchen. Der Papst empfing sie nicht nur mit unaussprechlicher Liebe, sondern zeichnete die Erzherzogin auch durch das Geschenk der geweihten Goldenen Rose aus, wie er sie ferner auch beim Empfang des königlichen Paares zur Abschiedsaudienz beide reich beschenkte: Er übergab ihnen zwei wertvolle Rosenkränze aus Lapislazuli, die in Gold gefaßt waren, Medaillons mit geweihten Kameen, von einem Kranz von Brillanten und Rubinen umgeben, ferner Gebetbücher. An die Begleitung verteilte er wertvolle, in Gold gefaßte Rosenkränze mit ähnlichen Medaillons. Danach brachte der Majordomus Archinto die Goldene Rose in den Palazzo der Villa Medici, um sie der Erzherzogin zu überreichen, die sie mit besonderer Ergebenheit und Dankbarkeit entgegennahm. Weiters präsentierte Mgr. Avogrado, Sekretär der Gesandtschaft und Geheimkämmerer am Hofe Pius VI., in dessen Namen der Erzherzogin und dem Herzog zwei prachtvolle Kassetten mit Reliquien des hl. Augustinus [Name des Vaters von Herzog Albert] und der hl. Christina sowie zwei weitere Kassetten mit geweihten Agnus Dei. Dann ein Mosaikbild, das den Titusbogen darstellt, geschmückt mit dem schönsten Goldmetallrahmen; zwei Gobelins, der eine die hl. Jungfrau mit dem Kind von Cignani darstellend, der andere die hl. Cäcilie von Guercino, gerahmt von der feinsten Goldeinlegearbeit; schließlich

Johann Georg Haid, König Ferdinand IV. von Neapel

Carlo Marsigli, Die königliche neapolitanische Familie

eine große Kassette mit den „Veduti di Roma", die Piranesi gestochen hat, edel gebunden in 15 Bänden, weiter gleiche Kassetten mit einer Sammlung von Kupferstichen und Drucken der Calcografia camerale in 12 Bänden, auch diese reich gebunden. Von den Geschenken, welche die beiden Prälaten erhielten, werde ich an anderer Stelle berichten.

(33, LIX/142)

Die weitere Reise führte von Frascati über Velletri, Terracina nach Gaëta. In Mola erwartete sie der österreichische Gesandte, Graf Wilczek, und überbrachte Briefe vom König und von der Königin von Neapel. Maria Carolina, die ihre Schwester acht Jahre nicht gesehen hatte, kam ihr bis Aversa entgegen. Zusammen setzten sie sich nun in einen Wagen und fuhren durch Neapel, wo alles Volk auf den Straßen war, um die Besucher zu grüßen. Es wurde ihnen hier der herrlichste und glänzendste Empfang zuteil. Was immer sie von dem prunkvollen Leben und der Pracht des Hofes gehört hatten, ihre Erwartungen wurden noch weit übertroffen. Sie waren auch von der Herzlichkeit des Königs überrascht, aber auch von seinem Aussehen und seinen Manieren, die ihnen nicht so unvorteilhaft schienen, wie man sie geschildert hatte.

ALBERT
1776

Er besitzt die Fähigkeiten, ein guter, ja ein vortrefflicher König zu sein, aber die ständige Zerstreuung, in der man ihn seit seiner Jugend festhält, die Abneigung, die man ihm gegen jegliche Arbeit, gegen alle ernsten Geschäfte einzuflößen wußte, verhinderten die Entfaltung seiner natürlichen Anlagen. Welch ein unverzeihliches Verbrechen von allen jenen, denen seine Erziehung anvertraut gewesen war, solche Talente, die Keime von so hervorragenden Eigenschaften zu ersticken, die ihn befähigt hätten, das Glück jener Völker zu begründen, für die er ein Gegenstand der Verehrung ist.

Die Ungewohntheit jeder ernsten Beschäftigung, die Vernachlässigung der Arbeit führte ihn dazu, ständig neue Zerstreuungen und Unterhaltung zu suchen; so kam er oft in schlechte Gesellschaft; so verlor er seine Zeit, langweilte sich und war schlecht gelaunt, was meist eine unvermeidliche Folge ist; so war er auch von äußerster Unentschlossenheit in allen ernsten Angelegenheiten, die Entschiedenheit und Festigkeit von seiner Seite verlangt hätten.

(1, II/441)

Während der zwölf Tage im Schloß von Portici begleitete Albert den König häufig auf seinen Jagden, die vor allem den eben im Durchzug befindlichen Wachteln galt. „Deren Anzahl", vermerkt Albert, „war so beachtlich, daß sie allein die Einnahmen eines Bistums an der Küste ausmachen." Auch nahm ihn der König zur Thunfischjagd mit, die Albert erstaunlich und eigenartig fand, auch wenn sie in diesem Jahr nicht sehr erfolgreich verlief. Schon am ersten Tag des Aufenthaltes hatte Albert gebeten, das Museum besuchen zu dürfen, das er auch in den folgenden Tagen wieder aufsuchte.

ALBERT
1776

Der König, der mein Interesse an diesen Dingen kannte, gab mir gleich die Schlüssel seiner Kabinette, damit ich mich jederzeit darin umsehen und mich, solange ich Lust dazu hatte, ungehindert dort aufhalten könne. Ich verfehlte nicht, dies auszunützen, und wenn ich auch mit Freude die große Zahl und Schönheit der ausgestellten Dinge wahrnahm, war ich doch

Unbekannter Stecher, Die Ausgrabungen von Herculaneum

Unbekannter Stecher, Die Ausgrabungen von Herculaneum

andererseits nicht wenig entsetzt über die geringe Wertschätzung, die man ihnen in diesem Lande beizumessen schien, die geringe Sorgfalt und finanziellen Ausgaben, die von der Regierung dafür aufgewendet werden, nicht zuletzt, um diese Sammlung zu vervollständigen und das Wissen, das sie vermitteln könnte, zu verbreiten.

(1, II/473)

ALBERT
JOURNAL, 15. APRIL 1776

... den 15ten früh seynd wir mit der Königin nach Pompeia gefahren, wo wir die dortigen Rudera der Alten Stadt besahen.

(9, P 298-16/2)

ALBERT
1776

Jedes dieser Häuser, die Höfe davor und die Gärten können nur eine vage Idee von der Art zu leben und den Gewohnheiten der Römer geben – eine viel bessere Vorstellung hätte man sich machen können, wenn man, statt alle Geräte und anderen Gegenstände, die man im Kabinett von Portici sieht, wegzunehmen, sie wenigstens in einigen Häusern in der Ordnung, in der sie sich befanden, belassen hätte.

(1, II/478)

ALBERT
1776

Man kann sich sein Urteil über die auf diesem Gebiet herrschende barbarische Unwissenheit durch verschiedene Vorfälle machen, die man mir erzählt hat. Ich will lediglich zwei der frappierendsten nennen: Im Theater zu Herculaneum fand man eine Quadriga in Bronze, sehr schön gearbeitet und vielleicht die einzige, die noch existiert; man hatte aber nichts Eiligeres zu tun, als drei dieser Pferde einzuschmelzen für irgendeinen anderen Gebrauch, und schämte sich nicht, auf dem Piedestal des vierten Pferdes, das man der Form halber bewahrte, eine Inschrift anzubringen, die diese Dummheit festhielt. Das andere Beispiel spricht noch weniger zugunsten derer, die für die Ausgrabung dieser Antiquitäten verantwortlich waren: Als man an einem Stadttor von Pompej eine Inschrift mit großen Bronzelettern gefunden hatte, die vielleicht historische Aussagen von größtem Wert gaben, nahm man sich nicht einmal die Mühe, sie zu kopieren, ehe man sie von der Mauer löste, sondern warf sie einfach in einen Sack, den man dem Minister überbrachte. Man konnte natürlich niemals mehr die durcheinandergemischten Buchstaben so ordnen, daß sie einen Sinn ergaben.

(1, II/474)

Nicht zuletzt dank des Umganges mit dem als Botschafter der britischen Krone in Neapel lebenden Sir William Hamilton wandte sich das Interesse Alberts immer stärker neben den Kunstschätzen auch den Naturphänomenen zu. Verschiedene Ausflüge boten genügend Gelegenheit für beides. So wurde neben dem Studium der Ausgrabungen in Pompej und Herculaneum auch der Vesuv bestiegen und ein Ritt auf den Vulkan Monte Nuovo unternommen.

Unbekannter Maler, Sir William Hamilton mit seiner ersten Frau

ALBERT
1776

Ich habe diese Naturphänomene mit um so größerem Interesse gesehen, als ich sie in der Gesellschaft eines Mannes erlebte, der darüber vollkommen unterrichtet war und der durch fortgesetzte Studien wie aufmerksame und wiederholte Beobachtungen sich die sichersten und detailliertesten Kenntnisse angeeignet hatte. So manche Entdeckung war bis dahin vielen andern, die sich mit diesem Gegenstand vor ihm befaßt hatten, entgangen. Es war dies Sir Hamilton, Gesandter des englischen Königs am neapolitanischen Hof, schätzenswert als Kavalier und durch die Offenheit und Güte seines Charakters, die ihm die Freundschaft aller jener, die mit ihm zu tun hatten, zufließen ließ. Sowohl sein Wissen in der Literatur als noch weit mehr in Physik und Naturgeschichte machte ihn zum vollkommenen Führer bei all diesen Fahrten.

(1, II/478)

ALBERT
JOURNAL, 17. APRIL 1776

Den 17ten früh seynd wir mit der Königin über Neapel auf Pozzuoli gefahren. Allda habe ich sie verlassen und habe mich mit dem Chev. Hamilton auf eine Chalouppe gesetzt, mit welcher wir anfänglich auf den promontoire oder Punta di Misena gefahren – mit denen dort befindlichen Gemälden und denen Stücken des Tempels Herculis.

(9, P 298-16/2)

ALBERT
1776

Wenn man auf die Anhöhe steigt, die zwischen Solfatara und der Stadt Pozzuoli liegt, ist der Ausblick einer der schönsten, die ich in meinem Leben gehabt habe. Man sieht nicht nur den ganzen Golf von Pozzuoli oder von Baiä und einen Teil des Golfes von Neapel bis nach Salerno und der Insel von Capri, die das Entzücken des Augustus war und wo Tiberius sich so sehr seinen Ausschweifungen hingab; man sieht sogar die kleine Insel von Nisis, dem Posilipp vorgelagert, die dem Brutus lange als Zuflucht diente sowie auch die Inseln Procida und Ischia. Die Schönheit dieses Ausblicks hatte mich so gefesselt, daß es mich drängte, den Chev. Hamilton zu bitten, mir davon ein Gemälde machen zu lassen. Er hatte die Liebenswürdigkeit, den gleichen Künstler zu beauftragen, der für ihn gearbeitet hatte.

(1, II/488)

Die für den Jagdpavillon König Ferdinands IV. im Lago Fusaro bei Neapel bestimmten vier Gemälde Philipp Hackerts sind 1799 durch die „Lazzaroni" geraubt worden, wie Johann Wolfgang von Goethe schildert, und seit damals verschollen. Vier dafür geschaffene Skizzen kaufte die Königin Maria Carolina und schenkte sie ihrer Schwester Marie Christine. „Und sie finden sich noch bei dem Herzog Albert von Sachsen-Teschen. Philipp Hackert bedauerte den Verlust dieser Gemälde, weil er sie für seine beste Arbeit hielt, die er in Neapel für den Hof gemacht hatte." Die vier Ölskizzen fanden sich in allen Beschreibungen des Albertinapalais bis 1920, so bei Th. v. Frimmel in der Wiener Neuen Freien Presse vom 22. März 1902. Sie blieben bis zum Jahre 1934 im Privatbesitz des Erzherzogs Friedrich, der sie in diesem Jahr dem Wiener Kunsthandel übergab, und es ist der Forschung von Wolfgang Kröhnig, Köln, zu danken, ihren derzeitigen Standort ermittelt zu haben: es befinden sich „Der Frühling" bei Frau Dr. Vera Schmidtheiny, Mörschwil bei St. Gallen, „Sommer" und „Winter" im Germanischen Nationalmuseum zu Nürnberg und „Der Herbst" im Wallraf-Richartz-Museum zu Köln. Frimmel hat aber seinerzeit noch weitere Werke Hackerts im Besitz der Erben nach Herzog Albert angegeben: „Zwei ausgedehnte, für Hackert gleichfalls gehaltvolle Leinwande, eine mit einem Blick auf die Ambrosiana, aufgenommen von Monte Lupo aus, und ein Gegenstück, das die berühmten Gegenden von Pozzuoli, Baiä, Capo Miseno und den nahen Inseln auf die Fläche gebannt hält. Vier kleine Gouachen von Hackerts Hand stellen Reste antiker Tempel dar und sind durch B. A. Dunker gestochen." Da Herzog Albert sich in seinen Memoiren auf einen Maler Sir Hamiltons bezieht, von dem er die gewünschte Ansicht erhalten hat, liegt es nahe, jene genannten Gemälde mit diesen zu identifizieren. Waren doch die Brüder Philipp und Gottlieb Hackert, wie Goethe ausführt, 1770 zu Sir W. Hamilton, an den sie empfohlen worden waren, nach Neapel gegangen. Philipp stellte verschiedene Ansichten der durch die Tätigkeit des Vesuv entstandenen „Montagnuoli" her, die im Jahre 1776 für das Werk „Campi Phlegraei" Sir Hamiltons in Neapel erschienen waren. Es erweist sich wohl damit, daß der in den Memoiren zitierte Maler Philipp Hackert sein muß.

N. Aloja nach O. d'Anna, Neapel mit dem Vesuv

Albert
Journal, Neapel, 19. April 1776

... den 19ten früh bin ich in die Stadt zum Chev. Hamilton gefahren, welcher mir einige Bilder, Antiquitäten und Naturalien sowie seine in Tableau mouvant gesetzte Vorstellung des Vehsuvs gezeigt, und wo ich seine Frau Clavier spiehlen gehört.

(9, P 298-16/2)

Albert
Journal, Mailand, 23. Juni 1776

... den 23ten früh haben wir in der kleinen schlechten Capelle von Hof ein ambrosianisches Amt gehört. Nach diesem war Cercle von Zutritt Damen bey Hof; dann Diné von 24 Couvert nach welchem die Milady Hamilton Clavier geschlagen. Gegen abend ist der Erzherzog uns abholen gekommen und mit uns hernach in Corso gefahren.

(9, P 298-16/2)

Albert
1776

Am Nachmittag machten wir mit der Königin die Runde durch einige Kirchen, vor allem auch zu jener des hl. Januarius, Schutzpatrons der Neapolitaner, dem das abergläubische Volk eine Verehrung und einen Kult zuteil werden läßt, den es in mancher Beziehung Gott selbst verweigern würde. Wir betrachteten die reich geschmückte Kapelle, in der sein Körper ruht, und küßten sein wundertätiges Haupt. An einigen bestimmten Tagen verflüssigt jede Berührung seines Kopfes das gestockte Blut, das daneben in einer Phiole aufbewahrt wird. Das Nichteintreffen dieses jährlichen Wunders wird vom Volk als sicheres Anzeichen für kommende schlimmste Begebenheiten angesehen. Nicht vorstellbar ist das Übermaß an Gläubigkeit, von dem die Neapolitaner – ein abergläubisches Volk – anläßlich dieses Wunders erfüllt sind, unvorstellbar der Fanatismus für diesen Heiligen, Gegenstand ihrer Verehrung und ihres Kultes. Das beschränkt sich nicht auf das Volk allein, auch Leute ersten Ranges, ja sogar der König selbst, sind nicht frei davon.

(1, II/499)

Albert
1776

Da das Schloß [Capo di Monte] nie vom Hof bewohnt werden konnte, hatte man es dazu benützt, um die prachtvolle Bildersammlung, das Medaillenkabinett und das Antikenkabinett, aber auch die Bibliothek, die früher in Parma gewesen war und einen Teil der Erbschaft von den Farnese bildet, darin unterzubringen. Die sehr reiche und wertvolle Gemäldesammlung war vor allem durch die schönen Corregios und Schidones, einem sonst kaum bekannten Maler, bemerkenswert.

(1, II/501)

Das Ende des Aufenthaltes bildeten drei Tage in Caserta, wo der König sie hingeführt hatte, um ihnen die großartige neue Residenz zu zeigen, die gerade fertiggestellt wurde. Albert bezeichnete den Bau als das außerordentlichste Werk der modernen Architektur. In der Nacht vom 2. auf den 3. Mai nehmen sie Abschied vom König und der Königin und reisen über Terracina nach Rom ab. „Nie werde ich", schreibt Albert, „die Freundschaft und Aufmerksamkeit vergessen, die uns der König erwiesen." Starker Regen behindert die Fahrt, aber dennoch brauchen sie nicht mehr als 25 Stunden, um nach Rom zu gelangen, wo sie vier Tage bleiben. Von der Herzogin von Bracciano begleitet, besuchen sie noch einmal den Heiligen Vater, besichtigen noch einmal die Glanzpunkte der Stadt, die Peterskirche, die vatikanischen Museen, die Statuen im Hof des Belvedere, suchen das Transfigurationsbild Raffaels in San Pietro in Montorio auf und fahren endlich am 7. Mai um 10 Uhr abends nach Florenz ab.

ALBERT
JOURNAL, 8./9. MAI 1776

. . . den 8ten nachdem wir die ganze Nacht und den Tag fortgefahren, so seynd wir wegen den üblen Wetter und Wegen erst gegen 7ʰ abends in Radicoffani eingetroffen; dort haben wir gegessen und geschlaffen.
. . . den 9ten um 2ʰ früh seynd wir von da wieder weg und nachdem wir zu Poggibonsi etwas gespeist, so seynd wir nach 4ʰ nachmittag glücklich über die schon angelaufene Pensa gekommen. Nahe von dort haben wir den Großherzog und Sie angetroffen mit welchen alsdann nach Florenz gefahren.

(9, P 298-16/2)

Hier verlebten sie die angenehmsten und ruhigsten Tage in dem Landhaus Poggio a Cajano. Ausritte in den Morgenstunden führten durch die schönen Alleen zu den kleinen Kanälen, welche die Wiesen durchschneiden. Die Gesellschaft bei den Essen war klein, meist waren nur die Herren Thurn, Goëss, Miltitz und Kempelen und die Damen Colloredo, Goëss und d'Albizzi anwesend. Dieser Aufenthalt galt nicht mehr irgendwelchen Besichtigungen, sondern sollte im Kreis der großherzoglichen Familie mit den Kindern bloß der Erholung dienen. Man machte Ausflüge, Spaziergänge, „abends war Spiehl und Conversation im Cabinet der Großherzogin". Nach drei abschließenden Tagen in Florenz selbst setzt man die Reise nach Bologna fort. Auch hier hält man sich nur kurz auf und fährt dann weiter nach Modena und Parma. In Modena regierte noch der alte Herzog Herkules von Este, der mit seiner Familie – Erzherzog Ferdinand war seit 1771 mit Maria Beatrix von Este vermählt – das Landhaus Sassuolo bei Modena bewohnte. Den Herzog selbst findet Albert „eine fast vertrocknete, mumienhafte Gestalt, die sich kaum fortbewegen konnte"; der Hofstaat sei für das kleine Land viel zu aufgebläht. Noch in der Nacht fahren sie bis Parma, wo sie bei Tagesanbruch ankommen. Der Infant hatte sie nicht so früh erwartet; er und seine Frau kamen, als sie die Ankunft erfuhren, sogleich nach Colorno, um sie zu empfangen. Diners, Spazierfahrten, verschiedene Besichtigungen, ja sogar ein Ball werden ihnen zu Ehren veranstaltet.

ALBERT
1776

Der Infant führte uns am Nachmittag in seine Residenz, um uns zu allererst den Saal der Akademie, die dort untergebracht war,

Pompeo G. Batoni, Erzherzogin Maria Amalia und Ferdinand I. von Parma, 1776

zu zeigen. Da sahen wir nicht nur den berühmten hl. Hieronymus von Corregio, sondern auch das Gemälde, das die Infantin Isabella [die erste Gattin Josephs I.] dieser Akademie zum Geschenk gemacht hatte, diese so schätzenswerte Prinzessin, deren Tugenden und Talente bei uns nur bekannt werden sollten, um den Schmerz über ihren frühen Tod noch heftiger zu gestalten.

(1, II/527)

Aber gedrängt durch den Infanten, der sich scheute, Albert und Marie Christine zu Zeugen seiner Bigotterie zu machen, wie sie sich besonders anläßlich einer geplanten Prozession zeigen sollte, verlassen sie schon nach zwei Tagen diesen Hof, um nach Turin weiterzureisen.

MARIA THERESIA AN MARIE CHRISTINE
24. JUNI 1776

Meine liebe Mimi,
ich werde Euch diese Woche noch nach Mantua schreiben, froh, Euch zufrieden und erfolgreich in Turin zu wissen, und entzückt, Euch bald bei mir zu haben. Ich schreibe selbst an den Herzog von Chablais, um ihm meine Empfehlungen für den König aufzutragen, und werde morgen den Brief an Scarnafigi geben. Zweimal in der Woche, dienstags und mittwochs, sehe ich Leute wie in Laxenburg. Alle Welt spielt, keinerlei Cercle in den Gemächern, man ergeht sich, kommt und geht, wie man Lust hat. Ich glaube, ich habe es den Toskanern recht gemacht, die keine besonderen Veranstaltungen haben wollten wie die Mailänder. Immerhin mußte etwas getan werden, und ich habe es für ihren hiesigen Aufenthalt am zwanglosesten gefunden. Meine Briefe werden nun immer kürzer, aber ich bin darum

Unbekannter Hofmaler, Die Herzogin von Chablais

nicht weniger ungeduldig auf das Wiedersehen mit Euch. Mein Kopf, meine Kräfte und meine Laune sind schließlich nicht mehr ganz rosenfarben. Vorgestern wurde ich zur Ader gelassen, und ich fühle mich seither erleichtert. Ich umarme Euch zwei, adieu.

(8, 94)

Auch in Turin wurde den Reisenden der freundlichste Empfang zuteil: König Victor Amadeus III., die Königin Maria Antonia wie der Herzog Moritz von Chablais mit seiner Gemahlin und der gesamten königlichen Familie erwarteten sie in der Veneria.

Albert
1776

Was den Herzog von Chablais anbetrifft, habe ich ihn seit unserer letzten Begegnung sehr verändert gefunden. Viel ernster und schweigsamer als damals, hatte er anscheinend aus seiner Reserve ein Prinzip gemacht. In seinem ganzen Äußeren trug er dies zur Schau. Dazu war er abgemagert und machte auch nicht das Geringste, wie man mir sagte, um ein bißchen Embonpoint zu bekommen. Er schlief wenig, ging oft zur Jagd und verbrachte den Rest seiner Zeit mit Studien, vor allem militärischen. Ohne Maß trank er starken Café, der seine Nerven so angegriffen hatte, daß seine Hände wie bei einem Greis zitterten. Man sagt aber, daß er in seinem Lande beliebt sei.

(1, II/536)

Der Herzog von Chablais war es auch, der für Albert und Marie Christine den Führer machte.

Albert
1776

Der Herzog von Chablais und seine Gemahlin hatten uns am Morgen dieses Tages nach Stupinigi, einem Landhaus des Königs, gebracht. Ein moderner Bau mit einer eigenartigen, sehr eleganten Ordnung in einer lieblichen Ebene, zwei Meilen von Turin entfernt, wo der Hof oft den Vergnügungen der Hirschjagd nachgeht.
Das Palais des Königs selbst erweckt von außen nicht den Eindruck besonderer Größe. Die Appartements aber sind voll Pracht und mit großem Reichtum ausgestattet. Vor allem habe ich dort eine Gemäldesammlung gesehen, die besser gepflegt und konserviert war als alle anderen in Italien. Sie besteht unter anderem aus einer recht großen Anzahl von Werken niederländischer Meister, die noch aus dem Besitz des Prinzen Eugen von Savoyen stammen und von großer Schönheit sind.

(1, II/559)

Die Freundlichkeiten, die man Albert und Marie Christine sowohl am Hofe selbst wie auch in der Stadt erweist, und die Annehmlichkeiten, die sie in der Gesellschaft der Bewohner des Landes finden, machen es wünschenswert, diesen Aufenthalt auszudehnen. Eine Verlängerung aber erweist sich als unmöglich: Das Treffen mit dem Großherzog Leopold und seiner Gemahlin ist festgelegt, und der Herzog will noch die Festungen in den Alpen besichtigen; auch der Besuch in Mailand, wo sie Erzherzog Ferdinand erwartet, steht noch aus. Die Damen reisen dahin voraus, Albert macht sich mit Miltitz und dem Generalleutnant Pinto, der beim König eine besondere militärische Vertrauensstellung genießt, nach Chambery, an den See von Annecy, zu den Pässen der Mauriennes und Tarantaise auf. Über Pignerol, Fenestrelles und Susa kehrt er dann nach Piemont zurück.

Maria Theresia an Marie Christine
13. Juni 1776

Diese Zeilen werden Euch hoffentlich in Mailand erreichen, wieder näher zu mir und auf der Rückkehr hierher. Ich finde es sehr nett und lustig für alle zwei Paare, zusammen hier anzukommen, aber ich gestehe, daß es für mein Herz fast zuviel auf einmal ist, die Mimerl und ihr Liebster werden halt den kürzeren ziehen. Ich bin sehr damit beschäftigt, Euch alle unterzubringen, und es wird Euch in meinem Zimmer besser gefallen als im vorigen Jahr, auch wohne ich jetzt nahebei, da ich für mich die Zimmer unten behalte. Ich freu mich schon jetzt sehr, Euch reiten zu sehen, und bin sicher, daß mein Stolz bei diesem Anblick noch größer wird. Aber es müßten noch viele Vorkehrungen für die sichere Unterbringung der Pferde getroffen werden, und ich weiß nicht, ob Miltitz mit dem Vorhandenen zufrieden ist.
Kempelen, der mit der Sorge für Schloß und Bauwesen anstelle von Török betraut worden ist, sah Euer Porträt und findet wie

J. Mercorus nach M. Knoller, Karl Joseph Graf Firmian

ich, daß es Euch unrecht tut. Das Bild ist zwar schön, aber das niedliche Gesichtchen meiner lieben Mimi ist es nicht. Neuigkeiten berichte ich Euch nicht, da ich weiß, wie die andern alles sammeln, um es Euch zu erzählen. Die Erkältung Eures lieben Ehemannes gefällt mir nicht, zumal er sich noch zwingt, in die Berge von Piemont zu klettern und die Festungen dort zu sehen. Hoffentlich ist zu der Zeit gerade gutes Wetter, nicht zu große Hitze. Es ist allenthalben eine so große Trockenheit, daß man für die Ernte fürchtet, die so aussichtsvoll schien.

(8, 93)

ALBERT
JOURNAL, 20. JUNI 1776

. . . den 20ten gleich nach Mitternacht, bin ich von Turin weg und über Novarra: / wo das Salusische Infanterie- und Piemont-Dragonerregiment im Quartier liegt: / ins Mayländische gereist. Beyläuffig zwey Meylen von letztgedachter Festung ist die Paßage des Tessins / so die Gränze macht: / auf einen Schiff. Von dort seynd wir über Buffaloro nach Mailand fortgereist und haben eine halbe Meile von dieser Stadt den Ertzherzog und seine Frau angetroffen, endlich seynd wir in selber Nach Mittag angekommen.

(9, P 298-16/2)

Maria Theresia hatte den Palazzo des Conte Durini für sie zum Quartier bestimmt und auch herrichten lassen. Der Mailänder Hof und die Mailänder Gesellschaft erweisen sich nicht weniger begeisternd als jene Turins. Besonders angenehme Eindrücke erhalten sie von der Persönlichkeit des bevollmächtigten Ministers Graf Firmian und dessen Palais.

ALBERT
1776

Man sagt aber, daß er wesentlich mehr Qualitäten und Kenntnisse besaß, die den Gelehrten und Literaten ausmachen, als solche, die für einen guten Minister verlangt würden. Während er sich den Studien widmete, ließ er die Geschäfte nur zu sehr von schlechten Beamten lenken, die sein Vertrauen mißbrauchten. Ich bin nicht imstande, das zu beurteilen. Aber sicher ist, daß sein Palais den Gelehrten und Liebhaber der Künste verrät.

(1, II/583)

Der allgemeine Eindruck der Stadt ist nicht so überwältigend; die Straßen sind eng, kaum große Plätze, Brunnen oder Denkmäler, die Bauten im Verhältnis zu anderen italienischen Städten weniger großartig. Dafür aber gibt es andere Anziehungspunkte, so das königliche Palais des Statthalters, in dem der Herzog von Modena wohnt, mit den prachtvollen Tapisserien, noch von Karl V., die Biblioteca Ambrosiana und natürlich auch den Dom und das Kloster Santa Maria delle Grazie. Vor allem aber genießen die Reisenden in Ausflügen die schöne Landschaft bis an den Comosee. Am 28. Juni verlassen Albert und Marie Christine Mailand, um in Mantua kurzen Aufenthalt zu nehmen, der gerade Zeit für einen Stadtrundgang läßt. Noch einmal begrüßt der Infant von Parma seine Verwandten.

ALBERT
JOURNAL, 1776

Um Mittag seynd wir gangen die verschiedene weitschichtigen Gebäude des Schlosses zu besehen, und haben nicht nur die neu meublirte Zimmer, die verschiedene Cortile und Gallerien des größern und besonders die von G. Romano gemahltene Gallerie, sondern auch die Schloßkirche, den sogenannten mit dem Schloß vereinten Palazzo di Troya [Sala di Troia] sammt dessen schönen Gemählden von G. Romano besucht.

(9, P 298-16/2)

Auch für die Besichtigung der Kunstakademie blieb noch Zeit; hier erwähnt der Herzog die hervorragenden Werke des Zeichenlehrers Bottanj. Am nächsten Tag führt die Reise weiter nach Verona, wo man auch die Galerien und Akademien besucht, um über Vicenza und Padua das vorläufige Reiseziel Venedig zu erreichen. Schon in Padua erwartete sie der Großherzog der Toskana, Erzherzog Leopold, mit seiner Familie, von Venedig war Österreichs Gesandter Graf Durazzo erschienen. Die Reise wurde gemeinsam fortgesetzt. Einige angenehme und vergnügte Tage folgten in Venedig. Die Reisenden genossen den Anblick der herrlichen Stadt, die sie in Spaziergängen unter der Führung eines Gondoliere – „einziger Cicerone oder Bedienter, dessen man dort bedarf" – erschlossen. Soireen, Theater und Oper vervollständigten das Programm.

Unbekannter Nachstecher, Blick zum Rialto in Venedig

ALBERT JOURNAL
1776

Seynd nach Venedig in das am Canal Grande liegende Wirtshaus al Lion Bianco gefahren, wozu wir nicht eine Stunde gebraucht. Dort haben wir mit unsere Reisegefährten zu Mittag gegessen, nachmittag bin ich mit dem Großherzog hinten zum Haus hinaus und erstlich in den Gäßchen der Merceria, dann in den Saal des Ridotto, ferner in die Scuola di San Rocco, in die Chiesa de Frari und jene de Scalzi gangen; gegen Abend sind wir alla Salute dann al fresco gefahren. Von dort al Palazzo wo wir abgestiegen und durch die Piazetta und Piazza St. Marco ins Casino des Gr. Durazzo von dort aber nach einigen Tours auf den Platz in jenes der Dogetta, wo die meiste Noblesse versammelt war; endlich in das Theater St. Benedetto, wo der Orfeo gesungen worden.
... gingen wir fort, um uns ins große Theater San Benedetto zu begeben, wo man die Oper Orphée gab, ziemlich schwache Nachahmung, wie ich meine, der vom Ritter Gluck, aber die Venezianer wollten ihren Landsmann vorziehen.

(9, P 298-16/2, u. 1, II/624)

An jedem der Aufenthaltstage in Venedig besuchte Albert den Grafen Durazzo. Am 2. Juli war dieser, wie gesagt, bereits nach Padua entgegengekommen, was Albert zur Eintragung drängte: „Der Besuch des Ministers, der sich anscheinend bei uns niederlassen wollte, entsprach nicht ganz unserem gefaßten Plan, auf gleichem Fuß zu leben wie die andern Fremden; wir erreichten es, ihn, wenn auch mit Mühe, zu überzeugen, uns in dieser Beziehung freie Bahn zu lassen." Aber dann, nach einem Antrittsbesuch am 3. Juli am Vormittag, begleitet er sie ins Theater, empfängt sie am 5. in seinem Casino in großer Gesellschaft und auch am folgenden Tage. Am 7. gibt er nach der Oper ein Souper und fährt sie am 8. in seinen Booten nach Mestre, wo das Landhaus des Grafen liegt und von wo die Weiterreise erfolgt. Einige Jahre vorher hatte Durazzo bekanntlich bei einem Besuch in Preßburg von Herzog Albert den Auftrag für eine umfangreiche Kupferstichsammlung erhalten. In Venedig begann Durazzo unverzüglich eine fieberhafte Tätigkeit zur Organisation, Erwerbung und

J. Schmuzer nach M. v. Meytens, Giacomo Graf Durazzo

Deckblatt der von Graf Durazzo überreichten Sammlung

Bearbeitung einer Sammlung, die immerhin nach zwei Jahren 30 000 Blätter, geordnet in ein klares System, ein Register und 1 400 alphabetisch geordnete Künstlerviten umfaßt. Einen wesentlichen Beitrag dabei scheint der bedeutende Kunsthändler Domenico Louisa am Rialto geleistet zu haben, der auch einer der Hauptlieferanten für H. Heinecken bei der Aufstellung der Dresdner Sammlung gewesen war. Und noch ein Jahrzehnt später führt Friedrich Münter in seinem Tagebuch an: „Nachher ging ich über den Markusplatz und ließ mich in das Kloster della Salute übersetzen – nicht die Bibliothek, so wie Volkmann sagt, sondern die Kirche hat viele marmorne Statuen. Der Pater Bibliothekar war verreist, ein anderer Pater führte mich in die Bibliothek. Sie hatten Manuskripte, die aber verschlossen waren, ich sah eine hübsche Sammlung von Kupferstichen nach großen Meistern. Ehemals war hier viel zu sammeln, der letzte kaiserliche Gesandte aber, Graf Durazzo, hat alles so aufgekauft, daß fast nichts mehr übrig ist" (82, II/130 – Venedig, 8. November 1784). Am 4. und 5. Juli überreichte Durazzo die Sammlung. Der Herzog übergibt ihm bei diesem Anlaß einen Betrag von 8 600 Gulden, doch wissen wir nicht, ob damit die Kosten gedeckt waren.

GIACOMO GRAF DURAZZO AN WENZEL FÜRST KAUNITZ
4. MAI 1776

Unabhängig von diesen anderen Gründen ist es für mich von größtem Interesse, II. KK. HH. meine Aufwartung zu machen, wünsche ich doch dem Prinzen Albert untertänigst die so gut wie fertiggestellte Sammlung zu übergeben, die ich zu seinem Nutzen und zu seiner Freude vereint habe. Der Vereinbarung folgend habe ich sie sofort nach meiner Rückkehr aus Wien angefangen. Diese Sammlung ist ein ansehnliches Objekt, für das ich, um ihm gefällig zu sein, weder irgendwelche Kosten noch Mühen gespart habe. Sie ist den schönen und gelehrten Interessen dieses Prinzen und seiner erhabenen Gemahlin würdig. Beide schienen bei ihrem so kurzen Aufenthalt mit der klaren Idee zufrieden zu sein. Um die Sammlung fortzusetzen, werden sie, wie mir der Prinz kürzlich aus Rom schrieb, auch in dieser Art fortfahren.

5. JULI 1776

Ich empfinde ein wahres Vergnügen, II. KK. HH. die umfangreiche und geordnete Sammlung von Kupferstichen sozusagen als Erfüllung des Auftrages zu präsentieren. Es war eine mit nicht unbeträchtlichen Ausgaben verbundene Aufgabe, um den Prinzen in seinen Neigungen zu unterstützen. Er hatte in der Eile seiner ersten Durchreise keine Gelegenheit zur Besichtigung gehabt und konnte bisher nicht mehr als eine informative Vorstellung davon gewinnen.

(7, Gesandtschaftsberichte Venedig 1776)

GRAF GIACOMO DURAZZO
VENEDIG, SEPTEMBER 1776

Discorso preliminare

Die Stecherkunst hat uns zwei bedeutende Vorteile gebracht. Durch sie bewahren sich in einer getreuen Wiedergabe die vergänglichen Werke des Pinsels, und man vervielfältigt und verbreitet sie auf einfache Weise, so daß sie sowohl dem Vergnügen der Liebhaber dienen als auch den Zwecken der Gelehrten. Daher hat man auch seit ihrer Entstehung Sammlungen angelegt, die mit dem Fortschreiten der Kunst immer größer wurden und sich überall so vermehrten, daß sie mit Recht als unentbehrlicher Schmuck der bekanntesten Bibliotheken angesehen wurden. Wir wollen den eifrigen Forschern die Erörterung der schwierigen Streitfrage bezüglich des wahren Erfinders und des Jahres der Erfindung des Kupferstichs überlassen, und es mögen die wißbegierigen Gelehrten die zahlreiche Literatur durcharbeiten, die entweder Italien oder Deutschland das Verdienst dieser großartigen Erfindung zuspricht. Gewiß

ist, daß man auf beiden Seiten alte Arbeiten aus derselben Zeit findet, und es ist ebenso gewiß, daß gegenüber allen hervorragenden Künstlern, über die in den ersten Jahren des 16. Jahrhunderts beide Nationen in reichem Maß verfügten, der berühmte Albrecht Dürer wegen des Ideenreichtums und der meisterhaften Ausführung den Primat innehatte; diesen suchte ihm der Rivale Marc Antonio Raimondi durch täuschende Imitation streitig zu machen, übertraf jenen jedoch in der Genauigkeit der Zeichnung und in der geschmackvollen harmonischen Gestaltung.
Die vorliegende Sammlung ist die erste, die Stiche aufweist, welche eigens zu diesem Zweck von bis jetzt unveröffentlichten Gemälden hergestellt wurden, dies, damit die Darstellung der Entwicklung von den ersten Anfängen an kontinuierlich sei und damit die festzuhaltende Geschichte der schönen Künste so wenig als möglich gezwungen sei, von den Altertümern nur die nackten Namen oder die rekonstruierten Bilder zu zeigen.
Wenn dieses Beispiel Nachahmer finden kann, wird die italienische Malerei, die Erstgeborene der Renaissance, in neuem Glanz erstrahlen; eine so angelegte Sammlung kann stets bereichert werden. Es ist hier angebracht, kurz etwas über die verschiedenen Arten der Stiche zu erwähnen, die unter den Namen Kupferstich fallen, sowie über ihre unterschiedliche Einschätzung von seiten ihrer Kenner . . .

(34)

In weiten Tagesreisen geht die Fahrt nun über Treviso, Udine, Görz nach Laibach. Am 10. Juli gelangen die Heimreisenden über den „großen Loibl-Berg" nach Kärnten, wo sie noch eine kurze Rast auf dem Rosenbergischen Schloß Rosegg halten.

Maria Theresia an Marie Christine
29. Juni 1776

Ihr werdet von mir nichts als Wischerl bekommen, doch erst in Klagenfurt Nachricht von mir haben. Die anderen Briefe werden Euch unterwegs verfehlt haben. Ihr werdet sicher in den paar Tagen in Venedig dauernd unterwegs sein, und nach dem schönen und anregenden Leben der letzten sechs Monate wird Euch der hiesige Aufenthalt recht leer vorkommen. Man braucht sich nichts vorzumachen, alles ist schlimmer als je und ich an erster Stelle. Ihr werdet mich sehr verändert finden, ich fühle es genau, weniger äußerlich als an Kraft und Geist, ich kann nicht mehr. Ich sehe diese zwei Monate als Kur an, Goldtinctur, wenn diese nicht hilft, ist alles aus.

(8/94)

Albert Journal
11. Juli 1776

. . .den 11ten sind wir in Roseck geblieben und ist der Courier Giorgio von da vor den Essen an die Kayserin unserer Ankunft

Giovanni David, Allegorie auf Herzog Albert, 1776

wegen expedirt worden. Nachmittag bin ich mit den Herzog die nahe von dort befindlichen Eisenhämmer und Öfen, auch die Eysendrahtzieherey, das Nägel und endlich auch das Stahlmachen zu sehen, außgefahren.

(9, P 298-16/2))

Die letzte Etappe führt nach Klagenfurt, wo man das für die Erzherzogin Maria Anna neu erbaute und schon eingerichtete Klostergebäude besichtigt, in Zwischenwässern wird beim Bischof von Gurk das Mittagessen eingenommen, Judenburg erreicht man abends, ohne Aufenthalt geht es weiter, um vier Uhr früh erreichen sie Leoben. Ein Bote der Kaiserin trifft ein; sie ladet sie ein, sofort weiterzufahren, um noch vor dem Abend in Schönbrunn sein zu können. So langen am 12. Juli Albert und Marie Christine mit ihrer Begleitung um 8 Uhr abends wieder in Wien ein. Die Kaiserin, Joseph II., Maximilian, Marianne und Elisabeth erwarten sie bereits.

Maria Theresia an Erzherzog Ferdinand
18. Juli 1776

. . . Ich finde, daß mein Sohn Leopold viel magerer geworden ist, das ist sehr auffallend, sie aber besser als vor sechs Jahren, die Marie schlechter, als sie weggefahren ist, den Prinzen um zehn Jahre gealtert. Dies alles versöhnt mich nicht mit den

Reisen, die doch jetzt die große Mode zu sein scheinen, aber ich habe ja nie Vorteile darin gesehen, sondern ganz im Gegenteil. Ich spreche nicht von Verwandtschaftsbesuchen, sondern von diesen ununterbrochenen Fahrten – ohne daß man noch an ein Zuhause gebunden ist . . .

(18, II/35)

Nicht lange nach dieser glücklichen Rückkehr begab sich Albert in das Militärlager, das in der Nähe von Pest abgehalten wurde, reiste von dort zu Manövern nach Mähren und kehrte dann wieder zurück nach Wien. Der Großherzog von Toskana hatte seinen Aufenthalt in Wien bald beendet.

Wenzel Fürst Kaunitz an Albert
1. April 1777

Nachdem ich mir eine geeignete Art ausgedacht habe, wie ich Sie in den Genuß der schönen Kopien des Mengs bringen könnte, die Eure königl. Hoheit mit anscheinend so großer Freude vor einigen Monaten gesehen hat, nehme ich mir die Freiheit, Sie zu bitten, ihnen die Ehre eines Platzes in Ihrer Sammlung, die eine so einzigartige Sache darstellt, erweisen zu wollen. Ich schmeichle mir, daß Sie diese Freiheit mit Güte aufnehmen werden.

(5, Autogr., 289/7)

Im Besitz der Albertina (Div. Sch. Bd. 67) befinden sich Blätter, die als „Pitture antiche ritrovate a Roma l'anno 1777 e 78 nella villa dell'Imperatore Antonino disegnate e pubblicate da Mengs e Maron" bezeichnet sind. Sieben davon, kolorierte und gerahmte Stiche, tragen den Vermerk „questa stampa e le sei seguenti si ritrovano poste in cornice nella galleria di stampe". Da in Wien keine ausgesprochene „Galleria di Stampe" vorhanden war, der Sammlungsraum hier auch keine Wand zum Anbringen gerahmter Werke hat, ist anzunehmen, daß diese Angabe sich auf Preßburg bezieht, also auf die Jahre vor 1780, und daß damit tatsächlich diese Werke das Geschenk Kaunitz' sind.
1777 war der schwedische Porträtmaler Alexander Roslin, der in Paris tätig war, mit einer Empfehlung von Baron Reviczky nach Wien gekommen, nachdem er sich einige Zeit am Hofe Katharinas II. in Petersburg aufgehalten hatte. In Wien erhoffte er sich einen Porträtauftrag. Marie Antoinette hatte ihn dafür bereits bei ihrer Mutter mit Nachdruck protegiert. Maria Theresia aber antwortete ihr abschlägig.

Maria Theresia an Marie Antoinette
6. März 1778

Was Rousceline betrifft, besteht keine Möglichkeit, sich von ihm malen zu lassen. Die Marie hat die Liebenswürdigkeit gehabt, sich für ihren Gemahl porträtieren zu lassen. Sie hat vier Sitzungen gehabt, jede hat drei Stunden gedauert, und das Bild ist immer noch nicht fertig. Man wagt es nicht, sich zu bewegen oder die geringste Sache während dieser Zeit zu machen. Ich würde nicht leicht zwölf Stunden finden, um sie in einer Woche zu verlieren, denn die drei letzten Sitzungen müssen aufeinan-

Christian Gottlieb Walther, Herzog Albert, 1776

derfolgen. Ich müßte überdies diesen geschickten Mann um die Mühe, etwas so Häßliches wie eine Frau von sechzig Jahren zu malen, beklagen: vor allem mich, die hinsichtlich der Figur und des Gesichtes außerordentlich verloren hat.

(30, 238 f.)

Es war geradezu unvermeidbar, daß es zu einem Konflikt zwischen Liotard, der sich ebenfalls in Wien aufhielt, und Roslin kommen mußte. Roslin ist schließlich tief enttäuscht.

Roslin an Bacciarelli
16. Dezember 1777

Das geringe Interesse für Künstler, welches an diesem Hofe hier genommen wird, macht es, daß ich mich nach der Jahreszeit sehne, in der ich wieder reisen und nach Frankreich zurück kann. Obwohl ich mehrere Einladungen an den Hof bekommen habe, besteht nur geringe Hoffnung, die Porträts der Kaiserin und des Kaisers malen zu können, welche ich bei meiner Rückkehr der französischen Königin mitzubringen versprochen habe.

(35)

Es war ein wichtiger Schritt, daß es Roslin gelungen war, zunächst einen bedeutenden Porträtauftrag zu erhalten: vom Fürsten Franz Joseph II. von Liechtenstein. In seinen Memoiren sollte der Maler später anführen, daß der Fürst, entzückt über das geglückte Porträt, „spezielles Geld anfertigen ließ, um mich zu entlohnen". Tatsächlich verhielt es sich dabei wohl so, daß der Fürst kurz vorher die Genehmigung, eigene Münzen zu prägen, erhalten hatte. Mit solchem Geld war Roslin bezahlt worden. Das Porträt der Erzherzogin Marie Christine aber wurde dann zu einem Hauptwerk des Künstlers. Natürlicherweise zog es die Aufmerksamkeit der Wiener Hofkreise außerordentlich auf sich. Liotard kommentiert dieses Ereignis ganz betroffen an seine Frau.

LIOTARD
7. FEBRUAR 1778

Der Maler Rosselin hat eine Erzherzogin gemalt, ein Porträt, von dem man sagt, es sei sehr geglückt. Der ganze Adel ist von Rosselin gewonnen, aber trotz alledem glaube ich, daß er weder den Kaiser noch die Kaiserin porträtieren wird, die aber andererseits auch keine der Erzherzoginnen von mir malen läßt. Ich würde es vorziehen, wenn sie mich anstatt der Zeichnungen Pastelle machen ließe.

(35)

Roslin beeilte sich in Paris, dem Publikum einige Resultate seiner Reise vorzuführen, und im Salon des Jahres 1779 stellte er auch das Porträt der Erzherzogin Marie Christine, von dem eine eigenhändige Replik geschaffen wurde, neben anderen Werken aus. Bachaumont bespricht in seinen „Mémoires secrets" diese Ausstellung: „In den Porträts der Herzogin von Sachsen-Teschen, des Prinzen und der Prinzessin Orlow, des Grafen Panin wählte Roslin einen kräftigeren Pinsel, um die neuen fremden Formen wiederzugeben, deren Kühnheit und hohen Stolz er erfaßte" (25. September 1779). Wenige Jahre später (1782) nimmt Roslin einen dreimonatigen Urlaub von der Kunstakademie, „um nach Flandern zu reisen und dort seinen Bestellungen nachzugehen". Er war von Erzherzogin Marie Christine und der Fürstin Eleonore Liechtenstein eingeladen worden, nach Brüssel zu kommen, und er führt an, er reise hin, „um alte Freunde zu besuchen". Er soll in den Niederlanden das Gegenstück zum Porträt der Erzherzogin, nämlich das Bild des Herzogs Albert, gemalt haben. Bis heute ist sich die Forschung nicht völlig einig, um welches Porträt es sich handelt, möglicherweise ist es jenes gewesen, von dem eine Kopie, die als Werk des Leclerc bezeichnet ist, sich heute im Rathaus zu Brüssel befindet. Zu einer Sitzung Herzog Alberts in Wien konnte es nicht kommen, da ihn die damalige politische Situation von der Hauptstadt fernhielt. Die beiden Porträts der Erzherzogin sind in den internationalen Kunsthandel gelangt. Das eine gehört der Oesterreichischen Nationalbank und ist als Dauerleihgabe in der Albertina, das andere Porträt befindet sich heute in Privatbesitz.
Ende 1777 starb Kurfürst Maximilian von Bayern binnen weniger Tage an den Pocken. Die Neuigkeit erreichte Wien erst am Neujahrstag 1778. Damit war ein gefährlicher Anlaß zu kriegerischer Auseinandersetzung gegeben: Während Joseph das Land Niederbayern und die kaiserlichen Lehen an Österreich zu bringen trachtete und mit Karl Theodor von der Pfalz, dem Erben des Kurfürsten, ein diesbezügliches Übereinkommen hatte, unterstützte Friedrich II., jeder Vergrößerung Österreichs entschieden entgegentretend, Herzog Karl II. von Zweibrücken, den Erben Karl Theodors, mit seinen Ansprüchen. Österreich entfaltete seine gewaltige militärische Macht, 250 000 Mann waren in Böhmen und Mähren aufmarschiert. Der Kaiser selbst führte den Befehl über die Mittelarmee, Fürst Karl Liechtenstein kommandierte die Kavallerie, Loudon sollte mit seinem Armeekorps Prinz Heinrich von Preußen entgegentreten, Herzog Albert das Reservekorps in Mähren und Schlesien führen. Anfang April begab er sich in sein Quartier nach Olmütz, wohin ihm Marschall Hadik kurz darauf folgte.

ALBERT
1778

In unserer Lage war es ein glücklicher Umstand, daß unsere schlesischen Nachbarn noch weniger vorbereitet waren als wir. Die Verteidigungsdispositionen, die sie unternahmen, ließen sogar den Schluß zu, der durch Nachrichten noch bestätigt wurde, daß sie weit weniger gut versorgt waren, als wir immer angenommen hatten, und überdies einen Angriff von unserer Seite fürchteten. Sie waren also nicht in der Lage, den Kampf beim ersten Signal zu beginnen.
Das Hauptziel der Aufgabe, die man mir übertragen hatte, war die Verteidigung der Elbe von Arnau bis gegen Pardubitz und des Stückes, das sich von dort bis etwas über Chrudim erstreckt.

(1, II/653)

Es kam nicht sogleich zum Ausbruch der Feindseligkeiten, sondern Preußen und Österreicher verhandelten über eine für beide Teile annehmbare Lösung. Maria Theresia hoffte in dieser Zeit, daß dadurch der Krieg verhindert werden könne.

MARIA THERESIA AN ALBERT
23. APRIL 1778

Mein lieber Sohn,
ich schicke Ihnen die Fortsetzung der interessanten Korrespondenz, die mich vollständig wiederaufgerichtet hat, mir schmeichelnd, daß ich zustandebringen werde, das Gewitter zu beschwören. Es wird uns etwas kosten, aber was auch immer der Preis dafür sein wird, nur keinen Krieg. Ich erkenne sehr wohl, daß ich nicht vernünftig handle, mich meinen Hoffnungen so hinzugeben. Aber ich war zu niedergeschlagen, um mir nicht diesen Gedanken zu erlauben, damit ich mich für meine Kinder erhalte, denn für mich selbst hätte ich schon lange genug gehabt.

(10, 367)

Die Kaiserin bangt insbesondere um ihre „drei Kinder" Joseph, Maximilian und Albert, die an den Kriegsgeschehnissen teilnehmen.

Maria Theresia an Marie Antoinette
19. Februar 1778

. . . um das Losbrechen eines Krieges zu verhindern, der, einmal angefangen, andauern und unglückliche Folgen für uns alle haben könnte; der Kaiser und Ihr Bruder und der Prinz Albert wären dabei die ersten Akteure: nur der Gedanke daran läßt mich beinahe umkommen, und wenn dem so ist, dann wären meine Tage schlimmer als der Tod.

(30, 237)

Nachdem die Verhandlungen ergebnislos abgebrochen worden waren, marschierte die preußische Armee am 5. Juli in Böhmen ein. Der Zusammenschluß der Truppen Sachsens mit jenen Preußens beunruhigte auch Kaiser Joseph, wie Albert schildert, außerordentlich. Als eine „recht seltsame und interessante Anekdote" (1, II/686) berichtet er, daß sowohl Großherzog Leopold wie Marie Christine und der Fürst Rosenberg später bestätigten, einen Brief gelesen zu haben, in welchem Joseph die Kaiserin anflehte, sobald als möglich Friedensverhandlungen mit dem König von Preußen einzuleiten. Als Maria Theresia dann tatsächlich den Baron Thugut mit dieser Mission abgeschickt hatte, die gefährliche militärische Lage sich aber andrerseits wesentlich verbesserte – „einige Tage waren vergangen, ohne daß der Feind weiter vorgedrungen war, und die Angst vor einem Angriff war nicht mehr die gleiche" –, erhob der Kaiser Einspruch gegen diesen Schritt, den er seiner Mutter als Verfehlung und Beeinträchtigung seiner Ehre vorwarf.

Maria Theresia an Erzherzogin Beatrix
8. Juni 1778

. . . Prinz Albert und beinahe sein ganzes Gefolge leiden an Fieber. Sie können sich seine arme Frau vorstellen, die sich bis zu der Stunde sehr tapfer verhalten hat, jetzt aber sehe ich sie ganz niedergeschlagen und leidend, und ich weiß nichts dagegen zu sagen . . .

(18, III/308)

Maria Theresia an Erzherzog Ferdinand
18. Juni 1778

. . . Die Armee des Prinzen Albert, der Kaiser und alle anderen sind aus Mähren gekommen, 12 000 Mann unter dem Kommando des Generals Botta für Olmütz und Mähren belassend. Dem Prinzen ging es ganz gut, nur ist er sehr schwach. Seit vier Tagen weiß man nichts von ihm, da er sich auf dem Marsch befindet, und Eure Schwester ist in Preßburg, um die Prozession abzuhalten. Ich war ihr dieses Vorschlages wegen sehr verbunden. Aus Vergnügen hat sie sich sicher nicht von hier entfernt, und sie erscheint aus diesem Grunde auch nicht öffentlich. Sie ist seit der Indisposition des Prinzen und dem Marsch ganz niedergeschlagen, Grund genug!

(18, II/123)

Franz Xaver Messerschmidt, Herzog Albert mit dem Orden vom Goldenen Vlies, nach 1776

Maria Theresia an Albert
13. August 1778

Ich ziehe einen kleinen Frieden [une paix mince] dem glorreichen Kriege vor, der mich meiner Kinder, meiner besten Generäle und Soldaten beraubt. Freilich sind dies die Gedanken einer alten Frau und Mutter, aber auch einer christlichen Regentin und einer Freundin ihrer Freunde.

(10, 373)

Ein nahezu täglicher Briefwechsel hat auch in dieser Zeit der ersten längeren Trennung Albert und Marie Christine verbunden. Sie selbst war der Einsamkeit von Preßburg entflohen und bereits Mitte April 1778 an den Wiener Hof gekommen.

Marie Christine an Albert
31. Mai 1778

Wieder ein Monat vorbei. Ich sehe wohl, daß der Kaiser und sein rauher Minister keine Lust haben, den Frieden zu erhalten. Sie machen solche Schwierigkeiten, daß der König von Preußen nicht darauf eingehen kann. Ich bin darüber verzweifelt, die Trennung und mit ihr die Unruhe meines Herzens dauern fort, und weder der eine noch der andere Teil gewinnt. Die Monarchie, die Familie, die Stände werden zugrunde gerichtet; man wird die Fürsten verdammen, die diesen ungerechten Krieg begonnen haben und Menschenblut für nichts vergießen.

(15, I/156)

Die Erzherzogin berichtet ihrem Gatten über ihren Alltag, wen sie getroffen hat und wohin kleine Ausflüge unternommen werden: in den Prater und in den Augarten, nach Ebergassing und nach Schönbrunn, wohin sie dann im Mai ganz übersiedelt. Sie berichtet aber auch über politische Verhandlungen, Kriegsoperationen und im besonderen über ihre Lektüre. Da finden sich das „Deutsche Museum" von 1776, eine Abhandlung über Moral, ein Aufsatz über Verschönerung der Städte von Sonnenfels und auch Briefe Winckelmanns, aus welchen sie ihm einige Stellen abschreibt. Sie sendet ihm Gedichte von Stolberg und sogar Handzeichnungen von Mieris und Teniers sowie einige Kupferstiche aus Paris und legt ihm schließlich die Rechnung von Artaria bei. Einem Miniaturporträt fügt sie die Worte bei:

Die zärtlichste Frau sendet hier dem Besten der Sterblichen, dem angebeteten Manne ihr Bild. Aber die kalten, toten Farben können die lebendigen Gefühle, von denen ihr Herz erfüllt ist, nicht wiedergeben. Möge er es oft mit Liebe betrachten, möge er sich der Augen erinnern, die jetzt von Tränen überfließen. Möge ihm das Bild die Wünsche ausdrücken, die sie für ihn hegt; möge er darin täglich die Bitte lesen, sich für ihre Liebe, für ihr treues Herz zu erhalten. Das ist ihr Wunsch, dafür existiert sie, dafür allein will sie leben. Das sind die Gedanken, von denen Deine Dich liebende Frau erfüllt ist.

(15, I/158)

Die Ängste Marie Christines um ihren Gatten waren überflüssig. Es kommt während des ganzen Krieges zu keiner Schlacht. Die schlechte Witterung und Verpflegungsschwierigkeiten wie auch die Stärke der österreichischen Truppen veranlassen die Preußen im Oktober zur Räumung Böhmens. Anfang November kommt Herzog Albert wegen der Vorverhandlungen für einen Friedensschluß nach Wien.

MARIA THERESIA AN ERZHERZOG FERDINAND
9. OKTOBER 1778

. . . Die Marie ist jetzt in Hollabrunn, wo sie ihren Mann erwartet, ich bezweifle, daß er kommen wird. Sie gedenkt um 9 Uhr abends zurück zu sein. Ihre Freude ist unaussprechlich . . .

(18, II/155)

AUS DEM TAGEBUCH LEOPOLDS VON TOSKANA

Sie [seine Schwester Marie Christine] ist im Lande allgemein verhaßt wegen ihrer Einbildung, Protektionen, Willkür und Aussprüche; alle reden schlecht von ihr, besonders jetzt aus Anlaß des Krieges sagen die Leute, die den Frieden nicht wollen, daß sie es ist, die die Kaiserin dazu gebracht hat, ihren Generälen zu verbieten, nach Sachsen einzurücken, Bayern zurückzugeben und Frieden zu machen unter jeder, auch einer schändlichen Bedingung, damit Sachsen, wo sie ihr ganzes Vermögen hat, kein Schaden zugefügt werde, und daß man uns so betrogen hat, damit sie rasch ihren Mann wieder zu Hause habe. Und deshalb schimpft man jetzt auf sie und schreibt es außer ihr noch Rosenberg zu, der jetzt ganz ihre Kreatur ist und

Johann Martin Will, Heimkehr der österreichischen Armee, 1779

Franz Neuhauser, Hoflager bei den Manövern von Laxenburg

den sie so gut in die Umgebung und in die Gunst der Kaiserin gebracht hat, und deshalb sagen sie in der Stadt ihr nach, sie habe ein Verhältnis mit ihm.

(29, I/351)

MARIE CHRISTINE STATTET EIN HUSARENREGIMENT AUS
1779

Am 26. Jänner 1779 rückten die im Auftrage und auf Kosten der Erzherzogin Marie Christine geworbenen 200 Huszaren in Wien ein, stellten sich auf dem Burgplatz auf, wo ihnen die Auszeichnung zu Theil wurde, von Ihrer Majestät der Kaiserin Maria Theresia und der genannten Frau Erzherzogin besichtigt zu werden. Ihre Majestät geruhte sich sehr lobend auszusprechen und anzubefehlen, daß sämtliche dem tapferen Huszaren-Regiment Wurmser zugetheilt werden; im zahlreich versammelten Publikum war nur eine Stimme, daß man nie so schöne Huszaren mit so ausgezeichneten Pferden gesehen. Das Detachement rückte dann vor das Kriegsgebäude, passierte hier die Musterung und setzte dann seinen Marsch durch die Leopoldstadt zur Armee nach Böhmen fort.

(36, 256)

Am 13. Mai 1779, dem Geburtstag der Kaiserin und Marie Christines, wurde in Teschen der Frieden unterzeichnet, der für Österreich die Erwerbung des Innviertels brachte.

ALBERT
1779

Man feierte in Wien den Abschluß dieses Friedens mit einem feierlichen Te Deum in der Stephanskirche. Danach beeilte ich mich, mit meiner Frau auf meinen Posten zurückzukehren, um dort das geregelte und ruhige Leben wieder aufzunehmen, dem das Mißvergnügen, das mir diese Art von Krieg bereitet hatte, noch mehr Wert verliehen hatte. Wir verbrachten dann den Großteil dieses und des folgenden Jahres am Lande. Die Kaiserin kam uns von Zeit zu Zeit in Schloßhof besuchen, wo Baron Posch, Verwalter dieses Gutes, sich bemühte, ihr den Aufenthalt möglichst angenehm zu gestalten, indem er kleine Theaterstücke aufführen ließ, denen die Herrscherin seit ihrer Witwenschaft nur mehr bei solchen Gelegenheiten beiwohnte. Das ruhige Glück, das ich für meine Person genoß, war zu schön, um dauerhaft sein zu können.

(1, II/783)

Schon am Reichstag von 1741 hatte Maria Theresia versprochen, daß alle im Türkenkrieg eroberten Gebiete mit den übrigen Ländern der Krone von Ungarn vereint werden sollten. Slawonien und die Militärbezirke kamen auch bald unter ungarische Verwaltung, aber das Temesvarer Banat war der Wiener Stadtbank verpfändet und stand unter Leitung der Ministerialbancodeputation. Erst 1778 kam es unter ungarische Verwaltung, nachdem zwei Jahre vorher Fiume ungarisch geworden war.

MARIA THERESIA AN ALBERT
1778

Heute ist ein großer Tag für Ungarn. Die Frage des Banates ist geordnet, der Kanzler wird kommen, um alles mit Ihnen, mein lieber Sohn, zu beraten. Die Deputation in Illyricis ist auch festgelegt und Pálffy [Karl Hieronymus, der Sohn des Judex Curiae] zum Vizekanzler ernannt. Ich wage nicht, an den zu denken, der die Stelle vor so kurzer Zeit innehatte. Ich bin zufrieden, daß unter Ihrer Regierung sich alle die Verbesserungen durchsetzen und daß dieses einzigartige Königreich sich glücklicher schätzen kann als zuvor. Ich bin eine gute Ungarin, mein Herz ist voll Dankbarkeit für diese Nation, ich darf zu dieser Stunde sagen consumatum est und mich beiseite stellen, um meine zeitliche oder natürliche Ruhe zu genießen.

(10, 353)

Aus dem Tagebuch Leopolds von Toskana

Über die Kaiserin:

Für die Maria schließlich und für den Prinzen Albert hegt sie größte Zärtlichkeit und Vertrauen, diese machen mit der Kaiserin, was sie wollen, sie erhalten ununterbrochen Gnadenerweise, und dieselbe kann ohne sie nicht sein. Diese beiden, besonders sie, sind den ganzen Tag bei ihr, und wenn sie nicht dort sind, so schreiben sie einander, sie an die Kaiserin und die Kaiserin an sie, jeden Tag durch einen Eilboten. Sie kann zu jeder Stunde zu ihr gehen, wann sie will, und nur in sie, von allen ihren Kindern, setzt die Kaiserin ihr ganzes Vertrauen, sie kann ihr alles sagen, ihr zeigt sie alle Briefe, alle Schriftstücke und alle Staatsgeschäfte, zu ihr spricht sie über alles, ihr vertraut sie alles an, in allem befolgt sie ihren Rat, ihr gewährt sie alle Gnadenerweise, sie erreicht Gnaden, Pensionen, nimmt Einfluß auf alle Verleihungen von Ämtern, und wenn sie dagegen ist, kann man sicher sein, nichts mehr zu erreichen. Sie erhält ständig Geld für sich, Anstellungen und Beförderungen für ihre Geschöpfe und die ungewöhnlichsten Gnadenerweise, und da sie alles, was sie will, durchsetzt und die Kaiserin alles durchführen läßt, was sie will, und sich in alle Geschäfte einmischt, kann sie der Kaiserin jede Ansicht vermitteln, die sie will, und diese verweigert ihr nie etwas und hat ihr gegenüber die größte Unterwürfigkeit wie auch alle anderen Schwestern und alle Leute. Um der Maria gefällig zu sein, hilft ihr die Kaiserin, diese noch besser in der größten Unterwürfigkeit zu halten. Mit der Maria spricht man über alles und besonders über den Kaiser und alles, was er macht, und sie beherrscht den Willen der Kaiserin, die ihr gegenüber eine solche Schwäche und Unterwürfigkeit hat, daß sie es nicht wagt, ihr irgend etwas zu verbergen oder ihr irgend etwas auszustellen, und sie macht alles, was diese will. Sie rühmt sich dessen öffentlich und macht sich sehr wichtig und vergibt großartig ihre Protektion, so sehr, daß sich die Kaiserin vor ihr fürchtet und nicht einmal wagt, aus Angst vor ihr und um nicht ihre Eifersucht zu erregen, den anderen Schwestern irgendeine Aufmerksamkeit zu beweisen, außer mit ihrer Erlaubnis oder hinter ihrem Rücken.

(29, I/341)

Maria Theresia an Marie Christine
12. Mai 1780

Der morgige Tag, der mich so bedrückt und meinen Ländern eine Last wurde, ist glücklich nur durch Eure Geburt geworden. Ich danke Gott dafür und bitte Ihn, Euch so zu erhalten, wie Ihr seid, Trost und Glück für eine Mutter, die Euch inniglich liebt. Die Hitze ist außerordentlich gewesen, und ich empfand sie doppelt meiner Kinder wegen, die in Aufmerksamkeit für mich den Empfang über sich ergehen ließen. Der Tag selbst wird sehr anstrengend. Ich habe Hržan gehabt, mit dem ich nicht zufrieden bin, Blümegen und Kolowrat. Werde jetzt für morgen einiges zurechtmachen und wiederhole meine Glückwünsche, Euch zärtlich umarmend.

(8, 95)

Maria Theresia an Marie Christine
13. Mai 1780

(Geburtstag der Kaiserin und Marie Christines)

Der dreizehnte! Glücklicher Tag, der mir meine teure, liebste Mimi geschenkt hat. Ich habe den Tag mit meiner Andacht begonnen, als ich ging, kam Euer Brief, ich habe noch nicht erfahren, wer von meinen Leuten ihn gebracht hat. Ich wollte allein bleiben, aber als ich die zwei Briefchen bekam, ließ ich Euren Bruder, die Schwestern, die Vasquez und die Störck zu mir zum Frühstück kommen. Den Rest des Tages verbrachte ich ganz allein, trotz des scheußlichen Sturms, der mehrmals die Fenster aufriß. Ich weiß nicht, wie die Leute bei dem Wetter ins Schloß kommen, die Planken auf der Terrasse werden noch wegfliegen. Seit sieben Uhr hat er sich gelegt, ich bin sehr froh darüber, da ich Euch auf dem Weg nach Lanschütz vermute. Bin sehr müde von der gestrigen Hitze und von allem Drum und Dran heute.

(8, 95)

Johann Christian Brand,
Das Monument Kaiser Franz' I. im Park von Schönbrunn

ALBERT
1780

Als erste Störung unseres ruhigen Glücks traf uns das Ereignis des Todes von Herzog Carl von Lothringen, eine Nachricht, die uns erreichte, als wir im Oktober 1780 mit der Kaiserin auf dem Lande weilten. Es war dies ein besonderer Schlag für sie, da sie diesen Schwager besonders geliebt hatte. Wir waren bestimmt, diesem Souverän in der Statthalterschaft der Niederlande zu folgen, und daher standen wir unmittelbar vor einem Abschied – vielleicht für immer – von dieser liebenswertesten aller Mütter.

(1, II/784)

Albert hat sich in der Angabe des Datums in den Memoiren offenbar geirrt, denn Carl von Lothringen war am 4. Juli 1780 gestorben, worauf die Kaiserin das Paar bereits am 20. August als Statthalter der Niederlande bestätigte. Unverzüglich wurden alle Vorbereitungen für dieses neue Etablissement eingeleitet.

MARIA THERESIA AN MARIE CHRISTINE
3. JUNI 1780

Meine liebe Tochter,
sind es die Unannehmlichkeiten in der Familie, der traurige Gedanke, Euch, Euren Bruder und meinen Schwager auf einen Schlag zu verlieren; in Ungarn damit alles, was seit vierzig Jahren dort gemacht wurde, zugrunde gehen zu sehen, in dem einzigen Land, wo ich vermutet hatte, einige Verbesserungen erreicht zu haben, das aber mehr als je zuvor zurückfallen wird, von Gouverneuren oder Palatinen regiert. Dies alles hat mich so bedrückt, daß ich glaubte, krank zu sein. Aber dem ist nicht so, ich befinde mich wohl, aber niedergeschmettert von meinen Gedanken und den Schwächen meines schweren Körpers . . .
So vergehen meine alten Tage, weder nützlich, noch angenehm, zur Last der anderen und noch mehr zur meinen.

(18, II/462 f.)

Während Kaiser Joseph energische Anordnungen für die Art der Übernahme der Statthalterschaft gab, so auch für den Abverkauf sämtlicher Mobilien von Carl von Lothringen, versuchte Maria Theresia ihre Kinder noch möglichst gut zu versorgen.

MARIA THERESIA AN ERZHERZOG FERDINAND
17. OKTOBER 1780

. . . Die Geschehnisse in den Niederlanden betrüben mich. Man verkauft dort alles in Versteigerungen; Weine, Pferde, Wagen, Vorräte bis zur zerlassenen Butter, die Laternen, Reisigbündel, das Holz, die Wäsche, ja das Küchengeschirr, so als ob es gar keinen Nachfolger gäbe oder der Großtürke käme. Das macht einen sehr schlechen Eindruck in ganz Europa und ist recht demütigend für uns und die Familie. Starhemberg wie Kaunitz haben ihre Vorstellungen dagegen vorgebracht, ich tat mein möglichstes. Die Antwort war: Ich habe die Nachfolge angetreten, ich weiß, was ich tue. Man hat daher die Orders dazu direkt gegeben, nachdem man mir erklärte, daß ich von diesem Moment an nichts mehr davon wissen solle und daß ich wenigstens diese Schonung verdiene.
Ihr könnt beurteilen, welchen Eindruck dies überall hervorruft, und auf Eure Schwester fällt das Ganze zurück; sie wird immer magerer und er auch, und beide sind in der letzten Zeit sehr niedergeschlagen, was die Zukunft betrifft. Kaunitz war der Meinung, daß Eure Schwester zu Anfang des Jahres oder im März abreisen solle, um die Steuer der Stände leichter zu bekommen oder zumindest den Übergang reibungsloser zu gestalten. Der Kaiser hat den Termin für Ende Mai festgesetzt, und ich zweifle noch daran, ob es dabei bleiben wird, da er im März selbst dorthin reisen will und, um sich zu informieren, wie er sagt, zwei Monate lang allein bleiben will. Ich gestehe, ich sehe in all dem nichts Gutes voraus, der Unmut ist überall spürbar . . .

(18, II/301 f.)

Mitte November erkrankte die Kaiserin. Anfangs schien es sich nur um eine leichtere Verkühlung zu handeln, dann traten jedoch Komplikationen ein.

MARIA THERESIA AN MARIE CHRISTINE
20. NOVEMBER 1780

Macht Euch keine Sorgen über den Aderlaß. Ich hätte ihn vor einem Monat machen lassen müssen, bei dem Gedanken an Wassersucht hatte ich ihn zuerst aufgeschoben. Ich bin wieder aufgestanden und lebe meine übliche Ordnung und habe die ganze Post abgeschickt. Aus Italien kam keine. Es ist also nichts zu fürchten, der Kaiser ist auf der Jagd, laßt Euch in Euren Jagdplänen also auch nicht stören. Ich schicke Euch eine Stafette, wenn es mir morgen weniger gut geht. Wenn Ihr nichts erhaltet, ist alles wohl. Ich umarme Euch.

21. NOVEMBER 1780

Die Nacht verlief gut, und bis gegen 10 Uhr morgens hielt ich mich für wiederhergestellt, aber seitdem ist der Husten wiedergekommen und die Atemnot und dadurch ein wenig Erregung, so daß ich den Tag recht unbehaglich und voller Nachdenklichkeiten zubrachte. Das, was Ihr mir für Kempelen auftragt, geschieht schon alles, nur um seine Gesundheit war ich all die Zeit besorgt. Gut, daß seine Frau bei ihm ist, das ist ein wesentlicher Punkt. Ich werde es morgen dem Kaiser als eine Tatsache sagen. Die Baronie hängt von ihm ab.

22. NOVEMBER 1780

Ich habe Eure lieben Angebote schon vorausgesehen, aber Ihr wißt, daß ich eine ungeduldige Kranke und am besten allein bin. Wenn Ihr mich auf eine kurze Weile besuchen wollt, ohne daß Ihr deswegen Eure anderen Pläne ändern müßt, werde ich mich sehr freuen. Ich weiß nicht, ob Ihr die beiden Briefe der Königin schon gelesen habt, ich schicke sie mit, verbrennt sie nachher. Die Druckschrift aus Brüssel ist schwach und hat mir wenig gefallen. Habe noch nach Italien geschrieben, habe nun eine Medizin im Leibe und will schließen, herzlich Euch umarmend.

(8, 95)

ERZHERZOGIN MARIA ANNA
JOURNAL VOM TODE MARIA THERESIAS

Man kann als Anfang der Schmerzen den 24. November nennen. An diesem Tag, obwohl sehr bewegt, wollte sie Marie Christine und ihren Mann empfangen, die aus Preßburg zurückkamen. Sie unterhielt sich mit uns und dem Kaiser, der an keine Gefahr glaubte. Der Leibarzt Störck hatte aber an demselben Morgen erklärt, daß die Unpäßlichkeit sehr ernstlich sei. Da er schon von jeher der Kaiserin zugesagt hatte, ihr schnell und ehrlich Bescheid zu geben, glaubte er sich verpflichtet, ihr gegen Abend zu sagen, daß sie ihren Beichtvater, den Prälaten Ignaz Müller, verständigen solle, was sie auch tat, zugleich aber ihrer Umgebung sagte, daß sie nicht an eine unmittelbare Gefahr denke und dies nur eine Vorsichtsmaßnahme darstelle.
Die Nacht vom 25. war schlecht. Da die Nacht vom 26. nicht zufriedenstellender war, schrieb Ihre Majestät dem Kaiser ein Billet, daß sie unbedingt die Sterbesakramente empfangen wolle.
Während der Nacht vom 27. konnte sie nicht einmal auf ihrer Chaiselongue bleiben, sondern sie mußte sie in einem Fauteuil verbringen. Der Kaiser, der in einem Nebenzimmer sein Lager aufgeschlagen hatte, war erstmalig bei ihren schrecklichen Erstickungszuständen zugegen und verlor seit damals jegliche Hoffnung.
Die Nacht vom 28. war so schlecht, daß man fürchtete, daß das Ende nahe sei. Störck machte sie darauf aufmerksam, daß die Zeit gekommen sei, die letzte Ölung zu empfangen, und um 4 Uhr früh kam man uns holen, uns zugleich mitteilend, daß Ihre Majestät uns davon dispensierte, der Zeremonie beizuwohnen, wenn wir befürchteten, davon zu stark angegriffen zu werden. Aber wir kamen alle und knieten uns um sie herum. Nach der Zeremonie blieb sie mit ihrem Beichtvater einige Zeit allein, dann kamen wir wieder, der Kaiser, Maximilian, Marie, ihr Gemahl, Elisabeth und ich. Wir stellten uns im Kreis um den Fauteuil Ihrer Majestät, sie sprach zwanzig Minuten zu uns mit einer klaren und verständlichen Stimme. Sie dankte uns,

Schule Martin van Meytens, Erzherzogin Maria Anna

daß wir sie so innig geliebt hatten, und sagte uns die rührendsten Dinge, selbst in Tränen ausbrechend. Der Kaiser wollte antworten, aber er konnte nur schluchzen und kniete sich neben seiner Mutter nieder, die ihn segnete, und küßte ihre Hand.
Den 28. des Nachmittags hatte sie einen Hustenanfall und Schüttelfrost.
Die Nacht zum 29. war entsetzlich.

Die Kaiserin empfängt einzeln jedes ihrer Kinder.

Elisabeth kam dann und zum Schluß Marie. Nachdem sie mit jeder von uns allein gesprochen hatte, äußerte sie den Wunsch, daß wir ihr Zimmer nicht mehr betreten sollten, da sie nicht wolle, daß ihre Töchter bei ihrem Tode anwesend seien. Wir gingen zur Kirche.
Fünf Minuten vor ihrem Tode erhob sie sich mit Gewalt aus ihrem Sessel, machte einige Schritte zur Chaiselongue hin und sank darauf zusammen. Man streckte sie, so gut es ging, darauf aus, und sie half noch mit. Der Kaiser sagte zu ihr: „Ihro Majestät liegen sehr schlecht . . .“ Sie antwortete: „Ja, aber gut genug, um zu sterben.“ Dann sagte sie zu Störck: „Zünden Sie die Totenkerze an und schließen Sie mir die Augen, das wäre

Hieronymus Löschenkohl, Der Tod Kaiserin Maria Theresias

vom Kaiser zuviel verlangt." Der Kaiser kniete neben ihr nieder; Maximilian und Prinz Albert auch. Man ließ uns rufen. Zu spät.

(37, III/492)

Mit dem Tod Maria Theresias änderten sich auch die persönlichen Beziehungen und Vorrechte der Kinder der Kaiserin. Joseph II. ließ Marie Christine, die vor allem in den letzten Jahren der Mutter viel näher gestanden war als er, fühlen, daß ihre bevorzugte Stellung nunmehr vorbei sei. Die Maßnahmen, die er dabei ergriff, waren nicht immer sehr rücksichtsvoll. So kürzte er ihre Bezüge empfindlich und strich alle Vergünstigungen, die bisher den neueingesetzten Generalstatthaltern der österreichischen Niederlande zugestanden waren. In dieser für Marie Christine sehr unangenehmen Situation sprang Großherzog Leopold von Toskana mit der Erteilung eines Darlehens von 200 000 Gulden ein, und auch später lieh er weitere Beträge. Der Umschwung der Gefühle Leopolds gegenüber seiner Schwester, die er seinerzeit in seinen Tagebuchaufzeichnungen so scharf kritisiert hatte, ist wohl aus der veränderten politischen Konstellation einerseits und auch daraus zu erklären, daß Marie Christine

testamentarisch denjenigen der Söhne des Großherzogs, der nach dem Tode ihres Mannes Locumtenens in Ungarn werden sollte, zu ihrem Erben bestimmt hatte, wovon sie ihren Bruder durch Übergabe der Kopie ihres Testamentes von 1779 in Kenntnis gesetzt hatte. Nach dem frühen Tod des ungarischen Palatins Erzherzog Leopold Alexander und durch die Adoption des drittältesten Sohnes, Großherzog Leopolds, Erzherzog Carl, wird dieser Alleinerbe des kinderlosen Ehepaares.
Am 12. Dezember 1780 kehrten Marie Christine und Albert nach Preßburg zurück. Der Tod der Kaiserin traf sie am schwersten, waren sie doch von allen Verwandten ihr am engsten verbunden gewesen. Maria Theresia war bis zuletzt überzeugt, ihre Tochter durch die Statthalterschaft in den Niederlanden so gut wie nur überhaupt möglich versorgt zu haben. Doch manche bedrohliche Vorzeichen mußte sogar sie selbst noch erschrocken erkennen. Das Vermögen und die Einkünfte waren allerdings trotz allem bedeutend. Herzog Albert hatte bisher als Generalkapitän von Ungarn 300 000 Gulden bezogen, als Kapitän der Jazygen und Kumanen weitere 120 000 Gulden. Nun verfügte Joseph aber, nicht mehr die bisherigen hohen niederländischen Bezüge auszuzahlen, sondern die von Carl von Lothringen bezogenen Beträge auf 385 000 Gulden herabzusetzen; doch selbst dieser Betrag gelangte kaum jemals zur vollen Auszahlung. Christine und Albert waren von alledem sehr unangenehm berührt, ja so betroffen, daß sie allen Ernstes daran dachten, auf ihre Statthalterschaft zu verzichten und zu resignieren.

ALBERT
1780

Der Kaiser ließ sofort in vielem erkennen, daß sein System der Sparsamkeit und Genauigkeit unverzüglich in Kraft treten solle, was nicht ohne manche Härte, ja Ungerechtigkeit geschehen konnte.
Eines schönen Morgens erhielten wir ein Handbillet des Kaisers, worin er uns zur Kenntnis brachte, daß eine Verzögerung unserer Abreise nach den Niederlanden notwendig sei. Wir eilten an den Hof, wo Joseph eine sehr unangenehme Diskussion begann, indem er uns den Ankauf eines Landgutes vorhielt, den wir wenige Monate vorher von der Finanzkammer getan hatten. Er sagte, die Kaiserin sei nicht berechtigt gewesen, dieses Gut in Ungarn an uns verkaufen zu lassen, da es der Krone unmittelbar zugehöre. Er verfehlte bei dieser Gelegenheit nicht, uns sein Sparsamkeitsprinzip auch für unseren persönlichen Haushalt nahezulegen: Er befahl uns, das Dienstpersonal des verstorbenen Statthalters zu übernehmen, da er selbst sonst als der Alleinerbe Herzog Carls die Gehälter und Pensionen zu bezahlen hätte. Er ging sogar so weit, dem Fürsten Starhemberg zu befehlen, den „don gratuit", eine freiwillige Abgabe der Staaten beim Statthalterwechsel – womit eigentlich die Kosten des Umzuges gedeckt werden sollten –, zu verhindern.

(1, III/1)

Bei dem von Herzog Albert erwähnten Ankauf eines Landgutes in Ungarn handelt es sich um die Herrschaft Bellye, die, wie Marie Christine in ihrem Testament vom 13. April 1781 vermerkt, von beider Geld um 1 160 000 Gulden am 1. Mai 1780 gekauft worden war. Wegen des Todes der Kaiserin und bedingt durch den Antritt der Statthalterschaft in den Niederlanden war jahrelang nichts getan worden, so daß die Ländereien sich in einem „desolaten Zustand" befanden. Wiederum wird Großherzog Leopold von Toskana um ein Darlehen von 150 000 Gulden gebeten, das dieser mit einem Brief vom 8. Mai 1784 auch bereitwilligst gewährte. Bereits bei Erteilung des Darlehens vom Jahre 1781 hatte Kaiser Joseph an seinen Bruder Leopold geschrieben, daß Marie Christine bei dieser Gelegenheit sehr geschickt auf ihren künftigen Alleinerben, Leopolds Sohn, anspielte und eigentlich auf Kosten von Leopolds Güte Geschäfte mache.

(19. 4. 1781, siehe 29/II, 4)

Friedrich Heinrich Füger, Herzog Albert und Marie Christine

ALBERT
1781

Wir reisten noch einmal zurück nach Preßburg, um uns von Ungarn zu verabschieden. Hatten wir doch hier unter der Regierung Maria Theresias fünfzehn so glückliche und ruhige Jahre verbracht. Der Kaiser selbst reiste von Wien nach den Niederlanden ab, wir, so wünschte er, sollten erst Anfang Juli dort eintreffen.

(1, III/3)

Joseph II. blieb vom 31. Mai bis zum 27. Juli 1781 in Belgien. Albert und Marie Christine reisten schließlich am 3. Juni von Wien ebenfalls dahin ab. Ihr Weg führte sie über Melk und Linz nach München, wo sie

Sauveur Legros, Joseph II. inspiziert Truppen bei Brüssel

ein paar Tage beim Kurfürsten zubrachten. Über Mergentheim ging die Reise weiter bis Frankfurt, den Main hinauf bis Mainz und Koblenz, dann nach Köln und Aachen. Überall wurden sie von ihren Verwandten herzlich begrüßt.
Mit Tirlemont betraten sie am 9. Juli die erste belgische Stadt. Dorthin waren ihnen der bevollmächtigte Minister Fürst Starhemberg, der Staatssekretär Crumpipen, Abgeordnete der Brabanter Stände und der Stadtrat von Brüssel entgegengekommen.
Schließlich erreichten sie Löwen, wo sie die Huldigung der Abgesandten des Klerus, des Magistrats und der Universität entgegennahmen. „Hier hörte ich zum ersten Male den ununterbrochenen Klang des Glockenspiels, den ich noch nie vernommen hatte." Tags darauf hielten die neuen Statthalter unter großem Jubel des Volkes ihren feierlichen Einzug in Brüssel.

ALBERT
1781

Die Subsidien, die uns das Land für den Unterhalt unseres Hofes zur Verfügung stellte, gaben uns zusammen mit den Einkünften aus unseren ungarischen Besitzungen die Möglichkeit, auch ohne unser Vermögen zu beeinträchtigen, beträchtliche Ausgaben zu machen. Dazu kam noch der uns zufallende Genuß der Jagden und der Landhäuser des Herrschers.
Zieht man noch dazu die geographische Lage dieses Landes in Betracht, kann man alle Vorzüge sehen: liegt es doch zwischen Deutschland, wo wir nicht mehr als einen Tag von uns entfernt liebe Verwandte besaßen, zwischen Frankreich, dessen Königin eine Schwester meiner Frau war, und von Holland gleich weit entfernt wie von England. So war die Möglichkeit gegeben, direkt von all diesen Ländern nicht nur alle wissenschaftlichen und literarischen Produkte, die Meisterwerke der Kunst und der Manufakturen zu erhalten, sondern auch alle natürlichen Produkte, welche die zwei Indien lieferten – dadurch, daß es der Ozean auf der vierten Seite begrenzte.
Im übrigen behandelte uns der Kaiser während der ganzen Zeit, die er in Brüssel blieb, mit allen Beweisen seiner Freundschaft, die wir uns nur wünschen konnten. Er kümmerte sich um alle Einzelheiten unserer Unterkunft und veranlaßte uns zum Erwerb eines Landbesitzes in der Nähe von Brüssel, den wir an Stelle von Tervuren [dem vormaligen Besitz Carl von Lothringens] nehmen sollten, das ganz verfallen war und das Joseph II. später ganz abtragen ließ.

(1, III/13)

Das Statthalterpaar entschied sich schließlich für den Ankauf eines kleinen Landstriches im Südwesten der Hauptstadt, in einem Ort namens Laeken. Der erste Kaufvertrag stammt vom 7. November 1781. Am 14. desselben Monats kauften sie von J. A. de Wautiers de Beren das dazugehörige Gut Schloß Grothof. In den darauffolgenden Jahren wurden immer wieder angrenzende Landstriche dazugekauft, so daß sich das gesamte Gebiet schließlich auf 70 Hektar erstreckte. Außer diesem Landgut standen Albert und Marie Christine als Wohnsitz noch das Stadtpalais in Brüssel und Schloß Mariemont zur Verfügung.

MARIE CHRISTINE AN ELEONORE LIECHTENSTEIN
9. APRIL 1782

Der Landstrich, auf dem ich baue, liegt nur eine knappe halbe Stunde außerhalb von Brüssel. Die Straße, die hinausführt, ist die öffentliche Promenade, „allée verte" genannt, und die Fahrt dort ist sehr angenehm.

(38)

Der Auftrag zum Bau erging an den damals schon bekannten Architekten Louis Montoyer, der im Hofkalender von 1782 als „Directeur des Batiments" und ab 1783 als Directeur des Batiments und Architecte angeführt

Unbekannter Künstler, Park in Brüssel

Unbekannter Künstler, Eleonore Fürstin Liechtenstein

Herzog Albert, Schloß Grothof bei Schoonenberg

wird. Von ihm stammen u. a. die Pläne zum Collège des Papes in Löwen (1776). Seit 1785 baute er die Kirche St. Jacques-sur-Coudenberg und das daran angrenzende Gebäude des Conseil du Gouvernement. Während der belgischen Revolution übersiedelte er mit dem Statthalterpaar nach Wien, wo er die Pläne für den Umbau des Palais Silva-Tarouca, der jetzigen Albertina, ausarbeitete und das Palais Rasumowskij entwarf. Der Bau des Schlosses von Laeken ging sehr rasch voran. Der Grundstein wurde noch am 21. November 1781 gelegt, die eigentlichen Bauarbeiten begannen aber erst im Frühjahr 1782. 1785, anläßlich einer Inkognitoreise nach Spa, bediente sich das Statthalterpaar des Namens Schoonenberg (Schöner Berg), der auch für das Schloß verwendet wurde, aber heute durch die Bezeichnung Laeken ersetzt worden ist.

Albert
1783

Wir verbrachten demzufolge alle Zeit, die wir nicht der Arbeit widmen mußten, mit dem Kauf und der Errichtung eines Landsitzes in der Nähe Brüssels. Wir waren recht glücklich, trotz der hohen Kosten, den schönsten und vorteilhaftesten Landstrich der Umgebung erworben zu haben, auf dem wir ein Haus errichteten und einen Garten in der Art der englischen Parks anlegen lassen konnten. Während der Erbauung dieses

Jacques-Joseph Spaak, Ansicht des Schlosses Laeken

François Lefebre, Der Park von Laeken

Jacques-Joseph Spaak, Sonnenpavillon und Schloß Laeken

François Lefebre, Die chinesische Pagode im Park von Laeken

Hauses verbrachten wir einen Teil der Sommermonate in einem alten Herrschaftssitz [Schloß Grothof], der zu dieser Domäne gehört.

(1, III/35 f.)

MARIE CHRISTINE AN ELEONORE LIECHTENSTEIN
22. NOVEMBER 1783

Ich kann mir nicht vorstellen, wer Ihnen das von meinem Haus erzählt hat. Es ist nur ein einfacher Bau mit einer hübschen Fassade, gut konstruiert, doch da man sonst in diesem Lande nirgends schöne und noch weniger solide Häuser sieht, sticht es ins Auge. Ich lasse Sie selbst beurteilen, ob das Haus groß ist. Es hat nur einen runden Saal in der Mitte mit sieben Blindbögen und fünf über den Türöffnungen in den Garten. Sie sehen selbst, daß das nicht besonders groß ist, aber ich bin immer besorgt, nie mehr Schulden zu machen, als ich imstande wäre, im Augenblick meines Todes zu bezahlen, und auch nie so viele zu haben, daß ich die Leute aus meinen Diensten ohne Belohnung und Unterstützung entlassen müßte, um sie Fremden auszuliefern. Diese zwei Punkte waren sowohl für mich wie für meinen Mann die Richtlinien. Wir erwarteten von diesem Haus und diesem Grund nie mehr, als im Sommer gut und angenehm untergebracht zu sein. Der Geschmack ist unbestreitbar, da mein lieber Hauszeichner [gemeint ist Herzog Albert] alle Pläne selbst gemacht hat. Jedoch kommt in diesem Land das Bauen sehr teuer, und da wir es eilig hatten, das Haus möglichst schnell fertigzustellen, erholen wir uns nur langsam von den finanziellen Wunden. Dieses Jahr sind wir mit der Einrichtung beschäftigt, und im Jahre 1785 werden wir bereits dort wohnen.

(38)

P. MERJAI
EIN BESUCH IN LAEKEN
12. JUNI 1786

. . . Was den Kuppelsaal betrifft . . . teilt er durch seine riesigen Dimensionen die Wohnräume in zwei Hälften, so daß sich links und rechts eine gleich große Anzahl von Salons und Zimmern ergibt. Die prachtvolle Kuppel wird durch zwölf kannelierte korinthische Säulen gestützt, zwischen denen sich zwölf Reliefs befinden [mit den Darstellungen des Tierkreises]. Die offenen Kamine zeigen einen exquisiten Geschmack. Der Fußboden, von dessen Muster sich die Augen kaum trennen können, ist bewundernswert. Beim Eintritt ist man wie erstarrt vor Staunen. Zunächst zur rechten Seite befindet sich die Kapelle. Sie ist gleichermaßen elegant und einfach in ihrer Bauart und mit einer ausgezeichneten, besonders gut gearbeiteten Statue der hl. Christine aus weißem Marmor [von Pierre-François Le Roy] verziert. Die ausgewogene Schönheit dieser Figur und ihre edlen klassischen Proportionen erinnern an Quesnoy und Delvaux . . . Von hier aus betritt man eine Bildergalerie, die mit herrlichen farbigen Darstellungen aus dem antiken Rom ausgestattet ist. Alle diese Malereien sind kleine künstlerische Kostbarkeiten . . . Von hier aus gelangt man in das Speisezimmer mit drei Anrichten und wunderbaren Bronzen. Es sind Figuren, die Kerzen halten, um diesen großen Saal zu erleuchten. Sie dienen auch dazu, die offenen Kamine und die Beistelltische zu dekorieren. Des weiteren gibt es noch ein Kaffeezimmer, wo sich die kostbarsten und seltensten modernen Vasen befinden sowie Porzellantassen von ausgewähltem Geschmack und reich gearbeitete Silbervasen . . . In diesem Palais befindet sich auch ein großer Audienzsaal mit vier wundervollen Gemälden von André Lens, dem berühmten Antwerpener Maler.

Aus dem Hofstaat in Brüssel:
Hofmusiker Rubisch,
Tanzmeister Trapeniers,
Mme. Buschmann,
Kammerhusar Ballogh,
Bereiter Walisch

Diese Bilder stellen die vier Jahreszeiten dar. Die Kompositionen sind der Göttergeschichte entnommen. Die schönen Bilder, von denen das interessanteste das Wasser mit dem Triumph des Neptun ist, sind so überwältigend, daß man bei ihrem Anblick sprachlos ist ... Der Park von Laeken ist nach englischem Geschmack angelegt ... 1788 reiste der Baron Seckendorff, ein Freund der Gouverneure, in Begleitung des Zeichners Lefebre und eines Gärtners nach London und Umgebung, um berühmte englische Gärten zu studieren: Chiswick, Kew, Richmond usw. Von dort brachten sie seltene Pflanzen, Gartentechniken und Ideen mit.

(43, 16/1320 ff.)

ALEXANDER VON SECKENDORFF AN MARIE CHRISTINE
BOWOOD, JUNI 1788

Die Rhododendren schauen überall schlecht aus, und Ew. Königl. Hoheit können sich glücklich schätzen, mehr als alle anderen zu haben. Sie sind selbst in England seltene Pflanzen, nicht so die Tulpenbäume, die es zu Hunderten gibt und deren Stamm einen erstaunlichen Umfang erreicht, sowie die Zedern, die Katalpas usw.

(5, 119/6–17)

ALEXANDER VON SECKENDORFF AN MARIE CHRISTINE
LONDON, 6. JUNI 1788

Ich bin begeistert, daß sich in Schoonenberg alles so gut entwickelt und daß der Rosenberg überdurchschnittlich gut gedeiht. Ich freue mich schon sehr, ihn wiederzusehen, da er wahrscheinlich in vollster Blütenpracht sein wird.

(5, 119/6–11)

Neben dem Ankauf von Pflanzen bemüht man sich auch, einen englischen Gärtnerburschen für Laeken anzuwerben.

Delafosse, Entwurf für eine Prunkuhr für Laeken

Alexander von Seckendorff an Marie Christine
Bowood, den 29. Juni 1788

. . . Was die Religion des Burschen betrifft, so können Sie ganz beruhigt sein. Es gibt 17 Meilen von hier eine katholische Kirche, wo er jeden Monat hingeschickt wird. Ich gebe de Vienne [dem Gärtner] 6 Guineen für seine Rückreise, da er nur noch 10 Guineen besitzt und über die Prämien, die er bekommt, Rechenschaft ablegen wird. Ich werde mit Erlaubnis Ew. Königl. Hoheit ein halbes Jahr Vorschuß von 12 Guineen an den hiesigen Gärtner und im Namen Ew. Königl. Hoheit ein Trinkgeld von 2 oder 3 Guineen an den Gärtner von High Williams auszahlen, der den Burschen bei sich verköstigt, ausgebildet und ihm Unterhalt gegeben hat.

(5, 119/6-17)

Alexander von Seckendorff an Albert
Bowood, den 29. Juni 1788

In ganz England habe ich nur einen Gärtner angetroffen, den man de Vienne an Willen und Eifer gleichsetzen könnte. Wenn Mr. de Walchiens die Parks von Mount Edgecumbe, Saltram, Mambrad und Powdessam Castle sehen könnte, würde er sicherlich über ihre Hügel, ihre Baum- und Strauchgruppen sehr lachen, die in einem Park von der Größe jenes Ew. Königl. Hoheit, der auch so wie jener angelegt ist, riesig wirken würden. De Vienne ist gerade dabei, allein über die Zusammensetzung der verschiedenen Bodenarten zu arbeiten, die bestmögliche Art festzulegen, die Baumgruppen effektvollst zu gruppieren und so die Vor- und Nachteile der Umgebung zu berücksichtigen. Es gibt in England, wie überall, schlechte Gärten, und es ist nur seiner Kenntnis des Guten und des Schlechten zu verdanken, daß er die Vor- und Nachteile des einen oder anderen sieht. An den Gärten bemerkt man, daß die ältere Generation in England einen besseren Geschmack hatte als die jetzige, weil die guten Parks von den Vätern angelegt wurden, während von den Söhnen die schlechten stammen.

(5, 119/6–11)

Nicht so harmonisch wie der private Bereich entwickelte sich der offizielle für die Statthalter. Schon auf seiner Reise 1781 in die österreichischen Niederlande hatte Joseph II. sehr entschieden den Kurs seiner künftigen Politik festgelegt.

Albert
1781

All dieser Anfang hatte dennoch genügt, um uns erkennen und fühlen zu lassen, daß wir im Grunde nur dazu bestimmt waren, in Zukunft in diesem Lande eine rein figurative Rolle zu spielen, die wenig geeignet war, einer ausgeprägten Eigenliebe zu genügen. So blieb uns nur übrig, den Versuch zu machen, wenigstens in gewisser Art und Weise den Anschein zu erwecken, daß wir unsere Rollen einwandfrei spielten, und im übrigen zu kaschieren, was immer sie an Kränkungen und Erniedrigungen mit sich bringen mochte.

(1, III/13)

Über die erste Besichtigungsreise in seinem neuen Wirkungskreis hat Herzog Albert ein Journal verfaßt, das mit seinen kurzen Bemerkungen über Kunst, Wirtschaft, Geschichte, Bevölkerungsverhältnisse der einzelnen Plätze wahrscheinlich als Grundlage für die entsprechenden Aufzeichnungen in den Memoiren gedient hat.

Notes sur le Voyage que nous avons faites dans quelques Provinces de Pays Bas en 1781

Am 4. September wurde von Ypern aufgebrochen und über Menin nach Courtray gefahren.

Diese Stadt deren Werke ebenfalls demolirt seyn, ist viel grösser und schöner als die vorige und hat eine population so man mit deren Vorstädte auf 20 bis 25 000 Seelen rechnet und welche durch die starke Manufacturen an Leinwand und Tischzeugen unterhalten wird die letzteren werden nach Frankreich verführt, und sollen über die schleßischen und Sächsischen welchen sie an Feine noch allzeit nachgeben, den Aventage haben, dass sie stärker und dauerhafter seyn sollen, und in Loco gebleicht werden können, wo sie jedoch noch nicht die vollkommene Weisse wie in Harlem bekommen. Die Leinwand wird aber meistens nach America und zwar in ausserordentlicher Quantität und zum Theil schon in Hemben auf der Schaussee bis Ostende und von dort nach Boston geschickt. Die Stadt und die Chatellaine sind wieder ein Theil von österreichisch Flandern. Nachdem wir die Magistraten von beiden empfangen, sind wir erstlich ins Rathaus gefahren, wo man uns ein paar Leinweber Stühle zu besichtigen bey der Arbeit und einen Stück Tischzeig bereitet hatte. Von da gingen wir in eine der größten Niederlagen oder Leinwandsgewölben, dann in die Collegiale, wo ein Van Dyck und ein paar Crayers und endlich in die Kirche St. Martin wo ein hübscher Verhagen zu sehen . . .

(9, P 298/7–8)

Albert
1781

Am 8. [September] morgens gingen wir nach Belœil, dem Schloß des Prinzen de Ligne, an das ein großer und schöner Garten anschloß. Dieser zum großen Teil im alten französischen Geschmack arrangierte Garten umschloß ein ebenso langes wie breites, von sehr hohen Bäumen umgebenes Wasserbecken, was einen majestätischen und überraschend eindrucksvollen An-

Olivier le May,
Hirschjagd bei Mariemont

blick gab. Der liebenswürdige Besitzer schien aber mehr Wert auf die kleinen Promenaden und andere Spielereien zu legen, die er in dem sogenannten „jardin anglais" angehäuft hatte und sogar in einem Werk „Coup d'œil sur Belœil" geschildert und gewürdigt hatte.

Auf der Rückreise erreichen sie Mons und nächtigen im Schloß von Mariemont.

Das königliche Schloß, in der letzten Zeit durch die Stände des Hennegau ausgebaut, was ebenso aus Anhänglichkeit an die Person Carl von Lothringens geschehen war, wie um ihn dazu zu bewegen, einen Teil des Jahres in dieser Provinz zu verbringen, ist ohne Zweifel nach Schönbrunn das schönste, welches der Kaiser in den ganzen Staaten der Monarchie besitzt. Es grenzt an einen Jagdgarten, dessen Wege völlig geebnet waren und für dessen Arrangement der Prinz sehr erhebliche Summen verwendet hatte.
Einer der ersten Befehle, die uns in Brüssel erreichten, kam vom Kaiser nach dessen Rückkehr in die Hauptstadt; er lautete, daß unsere Truppen sofort die Plätze in den Niederlanden okkupieren sollten, in denen bisher die Holländer ihre Garnisonen besaßen.

(1, III/22)

Der sogenannte Barrierekontrakt wurde im Jahre 1715 nach Beendigung des Spanischen Erbfolgekriegs mit den Generalstaaten in Antwerpen abgeschlossen und erlaubte den Holländern die Besetzung von sieben belgischen Festungen – eine Festung war von kaiserlichen Truppen zu besetzen – an der französischen Grenze auf Kosten des Kaisers. Die Maßnahme Josephs II. bedeutete natürlich eine starke Verschlechterung der Beziehungen zu Holland, obwohl von dieser Seite aus keine unmittelbare Gegenmaßnahme ergriffen wurde. Das geschah erst, als kurz darauf der Scheldekonflikt ausbrach.

Marie Christine an Eleonore Liechtenstein
25. September 1781

Ich habe ein reiches und gut bestelltes Land gesehen, in den Städten mehrere sehr begüterte Kaufleute, aber auch viel Elend und Armut in den unteren Schichten und bei den Landbewohnern. Viele Wohltätigkeitseinrichtungen lindern das Elend in den Provinzen; man gibt dort allen Armen ihren Fähigkeiten entsprechend Arbeit und sorgt für ihren Unterhalt, nicht darauf achtend, was jeder, ob groß oder klein, alt oder jung, in der Lage ist, mit seiner Arbeit zu verdienen. In Brüssel gibt es das nicht, hier ist die Barmherzigkeit nicht so groß, um diese Mühe auf sich zu nehmen.

(38)

Die Statthalter unternahmen in den ersten Jahren verschiedene Reisen, die unter anderem dem Kurfürsten Erzherzog Maximilian in Bonn und Kurfürst Clemens in Trier galten. Während der Sommermonate des Jahres

1782 traf der Großfürst Paul von Rußland mit seiner Gemahlin zu einem offiziellen Besuch in den Niederlanden ein. Bei Beschreibung dieser Reise ist dem Herzog in seinen Aufzeichnungen ein Erinnerungsfehler unterlaufen. Die Reise hatte tatsächlich bereits im Jahre 1782 stattgefunden. Von A. Wolf wurde die falsche Datierung übernommen. Das Thronfolgerpaar war zuerst im Winter 1781/82 am kaiserlichen Hof gewesen, wo gleichzeitig Elisabeth von Württemberg-Montbéliard, die jüngste Schwester der Großfürstin und künftige Gemahlin des Thronfolgers Erzherzog Franz, eingetroffen war. Von hier aus hatte das russische Thronfolgerpaar Neapel und Florenz besucht. Sie reisten unter dem Inkognito eines Comte und einer Comtesse du Nord.

ALBERT
1783

Wir hatten bereits lange zuvor die Ankündigung dieses Besuches seitens des Kaisers erhalten, die von einer ausführlichen Instruktion begleitet war, die wir auf seinen Befehl der Königin von Frankreich weiterzuschicken hatten.
Der Comte du Nord besaß großes Wissen, Geist und eine Art zu sprechen, die ihn sehr liebenswürdig machte. In seinem Auftreten allerdings war weder etwas Imponierendes noch Gefälliges, und in seinen Reden bemerkte man eine Neigung zur Spottsucht, was nicht gerade Vertrauen einflößte. Er hatte das Unglück, immerfort von der Idee verfolgt zu sein, daß sein Leben in Gefahr sei und daß man ihn durch Gift umbringen werde. So nahm er auch an nichts, was immer auch seine Aufmerksamkeit verdient hätte, besonderen Anteil.

(1, III/30)

Alexander Roslin, Großfürst Paul (I.) von Rußland

BARONIN OBERKIRCH ALS BEGLEITERIN DER COMTESSE DU NORD
BRÜSSEL, 11. JULI 1782

Wir waren zum Diner bei Hof geladen und fuhren heim, uns umzuziehen. Man mußte große Toilette machen! Madame la Comtesse du Nord war herrlich anzusehen; sie erregte die größte Bewunderung. Sie trug damals ein neues Kleid, das von Madame Bertin aus Paris geschickt war. Es bestand nur aus Goldspitze auf einem Brokatgrund mit großen Veloursblumen, man hätte glauben können, es sei ein Feengewand. Schon das Blumenzubehör war ein Meisterwerk.
Das Palais ist groß, schön und einige Jahrhunderte alt, der Hof der Erzherzogin sehr gut geführt, angemessen und ohne besonderen Prunk. Es ist unmöglich, anmutiger, vorausblickender und angenehmer zu sein als diese Prinzessin; sie hat ein reizendes Gesicht, dem der Königin [von Frankreich] ähnlich, ist aber trotzdem nicht so gleichmäßig schön wie Ihre Majestät, vor allem im Körperbau. Sie trug an diesem Tag ihre berühmten wertvollen Perlen. Es sind sicherlich die schönsten Europas. Ich kann gar nicht sagen, wie sehr ihr dieser Schmuck paßt. Perlen stehen sicher der Haut und dem Teint besser als Diamanten. Die Damen zur Zeit Ludwig XIV., die ja in der Kunst sich anzuziehen sehr versiert waren, trugen nur solchen Schmuck. Man braucht nur alle Porträts von Mignard anzuschauen. Eine der schönsten Perlen der Erzherzogin, ein birnenförmiger Tropfen, war krank und brauchte Behandlung. Madame la Comtesse du Nord gab ihr ein Rezept, das der Schah von Persien der Kaiserin [von Rußland] gegeben hatte. Ich erinnere mich nicht mehr, wie es lautete, nur mehr, daß die erste Vorschrift war, die kranke Perle Tag und Nacht auf der Haut zu tragen, um ihr das Leben wiederzugeben. Manche glauben, daß die Perlen leben; wenn dem so ist, was sind dann ihre Gefühle?
Der Herzog, Gemahl der Erzherzogin, ist auch ein Prinz von einer ganz besonderen Güte und Freundlichkeit.
... Von dort fuhren wir zur Münze, wo Medaillen mit dem Porträt von Monsieur le Comte und Madame la Comtesse du Nord geprägt wurden. Man verteilte sie als eine reizende Überraschung. Ich habe meine behalten; sie stellt auf der einen Seite M. le Comte und Mme. la Comtesse im Profil dar, auf der

Alexander Roslin, Großfürstin Maria Feodorowna von Rußland

anderen Seite sind die Attribute der Wissenschaften, der Künste, des Friedens und des Krieges angebracht und darunter: Bruxelles, mense Jul. MDCCLXXXII. Am Abend gab es Bal Paré bei Hofe. Die Gesellschaft war eine der glänzendsten: viele Damen und Herren aus den verschiedensten Ländern, ausländische Offiziere, reisende Gelehrte, alle Botschafter und ihr Gefolge, schöne Kleider, schöne Frauen, unter denen die Großfürstin wie immer hervorstach. Man soupierte an kleinen Tischen wie im Trianon oder in Chantilly. Dies ist unvergleichlich viel lustiger und gemütlicher.

(39, XVII/336)

GROSSFÜRST PAUL VON RUSSLAND AN ALBERT
15. SEPTEMBER 1782

Sie haben mir so große Beweise der Freundschaft während meines Aufenthaltes bei Ihnen erwiesen, daß ich der gefühllose Mensch sein müßte, würde ich nicht auf immer und ewig dankbar dafür sein.

(5, Autogr. 289)

MARQUISE DE LA TOUR DU PIN
1782

Meine Mutter nahm mich zur Erzherzogin Marie Christine mit, die mit ihrem Gemahl Statthalter der Niederlande war. Während meine Mutter mit der Erzherzogin Konversation machte, führte man mich in ein Kabinett, wo man mir Bände mit Stichen zeigte. Ich bin seitdem der Meinung, daß dies sicherlich der Grundstock zu der prachtvollen Stichsammlung war, der schönsten Europas, die Herzog Albert dem Erzherzog Carl hinterließ.

(40)

ALBERT AN ALEXANDER VON SECKENDORFF
BRÜSSEL, 17. JÄNNER 1783

Wenn ich noch etwas Platz hätte, um die Büsten, von denen sie mir berichten, aufzustellen, wäre ich sehr froh, sie zu erhalten, aber da die Einrichtung meiner Kabinette und der Bibliothek mir nicht einmal Platz läßt, alle die aufzustellen, die ich schon habe, muß ich mich damit begnügen, die Porträts unserer

Unbekannter Künstler, Alexander Freiherr von Seckendorff

Gelehrten in Form von Stichen zu sammeln. Derselbe Oeser hat schon viele gestochen, ich schicke Ihnen die Liste davon. Wenn sie aber nicht zur Sammlung gehören, die er veröffentlichen will, würden Sie mir Freude bereiten, indem Sie mir diese verschaffen.
Sie würden mich nicht weniger verpflichten, wenn Sie mir die Rechnung von Gratarol besorgen würden. Ich meinerseits sende Ihnen einen neuen Stich, den Sie vielleicht noch nicht haben werden. Da ich hier einen Vorrat davon besitze, können Sie sogar, falls er Ihrem Besteller gefällt, ihm dieses Blatt abtreten.

(5, Autogr. 119/1)

JOHANN WOLFGANG VON GOETHE
„PHILIPP HACKERT", 1782

Zu gleicher Zeit malte er [Philipp Hackert] viele Staffeleigemälde, unter anderem zehn Aussichten von dem Landhaus des Horaz, welche ihm nachmals die Königin von Neapel abkaufte, um ihrer Schwester, der Erzherzogin Marie Christine in Brüssel, ein angenehmes Geschenk damit zu machen. Allein das Schiff, das diese Bilder führte, ging auf der Seereise zu Grunde. Glücklicherweise sind die vorher unter Hackerts Leitung davon gemachten Kupferstiche noch vorhanden.

(41, XXX/150)

Nach dem Tod des Fürsten Schwarzenberg wird Fürst Georg Adam Starhemberg, seit 1780 bevollmächtigter Minister in den österreichischen Niederlanden, Obersthofmeister am kaiserlichen Hof zu Wien.

ALBERT
1783

Es handelte sich also darum, Starhemberg durch einen Mann zu ersetzen, der fähig war, dessen Arbeit gut weiterzuführen. Der Kaiser hatte die Regierung über diesen Punkt um Rat gefragt und uns in einer Depesche mehrere Namen genannt, aus denen wir den geeignetsten wählen und vorschlagen sollten. Wir besprachen uns darüber mit Starhemberg und mit dem Staatssekretär, und dank deren Vorschlag kamen wir dazu, den Grafen Belgiojoso, damals Botschafter des Kaisers am Hof zu London, dafür auszuersehen.
Dieser Staatsmann war mir schon vom Siebenjährigen Krieg her bekannt, in dem er sich bemerkenswert ausgezeichnet hatte und durch Geist, Talente und erworbenes Wissen aufgefallen war. Die wohlerwogenen und gut durchdachten Berichte, die er uns aus London über alle laufenden Angelegenheiten, besonders in finanzieller und wirtschaftlicher Hinsicht, übersandte, hatten unser Urteil gefestigt, daß gerade er die erforderlichen Qualitäten für die wichtigste in Brüssel auszufüllende Stellung besitze. Allerdings brauchte man nicht lange, um festzustellen,

J. Jacobé nach J. Reynolds, Ludwig Graf Belgiojoso

daß seine Kenntnisse auf dem Gebiet der öffentlichen Verwaltung nicht so gründlich und sicher waren, wie man bis dahin vermutet hatte, daß er über diese sogar falsche oder schlecht verarbeitete Ideen vertrat, die mit den politischen Gegebenheiten nicht übereinstimmten. Dazu besaß er ein aufbrausendes Wesen und eine charakterlich bedingte Oberflächlichkeit in der Durchführung aller Angelegenheiten, alles Eigenschaften also, deren Folgen gefährlich werden konnten.

(1, III/37)

Kurz nachdem Joseph II. den Barrierekontrakt gekündigt hatte, verlangte er auch die Öffnung der Schelde, die – zurückgehend auf den im Westfälischen Frieden von 1648 geschlossenen Scheldekontrakt – in ihrem Unterlauf für den belgischen Handelsverkehr gesperrt war. Dadurch hatte Antwerpen, bis dahin eine bedeutende Handelsstadt, seine Rolle an Amsterdam abtreten müssen. Der belgische Handel war durch diese Maßnahme schwer getroffen. Da die Holländer auf die Kündigung des Barrierekontrakts nicht feindselig reagiert hatten, hoffte Joseph II., auch in dieser Angelegenheit durchdringen zu können. Im Oktober 1784 wurde aber ein kaiserliches Schiff auf dem Weg von Antwerpen scheldeabwärts von den Holländern auf belgischem Gebiet beschossen. Ein anderes Schiff, das von Ostende nach Antwerpen fuhr, wurde bei Vlissingen angehalten. Nun brach man in Wien die diplomatischen Beziehungen zu den Generalstaaten ab. In den vom Anfang an von beiden Seiten mit nicht allzu großer Energie geführten kriegerischen Aktionen – Joseph II. war damals ganz mit seinem belgisch-bayerischen Austauschplan beschäftigt – bot sich Frankreich als Vermittler an. Am 8. November 1785 kam es in Fontainebleau zu einem Vertrag, in dem der Kaiser außer kleineren Grenzberichtigungen nur eine geldliche Entschädigung von zehn Millionen Gulden erreichte, während die Scheldesperre aufrecht blieb.

ALBERT
1783

Die Holländer hatten durchaus kein Interesse, den Krieg zu beginnen. Sie fühlten nämlich sehr wohl, daß sie durch die Zeit nur gewinnen konnten, und so blieb zunächst alles ruhig. Ich benützte die Gelegenheit, das Land zu bereisen, ging an den Grenzen Flanderns und auch an jenen von Brabant entlang und in all die Gebiete, die an die Stadt Maastricht grenzen. Einerseits wollte ich die Gegenden besser kennenlernen, andererseits die Operationsgebiete für den kommenden Feldzug studieren. So durchquerte ich auch Limburg, wo meine Gemahlin mich erwartete, und ging von dort mit ihr nach Spa, um einige Tage mit dem Kurfürsten von Köln, ihrem Bruder, der verwitweten Kurfürstin von Bayern, meiner Schwester, meinem Bruder Xaver, meinem anderen Bruder, dem Kurfürsten von Trier, und meiner jüngeren Schwester [Kunigunde], die sich auch zu dieser Zeit dort befand, zu verbringen. Die zwei letzteren besuchten mich bald danach in den Niederlanden und blieben einige Tage mit uns auf dem Landsitz von Laeken, dessen Bau wir eben fertiggestellt hatten.

(1, III/84)

KÖNIG LUDWIG XVI. AN KAISER JOSEPH II.
3. DEZEMBER 1784

Mein lieber Schwager,
Ihr Botschafter hat mir die Idee eines Tausches von Bayern gegen fast die gesamten Niederlande mitgeteilt, aber noch nicht so sehr detailliert, daß es mir möglich wäre, sie mit Genauigkeit abwägen zu können. Beim ersten Anblick scheint es mir jedoch, daß die Zahl der Zustimmungen, die unumgänglich notwendig wäre, um den Erfolg zu sichern, eine Verzögerung und Unsicherheit der Angelegenheiten mit sich bringen würde, was kaum ein sehr wirksames Mittel beim momentanen Stand der Dinge wäre.

(42, M 705)

ALBERT AN FELDMARSCHALL LACY
30. NOVEMBER 1784

Es ist schon lange her, daß ich die kostbare Zeit Ew. Exzellenz vergeudet habe, indem ich Ihnen einen Brief schrieb, und es ist – mehr als jeder andere Grund – nur die Furcht, Sie mit meiner Korrespondenz zu langweilen, die mich von weiteren Briefen abgehalten hat. Nun kann ich aber diese Zurückhaltung nicht mehr weiter ausüben und muß die Abreise des Prinzen Reuß ausnützen, um mit einigen wenigen Zeilen die Ehre zu haben, mich in Ihr Gedächtnis zurückzurufen. Was soll ich Ihnen über die Lage sagen, in der er mich angetroffen und auch verlassen hat! Der Donner der Kanonen ist entfesselt, das große Wort gesprochen, und so ziehe ich mich an der Spitze unserer wallonischen Armee aus einem Krieg zurück, den der Prince de Ligne einen politischen nennt, und erwarte die Ankunft der Deutschen, Böhmen, Ungarn, Kroaten, der Truppen aus der Walachei wie die des Messias. Sie sollen beitragen, daraus einen militärischen und ernsten Krieg zu machen. Ich glaube, daß mir nur zu gehorchen und die Befehle auszuführen bleibt, bis es dahin kommt, aber ich wünsche trotzdem um nichts weniger, als daß man die notwendigen Schritte unternimmt und es diesmal mit Nachdruck tut. Es ist indes für mich sehr tröstlich, daß man das billigt, was ich in diesem Krieg, den unsere niederländischen Nachbarn sich das Vergnügen machten, gegen uns zu beginnen, bisher unternommen habe. Obwohl ich im Widerstreit zweier gegenteiliger Meinungen stehe, deren eine dahingeht, daß manche glauben, daß wir mit Hilfe unserer wallonischen Bataillone allein imstande wären, den Feind zu bekämpfen, während die andere davon ausgeht, daß der Feind bereits mitten in Brüssel steht, ist es mir bisher gelungen, mich weder zu der einen noch zu der anderen Seite bis zu dem Punkt zu neigen, der mich zu irgendeinem Schritt verpflichten würde, mit welchem ich mir einen Vorwurf zuziehen oder einen solchen hätte verdienen können. Ich glaube, daß das, was ich hier mit wenigen Worten gesagt habe, keines weitschweifigen Kommentars bedarf, und ich hätte nicht einmal so viel gesagt, wüßte ich nicht, wie sehr Ihre Freundschaft an allem, was mich betrifft, Sie Anteil nehmen läßt.

(9, P 298)

ALBERT
1785

Ich wartete nun das Zeichen ab, um mit den Truppen loszuschlagen. Dieses sollte durch den Minister gegeben werden, als statt dessen ein Kurier von ihm mit der Nachricht ankam, daß am 20. des Monats der Frieden zu Versailles zwischen Holland und Österreich geschlossen worden sei. Diese Nachricht war von den Truppen nicht mit allgemeiner Begeisterung aufgenommen worden, so voll des Eifers waren sie trotz aller Beschwernisse, denen sie infolge der schlechten Witterung ausgesetzt waren.

(1, III/89)

VERTRAG ZWISCHEN DEN GENERALSTAATEN UND JOSEPH II. ÜBER VERMITTLUNG LUDWIGS XVI. IN FONTAINEBLEAU
8. NOVEMBER 1785

Artikel 7

Die Großmächte anerkennen das volle, absolute und unabhängige Hoheitsrecht S. K. M. auf das ganze Scheldegebiet von Antwerpen bis zur Grenze des Gebietes von Saftingen gemäß der Abgrenzung von 1664, auf die man sich geeinigt hat, wie es die gelbe Linie, die normal zur Brabanter Grenze verläuft, wie es die Karte, die von den entsprechenden Botschaftern unterzeichnet wurde, anzeigt. Die Generalstaaten verzichten demzufolge auf die Erhebung und Eintreibung jeglicher Steuern oder Abgaben in diesem Scheldegebiet, unter welchem Namen oder welcher Form auch immer. Auch verpflichten sie sich, in keiner Weise die Schiffahrt und den Handel der Untertanen S. K. M. zu stören. Der Rest des Flusses von der Demarkationslinie bis zum Meer, dessen Hoheitsrecht weiterhin den Generalstaaten zugehört, wird von ihrer Seite her gesperrt gehalten werden sowie die Kanäle des Sas, des Swin und anderer Mündungen nach dem Vertrag von Münster.

(7, Allg. Urkundenreihe)

ALBERT
1785/86

Der Friede mit Holland war kaum unterzeichnet und die Disposition für die Truppen, die aus Anlaß der Streitigkeiten mit der Republik in die Niederlande geschickt worden waren, erledigt, als der Kaiser dem Minister Graf Belgiojoso einen Administrationsplan übersandte, der in diesem Lande sofort einzuführen war und vollkommen das ganze ältere System umwälzte, indem er die Rechte und Konstitutionen dieser Provinzen angriff und alle Länder gleichzustellen suchte.
Der Kaiser forderte meine Frau und mich gleichzeitig auf, nach Wien zu kommen, wo, wie er sagte, er uns alle Veränderungen und neuen Einrichtungen zeigen wolle, die er zum Nutzen und zur Verschönerung dieser Hauptstadt gemacht hatte. Wir machten uns daher auf den Weg und verblieben nur einige Stunden bei dem so ehrenwerten Bischof von Würzburg, dem Grafen Erthal. Da es Anfang Jänner war und Eis und Schnee manchmal mit Tauwetter abwechselten, waren die Wege so schlecht, daß wir nach Straubing einen Unfall hatten, der uns das Leben hätte kosten können. Der Weg war nicht sehr breit und verlief auf einem Damm, der zu einer Brücke führte. Hier bildete er eine Art von Eselsrücken auf dem Schnee, der durch die Kälte hart gefroren war. So passierte es, daß ein abrutschendes Hinterrad den Wagen mit sich riß, dieser kippte durch sein Gewicht ganz um und stürzte zwischen die Brückenpfeiler auf die Eisfläche des Wassers, welches unter diesem Damm hindurchfloß. Zum Glück für uns stürzten wir nicht auf den Stützpfeiler, und auch das Eis war stark genug, um das Gewicht des Wagens auszuhalten. Es zeigten sich nur kleine Risse. Das Wagengestell war so kräftig, den Fall zu überstehen, und nur der Kasten war gebrochen.
In Wien empfing uns der Kaiser mit Erzherzog Franz, seinem Neffen, den der Großherzog von Toskana, seiner Bitte folgend, schon vor einiger Zeit nach Wien geschickt hatte. Er führte uns dann zur Prinzessin von Württemberg, die er seinem Neffen zur Gemahlin bestimmt hatte.
Der für die Niederlande eingeführte Administrationsplan, den ich bereits erwähnt habe, enthielt unter anderem einen Artikel, der formell unseren Ausschluß von jeglicher Autorität und Entscheidung in politischen Angelegenheiten festlegte. Er reduzierte uns auf einfache Repräsentanten ohne Tätigkeitsmöglichkeiten, und die uns vom Minister gemachte Mitteilung ließ schon damals die gewiß daraus erwachsenden Unannehmlichkeiten erkennen.
Wir hatten außerdem auch nur ganz schnell im Moment unserer Abreise die Depesche gelesen, die uns des Kaisers Absichten in bezug auf das ganze neue System kundmachte, und so waren wir gar nicht in der Lage, ihm auch schriftlich über die anderen Artikel eine ausführlich motivierte Gegendarstellung machen zu können. Allerdings konnte uns dies nicht hindern, solche ihm mündlich über einige Punkte vorzutragen und ihn darauf aufmerksam zu machen, welche Schwierigkeiten in der Folge eintreten könnten. Wir sprachen von unserer Hoffnung, daß es uns sofort gelingen würde, der Nation alle jene Neuerungen zugute kommen zu lassen, die nicht die wichtigsten Punkte der Privilegien, auf denen das Glück des Landes beruhte, angriffen. Er möge uns aber Zeit geben, die Geister dahin gehend zu beeinflussen und dazu zu bringen, zu erkennen, was für Vorteile seine Absichten für das Allgemeinwohl brächten. Aber wir erhielten als Antwort, es handle sich hier um das öffentliche Wohl; alles Temporisieren, jeder Aufschub sei ein Zeitverlust und begünstige nur den Mißbrauch. Wenn es sich um das Allgemeinwohl handle, könne er sich nicht durch Gegenvorstellungen zurückhalten lassen und nicht durch Leute hindern, deren Interessen an der Fortführung der Mißbräuche bestünden, weil sie entweder zu gleichgültig sind oder zu indolent, um sie wirklich abschaffen zu wollen.
Der Aufenthalt in Wien war damit ausgefüllt, alle Einrichtungen und Gründungen des Kaisers zu besuchen. Er hatte uns dafür eine lange Liste zu unserer Kenntnisnahme angefertigt, und er versäumte auch nicht, uns überall selbst hinzuführen, uns jedes Detail zu zeigen und zu erklären.
Er arrangierte schließlich für uns eines der schönsten Feste als Wiederholung jenes, das er drei Jahre vorher zu Ehren des Großfürsten von Rußland veranstaltet hatte. Dann ließ er uns den Heimweg antreten.

(1, III/92)

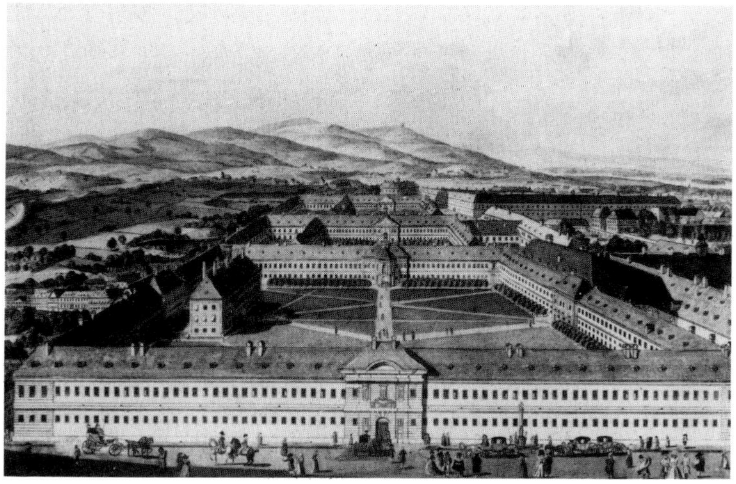

Joseph und Peter Schaffer, Das Allgemeine Krankenhaus in Wien

Karl Schütz, Das Josephinum in Wien

ZEITUNGSBERICHT
8. FEBRUAR 1786

Dienstag gaben Se. Maj. der Kaiser den durchlauchtigsten Generalgouverneuren der K. K. Niederlanden und einer Gesellschaft des hiesigen Adels ein Lustfest zu Schönbrunn. Es waren dazu 40 Kavaliers, wie auch Fürst Poniatowsky geladen, die sich ihre Dames selbst wählten und paarweise in Pierutschen und geschlossenen Wägen um 3 Uhr von der hiesigen Hofburg aus mit Se. Maj., Höchstwelche die durchl. Erzherzogin Christina führten, nach Schönbrunn aufbrachen und allda in der Orangerie abstiegen. Diese war zum Empfang dieser Gäste auf das herrlichste und zierlichste zum Mittagmahle eingerichtet. Die Tafel unter den Orangeriebäumen, war mit einheimischen und fremden Blumen, Blüten und Früchten auf die angenehmste Weise besetzt. Während dem Se. Maj. mit den hohen Fremden und den Gästen das Mahl einnahmen, ließ sich die Musik der Kaiserl.-Königl. Kammer auf blasenden Instrumenten hören. Nach aufgehobener Tafel wurde auf dem an einem Ende der Orangerie errichteten Theater ein neues, für dieses Fest eigens komponiertes Schauspiel mit Arie, betitelt: *der Schauspiel-Direktor,* durch die Schauspieler von der K. K. Nationalbühne aufgeführt. Nach dessen Ende wurde auf der wälschen Bühne, die am anderen Ende der Orangerie errichtet war, die ebenfalls ganz neu für diese Gelegenheit verfaßte Opera buffa unter dem Titel: *Prima la musica e poi le parole* von der Gesellschaft der Hofoperisten vorgestellt. Während dieser Zeit war die Orangerie mit vielen Lichtern an Lustern und Plaken auf das herrlichste beleuchtet. Nach 9 Uhr kehrte die ganze Gesellschaft in voriger Ordnung, jeder Wagen von zwey Reitknechten mit Windlichtern begleitet, nach der Stadt zurück.

(12, 1786)

Mitten in der intensiven Arbeit am „Figaro" erreichte Mozart dieser höfische Kompositionsauftrag zu Ehren der Anwesenheit von Herzog Albert und Erzherzogin Marie Christine in Wien. Gleichzeitig war der Vetter des polnischen Königs, Fürst Stanislaus Poniatowski, in Wien eingetroffen. Zur Aufführung wurde die hochgewölbte Orangerie von Schloß Schönbrunn gegenüber dem Schloßtheater, heute nur noch fragmentarisch erhalten, gewählt. Beiderseits des langgestreckten Raumes waren kleine Bühnen errichtet, dazwischen stand eine lange Tafel. Der Saal wurde mit Orangenbäumen, heimischen und exotischen Blumen und Treibhausgewächsen sowie mit Aquarien, die schillernde Zierfische bargen, ausgestattet. Schon im Vorjahr hatte man bei ähnlichem Anlaß auf den zwei Bühnen Szenen aus Schauspiel (Lessing, Gernevalde-Meyer) und Oper (Paisiello) gegeben. Nun ließ man nicht mehr Sprech- und Musiktheater beziehungslos miteinander abwechseln, sondern verschmolz beide Genres und stellte wettstreitartig die am Nationaltheater rivalisierenden Gattungen Opera buffa und Singspiel gegenüber. Während nun Salieri, der Verfasser der italienischen Oper, mit hundert Dukaten honoriert wurde, mußte Mozart, wie alle Mitwirkenden, mit der Hälfte vorliebnehmen, da der „Schauspieldirektor" – im Gegensatz zu Salieris Beitrag – keine Volloper, sondern nur eine Komödie mit Musik war. Der Text zum „Schauspieldirektor" stammt von Gottlieb Stephanie d. J., die Mitwirkenden waren die Sänger Aloisia Lange, die Cavalieri und Herr Adamberger, ferner die Schauspieler Brockmann, Lange, Weidmann und Stephanie und die Schauspielerinnen Sacco, Adamberger und Stephanie. Es gab Einlagen einzelner Szenen aus „Der aufgehetzte Ehemann", „Bianca Capello" und „Die galante Bäuerin", daher die Mitwirkung der zahlreichen Schauspieler.

DA PONTE
1786

Am Tage nach diesem Fest erhielt der Graf Rosenberg, als er als erster Kammerherr des Kaisers diesem das Hemd reichte, den Befehl, ein Namensverzeichnis der Sänger und Schauspieler anzulegen, die aufgetreten waren. Nach Maßgabe ihrer Verdienste sollte er ihren Namen die Anzahl der Dukaten beifügen, die sie als Beweis der höchsten Zufriedenheit vom Kaiser erhalten sollten. Während sich der Kaiser ankleidete, schrieb der Graf diese Liste und überreichte sie ihm. Der Kaiser sah sie flüchtig durch, nahm eine Feder, fügte zu jeder Zahl noch eine Null hinzu und sagte, nicht der Graf von Rosenberg, sondern der Kaiser habe das Fest veranstaltet.

(44/89)

Schon Maria Theresia hatte gewünscht, daß Marie Christine nach der Geburt von Marie Antoinettes Tochter Marie Therese (der späteren Herzogin von Angoulême, geboren am 19. Dezember 1778) ihre Schwester in Paris besuchen möge, wohl mit der Absicht, von ihr einen direkten, ungeschminkten Bericht über ihre Eindrücke von Tochter und Enkelin zu erhalten. Am Nichtzustandekommen dieser Reise war aber neben Etiketteschwierigkeiten wegen des Empfanges von Marie Christine auch ein Mangel an gutem Willen von seiten Marie Antoinettes maßgebend. Die Königin von Frankreich legte wenig Wert darauf, eine Schwester, von der sie ein so großer Altersunterschied trennte und der sie einen Teil der Kritik am kaiserlichen Hof über ihre Lebensweise zuschrieb, wiederzusehen. Zwischen den Schwestern bestand auch keine persönliche Korrespondenz. Zur Zeit des wirklichen Antrittes der Reise waren die Vorurteile Marie Antoinettes bereits abgeschwächt und wurden durch das persönliche Wiedersehen mit ihrer Schwester noch verringert (vgl. 45, 167). 1786 geht man endlich daran, diese Reise zu realisieren.

Joseph II. an Graf Mercy d'Argenteau
Laxenburg, 10. Juni 1786

Die Königin läßt mir sagen, daß sie meine Schwester Marie einlädt, sie nach ihrer Entbindung besuchen zu kommen. Ich bin entzückt darüber, denn es erschien wirklich schon ein wenig außergewöhnlich, daß sich diese beiden Schwestern – so nahe eine der anderen – noch nicht wiedergesehen hatten.

(46, II/27)

Schon im Juni schrieb Marie Christine an Eleonore Liechtenstein, daß sie wahrscheinlich nach Paris gehen werde; Eleonore möge an sie und ihren Mann denken, „denn wir sind ja so gar nicht für dieses Land gemacht". Aber vorher unterzogen sich die Statthalter noch einer Zeremonie, von der sie wohl hofften, daß sie bei Inkrafttreten der Josephinischen Reformen sich günstig auswirken würde.

Zeitungsbericht
1. Juli 1786

In unseren Provinzen begab sich etwas Bemerkenswertes, das würdig ist, erwähnt zu werden: Am 15. dieses Monats wurden II. KK. HH. die Statthalter der Niederlande durch die versammelten Stände der Provinz als Brabanter eingebürgert. Die beiden erlauchten Ehegatten hatten dieses Heimatrecht durch ein Ansuchen im gewöhnlichen Protokollstil eingereicht. Es war die Erzherzogin, die dieses Gesuch dem ältesten der Abgeordneten überreicht hatte und es seiner Sorgfalt empfahl. Ein so außergewöhnliches Ereignis hat natürlich die Aufmerksamkeit des Publikums auf sich gelenkt, und jeder versucht, die Gründe dieses Schrittes zu durchdringen. Die einen geben vor, daß II. KK. HH. vorhaben, Land in Brabant zu kaufen, so daß sie Eintritt in die Stände haben, andere fügen hinzu, daß sie sich in allen anderen Provinzen des kaiserlichen Herrschaftsbereiches auch einbürgern lassen werden. Man nimmt übereinstimmend an, daß ein solcher Schritt mehr denn je jede Idee an einen Austausch mit Bayern zum Verschwinden bringen muß.

(47)

Am 26. Juli erfolgte der Aufbruch von Brüssel. Im Gefolge waren der Graf und die Gräfin Arberg, die später Hofdame bei der Kaiserin Josephine wurde, General Kempelen und der Adjutant des Herzogs, Alexander Seckendorff. Sie reisten inkognito unter dem Namen eines „Comte de Belye" über Mons, Valenciennes, Cambray, dann zu Schiff auf dem Kanal der Picardie und über Roye nach Chantilly, wo der Prinz Condé seine berühmten prächtigen Feste gab. Von hier wurde ein Abstecher gemacht, um Ermenonville mit seinem Park und dem Grab Rousseaus zu besuchen. In Paris stiegen sie im Hôtel du Grand Conseil in der Rue St. Thomas ab. Gleich am ersten Morgen machten sie Bekanntschaft mit den Fischweibern und den Damen der Hallen und mußten ihre obszönen Lieder anhören (vgl. 15, I/228).

Albert
1786

Da uns die Königin noch für denselben Abend nach Versailles eingeladen hatte, zögerten wir nicht, ihren Wünschen Folge zu leisten. Im Schloß angekommen, das wir bei der Prinzenstiege betraten, war ich sehr von dem Schmutz abgestoßen, der überall

Henri de Cort, Schloß Chantilly, 1781

C. N. Malapeau nach L'Espinasse, Parade im Schloßhof von Versailles

lag. Auch standen oben und unten auf den Absätzen der Treppen kleine Kramläden, wo man unter anderem auch alle verbotenen Bücher verkaufte. Es sah aus wie auf dem Trödelmarkt. Man führte uns gleich zur Königin, die noch nicht von ihrem Wochenbett [nach der Geburt ihrer Tochter Sophie Helene] aufgestanden war.
Obwohl das Äußere des Königs nichts Distinguiertes hatte und seine breiten Schultern, seine starken und eher finsteren Züge mehr an einen kräftigen Schmied erinnerten, so entdeckte man auf der anderen Seite bald an seinen Reden die Geradlinigkeit und Güte seines Charakters, die ihn seinem Volke immer verehrungswürdig hätte erhalten sollen. Er ließ auch Geist und Kenntnisse aufleuchten, die, da sie sich nur entfalteten, wenn er sich ganz wohl fühlte, allen, die nicht die Gelegenheit hatten, ihn näher zu kennen, verborgen blieben.

(1, III/102)

Nicolas Bernard Lépicié, Die Markthallen in Paris

Die ganze Zeit, die Herzog Albert und Erzherzogin Marie Christine in Versailles zubrachten, wohnten sie nicht im Schloß, sondern stiegen im Gasthof Touchet ab. Auch in Paris wurde in einem Gasthof logiert, obwohl der König und die Königin ursprünglich dagegen gewesen waren. Das Statthalterpaar folgte dabei dem Beispiel Kaiser Josephs, der auf seiner Frankreichreise 1777 in Paris und Versailles auch in Hotels abgestiegen war.

Albert an Graf Mercy d'Argenteau
1786

... Wir hatten daher gedacht, daß, nachdem der Kaiser selbst bei seinem Besuch in Paris in einem Hotel garni abgestiegen war, wir ohne Schwierigkeiten seinem Beispiel folgen könnten und daß, indem wir so den Privatcharakter unserer Reise herauskehrten, dies uns die Möglichkeit geben werde, alle Welt zu besuchen, ohne daß dies den geringsten Anspruch oder die geringsten unangenehmen Folgen für die Königin nach sich ziehen könnte, ja daß uns dies ermöglichen würde, gerade die Orte zu vermeiden, wo man Forderungen machen könnte, die ihr mißfallen könnten, und wir waren der Meinung, daß dieser äußerliche Anschein von reinen Privatleuten den König und die Königin nicht daran hindern würde, uns, wann immer und wie oft immer sie es wünschten, zu sehen.

(9, P 298 A II 50/11, 174)

ALBERT
1786

Wir hielten uns anschließend daran auf der Rückkehr von St. Denis nach Paris am Landsitz von St. Ouen auf, der Necker gehörte. Hier erholte er sich, mit Studien beschäftigt, von den Arbeiten als Controleur général. Er hatte diesen Posten verlassen, nachdem er durch seine Finanzgutachten, die er während seiner Amtsperiode erstellte, allzusehr ins Gerede gekommen war. Wir fanden ihn dort mit seiner kränklichen Frau und hatten auch Gelegenheit, die Bekanntschaft der berühmten Madame de Staël, seiner Tochter, zu machen, die den Botschafter von Schweden am französischen Hof geheiratet hatte.

(1, III/121)

LOUIS PETIT DE BACHAUMONT
13. AUGUST 1786

Die Erzherzogin, Herzogin von Sachsen-Teschen, Statthalterin der österreichischen Niederlande und Schwester der Königin, ist mit ihrem Gemahl hier. Da sie mehrere Unterredungen mit M. Necker hatten, ist er wieder in den Vordergrund gerückt, und man vermeint, daß er durch die hohen Gäste wieder in die Gnade seiner Königin gelangen wird und somit ans Ministerium zurückberufen.

(48, 32/242)

ALBERT
1786

Kurz vorher hatte Necker die Unordnung der Finanzen vor dem Publikum enthüllt, auf die Schwächen, die in der Verwaltung lagen, hingewiesen und daher diesen Zustand besonderer Aufmerksamkeit und allgemeiner Unruhe erweckt. Jene, die schon damals die Umwälzung der bis dahin existierenden Regierungsform geplant hatten, nützten dies aus, indem sie unbemerkt das Feuer der Unzufriedenheit schürten und so die Wege bereiteten, um an ihr Ziel zu gelangen.
Ich konnte aber noch nichts davon in der Öffentlichkeit spüren. Man bewies im Gegenteil eine besondere Anhänglichkeit und Liebe zum König. Immerhin war es schon gelungen, die Begeisterung, welche die Güte und Schönheit der Königin in den ersten Jahren ihrer Ehe geweckt hatten, zu zerstören. Die schreckliche Intrige, die mit der Halsbandgeschichte vor sich gegangen war, hatte es zustande gebracht, sie in der Meinung

Alexander Roslin, König Ludwig XVI.

derer zu beschmutzen, die durch solche Bosheit getäuscht werden konnten. Das konnte auch ihr nicht gänzlich verborgen bleiben, und obwohl es in keiner Weise, weder in ihren Reden noch in ihrem Äußeren, zum Vorschein kam, konnte es nicht verfehlen, sie merklich zu berühren.
Die Dinge waren inzwischen noch nicht soweit gekommen, daß man beunruhigt sein mußte; niemand vermochte auf ihren Grund zu sehen oder die Folgen zu erahnen. Im Gegenteil, alles in Paris zeigte nur die Vergnügungssucht und die Leichtfertigkeit, die bis dahin das Kennzeichen der Bewohner dieser großen Stadt gewesen waren.

(1, III/104)

ALBERT
1786

Ich war nicht wenig erstaunt, die Aufteilung der Appartements de la Reine zu sehen. Sie bestanden nur aus einem Paradezimmer von eigenartigen Ausmaßen, in welchem sie schlief. Dieses öffnete sich auf der einen Seite auf den Salon de la Paix, der zur Grande Galerie gehört, auf der anderen gegen einen zweiten

Jean Baptiste Gautier-Dagoty, Marie Antoinette in ihrem Schlafzimmer

Salon, in welchem man während ihres Wochenbettes jede Nacht die Lager ihrer die Dienste versehenden Frauen aufstellte. Die Retirade war von ihren Zimmern durch zwei kleine Kabinette getrennt, durch die man hindurch mußte, wenn man in die Salle des Gardes wollte.
In einem der beiden Kabinette nahm sie das Diner ein, wenn sie allein speiste, das andere diente als Arbeitszimmer und ging auf einen kleinen Hof hinaus, der von den Dachrinnen, die dorthin mündeten, ganz verschmutzt war. Das erste war so eng, daß sechs Personen kaum Platz hatten, sich darin aufzuhalten, und der Zugang nur durch eine Drehtüre möglich war, durch die jemand Breiterer aber kaum durchkonnte.

(1, III/127)

ALBERT
1786

Wir haben in Paris auch immer dem französischen Schauspiel den Vorzug gegeben, und man hat uns versichert, daß gerade dies uns das Wohlwollen des Parterres zugesichert hat, welches uns bei unserem Eintreten immer mit Applaus empfing. So mußte einmal ein neues Stück, das schon angefangen hatte, nach unserem Eintreffen neu begonnen werden.

(1, III/120)

Wie immer bei seinen Reisen, beschreibt Herzog Albert mit großer Genauigkeit Bauten, Museen, Gärten und Plätze der Städte, die er besucht. Paris selbst vergleicht er manchmal mit Wien.

ALBERT 1786

Die Champs Élisées, die durch die Place Louis XV. unterbrochen sind, sind nicht eigentlich ein Garten, sondern eine große Wiese mit eingestreuten Bauminseln. Sie dienen der Öffentlichkeit für Spaziergänge – sind aber nicht mit der Schönheit und der Anlage des Praters in Wien zu vergleichen . . .
Da die Porzellanarbeiten ungefähr überall die gleichen waren, gingen wir in Sèvres, wo die bekannteste Manufaktur steht, nur in das Magazin, und ich muß gestehen, daß ich mit der Ausnahme zweier Vasen in Königsblau und Gold von außerordentlicher Größe nichts gesehen habe, was mich beeindruckt hätte oder was den Stücken in unserem Wiener Magazin vorzuziehen gewesen wäre.

(1, III/116 f.)

ALBERT
1786

Alles, was wir in der Umgebung dieser Hauptstadt gesehen haben, hat mir keinen ähnlichen Eindruck gemacht wie die

Charles de Wailly, Straßenszene in Paris (Ausschnitt)

Schönheit der Gegend um das königliche Schloß und der Garten von St. Cloud. Auf dem Abhang einer Anhöhe an der Seine gelegen, eine Meile von Paris, reicht der Blick bis zu dieser großen Stadt, die sich in all ihrer Schönheit darbietet.

(1, III/124)

ALBERT
1786

Meine Aufmerksamkeit war beim Anblick der königlichen Bibliothek gesteigert worden, wo uns M. Lenoir, der uns hingeleitete, nacheinander die Büchersammlung, das Medaillenkabinett, das damals unter der Aufsicht des ehrwürdigen Abbé Barthélemy stand, dem Autor der Reise des Anarchasis in Griechenland, dann die großen Globen des Pater Coronelli, schließlich die bekannte Stichsammlung und zuallerletzt die Galerie mit den Manuskripten des Königs zeigte.

(1, III/113)

LENOIR AN DEN COMTE D'ANGIVILLER
14. AUGUST 1786

Die Erzherzogin und der Herzog von Sachsen haben gestern vier Abteilungen der königlichen Bibliothek besichtigt: die gedruckten Bücher, die Medaillen, die Stiche und die Manuskripte.
Die Stichsammlung hat die beiden allem Anschein nach am meisten interessiert, ganz besonders den Herzog von Sachsen; er ist selbst im Besitz einer schönen Stichsammlung. Er hat den Auftrag gegeben, „Die königliche Sammlung in 24 Bänden" für ihn zu erwerben, ein Geschenk, das vor kurzem dem Erzherzog Maximilian gemacht wurde. Es gibt davon noch vier Exemplare im Depot, ein fünftes, das gewählt wurde, ist beim Buchbinder. Der Zustand ist gut; es ist Ihnen, mein Herr, zugedacht, und ich bitte Sie, mir mitteilen zu wollen, ob man dem Herzog von Sachsen ein Exemplar dieser schönen Sammlung zum Geschenk machen soll. Wenn ja, ob man, falls die Zeit bis zur Abreise II. KK. HH. nicht reicht, um einen Einband für eines der vier restlichen Exemplare fertigstellen zu lassen, dasjenige nehmen könnte, an dem der Buchbinder jetzt arbeitet und das man ganz leicht einige Monate später durch ein anderes ersetzen könnte?

(42, 01/609)

M. PIERRE AN DEN COMTE D'ANGIVILLER
24. AUGUST 1786

Ich habe es vorgezogen, selbst in die beiden Manufakturen zu gehen, die unterschiedlichen Fragen hätten uns sonst durch wiederholtes Hin und Her zuviel Zeit verlieren lassen, die wir notwendig für das Verpacken der Gegenstände, die man übrigens morgen bei Ihnen abliefern wird, brauchen. Außerdem mußten die Gobelins ausgesucht werden, da man eine große Auswahl hat und weil, was den Don Quijote betrifft, neben der Wahl der Darstellungen eine Abstimmung der verschiedenen Hintergründe zu erfolgen hatte.
So verblieben wir bei der gesamten Estherfolge, die in der Galerie ausgestellt war.
Dazu: Der Empfang des Sancho
Das Mahl des Sancho
Don Quijote wird von seinem Irrsinn geheilt
Die Jagd des Don Quijote oder Die Angst des Sancho
Ich gebe keine Maße an, weil sie denen entsprechen, die in der Zusammenstellung aus dem Jahre 1785 stehen [die nie geschickt wurde]. Die von 1786 ist noch nicht fertiggestellt, da sie immer am 1. Juli, bis zum 1. Juli des darauffolgenden Jahres gehend, erscheint.
Die Objekte der Teppichmanufaktur sind:
ein großer, 20 Fuß, 4 zu 16, 31°
idem, 18 Fuß, 4 zu 17, 7°
ein mittlerer, 14 Fuß, 6 zu 10, 11°
ein kleiner gelber, 10 Fuß, 1 zu 9
Man wird im Verzeichnis des Depots einen Teppich finden, der ungefähr vergleichbar mit dem ist, der 20 Fuß hat, aber er ist von der gleichen Art. Diese Wiederholung hätte mißfallen und den Eindruck eines Mangels an Modellen gegeben.
Es ist noch ein anderer mit 17 Fuß verzeichnet, aber außer der Tatsache, daß er sehr schmal ist, können weder Zeichnung noch Farben gefallen, vor allem nicht in einem Land, wo die

Erzherzogin Marie Christine nach C. H. Coypel, Die Jagd des Don Quijote

Antoine Vestier, François Mercy d'Argenteau, 1787

Tapisseriekunst sehr ausgeprägt ist und unsere Aubussons, gewöhnlich als Tapis de France gekennzeichnet, auf ihrem Niveau gehalten werden müssen.
Man hat diesen durch einen anderen mit 14 Fuß ersetzt, der prachtvoll ist, und weil man sich zu erinnern glaubte, daß die vorhandene Blumengirlande besonderes Gefallen erregt hat.
P. S.: Man zeigte den fremden Gästen nicht einmal die Eroberungen Ludwigs XIV.!

(42, 01/1919)

Comte d'Angiviller an M. Pierre
4. August 1786

Da der Comte de Bely knapp daran ist abzureisen, ist keine Sekunde zu verlieren, um ihm die Geschenke, Tapisserien und Teppiche der zwei Manufakturen auf Geheiß des Königs zu überreichen.
Das Geschenk der Gobelinmanufaktur besteht aus einer kompletten Esther-Serie und vier der schönsten aus dem Don-Quijote-Zyklus.
Die Teppichmanufaktur betreffend, hat Seine Majestät darin eingestimmt, vorläufig zwei der größten und schönsten, einen mittleren, größenmäßig eher dem ersten entsprechenden, und den kleinen gelben mit dem königlichen Wappen, der dem Herzog zu gefallen schien, zu schenken.
Ich möchte Ihnen auch gleich mitteilen, daß Ihre Majestät ihm auch noch zwei andere zugedacht hat, einen großen, den er auf dem Webstuhl gesehen hat, und einen anderen danach – auch von den größten – auf gelbem Grund, den man gleich anschließend beginnen und für den man die am wenigsten auffallenden Farben wählen müßte.
Da Sie – wie man mir berichtet – vielleicht von der Unpäßlichkeit, die Sie gehabt haben, noch nicht wiederhergestellt sind, wäre es nützlich, wenn dem so ist, M. Belle oder M. Gibert rufen zu lassen, um mit ihnen diese zweifache Angelegenheit zu regeln. Sie würden mir einen großen Gefallen tun, wenn Sie darauf achten würden, daß alles schnellstens zu mir geschafft wird, wo schon das andere bereitliegt, um es dem Herzog zu bringen.

(42, 01/1919)

Königin Marie Antoinette an Graf Mercy d'Argenteau
August 1786

Ich habe den König um die Summe gefragt, die er für das Geschenk an meine Schwester auszugeben gedenkt. Er weiß auch nicht mehr als ich auf dem Gebiet, aber ich glaube, daß irgendein geschmackvolles und formschönes Möbelstück das vernünftigste wäre, und Sie können zwischen 75 und 100 Louis dafür ausgeben. Ich glaube, daß das mit Zinsen die Freude bezahlt, die der König über die häßlichen Dosen meiner Schwester gehabt haben muß . . .
Mein Schwager geht Montag mit dem König auf die Jagd. Versuchen Sie, wenn möglich, deutlich zu machen, daß ich diese Tage für meine Geschäfte benötige und allein zu sein wünsche, so daß sie nicht zu kommen verlangt, denn das würde mich sehr stören . . .

(49, 105)

Graf Mercy d'Argenteau an Joseph II.
Paris, 20. August 1786

Das Beisammensein der beiden erlauchten Schwestern verging nicht ganz ohne Schwierigkeiten, und trotz meiner Bemühungen, sie zu verhindern oder zu verscheuchen, gelang mir dies nicht immer so, wie ich es gewünscht hätte. Falsche Vorstellungen haben die Königin bewogen, der Erzherzogin die Neigung zuzuschreiben, über andere dominieren zu wollen. Daher entstand die Diskrepanz zwischen dem Wunsche der Erzherzogin, sich oft und lange in Versailles aufzuhalten, und den Bemühungen der Königin, diese Besuche zu verhindern oder zu verkürzen. Nichts von alledem gelangte an die Öffentlichkeit oder wurde gar erwidert. Der König war die Aufmerksamkeit und die Zuvorkommenheit selbst: Geschenke, wie Tapisserien, Teppiche, Porzellan, wurden mit großer Artigkeit gemacht. Alle Befehle, den hohen Besuchern die Wünsche von den

Augen abzulesen, wurden gegeben und auch ausgeführt. Von ihrer Seite her wurde mit größtmöglicher Bemühung dieser freundliche Empfang erwidert. Ganz Paris und Versailles waren höchst erfreut über die Leutseligkeit und Güte Ihrer königlichen Hoheiten. Die Abreise wurde für den 28. dieses Monats angesetzt, die Route soll sie über Lorient und Brest und zurück der Küste entlang über St. Malo, Calais, Cherbourg und Dünkirchen führen. Es ist außer Zweifel, daß sich die beiden erlauchten Schwestern in aller Freundlichkeit trennen werden, aber es kommt mir nicht so vor, als ob ihr Zusammentreffen die Bande enger geknüpft hätte.

(46, II/39)

JOSEPH II. AN GRAF MERCY D'ARGENTEAU
WIEN, 31. AUGUST 1786

... Ich hatte vorausgesehen, daß der Charakter der Königin und der meiner Schwester Marie nicht für ein sehr intimes Verhältnis geschaffen sind, aber wenn nur alles in Ordnung vor sich ging, dann ist das geschehen, was notwendig war ...

(46, II/42)

WENZEL FÜRST KAUNITZ AN GRAF MERCY D'ARGENTEAU
6. SEPTEMBER 1786

... Ich war gar nicht erstaunt über die Art des Besuches von Madame Marie in Frankreich. Es mußte so sein und konnte nicht anders vor sich gehen, wenn man die beiden Personen kennt ...

(46, II/45)

Das Reisejournal von der Rückreise über die Normandie verfaßte Erzherzogin Marie Christine.

REISEJOURNAL AN DIE FRANZÖSISCHE KÜSTE
DEN 1STEN 7BRIS

Um 6 Uhr früh sezten wir unser reyße auf Nantes fort, wo wir noch 4: Uhr Nachmittag ankamen. Der weeg ist zum theile hüglicht und steinig, doch daß land schön und fruchtbar. Auf der 1sten post stiegen wir ein Augenblick auf daß landgut der Mr. Servant marechal de Camp zu sehen, welches aber, so wie die übrige orte so wir diesen tage durchstriechen nichts merckwürdiges presentirt. Die Stadt Nantes welche gegen 90 000 bis 100 000 Menschen an population haben soll, ist auf seinen vorstädten von einem sehr grossen umfang. Der innere theil davon ist noch alt und schlecht gebauet, außwärts aber und von beeden seiten des grossen quai sind hohe und schöne Häußer, die schönste jedoch an der promenade public so zwischen den kleinen Flüßel tertue und einem anderen Mauer des alten Schloßes fliessenden arm der loire. Daß merkwürdigste unter allen gebäuden ist die nicht weit von dieser promenade neuerbaute, chambre des comptes.

(9, P 298)

BREST, 8. SEPTEMBER 1786

M. le comte et Madame la comtesse de Beli waren den ganzen Vormittag am Hafen. Aber der schreckliche Wind und der Regen nach dem Essen haben sie bis 6 Uhr in ihren Gemächern zurückgehalten, der Zeitpunkt zu dem sie in die Comédie gingen; man gab „le Mariage secret" und „la Dot". Sie waren in der Loge der Marine mit M. de la Motte-Piquet, M. de Moynier und de la Porte-Vezin; andere Offiziere der Generalität sind später gekommen. II. KK. HH. haben alle beim Hereinkommen und Weggehen gegrüßt, es wurde geklatscht, die Menge war unübersehbar.

BREST, 10. SEPTEMBER 1786

Ihre königlichen Hoheiten sind diesen Morgen zu Pferd, begleitet von M. de Moynier und M. le Vicomte de Sartiges, ausgefahren, um die Forts der Umgebung zu besichtigen; sie werden zur Parade wiederkommen. Der Nachmittag ist der Besichtigung des Schlosses gewidmet, dem Waffensaal, dann dem Theater und anschließend einem Bal de nuit.
Man ist anscheinend zufrieden mit der Erzherzogin; sie lebt sehr einfach und schläft am Boden auf einer Roßhaarmatratze. Sie wollte nichts annehmen. Man hat sich über ihre Großzügigkeit nicht ausgesprochen. Sie wird sicherlich sehr über das Gesehene zufrieden sein. (Man glaubt, daß sie erst nach dem Diner – morgen – wegfahren wird.) Heute gibt man in der Comédie „Richard Coeur de Lion", und eine Stunde danach wird ein Ball stattfinden.

(50)

MARIE CHRISTINE AN ELEONORE LIECHTENSTEIN
12. OKTOBER 1786

Paris hat mir für kurze Zeit, für vierzehn Tage, gefallen; aber ich möchte nicht immer dort leben, für nichts auf der Welt, auch nicht als Königin. Diese ist sehr schön und liebenswert, und man kann nicht zufriedener sein, als ich es bin. Ihre Kinder sind reizend und der König – ohne liebenswert zu sein – verdient, tiefer gekannt zu werden: Er hat einen festen, sehr ehrenwerten Charakter, meint es immer gut und macht seine Frau sehr glücklich. Wir wurden von Geschenken erdrückt,

Tapisserien, Teppiche, Porzellan in großen Ausmaßen und wunderschön. Aber das meiste ist für mich nicht zu gebrauchen.
(38)

ALBERT
1786

Wir fanden bei unserer Rückkehr aus Frankreich in Tournay nur den Duc d'Ursel vor, der die Truppen befehligte, die damals dort in Garnison standen. Was er uns bei dieser Gelegenheit über die Empfindungen in den Niederlanden berichtete, die über die schon eingeführten und noch geplanten Veränderungen, den Befehlen des Kaisers gemäß, entstanden waren, eröffnete uns keine angenehme Perspektive auf das, was uns im Land erwarten würde.
(1, III/170)

Die Reformen Josephs II. hatten immer weitergehende Widerstände zur Folge. Nachdem zuerst die Aufhebung von verschiedenen Klöstern ziemlich ruhig von der Geistlichkeit hingenommen worden war, trafen die Schließung der bischöflichen Seminare, an deren Stelle zwei staatliche Generalseminare in Löwen und Luxemburg treten sollten, und die geplante Neuorganisation der Universität von Löwen auf schärfsten Widerstand nicht nur von seiten des Klerus, sondern auch der anderen Stände.

Louis Pierre Froment, Kardinal J. H. Franckenberg

ALBERT
1786

Die vorhergegangene Bekanntmachung des neuen Systems, das seit dem Frühjahr 1786 verbreitet wurde, hatte wirklich eine recht allgemeine Unzufriedenheit bewirkt.
Die Nachricht von der Etablierung der neuen Verwaltung und die Furcht vor der Macht, mit der man sie ausgestattet glaubte, hatte gegen Ende des Sommers die beginnende Unruhe noch verstärkt. Die eingeführten Änderungen sowohl der Stiftungen als der Privilegien an der Universität Löwen und schließlich die Ankunft der neuen, von Wien abgesandten Vorsteher der verschiedenen Fakultäten, die sogar der Sprache dieses Landes unkundig waren, steigerte dies noch weiter. Hand in Hand damit ging die Entlassung der alten Professoren, denen von der Regierung Ultramontanismus vorgeworfen wurde; man ersetzte sie durch andere, die mit nicht verhehlter Betonung und Vehemenz ganz entgegengesetzte Prinzipien vertraten. Dabei wurden Lehren vertreten, die in mancherlei Hinsicht sogar die Grundlagen der Religion angriffen und natürlich den Klerus aufs äußerste erbittern mußten. Die Befürchtungen des Volkes betrafen also auch seine Religion und die Ideen, die man sich in dieser Beziehung zurechtgeschmiedet hatte, und sie fanden auch ihre Bestätigung in Verordnungen über die Abschaffung verschiedener religiöser Zeremonien, Prozessionen und Bruderschaften und durch das Entfernen einiger Bilder, von Objekten der Verehrung und deren schmückendem Beiwerk. Immer mehr empörte sich das Volk über die Veröffentlichung von Erlässen, die ihre Votivfeste und Kirmesfeiern betrafen. Durch deren Beschränkung glaubte man erkennen zu können, man habe es sich zur Aufgabe gestellt, die Bevölkerung bis hin zu den unwesentlichsten Gebräuchen, denen besonders die Landbewohner seit Menschengedenken anhängen, zu verärgern.
(1, III/175)

Den eigentlichen Auftakt zum Ausbruch der Revolte bildeten die kaiserlichen Verfügungen vom 1. Jänner und 15. März 1787, die eine neue zentralistische Regierung an die Stelle der alten ständischen Verfassung der Niederlande setzten. Das Zentrum des Widerstandes war die Provinz Brabant, deren Verfassung – die „Joyeuse Entrée", die von jedem Herrscher beschworen werden mußte – den Untertanen im Falle einer Verfassungsverletzung von seiten des Souveräns die Gehorsamsverweigerung erlaubte. Als Gegenmaßnahme gegen die kaiserliche Verordnung verweigerte der Rat von Brabant am 19. April 1787 der Regierung die Steuern, bis die Verfassung wiederhergestellt sei.

ALBERT
1787

Das Volk von Brüssel ließ sich vor allem durch einen gewissen Advokaten van der Noot, einen aufrührerischen Schreihals, lenken, der den größten Einfluß auf die Gemüter gewonnen hatte und der in ihren Grundsätzen diejenigen unterstützte, die der Oppositionspartei angehörten.

(1, III/215)

HEINRICH VAN DER NOOT
ZU EINEM VERGLEICH MIT GRAF MIRABEAU

Ei! ein allerliebstes Gegenstück! Wie passend! Auch eine Angel, um welche sich ein Staat – umwälzte, ein wahrer belgischer Mir . . . – Keine Blasphemie, mein Herr! – Nun, ich dächte doch, die Ähnlichkeit wäre bis auf beider Ausschweifungen . . . – Daß Ihr armen Sünder doch immer daran zuerst Euch stoßt! Begreift Ihr denn nicht –? Doch wie solltet Ihr auch begreifen, wofür Ihr keinen Sinn habt! Also meinetwegen; laßt mir das Gold der Freiheit unberührt, und behaltet Euren aristokratischen Nagel. Was Ihr nicht versteht, das mögt Ihr indessen glauben, Ihr, die Ihr so willig unbesehen glaubt. Des Contrastes und nicht der Ähnlichkeit wegen ist dieser pendant hier aufgestellt; ein Hängestück, kein Gegenstück:

A cutpurse of the empire and the rule
That from a shelf the precious diadem stole
and put it in his pocket. HAMLET

(51, 119/1)

ALBERT
1787

Die Erbitterung, welche die Nation gegen den Minister [Belgiojoso] erfaßt hatte und bald keine Grenzen mehr kannte, richtete sich auch gegen diverse andere Beamte der Regierung, die man als seine Stützen und Agenten ansah. Sie wandte sich gegen jene, von denen man vermutete, sie seien im Einvernehmen mit ihm, um uns von der Einsicht und Führung der Geschäfte zu entfernen. Die Empörung ergriff nicht nur Brüssel, sondern auch die Provinzen, und sie war in der Hauptstadt endlich bis zu einem solchen Punkte angestiegen, daß man in den Artikeln, die sich die Stände uns abzufordern genötigt sahen, am 30. Mai verlangte, wir sollten aus unserem Conseil jene Personen entfernen, die sich solche öffentliche Animosität zugezogen hatten. Als das sicherste Mittel, das Volk zu beruhigen, das sich, wie sie sagten, nicht mehr zurückhalten ließ, forderten sie weiters, daß von nun an wir selbst alle Regierungsgeschäfte führen sollten. Der Minister war zu dieser Audienz nicht erschienen. Er war vorher benachrichtigt worden, daß ein solcher Vorschlag gemacht werden würde, und die Angst vor der Volkswut hatte ihn abgehalten, sich bei uns einzufinden. Gerade dieser Umstand machte unsere Lage in diesem Moment noch kritischer. Wir waren jeglicher Stütze beraubt und ohne alle Ratschläge jenes Mannes, den der Herrscher mit der Führung der Geschäfte, mit der Ausführung seiner Intentionen betraut hatte und dessen Meinung, gemeinsam mit dem Conseil, dem er vorstand, bis dahin alles, was geschehen sollte, bestimmt hatte. Wir mußten lediglich unsere Unterschriften daruntersetzen. Man mußte sich zuerst ohne jede Verzögerung entscheiden, entweder nachzugeben oder besagten Aufstand ausbrechen zu sehen. Dann kam es uns darauf an, alle Mittel der Rechtfertigung für unser Verhalten gegenüber dem Herrscher zu schaffen. So waren wir vorsichtig genug, dem Minister alle Punkte mitzuteilen, in welchen die Stände vorstellig geworden waren.
Er antwortete uns schriftlich, „daß in ersichtlicher Gefahr einer allgemeinen Revolte es gezieme, diese Provinzen unter allen Umständen dem Kaiser zu erhalten, anstatt sie ohne die geringste Aussicht auf Rückkehr auf alle Fälle zu verlieren".

(1, III/215)

Johann Balzer, Henri van der Noot, 1790

Am 30. Mai sicherten die Statthalter den Ständen mit einer Depesche die Aufhebung aller kaiserlichen Verfügungen, die im Gegensatz zur Joyeuse Entrée standen, zu.

Unbekannter Künstler,
Der Volksauflauf in
Brüssel am 9. Mai 1787

Unbekannter Stecher, Huldigung der Bevölkerung für Herzog Albert und Marie Christine

ALBERT
1787

Der Effekt unserer Depesche war ebenso prompt wie entschieden, und er schien zu beweisen, daß die öffentliche Meinung nicht das Resultat einer Aufwiegelung war, sondern ein echtes Gefühl widergab, das sich in einer so unvorstellbaren Weise ausdrückte.
Die Lesung unserer Depesche erfolgte vor Mitternacht im Ständehaus. Das Volk war noch auf der Grand' Place versammelt. Die Schreie des Aufruhrs verstummten plötzlich: Die Depesche war ein Signal der Freude, aber auch eine Mahnung zur Ruhe. Die Abgesandten eilten in alle Städte hinaus, in denen man das Ergebnis dieses Schicksalstages abwartete, und sorgten für Zufriedenheit und Ordnung. Überall gab es am folgenden Tage Danksagungen und öffentliche Fröhlichkeit. Ein Rausch der Freude führte zu unglaublichen Kundgebungen, aus denen wir versuchten, alle nur möglichen Vorteile zu ziehen, um so die

Aufgabe dem Herrscher gegenüber zu erfüllen und ihm das Land wieder zuzuführen, wie wir es geschworen hatten.

(1, III/220)

Alexander von Seckendorff an Karl Graf Zichy in Wien
Brüssel, 2. Juni 1787

Die Erzherzogin hat bei verschiedensten Gelegenheiten Kraft und bewundernswerten Mut entfaltet. Ihr Kopf ist, meiner Treu, noch der einzig wohlorganisierte, sie ist stets geistesgegenwärtig, und es liegt an ihr, an ihrem bewundernswürdigen Verhalten, an ihrem Geist und ihrer Entschlossenheit, daß der Kaiser diese Provinz noch in Händen hält. Ohne sie wäre alles verloren. Sie hat durch ihre rasche Entschlußkraft das Vertrauen der Nation, die sie, ihren großen Charakter bewundernd, anbetet, zu bewahren und sogar in höchstem Maße zu verdienen gewußt.
Sie riefen alle, Joseph II. erhalte uns unsere Privilegien, dann wird er wie Maria Theresia angebetet werden, er komme hierher, unser Blut, unser Leben, unsere Glieder geben wir für ihn. Haben wir je etwas abgelehnt? Was will er? Geld? Er soll es haben. Truppen? Er soll sie haben. Warum die Verfassung eines Landes ändern, das durch eben diese blüht, das reicher ist, als alle neu organisierten Länder. Er lasse uns durch unsere Statthalter regieren und nicht durch einen Minister, der ein zweiter Herzog Alba ist, und er wird sehen, daß die Liebe alles bei dem belgischen Volk ausrichtet, daß aber die Gewalt und die Gewalttätigkeit es verhärten und zur Verzweiflung treiben. Das waren die Worte eines jeden Bürgers.

(3, Nachlaßslg. sign. B/71–1/2)

Marie Christine an Eleonore Liechtenstein
7. Juni und 27. Juni 1787

Ich sehe nur das Unglück voraus, daß diese schönen Provinzen für den Kaiser und sein Haus für immer verlorengehen oder durch einen blutigen Krieg, der das Land ruiniert, wiedererobert werden müssen, wenn er nicht ratifiziert, was provisorisch angeordnet ist, wenn er nicht Belgiojoso so abberuft und die Vollmachten auf uns überträgt oder jemand von Wien schickt, um mit den Ständen nach ihrer Verfassung eine Vereinbarung zu treffen. Dann werden sie bereit sein, ihr Leben, Geld und Gut dem Kaiser zu weihen, wie sie jetzt alles tun werden zur Aufrechterhaltung ihrer Konstitution. Unsere Lage ist schrecklich; man bewacht uns, wir könnten nicht abreisen, auch wenn wir wollten. Ich weiß nicht, warum ich bei alledem noch nicht verzweifelt bin, aber Gott gibt mir seine Gnade und die notwendige Kraft. Ich habe für mich wenigstens den Trost, daß der Kaiser, wenn wir nicht gewesen wären, diese Provinz schon verloren hätte und daß wir in allem unserer Pflicht und unserem Gewissen gemäß gehandelt haben ...
Gott möge nur bald den Kaiser von dieser unglückseligen Reise zurückführen ...

(15, 256 bzw. 38)

Kaiser Joseph II. war im Mai und Juni, einer Einladung von Kaiserin Katharina II. folgend, auf die Krim gereist.

Albert
1787

Die so lange erwarteten kaiserlichen Beschlüsse kamen endlich durch Kurier am 6. Juli an, aber sie entsprachen bei weitem nicht den Wünschen der Nation: in keiner Weise zeigte sich die Absicht, anzuerkennen, was wir verkündet hatten. Im Gegenteil, wir erhielten seitens Seiner Majestät Briefe, die seine tiefe Mißbilligung in den empfindlichsten Worten ausdrückten.
Diese Mitteilungen waren von einem Brief des Fürsten Kaunitz begleitet, den er uns auf Befehl des Kaisers geschrieben hatte; der Brief enthielt das Original eines Plein-Pouvoirs, mit welchem der Kanzler uns berechtigt hatte, mit den Ständen über die Punkte ihrer Forderungen zu verhandeln. Der Herrscher hatte ihm diesen Entwurf, statt ihn zu unterfertigen, zerrissen zurückgeschickt und ausdrücklich verlangt, ihn uns so zukommen zu lassen.

(1, III/229)

Die Generalstatthalter und Belgiojoso wurden nun nach Wien berufen und die Regierung einstweilen an den Militärkommandanten Graf Murray übertragen. Auch die Stände wurden in einem Schreiben aufgefordert, Abgeordnete von allen Provinzen nach Wien zu schicken. Mancherorts in den Niederlanden plante man, die Abreise Alberts und Marie Christines zu verhindern, da man annahm, sie würden in Wien ihres Amtes enthoben werden.

Marie Christine
Freitag, 6. Juli 1787

Am Morgen war die ganze Stadt in Aufruhr wegen der Mitteilungen, die wir den Ständen hatten machen müssen. Zu Mittag schickten wir Cornet de Grez zu ihnen, um ihnen einen Teil der Depesche mitzuteilen. Das verursachte große Aufregung. Das Volk erklärte, daß man uns nicht wegfahren lassen würde und es eher zur Revolte käme. Man hatte sogar vor, soweit wir gehört hatten, uns auf der Landstraße anzuhalten. Wir hatten die Absicht, noch in derselben Nacht abzureisen, aber der Minister bestand darauf, noch die Ankunft des zweiten Kuriers abzuwarten, vor allem deshalb, weil General Murray, der Statthalter ad interim sein sollte, sein Patent noch nicht erhalten hatte. Gott gebe, daß der zweite Kurier bessere Nachrichten bringen wird, sonst könnte der Zeitverlust unsere Abreise noch schwieriger gestalten. Die zwei ersten Stände waren mittlerweile bei uns, um uns zu ersuchen, hierzubleiben. Wir erklärten ihnen aber, daß wir die Befehle Seiner Majestät ausführen müßten.

SAMSTAG, 7. JULI 1787

Da der Minister uns durch sein Billet Nr. 145 zurückgehalten hatte, beschlossen wir, hier am Lande zu bleiben, ohne die Stadt zu betreten und uns in nichts entscheidend einzumischen, da Seine Majestät zu mißbilligen schien, daß wir dies getan hatten, und gaben Graf Belgiojoso und General Murray den Auftrag, alles gemeinsam zu regeln. Am Abend erfuhren wir dann, daß die Nachricht unserer Abreise eine schreckliche Unruhe ausgelöst hatte, daß man sich dadurch vom Bürgerkrieg bedroht fühlte und tausenderlei ähnliches Gerede, eines ärger als das andere. Der Minister und Cornet de Grez schlugen vor, daß man dem Fürsten Kaunitz ein Postskriptum schicken solle. Darin wollte der Minister sagen, daß er es bei der gegenwärtigen Lage der Dinge nicht verantworten könne, unserer Abreise zuzustimmen, weil dadurch ein noch größeres Unheil geschehen könne. Weder er noch wir würden wegfahren, bevor wir nicht eine Antwort auf diesen Kurier erhalten hätten. Dieses Postskriptum wurde wohl geschrieben, aber während M. Cornet in der Zwischenzeit zu uns aufs Land gekommen war, änderte der Minister seine Meinung und schickte den Kurier ohne das Postskriptum ab.

(9, P 298, Journal der Erzherzogin Marie Christine für die Monate April, Mai, Juni, Juli 1787)

ALBERT
1787

Wir hatten daher alle nur möglichen Mittel in Bewegung gesetzt, um den Ständen der verschiedenen Provinzen klarzumachen, daß sie sich den Wünschen des Kaisers nicht widersetzen könnten, ohne sich vor ganz Europa schuldig zu machen. Es gelang uns endlich, sie in der Versammlung der Stände aller Provinzen am 18. Juli davon zu überzeugen.

(1, III/229)

Am 19. Juli verließen die Generalstatthalter Brüssel, um sich nach Wien zu begeben.

ALBERT
1787

Je näher wir Wien kamen, desto alarmierendere Neuigkeiten hörten wir über die Einstellung des Kaisers gegenüber seinen Untertanen in den Niederlanden. Wir beschleunigten daher unsere Reise in der Hoffnung, durch ein möglichst frühes Eintreffen diesen Provinzen nützlich sein zu können. So gelangten wir in sieben Tagen in die Hauptstadt. Man bereitete uns einen ziemlich guten Empfang; aber was immer wir dem Kaiser über die Gründe der Unzufriedenheit sagen wollten, wir erreichten es nie, daß er sich darüber in zusammenhängende Einzelheiten einließ, auch nicht über die Denkschrift, die wir verfaßt hatten. Es gab sogar Leute, die uns nicht verhehlten, daß der Kaiser die Absicht habe, uns des Amtes als Statthalter zu entheben, und er selbst wiederholte immer wieder: er wünsche sich nicht mit dem zu beschäftigen, was geschehen sei, sondern mit dem, was von jetzt an zu tun wäre. Wir sahen uns daher darauf beschränkt, unsere Denkschrift dem Fürsten Kaunitz zu unterbreiten, deren Inhalt die Beobachtungen über die Umstände und Beweggründe darstellten, die unsere Schritte während der Unruhen rechtfertigen konnten. Wir brauchten wenig Zeit, um zu erkennen, daß alles, was wir über den Zorn, den der Kaiser gegen die Bevölkerung und vor allem gegen die Stände hegte, gehört hatten, nicht im geringsten übertrieben war. Er hatte aus dem Aufruhr die Folgerung gezogen: er sei seiner Herrschaft entblößt und damit aller darin wurzelnden Rechte beraubt. In diese vor allem wünsche er wiedereingesetzt zu sein: nach dem Rechtsgrundsatz, der besagt: spoliatus ante omnia in integrum est restituendus. Mehr als einmal wiederholte er uns dies. Er folgerte weiters daraus, daß alles, was seit dem 1. April gemacht worden sei, für immer aufgehoben sei und für null und nichtig erklärt werden müsse.

Diese allgemeine Erklärung mit ihren Konsequenzen, die er uns als Beschlüsse zur Kenntnis brachte, schien uns in ersichtlichem Widerspruch zu stehen mit den uns gegebenen Versicherungen, wir sollten alles uns nützlich Erscheinende unternehmen, was die Aufrechterhaltung der Verfassung im Lande gewährleistete. So bemühten wir uns, alles nur Mögliche und Erlaubte zu tun, die Aufmerksamkeit auf all das zu lenken, was ihn zu irgendwelchen Änderungen oder Modifikationen seiner Beschlüsse bewegen könnte.

Unterdessen hörte man, die Mitglieder der Stände hätten sich kurz vor unserer Abreise an den Geschäftsträger Frankreichs gewendet, um ihn über die Interessen zu befragen, die sein Hof an den Angelegenheiten der Niederlande hätte. Zugleich teilten sie ihm ihre Absicht mit, Abgesandte nach Versailles zu schicken, um die Vermittlung des Königs zu erbitten.

Diese Neuigkeit war, wie man sich denken kann, am wenigsten geeignet zu beruhigen, und schon gar nicht, den Zorn des Kaisers gegen die Nation zu besänftigen.

Schließlich war es unsere den Ständen unmittelbar vor der Abreise gegebene Erklärung, die – genau wie wir es befürchtet hatten – am meisten dazu beitrug, seinen Zorn zu entfachen.

Die Folgen waren: der Kaiser wollte im Ton eines erzürnten Herrschers sprechen, allerdings erkannte er, daß die momentane Lage der Truppen ihm dies nicht allzusehr erlauben würde, ohne Verstärkungen aus seinen anderen Ländern zuzuziehen, was er vermeiden wollte, und so gab er unverzüglich den Befehl, daß sich der Großteil der Truppen, die sich in den Niederlanden befanden, zwischen Brüssel und Mecheln zu versammeln hätte.

(1, III/233)

JOSEPH II. AN GROSSHERZOG LEOPOLD
30. AUGUST 1787

Liebster Bruder,
da ich heute wichtige Eilboten nach Frankreich und Rußland abzufertigen habe, muß ich sehr kurz sein. Anbei füge ich die Schriftsachen der Woche. Der Krieg, den diese verdammten Türken soeben Rußland erklärt haben, und die Gefangensetzung des Ministers Bulgakow in den sieben Türmen trotz der Vorstellungen und Drohungen meines und des französischen Gesandten bringen mich in die Lage des casus foederis, denn sie greifen Rußland an. Kaum habe ich alles ein bißchen geflickt, was man während meiner Abwesenheit in den Niederlanden verdorben hatte, so kommt schon wieder eine andere Belästigung, ein Krieg in diesen verwünschten Ländern mit allen Krankheiten, Pest, Hungersnot und für wenig Gewinn. Man muß sich schließlich damit abfinden, sein Leben in Unruhe und Mühsal zu vollbringen.

(27, 159)

Bulgakow war der russische Gesandte in Konstantinopel. Am 24. August hatte Rußland der Pforte den Krieg erklärt, Österreich folgte seinem Bündnispartner am 9. Februar 1788. So waren die österreichischen Streitkräfte im Osten gebunden, und die Truppen in den Niederlanden konnten nicht verstärkt werden. Während der Abwesenheit der Statthalter hatte Murray vergeblich versucht, sich mit unzureichenden militärischen Kräften – die meisten seiner Soldaten stammten aus der Provinz und waren unzuverlässig – gegen die Bevölkerung durchzusetzen. Er mußte schließlich genau wie die Statthalter selbst die Zurücknahme der Maßnahmen Josephs II. bestätigen. Am 8. Oktober 1787 ersetzte der Kaiser daraufhin Murray durch General d'Alton, anstelle von Belgiojoso kam Graf Trauttmansdorff. Als dieser wieder auf die Edikte Josephs II. zurückgriff, kam es erneut zu Unruhen.
Albert und Marie Christine fuhren am 13. Jänner wieder von Wien ab, nachdem sie kurz vorher noch der Hochzeit von Erzherzog Franz mit der Prinzessin Elisabeth von Württemberg beigewohnt hatten.

JOSEPH II. AN GROSSHERZOG LEOPOLD
10. JÄNNER 1788

Liebster Bruder,
ich habe Deinen lieben Brief erhalten und bin entzückt, daß Deine Kinder verheiratet sind. Gestern haben wir unsere Festlichkeiten hier mit einem großen Hofball beendet, er war sehr gelungen, und ich glaube, daß alle Leute zufrieden und fröhlich waren. Dein Sohn scheint sehr aufgeräumt und glücklich mit seiner Frau – und sie ebenfalls.

David Weiß, Ferdinand Fürst Trauttmansdorff

Bald sind wir wieder allein; aber das wird nicht lange dauern, denn in den letzten Tagen des Februars werde ich mit Franz zur Armee abreisen, um alles Nötige vorzubereiten, damit Ende März unsere Unternehmungen beginnen können.

(27, 111)

ALBERT
1788

Ich hatte mich kurze Zeit vor unserer Abreise beim Kaiser gemeldet, um ihm meine Dienste in dem Kriege, den er gegen die Türken beginnen wollte, anzubieten, und er bewies mir seine Genugtuung, sagte sogar zu jemandem, der es mir wiedererzählte, er sei um so mehr von diesem Beweis meines Eifers gerührt gewesen, als er ihn in diesem Moment nicht erwartet hatte. Er glaubte allerdings mein Anerbieten nicht annehmen zu können, wollte es aber für andere Gelegenheiten aufheben. Wir hofften damals nach unserer Rückkehr nach Brüssel wenigstens in unserem Wohnsitz die Ruhe zu genießen, wie sie der Aufenthalt in der Hauptstadt Wien niemals hatte bieten können. Wir bedachten aber nicht, daß wir durch unseren unglücklichen Stern bestimmt sein würden, von nun an Zeugen aller jener Szenen zu werden, die sich jetzt abspielen sollten. Mittlerweile hatte sich während der Zeit unserer Reise hier so

manches ergeben, was wenig Aussicht auf eine große Freude bei unserer Wiederkehr bot.
Kurz vorher war der neue Oberbefehlshaber [d'Alton] angekommen. Er war im Lande als ein Mann voller Ehrgeiz angekündigt worden, voller Intrigen, nur auf Ruhm und Reichtum bedacht und in der Wahl der Mittel nicht sonderlich empfindlich. Man durfte auch nicht gerade Feingefühl im Vorgehen erwarten, mit dem er Gunst und Vertrauen des Herrschers erlangen wollte. Nicht zuletzt war er völlig selbständig, was seine militärischen Entschlüsse betraf, von jeglicher Autorität außer der des Hofkriegsrates unabhängig.

(1, III/256)

Albert
Jänner 1788

Beim Anblick einer beträchtlichen Menge von Menschen, die ihre Neugierde vor dem Hotel du Conseil de Brabant in Brüssel versammelt hatte, erließ der Oberbefehlshaber unverzüglich seine militärischen Anordnungen. Verschiedene Abteilungen der Armee marschierten gegen die Grand' Place und wurden von ein paar elenden Herumtreibern beschimpft. Eine Patrouille feuerte eine Salve ab, die einige niedermachte. Die ganze Garnison trat darauf unter die Waffen, besetzte das Rathaus und die Stadttore.
Diese Nachricht erreichte uns in Bonn in dem Moment, als wir schon vom Kurfürsten von Köln Abschied genommen hatten und eben im Begriffe waren, den Wagen für die Fahrt nach Brüssel zu besteigen. Einen Augenblick zauderten wir, ob wir unseren Weg fortsetzen sollten, wurden dann doch dazu durch einen Brief des Ministers überredet, der hoffte, daß gerade unsere Ankunft die Ruhe in den Gemütern wiederherstellen würde.
Wir entschlossen uns also zu fahren, richteten aber unsere Reise so ein, daß wir zu einem Zeitpunkt ankämen, wo man uns noch nicht erwartete, weil Graf Trauttmansdorff uns angegeben hatte, er könne nicht dafür stehen, ob der Anblick der Volksmenge, die sich zu dieser Gelegenheit zusammenrotten würde, nicht noch einmal den Oberbefehlshaber zu ähnlichen militärischen Maßnahmen hinreißen könne.

(1, III/259)

Marie Christine an Graf Trauttmansdorff
6. Februar 1788

Ich habe eine Liste aller jener meiner Leute verlangt, die brabantisch sind, vor allem jener aus Brüssel, ohne sonst das geringste hinzuzufügen. Das verbreitet große Bestürzung. Wir haben ferner gleich jedwede Bestellung für das Haus eingestellt und schicken unseren Lieferanten nach Mecheln, um die Einkäufe für die ersten Wochen vorzunehmen. Wir rechneten damit, zunächst in Laque [Laeken] zu bleiben. Als die Stadttrommler, die sonst immer zu den Festtagen unter den Fenstern ihre Instrumente rühren, heute morgen aus Anlaß des hl. Josephstages gekommen sind, habe ich die Vorhänge schließen lassen, ohne ihnen das übliche Trinkgeld zu geben. Wir beginnen schon damit, einen Teil unserer Effekten zu verpacken und nach Schoonenberg zu transportieren. Ich hoffe aus ganzem Herzen, daß dies seine Wirkung tun wird. Wenn das nichts hilft, dann fürchte ich, daß auch ein vollkommener Verzicht auf unsere Stelle und unser Etablissement nichts mehr erreichen wird.

(52, 6)

Vorübergehend war durch die militärische Intervention eine Beruhigung der Lage eingetreten.

Marie Christine an Joseph II.
21. April 1788

Ich will nicht unterlassen, Dir über das, was im Lande geschieht, zu schreiben. Du bist in Kenntnis von allem, was die Angelegenheiten betrifft, und weißt, daß die Ruhe eher äußerlich als innerlich ist. Es wäre eine Täuschung, zu glauben, daß die Gemüter befriedigt sind und eine vollkommene Ruhe hergestellt sei. Die Geistlichkeit glaubt, ihre Prinzipien nicht aufgeben zu dürfen. Furcht und Mißtrauen herrschen überall, und es ist schwer anzunehmen, daß eine Rückkehr zu einer entgegengesetzten Gesinnung, einer Harmonie der Gedanken und zum alten Vertrauen erfolgen werde. Soweit unsere Stellung es erlaubt, haben wir alles dazu beigetragen. Du hast uns selbst Deine Anerkennung darüber ausgesprochen. In allem wird unsere Regel, unser Ziel sein, das zu erfüllen, was uns die Anhänglichkeit, die Pflicht Dir gegenüber vorschreibt. Möge Dich das von der Lauterkeit unserer Gesinnung, von unserem Eifer überzeugen. Mögest Du uns Deine wohlwollende Güte bewahren, um welche wir Dich zu bitten wagen . . .

(15, I/273)

Albert
1788

Die erwarteten Folgen stellten sich ein, als die Regierung bezüglich der Verlegung der Universität von Löwen nach Brüssel sowie der Schließung der bischöflichen Seminare von Mecheln und Antwerpen ihre Anordnungen erließ.
In Löwen und Brüssel war das opponierende Volk fast ohne Blutvergießen zurückgedrängt worden. Zu wesentlich schwereren Ausschreitungen aber kam es in Mecheln und Antwerpen. Es ist wahrhaftig schmerzlich, an die große Zahl der Opfer zu

denken, die nahezu alle unschuldig und ohne wirkliche Notwendigkeit durch die Übereilung des kommandierenden Offiziers und seiner Soldaten hingeopfert wurden. Die Regierung war, nach den ihr zugegangenen Berichten, überzeugt, daß man nun von den legalen Mitteln jenen gegenüber Gebrauch machen müsse, die am Entstehen der Zusammenrottungen Anteil hatten, eben den Urhebern der Unzufriedenheit und der Umtriebe. Man ließ jene, derer man habhaft werden konnte, durch Militär arretieren und bemächtigte sich der Papiere der anderen, die, um sich dem Gewahrsam zu entziehen, die Flucht ergriffen und das Land verlassen hatten. Bei dieser Gelegenheit hielt es der Minister vor allem für unentbehrlich, sich prozeßrechtlich der Person des Advokaten van der Noot zu versichern, der angeklagt worden war, der Autor aufrührerischer Schriftstücke zu sein, wie sie auch nach der Veröffentlichung der Amnestie gerichtlich verboten waren und trotzdem zirkulierten. Er wurde weiters angeklagt, das Volk zur Opposition und zur Revolte aufgewiegelt zu haben. Van der Noot kam solchem Zugriff zuvor, es gelang ihm die Flucht.
Alles dies erfuhren wir bei unserer Rückkunft von einer kleinen Reise, die uns zu meiner jüngsten Schwester nach Thorn und ihrem Landsitz Borbeck in der Nähe von Essen geführt hatte. Bei dieser Gelegenheit hatten wir auch eine Fahrt nach Düsseldorf unternommen [hier irrt sich Albert, die Reise fand erst im kommenden Jahr statt], um dort die berühmte Bildergalerie und die kostbare Sammlung mit Meisterwerken von Rubens und van der Werff zu besichtigen.

(1, III/268)

Vor allem durch den Einfluß des Staatsrates Cornet de Grez begannen die Stände einzulenken.

Joseph II. an Marie Christine
Semlin, 13. Juni 1788

Ich habe Deinen Brief erhalten, in welchem Du mir mitteilst, daß die ersten zwei Stände von Brabant die Steuern so pompös bewilligt haben. Man muß sehr darniederliegen, und die Dinge müssen ganz aus der Ordnung gekommen sein, daß man erstaunen oder sich freuen soll über etwas, das so einfach, so gerecht, so notwendig ist, oder daß man jene belohnen soll, die sich dabei als gutgesinnt zeigen wollen. Das soll hervorgehen aus dem vereinten Wirken der ganzen Gesellschaft für die öffentlichen Pflichten, für die Verteidigung des Landes, für die Verwaltung der Justiz und die Regierung im allgemeinen, die den Souverän mit den Individuen und diese wieder untereinander in der Gesellschaft vereinigt. Aber man ist noch nicht der Dupé, wenn man die Gefälligkeit hat, es zu scheinen, und ich weiß Dir und Albert viel Dank, daß Ihr mit soviel Einsicht und Eifer beigetragen habt, diesen ebenso schlechten wie armseligen Köpfen Vernunft beizubringen über die einfachsten Dinge der Welt.
Glaube mir, daß die Bewohner von Brüssel und die Niederländer im allgemeinen ihre Nachbarn nachahmen; der Grund ist holländisch und darüber französischer Firnis. Die Züchtigung, welche die holländischen Patrioten und die französischen Parlamente erfahren, haben Wirkung gehabt, und ich glaube, daß man sich überzeugt, wer die Gewalt in den Händen hat, wird auch das Recht behaupten. Wenn man fortfährt, mit Festigkeit zu handeln, wirst Du sehen, daß nach und nach alle diese Geschichten von Mißtrauen, Klagen und schlechter Laune aufhören werden; sie werden einsehen, daß sie damit niemandem einen Schrecken einjagen. Meine Gesundheit ist so leidlich, obwohl ich mich in dieser Passivität langweile; die Russen haben noch nichts unternommen und zwingen uns, die türkische Armee zu bewachen.

(15, I/277)

Grossherzog Leopold an Albert und Marie Christine
4. Juni 1789 *(Auszug eines Briefes in Abschrift von der Hand Marie Christines)*

Er sei, klagt Leopold, die niederländischen Staaten betreffend, ohne genaue Kenntnis, kaum eine Information erreiche ihn. Aus dieser Unfähigkeit heraus, sich einen Überblick zu verschaffen, ist er deshalb recht froh darüber, daß man in keiner Weise seinen Rat einholt. Er erläutert wieder seine allgemeinen Regierungsprinzipien, die – unausgesprochen – einen entschiedenen Gegensatz zu jenen Josephs bilden.

Gott sei Dank sehe ich, daß diese Schwierigkeiten bei Ihnen nicht mehr bestehen – alles scheint ruhig und geordnet zu sein –, ich glaube nur, daß die Streitigkeiten mit dem Kardinal [Graf Franckenberg] eher abstoßend waren, daß man den Bischöfen ihre Seminare belassen hätte können, indem man der Regierung eine Überwachungsmöglichkeit der Führung der Lehren eingeräumt hätte, da vor allem in religiösen Belangen nichts erzwungen werden kann und man so nur Heuchler erzieht, die die schlechtesten aller Untertanen sind.
In Frankreich spricht man jetzt viel von der Vollversammlung der Stände, es ist eine entscheidende Krise, und viele Unannehmlichkeiten entstehen durch Ungeschicklichkeit und da der König eine Null ist, schwach, ohne Willenskraft und beraten von Ministern mit Necker an der Spitze, die nichts Gutes wollen und die befürchten, daß die Finanzen und die Ordnung sich wiederherstellen würden, und daher nur die Uneinigkeit der Parteien unterstützen.

Leopold spricht sogar die Hoffnung aus, daß in Frankreich eine starke Ständeversammlung eine gerechtere und richtigere Konstitution erreichen könne:

Es gäbe dann endlich ein Vaterland, dem man sich zugehöriger fühlen würde, in dem es angenehmer und leichter wäre, Minister oder König zu sein, man könnte nur das Gute erwirken und müßte seinen Namen nicht für das Schlechte hergeben. Die Regeneration Frankreichs würde als Beispiel dienen, dem binnen kurzem alle Herrscher und Regierungen Europas – aus freiem Willen oder von den Völkern selbst gezwungen – folgen würden. Davon käme überall ein unendlicher Segen, das Ende von vielen Ungerechtigkeiten, Kriegen, Zwistigkeiten, Aufruhr, und es wäre eine der nützlichsten Moden, die Frankreich in Europa eingeführt hätte.

(4)

1789 verweigerten fast alle belgischen Provinzen wieder die Steuern, und der Kaiser fühlte sich dadurch von seinen Verpflichtungen gegenüber der Joyeuse Entrée entbunden. Um es nicht zu einem endgültigen Bruch kommen zu lassen, bemühte man sich auf Vorschlag von Trauttmansdorff, den dritten Stand zu verstärken, um durch ihn eine Unterstützung der Regierung zu erhalten, wie es gleichzeitig bei der Versammlung der Generalstände in Frankreich versucht wurde. Trotzdem verschärften sich die Gegensätze, die Regierung verkündete endgültig die Aufhebung der Joyeuse Entrée, und es kam, angeregt durch das Beispiel der Erstürmung der Bastille in Paris am 14. Juli, auch in Belgien Ende des Monats zum offenen Ausbruch der Revolution.

Albert
1789

Glücklicherweise gelang es uns, der unglücklichen Verpflichtung auszuweichen, noch einmal unseren Namen unter die eine wahre Umwälzung bedeutenden Edikte zu setzen, und es mag die einzige Art einer Dankesschuld sein, die wir vielleicht dem Minister gegenüber haben, daß er die Gelegenheit einer Rundfahrt von uns an der flandrischen Seeküste benützte, diese Maßnahme zu vollziehen. Es verhinderte allerdings nicht, daß er sich in einem Brief an den Kaiser folgendermaßen ausdrückte:
„Das mitfühlende Herz der Erzherzogin und ihres Gemahls leiden unendlich unter einem Schlag, welcher einen Staatskörper getroffen hat, den sie mehr lieben, als er es verdient. Jedes seiner Rechte, jedes Privileg ist ihnen genauso teuer wie ihr eigenes. Da man allem, was sie sagen, große Bedeutung beimißt, und dies vor allem in diesem Augenblick, bitte ich sie sehr, sich etwas im Hintergrund zu halten. Ich hoffe zwar, daß sie sich nicht äußern werden, bin aber sicher, sie werden sich verraten, und ich glaube sogar, sie werden darüber nicht böse sein."
Die Prinzipien, die der Revolution ihre erstaunliche Geschwindigkeit verliehen hatten, begannen sich nun auch in den Nachbarländern auszubreiten, und wir hatten in diesem Moment die Gelegenheit, einen Beweis davon in dem kleinen Lande Lüttich, während eines Aufenthaltes in Spa, wo meine Frau die Bäder besuchte, zu sehen. Eines Nachts entwaffneten die Bewohner des Ortes die Truppen des Erzbischofs, entrissen ihnen zwei Kanonen und führten diese im Triumphzug durch den Ort, was soviel Lärm verursachte, daß es selbst die Ruhe der Fremden störte.

(1, III/296)

Joseph II. an Marie Christine
26. Juli 1789

Ich habe Deinen Brief aus Düsseldorf erhalten. Ihr werdet dort die schöne Galerie bewundert haben, besonders wird der Prinz davon begeistert sein, denn man hält sie für eine der schönsten und reichsten. Der Regen wird Eure Reise sehr unangenehm gemacht haben, da Westfalen nicht gerade im Ruf steht, gute Straßen zu haben. Endlich ist in Brabant unsere Sache gewonnen und mit allem Erfolg, in aller Ruhe; man wird das Phantom vergessen, das dort seit zwei Jahren alle unglücklich gemacht hat. Man sprach von der Konstitution, ohne sie zu kennen, ohne einen anderen Vorteil zu haben als die Illusion und das Recht, einige Grobheiten sagen zu dürfen. In Frankreich sind die Dinge sehr verwirrt; man muß erst abwarten, zu was das neue Ministerium führen wird; sie werden Mühe haben; wenn der Grund nicht fest ist, ist es nicht möglich, etwas dauerhaft zu begründen.
Was meine Gesundheit betrifft, so habe ich seit neun Tagen keinen Rückfall der Schmerzen; aber ich huste und breche Blut. Ich esse mit gutem Appetit, mein Schlaf ist oft unterbrochen. Ich gehe nur zu Fuß, das Fahren schmerzt mich.

(15, II/15)

Die ersten Emigranten verlassen Frankreich, sehr viele von ihnen begeben sich in die Niederlande.

Comte d'Espinchal
21. Juli 1789

M. le Prince de Condé und seine vier Kinder, aber ohne Suite, werden einen Besuch bei der Erzherzogin Christine, Statthalterin der Niederlande, Schwester der Königin, und ihrem Gemahl, dem Herzog Albert von Sachsen-Teschen, machen.

(53, 26)

Joseph II. an Marie Christine
29. Juli 1789

Ich habe Deinen Brief erhalten. Derselbe Kurier brachte mir die Nachricht von den unglaublichen Ereignissen in Frankreich. Trauttmansdorff hat sehr wohl daran getan, denn bis zu dieser Stunde weiß ich noch kein Wort von Mercy. Es ist unbegreiflich, wie die Dinge soweit kommen konnten und wie man dem König zu einem Akt der Autorität raten konnte, ohne früher

Unbekannter Stecher, Abreise der Emigranten

Unbekannter Stecher, Ankunft der Emigranten

vorgesorgt, ohne eine Disposition getroffen zu haben, und wie die Einnahme der Bastille die Köpfe in Versailles so verwirren konnte, daß sie allen Mut verloren haben und der König, beschimpft, wie im Triumph nach Paris geführt wurde. Wenn man das in der Geschichte lesen wird, wird man es nicht glauben wollen. Deine Gäste [die Emigranten] werden nicht inkommodiert sein und nach Hause zurückkehren; sie haben eine miserable Rolle gespielt. Ich bin wegen meiner Schwester wahrhaft in Unruhe, denn ich erfahre nichts, und sie ist allein; alle ihre Bekannten haben sich gerettet. Man ist sehr gereizt gegen die Königin, weil man sie für eine Antidemokratin hält. Adieu, sorgen wir dafür, daß dieses Beispiel nicht die Köpfe bei uns verdreht.

(15, II/16)

Marie Christine an Eleonore Liechtenstein
1. August 1789

Was sagen Sie, meine teure Freundin, über die schreckliche Lage meiner armen Schwester in Paris? Ich leide sehr mit ihr. Wer hätte gedacht, daß es in einer Stadt wie Paris solche Grausamkeiten gäbe. Welch ein Schauspiel, alle diese Prinzen, diese Grandseigneurs zu sehen, die ihr Zuhause verlassen mußten, die alles verloren haben. Das läßt triste Gedanken aufkommen und belastet die Seele. Der arme Comte d'Artois, den man in einem schlechten Gasthof bei Namur vergeblich warten ließ, diese armen Kinder.

(38)

Marie Christine an Eleonore Liechtenstein
6. September 1789

Dieser gute König [Ludwig XVI.] ist sehr zu bedauern, dies hat er nicht verdient. Seine Absichten und Pläne waren nur auf das Glück und das Wohlergehen seiner Völker gerichtet. Er war zu meiner Schwester zu gut, aber auch zu launenhaft. Sie ist jetzt das Opfer. Die Erbitterung, die man gegen sie hegt, alles das, was man gegen sie sagt und druckt, ist unvorstellbar. Trotzdem hat sie meiner Meinung nach das einzig Richtige getan: weder Drohung noch Furcht konnten sie aus Versailles wegbringen und sie vom König trennen.

(38)

Als Joseph II. schwer erkrankte, teilte Leopold den Statthaltern Albert und Marie Christine für den Fall seines Herrschaftsantrittes von Florenz aus bereits seine Leitgedanken für die künftige Regierung der Niederlande mit.

Grossherzog Leopold an Albert und Marie Christine
August 1789 *(Auszüge in Abschrift von der Hand Alberts)*

1. Die Statthalter haben sofort die Befugnisse, die ihnen bei ihrem Regierungsantritt anvertraut wurden, wieder zu übernehmen, und es sind daher Militär- und Zivilverwaltung ihren Befehlen erneut zu unterstellen.
2. Jegliche militärischen Vorkehrungen sind zu unterbinden, indem man den Truppen verbietet, gegen das Volk zu agieren; ausgenommen sind allein die Fälle, wo man ihre Hilfe zur Sicherung der öffentlichen Ruhe anfordert. Die außerordentlichen Gardepatrouillen, die den Anschein eines Mißtrauens oder eines Kriegszustandes im Volk erwecken, sind aufzuheben.
3. Die Statthalter haben sofort die Ständeversammlung einzuberufen und ihr zu versichern, daß der Herrscher, da er nur ihr Bestes im Auge hat und nur mit ihrem Einverständnis zu handeln gewillt ist, wünschen würde, daß ihm alle Beschwerden und alle Vorschläge, die sie in bezug auf die Joyeuse Entrée haben könnten, direkt unterbreitet werden.
4. Es scheint wünschenswert, die Stände aller Provinzen in einer den gegebenen Umständen entsprechenden Weise einzuberufen.

5. Es sind nicht nur die obengenannten Erklärungen abzugeben, sondern auch Vorschläge zu machen für einen Pakt oder Kontrakt zwischen dem Herrscher und der Nation, der den Ländern ihre Freiheiten, Konstitution und Privilegien vollständig sichert. Man wird darin vor allem jene Punkte zusichern, die bestimmen, daß niemand willkürlich verhaftet werden kann, daß niemand verurteilt werden kann, außer durch seine zuständigen Gerichte, und daß Steuern nur in Form von temporären Subsidien eingehoben werden können. Man wird ferner darin vorschlagen, die Universität von Löwen wiederherzustellen und das Generalseminar aufzulösen, indem man den einzelnen Bischöfen ihre Seminare wieder überläßt. Schließlich wird man ihnen die Absicht kundtun, daß man alles, was zum Nutzen des Landes dient, nur im gemeinsamen Einverständnis mit den Ständen beschließen wird. Man wird von ihnen fordern, daß sie Petitionen, die sie vorzubringen für notwendig erachten, durch eine kleine Zahl von gewählten Deputierten dem Herrscher selbst überreichen.
6. Eine Generalamnestie ist zuzusichern, indem man den Verbannten gestattet heimzukehren. Keinerlei Untersuchungen wegen früherer Handlungen werden mehr angestellt.
7. Man wird unverzüglich diese Intentionen in allen Provinzen bekanntzumachen haben, um jeglichem Aufstand oder Aufruhr vorzubeugen und dadurch die Ruhe in den Gemütern zu bewahren.
8. Schließlich – nach Abhaltung der Ständeversammlung und nachdem die Deputierten nach Wien gekommen sein werden – sollen die Statthalter selbst beim Herrscher erscheinen, damit er sie in allen Belangen, die dem allgemeinen Wohle dienen, höre.

(4)

Marquese Circello, Neapolitanischer Gesandter in Frankreich, an seinen Hof
20. September 1789 *(Abschrift)*

Es scheint, daß der Herzog von Orléans jetzt die österreichischen Niederlande als sein Objekt ansieht. Er hat dorthin zahlreiche Emissäre geschickt, damit sie in jenen Wirren den Geist des Aufruhrs, welcher leider bereits herrscht, noch mehr schüren sollen. So soll dort eine vollständige Revolution gemacht werden, um sich selbst als Herrscher dieser Provinzen erklären zu können. Man ist sich im klaren, daß das Ministerium mehr oder weniger darüber Bescheid weiß; aber wie sich ihm entgegenstellen? Man weiß, daß man Emissäre nach Holland und nach England geschickt hat, um die Unterstützung dieser beiden Mächte zu gewinnen, und es ist anzunehmen, daß man sich gewissen Hoffnungen hingibt, da man auch weiß, daß der Berliner Hof in London vorgefühlt hat, ob man dort geneigt wäre, den Landgrafen von Hessen-Kassel zu unterstützen, wenn die Provinz von Brabant sich entschließen sollte, einen anderen Herrscher zu wählen. Man sagt, daß die Antwort aus London ausweichend gewesen wäre und wenig befriedigend für den Berliner Hof. Jedenfalls sprechen alle Parteigänger des Herzogs von Orléans ganz offen darüber, daß die Emissäre geschickt wurden und daß einige tausend bezahlte Männer nach und nach in die Niederlande eingeschleust wurden. Sosehr dieses Projekt unverständlich erscheint, bin ich darüber doch nicht erstaunt, da das Stadium der Gärung, in dem sich diese Nation befindet, sie zu den größten Seltsamkeiten verführt.

(7, FA, SB 11/305 f.)

Die Statthalter verließen Laeken, als im Oktober die sogenannte „Patriotenarmee", bestehend aus Freiwilligen und Emigranten, von Breda in Holland aus in Brabant einfiel, und übersiedelten in die Stadt.

Albert
Oktober 1789

Das Generalkommando hielt es für notwendig, sofort Dispositionen zu treffen, um die Verteidigungsmöglichkeiten von Brüssel zu verstärken und in Angriff zu nehmen. Man beeilte sich damit dermaßen, daß man von uns verlangte, zu diesem Zwecke die Palisaden, die einen Teil des Jagdwaldes umzäunten, zur Verfügung zu stellen.

(1, III/321)

Joseph II. an Albert und Marie Christine
7. und 8. November 1789

Ich bin unwillig, Euch inmitten dieser unglücklichen Insurrektion zu wissen, und wenn schon alle Bande reißen, wünsche ich Euch entfernt davon. Ich werde nicht ruhig sein, bis ich Euch von dem Orte entfernt weiß, wo so furchtbare Stürme bevorstehen. Ich will keinen Ort vorschreiben, aber Wien wird Euch ohne Zweifel angenehm sein. Ihr sollt in aller Liebe und Freundschaft empfangen werden.

(15, II/23)

Am 16. November halten die Statthalter dieses Schreiben des Kaisers in Händen. Graf Trauttmansdorff und d'Alton bestehen auf ihrer sofortigen Abreise.

Albert
1789

Wir verließen Brüssel, aber erst am 18. morgens, und nachdem wir Namur durchquert hatten, wo wir den Kommandanten der Garnison und die Beamten der Zivilabteilung, auf Neuigkeiten aus dem benachbarten Lüttich und Verstärkung durch Artillerietruppen hoffend, antrafen, zogen wir noch am selben Tage bis Marche [en Famenne], von wo wir über sehr schlechte Straßen auf Umwegen, die man uns unnützerweise über Luxemburg nehmen ließ, über Trier am 22. November abends Koblenz erreichten.

(1, III/334)

MARIE CHRISTINE AN GROSSHERZOG LEOPOLD
KOBLENZ, 25. NOVEMBER 1789

Denk Dir, mein treuer Bruder, meine Gefühle, als unser Trauttmansdorff Befehle wie der Kaiser gab, als ich in den Zeitungen unsere Reise wie eine Flucht dargestellt und mit jener des Prinzen Condé verglichen fand, als ich erfuhr, daß der Kommandant binnen vierzehn Tagen die Ruhe verbürgt hatte. Diese Eile! Ich will nicht an eine besondere Bosheit gegen uns denken, aber ich muß annehmen, daß die beiden Herren den Mut verloren hatten und fürchteten, die Befehle des Kaisers für unsere Sicherheit nicht schnell genug vollziehen zu können.

(15, II/25)

Unter dem Druck der offen ausgebrochenen Revolution bewilligt Trauttmansdorff am 21. und 25. November eine Amnestie, die Wiederherstellung der Joyeuse Entrée und die Abschaffung der Generalseminare. Diese verspäteten Maßnahmen hatten aber keinen Erfolg mehr. Noch vor der Ankunft des Grafen Philipp Cobenzl, des neuen bevollmächtigten kaiserlichen Kommissärs, war Brüssel am 13. Dezember in die Hände der Aufständischen unter van der Mersch gefallen.

HOFRAT GIRTLER AN ALEXANDER VON SECKENDORFF
KOBLENZ, 2. DEZEMBER 1789

Die vernünftigen Leute glauben, daß die Niederlande ohne Rettung für das Haus Österreich verloren sind. Ich fürchte, daß II. KK. HH., die ganz auf die Anhänglichkeit der Brabanter zählen und die Rückkunft in ihr Land als sehr nahe annehmen, grausam von ihren Illusionen getäuscht sein werden.

(3, Nachlaßslg. sign. B/71-1/4)

Hieronymus Löschenkohl, Ausbruch der Revolution in Brüssel 1789

MARIE CHRISTINE AN ELEONORE LIECHTENSTEIN
POPPELSDORF, 25. DEZEMBER 1789

Ihr seht, meine liebe und liebenswerte Prinzessin, ich befinde mich an dem schönen und angenehmen Zufluchtsort, den mein Bruder Max die Liebenswürdigkeit hatte, mir bereitzustellen und zu überlassen. Ich wohne hier sehr schön und habe die Annehmlichkeit, privat zu sein und gleichzeitig in seiner Nähe; so kann ich seine angenehme und liebenswürdige Gesellschaft genießen, ohne ihm zur Last zu sein. Vor allem macht uns unser Gewissen keinerlei Vorwurf: Wir hatten, als wir es noch konnten, alles unternommen, um für unseren Herrn und die Monarchie die Katastrophe zu verhindern, die ohne uns schon 1787 ausgebrochen wäre. Auch gegenüber dem Land sind wir uns keiner Schuld bewußt. Wir haben versucht, jedes Blutvergießen zu vermeiden. Nun leiden wir für die Fehler der anderen. Aber obwohl wir zu bedauern sind, wage ich zu sagen, daß es der Monarch genauso ist und noch mehr. Denn schon ist nur mehr Luxemburg in unseren Händen. Alles, was von seiten des Militärs seit zwei Jahren und vor allem in diesen vier letzten Monaten geschehen ist, ist unerhört, unglaublich, bedrückend. Unser Herr könnte von diesem unglücklichen d'Alton bald wie Augustus vom Varus verlangen, daß er ihm seine Legionen oder Regimenter zurückgebe und dazu das Land, das er ihm entfremdet und verloren hat; während Trauttmansdorff nur zu gut erfüllt hat, was ich von seinem Leichtsinn und seiner Gedankenlosigkeit erwartet habe.

(38)

JOSEPH II. AN MARIE CHRISTINE
28. DEZEMBER 1789

Ich habe Deinen Brief durch Baron Herbert erhalten. Was soll ich Dir über diese unglücklichen Zustände in den Niederlanden sagen? Sie richten mich in dem leidvollen Zustande, in dem ich mich befinde, zugrunde. Ich kann nicht atmen, nicht schlafen, mich nicht rühren, die ganze Nacht bringe ich sitzend zu. Du kannst Dir meine Qualen denken. Für den Moment, glaube ich, hilft den Niederlanden nichts. Man muß die Ereignisse und die Gelegenheit, das Land wieder zu erobern, abwarten; alle Wege der Versöhnung sind abgebrochen, alle Nachsicht, die ich gehabt, war umsonst. Die volle Unabhängigkeit ist erklärt und wird unterstützt durch die drei Mächte. Durch ihr Interesse für

Jakob Adam, Kaiser Joseph II., 1788

die abgefallenen Untertanen ist jede Hoffnung auf eine Verständigung, auf einen Ausgleich unmöglich geworden. Was da alles geschehen ist, um die Dinge auf diesen Punkt zu bringen, ist wahrhaft unglaublich. Wenn ich nur an mich dächte, würde ich diese Korrespondenz veröffentlichen. Man würde erkennen, welche Versicherung mich dazu bestimmte, die Edikte zur Aufhebung der Stände und zum Rat von Brabant fallen zu lassen; man hat mir das Versprechen entrissen, als ich krank in Laxenburg lag. Ich habe gestattet, die Joyeuse Entrée, die Stände und den Conseil zu restituieren, aber mit den Veränderungen, die man für notwendig erachten würde. Zu allem, was weiter geschehen ist, habe ich keine Einwilligung gegeben. Ich habe nicht einmal einen genauen Bericht.
Ich bin sehr betrübt, das alles das auf Euch rückwirken wird, denn ich habe die innigste Teilnahme für Euch. Empfangt meine Glückwünsche fürs neue Jahr; es kann nicht schlechter werden als das Ende des gegenwärtigen.
In diesem Moment erhalte ich durch die Post Deinen Brief und jenen des Prinzen für das neue Jahr. Entschuldige mich bei ihm, daß ich nicht selbst schreibe, aber meine Kraft reicht kaum hin, diese Zeilen zu schreiben.

(15, III/32)

Die Deputierten der Provinzen Brabant, Flandern, Hennegau, Namur, Mecheln, Geldern und Tournai traten am 7. Jänner 1790 in Brüssel zusammen und konstituierten sich als „Vereinigte Belgische Staaten". Die Stände von Limburg schließen sich später an, Luxemburg dagegen bleibt Österreich treu. Am 20. Jänner 1790 wurde die Bundesakte proklamiert.

ALBERT
1790

Wir hatten uns inzwischen von Koblenz nach Bonn begeben, wo uns der Kurfürst von Köln im Schloß Poppelsdorf ein Quartier schaffen ließ. Das Schloß, durch eine Allee mit seiner Residenz verbunden, gab uns die Möglichkeit, den Tag in seiner Gesellschaft zu verbringen, was für uns in dieser unangenehmen Position eine große Erleichterung darstellte.

(1, III/352)

ALBERT AN ALEXANDER VON SECKENDORFF
BONN, 16. JÄNNER 1790

Es wäre sicherlich ein großer Trost für uns, wenn – wie Sie es annehmen und auch unaufgefordert sagen – die ganze Welt in aller Augenscheinlichkeit wüßte, daß von allen, die der Herrscher in den Niederlanden angestellt hat, es nur wir waren, denen das Wohl dieses Landes wirklich am Herzen lag, und daß, solange es von uns abhing, das Land beschützt und bewahrt war und nur mißgeleitet wurde von dem Moment an, als wir die Zügel aus der Hand geben mußten.

(5, 119/1-14)

ALBERT
1790

Wir fühlten uns in Bonn schließlich sehr wohl und hatten wenig Grund, uns eine besonders angenehme Vorstellung vom Aufenthalt in der Hauptstadt zu machen. Die Gesundheit meiner Frau gab uns einen günstigen Vorwand, und wir entschuldigten uns, daß es in diesem Moment für uns unmöglich sei, eine längere Reise zu unternehmen. Den Kaiser selbst hatte seine angegriffene Gesundheit gezwungen, die Armee gegen Ende des Feldzuges 1788 zu verlassen, und an jeder weiteren Teilnahme daran gehindert.

(1, III/352)

GROSSHERZOG LEOPOLD
ÖFFENTLICHE ERKLÄRUNG ÜBER DIE MASSNAHMEN IN DEN NIEDERLANDEN FÜR DEN FALL DES TODES JOSEPHS II.

1790
S. K. H. der Erzherzog, Großherzog der Toskana, erklärt ausdrücklich den Ländern von Brabant, Flandern und der Niederlande, daß er niemals informiert und schon gar nicht befragt worden war, auch nicht direkten oder indirekten Anteil hatte an den die Regierung der Niederlande betreffenden Angelegenheiten. Vor allem betrifft dies die Veränderungen des Systems. Ganz im Gegenteil hat er in seinem Innersten – da in keiner Weise um eine Äußerung befragt – die seit einigen Jahren in diesen Ländern vorgenommenen Veränderungen mißbilligt. So vor allem die Schmälerungen der Joyeuse Entrée, der Privilegien und der Konstitutionen der verschiedenen Länder.

Detailliert folgt eine Aufzählung der zu mißbilligenden Reformen Josephs.

Der Großherzog erklärt des weiteren öffentlich, daß er dies alles nicht nur verurteilt, sondern auch die Niederlande als die ehrwürdigste und anziehendste Provinz der österreichischen Erblande betrachtet und betrachten wird.

Er, Leopold, verstehe zwar die Motive, die zur Ablehnung eines Herrschers geführt haben, der die Konstitution mißachtete, aber selbst in keiner Weise an den Überschreitungen und Beschneidungen dieses Vertrages beteiligt, muß er, wie es ihm zustehe, auf seine legitime Erbfolge zurückgreifen. Wiederum folgt detailliert eine Aufgliederung der strittigen Punkte und die Art und Weise ihrer Regelung.

Dies sind die Bedingungen, die S. K. H. den Niederlanden unterbreitet, indem er ihnen die Freiheit beläßt, um alle anderen Artikel und Klauseln, die sie für nützlich, vorteilhaft und passend halten, die immerwährende Ruhe und das Wohlbefinden ihres Landes zu sichern, dem hinzuzufügen. So solle kein Weg, nicht einmal den kommenden Herrschern, offengelassen werden, ihre Privilegien zu überschreiten, ihre Konstitution zu ändern und ihre Freiheit zu beschneiden, die sie bewiesenermaßen so tapfer und standhaft verteidigt haben.

(7, FA SB/20, 4 ff.)

Knapp vor dem Tode Josephs II. hat Großherzog Leopold in einem Schreiben an Marie Christine erneut seine Grundsätze und Überzeugungen, die den zentralistischen Regierungsbestrebungen seines Bruders grundsätzlich entgegengesetzt waren und auf den Ideen von Jean-Jacques Rousseaus „Contrat Social" beruhten, formuliert.

GROSSHERZOG LEOPOLD AN MARIE CHRISTINE
25. JÄNNER 1790

Ich glaube, daß der Herrscher, selbst jener mit Erbansprüchen, nur der Delegierte und Beauftragte des Volkes ist; daß er diesem alle seine Kräfte und Mühen widmen muß, wie auch, daß jedes Land auf ein Grundgesetz und einen Vertrag zwischen Volk und Herrscher beschränkt werde. Wenn der Herrscher sich daran nicht hält, muß er auf seine Stellung verzichten, ist sie ihm doch nur unter dieser Bedingung übertragen worden. Man ist dann auch nicht mehr verpflichtet, ihm zu folgen. Die Exekutivgewalt liegt beim Souverän, aber die Legislative beim Volk und seinen Vertretern. Diese können auch immer wieder neue Einschränkungen seiner Macht formulieren.

Ich glaube, daß der Herrscher sich weder direkt noch indirekt in die Zivil- oder Strafgerichtsbarkeit einmengen, formale oder inhaltliche Veränderungen einführen oder Kommissionen und Delegationen ernennen kann.

Ich glaube auch, daß er dem Volk jährlich eine genaue Rechnung über die finanzielle Gebarung legen muß und daß er kein Recht hat, Steuern oder Taxen einzuheben, daß vielmehr nur das Volk dazu berechtigt ist, nachdem der Herrscher ihm die Erfordernisse des Staates unterbreitet und das Volk sie durch seine Vertreter gebilligt hat. Auch können sie nur als Hilfsleistungen und nur für die Dauer eines Jahres zugestanden werden, immer erst nachdem man deren Notwendigkeit ersehen konnte und nachdem der Herrscher eine genaue, detaillierte und zufriedenstellende Rechnung darüber gelegt hat. Ich glaube, daß der Herrscher ferner Rechenschaft zu geben hat für jeden Wechsel des Systems und die Zustimmung einholen muß für neue Gesetze, Geldzuwendungen, Pensionen und Gratifikationen, und zwar vor ihrer Zuteilung. Die Befehle des Herrschers haben erst dann Gesetzeskraft und müssen erst dann befolgt werden, wenn die Zustimmung der Stände erfolgt ist.

Das Militär darf überhaupt nur zur Verteidigung des Landes verwendet werden und niemals gegen das Volk.

Ich glaube ferner, daß niemand festgenommen werden kann, wenn nicht der Befehl eines ordentlichen Gerichtes vorliegt, und niemand kann anders verurteilt werden als nach den Formen des ordentlichen öffentlichen Gerichtes, niemals also durch willkürliche Anordnungen, und kämen diese auch vom Herrscher selbst.

Endlich glaube ich, daß der Herrscher nur durch das Gesetz regieren soll und daß die Vollmacht dazu ihm durch das Volk gegeben wird. Er aber kann niemals auf sein Recht verzichten oder zum Verzicht gezwungen werden, weder durch Verordnung noch durch stillschweigendes Übereinkommen oder durch Gewalt; ist es doch unwandelbares Recht, das von Natur aus besteht. Kraft dessen haben die Glieder des Volkes darin eingewilligt, einen Herrscher zu haben, das heißt, ihm einen Vorrang einzuräumen mit dem Zweck, ihr eigenes Glück und Wohl zu begründen; nicht so, wie er es will, sondern wie sie selbst es wollen und empfinden. Denn das einzige Ziel der Gesellschaft und des Staates ist das Glück seiner Bürger.

(4)

JOSEPH II. AN MARIE CHRISTINE
19. FEBRUAR 1790

Es ist mir absolut unmöglich, selbst zu schreiben, kaum kann ich noch meinen Namen unterzeichnen, aber ich habe die traurige Pflicht, Dir, meine liebe Schwester, und Deinem Gemahl den Unglücksfall mitzuteilen, der mich soeben durch den Tod der Erzherzogin Elisabeth, Gemahlin des Erzherzogs Franz, getroffen hat. Sie wurde nach einer ziemlich schweren, aber glücklichen Niederkunft sieben bis acht Stunden nachher von einem Nervenschlage gerührt, an dem sie sogleich gestorben ist. Du wirst gewiß alle Teilnahme empfinden, welche dieses Ereignis in der Familie verdient. Adieu, ich umarme Dich und nehme Abschied von Dir, denn ich fühle, wie sehr meine Auflösung näher rückt.

(15, II/42)

ALBERT
1790

Alle diese Umstände beschleunigten ein Fortschreiten seiner Krankheit, die unheilbar war und die ihn seit langem befallen hatte. Nachdem er selbst schon in den letzten Zügen noch den Schmerz erlebte, die Gemahlin, welche er dem Erzherzog, seinem Neffen, zugedacht hatte, dahingehen zu sehen, wurde er endlich am 20. Februar 1790 mit 47 Jahren dahingerafft. Noch am Tage vor seinem Tode hatte er mit eigener Hand meiner Frau Nachricht gegeben, und er nahm liebevoll Abschied von uns. Kurz danach bestätigte ein nach Bonn gehetzter Kurier den eingetretenen Tod des Kaisers. Der Großherzog von Toskana, sein Bruder, beeilte sich, sofort nach Erhalt der Nachricht, die ihm der Erzherzog, sein Sohn, übersandte, von Florenz abzureisen und nach Wien zu kommen.

(1, III/352)

GROSSHERZOG LEOPOLD AN MARIE CHRISTINE
FLORENZ, 2. MÄRZ 1790

Ich schicke Dir diesen Kurier, um Dir mitzuteilen, daß wir soeben die Nachricht vom Tode des Kaisers und unserer Schwiegertochter erhalten haben.
Ich schicke Dir den Kurier auch wegen der niederländischen Angelegenheiten; übergib den beiliegenden Brief meinem Bruder [dem Kurfürsten Maximilian von Köln] und schicke mir den Kurier mit Deiner Antwort nach Wien zurück. Ich kann nur das wiederholen, was ich schon früher geschrieben habe. Ich glaube, daß Graf Cobenzl seine Mission vollendet hat und nach Wien zurückkehren kann, um so mehr, als er bei den Flamen kein Vertrauen erweckt; vorausgesetzt, daß seine Gegenwart für irgendwelche Geschäfte oder Kommissionen nicht absolut notwendig ist, was ich nicht weiß. Du kannst ihn wissen lassen, daß er auf seinen Posten in Wien zurückkehren soll. Der Rat, den er eingesetzt hat, muß aufgehoben werden. Ihr müßt acht geben und dürft Euch nicht mit Personen des vorigen Ministeriums umgeben, welches bei dem Publikum sehr verhaßt war. Gebt General Bender in Luxemburg den Befehl, daß er mit seinen Truppen die Patrioten nicht angreife, sondern in der Defensive bleibe, aber er soll sie zurückwerfen, wenn er angegriffen wird. Man soll die Einwohner in Stadt und Land nicht belästigen und überall eine große Mäßigung an den Tag legen. Der Prozeß d'Altons soll, wenn er nicht schon im Verlauf ist, begonnen werden; man kann ihm sein Haus in Luxemburg als Arrest anweisen. Was die Niederlande betrifft, bediene Dich des Cornet de Grez. Lasse ihn wissen, daß ich seine Ehrlichkeit und Geschicklichkeit zu schätzen weiß. Sorge dafür, daß er und alle Gutgesinnten für eine gute Aufnahme des Memoirs, das ich Dir mit dem letzten Kurier schickte, wirken. Unterhandle direkt und aufrichtig mit der Nation. Bediene Dich keiner geringeren Leute oder indirekter Mittel. Wende Dich an die Merodes, wenn sie zurückgekehrt sind, an die Ursel, an alle, welche Du für gut gesinnt hältst. Versprich jenen, welche in der Revolution tätig waren, Ämter und Belohnungen, wende alle Mittel an, um diese Provinz zurückzugewinnen, sage, daß ich treu und aufrichtig handle, daß ich nichts anderes wünsche als ihr Wohl, ihre Ruhe. Trachte wenigstens eine Provinz zu gewinnen, handle mit dem Eifer und mit der Klugheit, welche eine so wichtige Angelegenheit verlangt.

(15, II/70)

ALBERT
1790

Ich muß offen gestehen, daß ich selbst in dieser Zeit gemeinsam mit meiner Frau die meisten dieser Prinzipien [Leopolds] teilte. Allerdings durch all das, was sich danach in den Niederlanden wie in Frankreich, ja überall zugetragen hat, erkannten wir später auch wieder deren Unrichtigkeit.
Trotz dieser prinzipiellen Zustimmung waren die möglichen Folgen, die aus der Deklaration entstehen konnten, allzu deutlich. Wir entschlossen uns, sie nicht so, wie sie war, als Ganzes dem belgischen Kongreß zu überreichen. Nachdem wir uns darüber beraten hatten und auch mit dem Kurfürsten von Köln sprachen, kamen wir dazu, wenigstens den Absatz, in welchem Leopold die Revolte der Staaten ebenso guthieß wie die Besitznahme der Herrschermacht durch diese, wegzulassen. Auch jenen Absatz, in welchem er den Mut lobte, den sie bei dieser Gelegenheit bewiesen hatten, strichen wir. Ferner auch jenen, der den Wechsel der Offiziere, die Auflösung und Reform der Regimenter beschlossen hatte, war es gerade doch deren An-

Hieronymus Löschenkohl, Leichenzug Kaiser Josephs II.

hänglichkeit und Treue, die ihm noch einen Rest der Provinzen erhalten hatte und die Aussicht bot, doch noch das Ganze zurückerobern zu können.
Wir hätten noch mehr weggelassen, aber die Befehle unseres neuen Herrschers waren zu entschieden, und sein Wille, in diesem Moment auf alle Fälle mit den Niederlanden zu einem Übereinkommen zu gelangen, viel zu dezidiert ausgesprochen, als daß wir wagen konnten, dies zu tun.

(1, III/362)

Marie Christine an Eleonore Liechtenstein
5. März 1790

Was soll ich Ihnen über den Kaiser sagen, man muß hoffen, daß ihm durch die göttliche Barmherzigkeit die väterlichen Arme geöffnet sind, daß er seine langwierigen Schmerzen und all die Mühsal, die er empfunden hat, genützt hat, für das Buße zu tun, was er – im Grunde nämlich alles – verursacht hat. Ich hoffe, daß er in den Stunden mit seinem Beichtvater, in denen er mit seiner Seele beschäftigt war, nicht nur sein Leben hinopferte, sondern auch sein Herz vor Gott seines ganzen vergangenen Lebens wegen auf das tiefste gedemütigt hat, in dem Wunsche, es möge in seiner Macht stehen, all das wieder gutzumachen, was er schlecht gemacht hat. Gott, dessen Barmherzigkeit unerschöpflich ist, wird, so hoffe ich es, diese Gedanken angenommen haben. Ich werde nicht aufhören, solange ich lebe, für ihn zu Gott zu beten, und ich hoffe sehr, daß auch alle anderen das gleiche tun werden. Aber ich flehe Sie an, lassen Sie in Ihren Gebeten auch ein wenig Platz für uns und unseren neuen Herrn, die wir das alle sehr nötig haben.

(38)

Die Statthalter reisen zur Kaiserkrönung Leopolds nach Frankfurt.

Albert
1790

Wir erfuhren die Neuigkeiten von all dem, was sich in den Niederlanden zugetragen hatte, in Frankfurt, wohin wir mit dem Kurfürsten von Köln zur Wahl und Krönung Leopolds zum Kaiser gereist waren. Jener war, als er sich der Stimmen aller Kurfürsten versichert hatte, von Wien aus hierher gekommen, nachdem er seine beiden ältesten Söhne Franz, den mutmaßlichen Nachfolger in der Herrschaft der Monarchie, und Ferdinand, der ihm bereits als Großherzog in der Toskana gefolgt war, an zwei Prinzessinnen beider Sizilien, Therese und Luise, verheiratet hatte. Mit diesen und den zwei anderen Söhnen Carl und Leopold kam er nach Aschaffenburg, wo wir zusammentrafen. Hier erhielt er die Nachricht von seiner Wahl durch den Prinzen von Mecklenburg, den die Kurfürsten zu diesem Zweck an ihn abgesandt hatten. Man verblieb hier einige Tage.

(1, III/369)

Diarium zur Krönung Leopolds II.
30. September 1790

Noch denselben Abend fanden sich Se. Churfürstliche Durchlaucht von Kölln und der Erzherzogin Christine und Ihro Herrn Gemahls, des Herzogs Albert v. S. T. kk. Hoheiten zu Aschaffenburg ein. Daß den folgenden Tag am 1. Oktober die zwey höchsten Churfürsten von Maynz und Trier den königl. Herrschaften den Bewillkommnungsbesuch abgestattet haben und von des Prinzen Carl von Mecklenburg Herzogl. Durchlaucht das Wahldiplom überbracht worden, wird hier um der Zeitfolge willen wiederholt.

(54, 305)

Am 4. Oktober, dem Tag des Einzuges, rückte die Garde um 9 Uhr vormittags in voller Gala ohne Flügelröcke zu Pferd aus und marschierte durch Sachsenhausen auf das Riedhofer Feld. Beim Palais der Kurfürsten von Köln, Erzherzogs Max, wo die Königin [Maria Ludovica] das Königspaar von Neapel, Erzherzogin Christine und Herzog Albert von Sachsen-Teschen am Balkon standen, wurden die Degen ergriffen und unter klingendem Spiel vorübergeritten.

(55, 58)

Hieronymus Löschenkohl, Huldigung für Kaiser Leopold II.

Unbekannter Künstler, Erzherzog Carl

Albert
1790

Während dieser Tage kam er [Leopold] zuerst mit meiner Frau, dann auch mit mir auf unsere Bitte zu sprechen, seinen dritten Sohn Carl als unseren Adoptivsohn zu bestimmen. Es war unsere Absicht, ihm die Nachfolge in der Regierung der Niederlande nach unserem Tode zu übertragen. Wir hatten Carl schon als Kind liebgewonnen. Während unseres Aufenthaltes im Jahre 1776 am Hof von Florenz fanden wir bei ihm viele Talente für die militärische Laufbahn, was die größte Hoffnung gab, in ihm eine tüchtige Kraft für den Staat zu finden.
Nach der Krönung verblieb der Kaiser noch einige Tage in Frankfurt, nicht zuletzt, um über die Lage in den Niederlanden zu konferieren und um die Prinzipien festzusetzen, nach denen vorgegangen werden sollte, wenn man die Provinzen wiedererlangt haben würde. Leider konnte dies nicht mehr anders als durch Waffengewalt geschehen.
Da alle Kurfürsten und Reichsprinzen beinahe gleichzeitig Frankfurt verließen, fuhr auch ich nach Bonn zurück, um mich sofort um all die Dinge zu kümmern, die es die Niederlande betreffend zu ordnen gab. Ich schiffte mich zu diesem Zwecke auf der Yacht des Kurfürsten von Trier ein, mit dem ich einen Tag bis zur Ankunft in Koblenz verbrachte. Meine Frau war in Frankfurt geblieben, wo sie mit dem König und der Königin von Neapel beisammen war. Der erstere war dort an den Masern erkrankt. Als er sich davon erholt hatte und seine Genesung es ermöglichte, sich auf den Weg nach Wien zu machen, kam

meine Frau zu mir nach Bonn. Wir nahmen innigsten Abschied vom Kurfürsten von Köln, der uns während eines ganzen Jahres, das wir bei ihm verbracht hatten, tiefste Zeichen seiner Freundschaft gegeben hatte. Es waren in seiner angenehmen Gesellschaft so glückliche Tage, wie die schmerzlichen Umstände, die uns zu ihm geführt hatten, es eben erlaubten.
Einen Tag blieben wir noch bei meinem Bruder und meiner Schwester in Koblenz und brachen dann auf, um den Kaiser in der Hauptstadt des Reiches zu treffen.

(1, III/369)

Der Kaiser hatte das Statthalterpaar eingeladen, den Winter in Wien zuzubringen. Ein besonderer Anreiz dabei war, der Krönung in Ungarn beizuwohnen. Am 14. Oktober hatte Leopold von Frankfurt aus einen neuen Aufruf an die Belgier gerichtet, der die früheren Zusagen wiederholte, aber auch den Einmarsch der österreichischen Armee und die Außerkraftsetzung der Amnestie ankündigte, wenn es bis zum 21. November nicht zur freiwilligen Unterwerfung kam. Dieses Schriftstück wurde aber in Brüssel öffentlich verbrannt. Alle militärischen Vorbereitungen in den Niederlanden wurden getroffen. Dann erteilte Graf Mercy den Befehl an General Bender, mit der Armee vorzurücken. Der folgende Feldzug war kurz: ein einziges Gefecht der Avantgarde bei Namur entschied den Sieg. Bereits am 2. Dezember rückten die österreichischen Truppen ohne weiteren Widerstand in Brüssel ein.

Albert an Alexander von Seckendorff
23. Dezember 1790

Ich erzähle Ihnen hier nichts über die Angelegenheiten in den Niederlanden, wo alles ruhig und schon nicht mehr die Rede von den Aufständischen und ihrer Armee ist; so als ob es sie nie gegeben hätte. So stimmte man jetzt am Jahrestag der Vertreibung unserer Truppen [10. Dezember] und unserer Regierung in allen Städten das Te Deum an, um Gott zu danken, daß er das Land seinem rechtmäßigen Herrscher unterworfen hat; in Brüssel war es der Kardinal selbst.

(5, 119/1)

Albert
1791

Wir verließen nach Ostern Wien; aber statt die direkte und übliche Route in die Niederlande zu nehmen, wollten wir diesmal den Umweg über Sachsen wählen. So ging die Reise auf dem Postweg nach Prag, von wo ich noch nach Czaslau fuhr, um mein Karabinierregiment, das sich im Raume von Pardubitz versammelt hatte, zu besichtigen.
Unser Wunsch, nach Dresden zu kommen, gestattete uns nicht, uns in Prag aufzuhalten. Die Eile war durch das Verlangen meiner Frau begründet, meine Familie kennenzulernen und mein Heimatland, das sie noch nie gesehen hatte. Und auch bei mir war es schon fast ein Vierteljahrhundert, daß ich von ihm fern war.
Man kann sich die Freude vorstellen, die wir empfanden, hierher zu kommen, vor allem, wenn man weiß, daß ein bedeutender Unterschied in den Gefühlen des neuen Herrschers, des Kaisers Leopold, im Vergleich zu jenen seines Vorgängers, des verstorbenen Kaisers, bestand. Wir hatten bisher nicht gewagt, diese Reise zu unternehmen, da wir fürchten mußten, Joseph zu mißfallen. Wir konnten uns nur leider gar nicht lange daran erfreuen, inmitten einer Familie zu sein, die uns alle erdenklichen Beweise ihrer Anhänglichkeit gab, da der Kaiser uns ausdrücklich befohlen hatte, unsere Rückkehr in die Niederlande nicht zu lange zu verschieben. Um seinen Inten-

Hieronymus Löschenkohl, Das Gefecht von Talmagne 1790

Hieronymus Löschenkohl, Die Flucht der brabantischen Aufständischen

Quirin Mark, Herzog Albert und Marie Christine am Kaiserhof, 1791 (Ausschnitt)

tionen zu entsprechen, blieben wir also nicht länger als eine Woche in Dresden, und nachdem uns der Kurfürst eines Tages nach Moritzburg, meinem Geburtsort, geführt und danach die Porzellanfabrik in Meißen gezeigt hatte, nahmen wir von ihm Abschied. Die Reise führte uns weiter nach Leipzig, an Hubertusburg vorbei, dessen Anblick mich sehr berührte. Es war durch die Preußen im Feldzug von 1760 total demeubliert worden, und ich mußte an die rauschenden Feste meines verstorbenen Vaters in vergangenen Zeiten denken. Anlaß genug zu mancher Erinnerung über die Umstände und Wechselfälle dieser Welt.

Leipzig hingegen fanden wir auf einem Höhepunkt. Es fand eben der Osterjahrmarkt statt, ein Zusammentreffen der Kaufleute aller Länder, um Produkte der Manufakturen ihrer Heimat auszutauschen oder Waren aller Art auszustellen. Verschiedene interessante Fremde, die durch diese Gelegenheit angezogen wurden, fanden sich hier zusammen, und all dies gab dieser Stadt eine große Bewegung. Wir machten die Bekanntschaft des regierenden Herzogs von Anhalt-Dessau. Wir durchstreiften mehrmals die Orte, an denen der Jahrmarkt stattfand, und besuchten auch den berühmten Auerbachkeller, den eher armseligen, kleinen und dunklen Hof eines Privathauses, in dem man aber die wertvollsten Schmuckstücke verkaufte. So sahen wir auch andere bemerkenswerte Dinge, wie die durch ihre renommierten Professoren ehemals so berühmte Universität, wo ich aber nicht mehr den so weisen und tugendreichen Gellert fand, den ich 1760 dort gehört hatte. Wir besuchten das Observatorium und das Schloß, in dessen Zitadelle die Garnison untergebracht ist und sich eine von katholischen Priestern betreute Kapelle befindet. Wir sahen auch die große Gemälde-, Zeichnungen- und Stichsammlung, die zu dieser Zeit einem reichen Privatier der Stadt, Richter genannt, gehörte. Dann besuchten wir auch die beachtenswerten Gärten und Promenaden der Stadt, auch den sogenannten Englischen Garten, der aus dem Stadtgraben und seinen Böschungen entstanden war. Daran anschließend lag der Pferdemarkt, der von allen Pferdeliebhabern auch der Nachbarländer stark besucht war.

Die Abende verbrachten wir im Theater, dessen Truppe damals gerade sehr gut war.

Nach zwei Tagen nahmen wir von unseren lieben Reisegefährten Abschied, sie kehrten nach Dresden zurück, wir setzten unseren Weg in die Niederlande fort.

Der Weg führt sie über das Schlachtfeld von Lützen nach Weissenfels und Erfurt, wo sie den Prälaten Dalberg treffen, der ihnen „ein schlecht gemaltes Bild von seiner Hand" zeigt, dann über Gotha weiter durch das Land Hessen-Kassel, nach Limburg und schließlich nach Bonn.

Dort [in Bonn] erwartete uns eine Abordnung der Stände von Brabant, die gekommen war, um uns ihre Glückwünsche aus Anlaß unserer Rückkunft darzubringen. Auch versicherte sie uns ihrer Unterwerfung und Treue gegenüber dem Herrscher. In der Rede, die aus diesem Anlaß gehalten wurde, sowie in privaten Gesprächen hoben die Abgeordneten hervor, daß sie die Hoffnung hegten, die in manchen Punkten bestehenden Schwierigkeiten würden bald zur allgemeinen Zufriedenheit gelöst werden. Wir versäumten es nicht, ihnen daraufhin all das zu sagen, was geeignet war, ihnen klarzumachen, von welch großem Nutzen eine wahrhafte Rückkehr zu ihren eigentlichen Aufgaben wäre, um damit vergessen zu machen, wieweit sie sich davon entfernt hatten.

Aber schon in den Mienen einiger Herren war zu lesen, daß diese Umkehr nur mit Gewalt erreicht worden war und daß damit keinesfalls die Oppositionsgefühle gegen die gerechten Forderungen des Herrschers erloschen waren. Auch wurden wir darin durch die Mitteilung eines der Treuesten unter ihnen bestärkt.

(1, III/378)

Die Ruhe in den österreichischen Niederlanden war also nur eine scheinbare. Die offiziellen Empfänge und Huldigungen für den neuen Herrscher konnten nicht über die Ungewißheit der Lage hinwegtäuschen. Unter der Oberfläche gärte der Geist der Revolution weiter, unterstützt und angefacht von den Ereignissen in Frankreich. Nachdem anfänglich die demokratische Partei, die sogenannten „Vonckisten", unter ihrem Führer, dem Advokaten Jean François Vonck, zur Zusammenarbeit mit der Regierung der Statthalter bereit gewesen war, änderte sich das im Laufe des Jahres. Vonck emigrierte nach Lille, von wo er am 19. August 1791 an die kaiserliche Regierung einen Absagebrief schrieb. Der Anführer der ständischen Partei, Henri van der Noot, war bereits nach dem Einmarsch der österreichischen Truppen im Dezember des vergangenen Jahres wieder in die Emigration gegangen.

Carl Schmidt, Feldmarschall B. C. von Bender

Feldmarschall Bender an Marie Christine
18. April 1791

Seit der militärischen Schärfe ist hier alles ruhig. Ein Schusterjunge sang patriotische Lieder; eine Patrouille wollte ihn arretieren, er floh, die Patrouille gab Feuer und tötete ihn. Jedermann, selbst sein eigener Vater, gab dem Toten unrecht.
In Ruremonde hat ein Patriot einen Loudonischen Corporalen mit einem Pistollen Schuß gefährlich verwundet.
Ebenso gefährlich sind zu Grammont 2 Korporale von d'Alton, und einige Jäger von Le Loup zu Soignier und Mons gemißhandelt worden. Patriotische Disputen veranlassen 1 Jäger Corporal einem bürgerlichen Wirth in letzterem Orte die Hand und einem Fechtmeister den Kopf abzuhauen; zu dessen Untersuchung ich einen eigenen Auditor dahin beordert habe.

(7, FA SB 30/101)

Im Laufe des Sommers reiste das Statthalterpaar auch in die übrigen Provinzen, um dort die Huldigungen für Leopold II. entgegenzunehmen. Am 12. Juli war zu Mons die Huldigung der Grafschaft Hennegau, am 10. August die der Provinz Mecheln, anschließend in Ypern, Ostende und Tournai, am 25. August in Limburg und am 22. September in Ruremond als Herzog von Geldern, einer Provinz, die ebenfalls kaisertreu geblieben war.

Albert Gyulay an seinen Bruder Samuel in Klausenburg
Brüssel, 30. Juli 1791

Um Ihnen, lieber Bruder, einen Eindruck von der Situation in diesen Zonen zu geben, kann ich Euch nur versichern, daß das Leben nie trauriger war als hier, wo alle nur unzufrieden sind. Die Bösgesinnten, die zu undankbar sind, um die Milde ihres Herrn zu schätzen, bedauern, daß sie ihre Projekte nicht ausführen konnten. Die Getreuen, angeekelt von den Gnadenbeweisen, mit denen man ihre Gegner überhäuft, sehen sich um ihre verdiente Belohnung gebracht, ereifern sich daher und bereuen – nicht grundlos – ihre Treue. Andere, von den Menschenrechten durchtränkt, wünschen so bald als möglich dem Beispiel der französischen Nationalversammlung zu folgen. Einer großen Zahl französischer Flüchtlinge wird das Mitleid gezollt, das sie verdienen. Die Geistlichkeit ist zu schlecht, als daß sie auch nur der Beachtung wert wäre. Die Frauen sind nicht besonders schön, teils bigott und dumm und die meisten immer hinter Gittern – das sind die Klassen, aus denen die Menschheit hier besteht.
Da Ihr zugeben müßt, daß alle diese Arten gar nicht nach unserem Geschmack sind, könnt Ihr Euch leicht den angenehmen Aufenthalt vorstellen, den wir hier verbringen; um so mehr, als doch das Militär zu allen Zeiten von den meisten verabscheut wird. Ad Particularia kann ich Ihnen nichts Neues berichten. Die Einsetzungsakte sind in verschiedenen Provinzen schon durchgegangen, teilweise mit Übereifer, aber meistens war sehr wenig Ehrlichkeit dabei.
Die Doña Christina wird nicht sehr geliebt.

(7, FA SB 26/21)

Inzwischen hatten sich die Verhältnisse in Frankreich besonders für die königliche Familie zugespitzt. Die Abreise des österreichischen Gesandten Mercy aus Paris, dem die Königin sehr vertraute und den Kaiser Leopold II. als bevollmächtigten Minister zum Haager Kongreß beordert hatte, wo die belgischen Angelegenheiten geregelt werden sollten, war für Marie Antoinette ein schwerer Schlag. Die österreichischen Niederlande wurden die wichtigste Kontaktstelle für die Königin im Ausland. Hierher war auch die Flucht der französischen Königsfamilie geplant.

Graf Mercy d'Argenteau an Herrn von Blumensdorf, den kaiserlichen Legationsrat in Paris
24. Jänner 1791 *(chiffriert)*

Sagt der Königin [Marie Antoinette], daß ich es mangels einer sicheren Gelegenheit nicht wage, ihren Brief zu beantworten, aber daß dieser mein Verhalten bestimmt. Fügen Sie dem bei, daß es hier nicht ruhig ist und auch nicht lange bleiben wird. Man bearbeitet uns von preußischer Seite, der Geist der Revolte bleibt. Die französischen Sendboten bearbeiten ihrerseits unsere Truppen, bis jetzt zwar ohne Erfolg, aber es genügt schon, sie zu beunruhigen. Die geringste Erschütterung würde den Aufstand wieder aufflammen lassen. Dies würde ein schreckliches Hindernis bedeuten im Hinblick auf das, was der Kaiser für seine erlauchte Schwester machen könnte und möchte. Ich versuche alle Hindernisse aus dem Weg zu schaffen. Vielleicht will S. M. die Ankunft der Erzherzogin abwarten, aber das wäre sehr lange, da sie erst gegen Ende März kommen wird und wir vor dieser Zeit über viele Sachen sprechen müßten. Versichern Sie dem Grafen [Graf Axel Fersen wahrscheinlich], daß ich alles, was ihm angemessen erscheint, erfüllen werde, ich schulde ihm in dieser Beziehung Treue und Eifer.

(7, FA SB 71, Dossier B/5–6)

Marie Antoinette an Graf Mercy d'Argenteau
4. Juni 1791

Da Mme. de Beaumont morgen abend abreisen wird, benütze ich die Gelegenheit, um Sie über das Silber, um das Sie mich im Namen meiner Schwester gebeten haben, zu informieren. Da sie kommen wird und da das, was ich für sie bestellt habe, erst in sechs Wochen fertig sein wird, wird es sich, glaube ich, am besten erweisen, wenn man einstweilen das meine nimmt. M. Blumensdorf wird daher den Auftrag bekommen, es Ihnen in acht oder zehn Tagen zu übergeben. Es braucht so lange, um mein Namenszeichen zu entfernen, das genügen würde, im Falle einer Durchsuchung kundzutun, daß dies der Beweis und das Signal für meine Abreise ist. Blumensdorf ist auch über die Art und Weise der geplanten Aufstellung bei meiner Schwester unterrichtet und wird Ihnen den Namen der Vertrauensperson mitteilen, der die Schlüssel dazu zu übergeben sind.

(7, FA SB 71 A)

Graf Mercy d'Argenteau an Marie Antoinette
9. Juni 1791

Dieser Brief wurde Mme. de Balby anvertraut und verblieb in Brüssel, um eine sichere Gelegenheit der Zustellung abzuwarten. Da inzwischen aber die königliche Familie in Varennes gefangengenommen worden war, wurde er niemals abgeschickt.

In Claris

Seit einiger Zeit haben die Angelegenheiten in diesem Land sich zum Guten und zum Bösen gewendet. Fast alle Provinzen sind in den Zustand der Ruhe und Ordnung zurückgekehrt; nur in Brabant, dem Herd des Aufstands, besteht man noch auf dessen Prinzipien und würde ihn gern neu entfachen. Man wird wahrscheinlich Gewalt anwenden müssen, um dem vorzubeugen. Dieser Umstand droht einen neuen Ausbruch der Unruhen mit sich zu bringen. Dies wäre um so verhängnisvoller, könnte er doch gerade zum Zeitpunkt der Ankunft der durchlauchtigsten Statthalter, welche am 15. hier eintreffen werden, stattfinden.

Einfach chiffriert

Am 18. soll in Mantua eine Konferenz stattfinden. Das Resultat, wie es in Paris dargestellt wurde, erscheint höchst fraglich. Man kann nicht darauf zählen, solange der Kaiser sich nicht selbst darüber ausgesprochen hat. Man hat gerade von ihm eine Stellungnahme erzwungen. Vor allem erscheint es ihm wichtig, eine Antwort Spaniens zu erlangen. Man muß sie in Paris schon bekommen haben und wird sie sicherlich weitergeleitet haben; alles weist darauf hin, daß der Comte d'Artois nach Namur gehen wird, und das wird hier sehr schlecht aufgenommen. Die Franzosen treiben hier nichts Nützliches, sie wissen von nichts, haben weder Pläne noch Mittel, noch Führung.

(7, FA SB 71, Dossier A)

Marie Christine an Eleonore Liechtenstein
25. Juni 1791

Ich habe seit dem Tod meines angebeteten Vaters und meiner Mutter kein größeres Leid erfahren als die Nachricht von dem unglücklichen Schicksale meiner armen Schwester. Sie werden wissen, daß sie kaum vier Meilen weit von der Grenze gefangengenommen wurde. Wenn sie einen anderen Weg eingeschlagen hätte, wäre sie gerettet gewesen wie Monsieur [der spätere König Ludwig XVIII.] und seine Frau. Ich bin untröstlich über meine unglückliche Schwester und ihre unschuldigen Kinder.

(38)

Graf Valentin Esterházy
Juni 1791

Bei den in Brüssel zahlreich anwesenden Franzosen herrschte eine übermäßige Freude. Nur die Erzherzogin, zu der ich mich bei meiner Ankunft begab, erschien mir sehr beunruhigt, noch immer keine Nachricht vom König zu haben. Man sagte, daß er den Weg über Malmédy nach Luxemburg genommen habe, und trotzdem kamen die Kuriere, die sie in diese Richtung abgeschickt hatte, nicht zurück. Auf das von mir geäußerte Verlangen, sofort aufzubrechen, veranlaßte sie mich, noch die Rückkunft eines ihrer Kuriere abzuwarten, um die Reise nicht unnötig zu unternehmen. Am Abend, als ich beim Herzog von Villequier zum Souper war, ließ man mir ausrichten, ich möchte an den Hof kommen. Bei meiner Ankunft fand ich die Erzherzogin in Tränen. Sie ließ mich einen Brief des Kommandanten von Luxemburg [Bender] lesen, in dem stand, daß der König zu Mitternacht in Varennes in den Argonnen verhaftet worden war. Diese Nachricht wurde durch einen Kurier des Generals Mottel [Moitelle] bestätigt, der noch hinzufügte, daß der König nach Paris zurückgebracht worden sei.

(56/301 f.)

Joseph Weber (aus dem Gefolge der Königin Marie Antoinette)

Einer der ergebensten, einer der bekanntesten unter den echten Freunden des Königs und der Königin von Frankreich, der intimste Vertraute vielleicht der Gedanken, der Sorgen dieser mutigen und unglücklichen Prinzessin, der Duc de Choiseul, wollte mich selbst nach Brüssel bringen und hat mich der Erzherzogin Marie Christine vorgestellt. Ich gab leider genug Anlaß, um die Anteilnahme Ihrer königl. Hoheit zu erregen: Ich hatte Antwort auf alle Fragen. Meine Berichte haben Tränen fließen lassen, aber gleichzeitig auch ihren Eifer für die Befreiung der durchlauchtigsten Gefangenen, die ihre Schwester ist, angefacht.
Ich war weit davon entfernt, während dieser Rechenschaft, die ich Ihrer Königl. Hoheit legte, an mich zu denken, und kaum daß ich aus ihrem Palais gegangen war, teilte man mir von ihrer Seite und von der Seite ihres hochherzigen Gemahls, des Herzogs Albert von Sachsen-Teschen, mit, daß ich in den Genuß einer beachtlichen Wohltat gekommen war und mir in Zukunft eine Pension zuteil werden sollte bis zu dem Tag, an dem ich nach Frankreich zurückkehren könnte. Freudige Worte, die ich mir noch oft nachher wiederholt habe. Die Erinnerung daran ist heute erfüllt mit Schmerz, aber damals waren es Worte, die voll Trost und Hoffnung waren.

(57, I/V)

Seraphim Joseph François Gerard, Deputierter aus dem nördlichen Wahlkreis Frankreichs, an seine Mitbürger
1791

Ihr wißt, Brüder und Freunde, daß wir, die wir unsere Freiheit und die geheiligten Menschenrechte wiedergefunden haben, das Gelübde abgelegt haben, daß alle Völker dieser Erde die Wohltaten dieser Revolution teilen sollen.

Die glänzendsten und schmeichelndsten Versprechungen Leopolds können nicht dieses brennende Freiheitsgefühl auslöschen, das in allen Zeiten diese Nation belebt hat. Wendet Eure Blicke der Geschichte zu, Ihr werdet das Volk der Belgier, unsere Brüder, mit uns gemeinsam gegen das Volk der Römer siegen sehen, die Fürsten verjagt, die despotisch herrschen wollten, und ein friedliches Leben unter denen sehen, die den Sozialvertrag [Contrat Social], die Antrittseide und die Rechte des Landes, denen sie sich unterwarfen, achteten.

(3, Nachfolgeslg. sign. B/71–1/6)

Alexander von Seckendorff nach Wien
29. Dezember 1791

Aimable cousin et ami,
Wir befinden uns in einer heftigen Krise, und was auch immer die Geheimnisse des Kabinetts sein mögen, ich glaube noch immer, daß alle dort sich irren, genau wie sie sich schon seit einigen Jahren irren. Wie dem auch immer sei, woher auch immer der Antrieb kommen mag, der Stand der Dinge in diesen Ländern ist sehr verschieden von der Vorstellung, die man sich in Wien davon macht. Um Ihnen nichts zu verheimlichen, werde ich Ihnen sagen, daß wir hier sehr gut wissen, was man in Wien von uns denkt, daß wir die Lage zu schwarz sehen, daß unsere Rachsucht und unser Ärger uns zu einem Mißbrauch und Gewaltakten verleitet, während Güte und Mäßigung, Milde und Nachgiebigkeit auch hier alles sehr einfach richten würden. Der Erzherzog [Carl], der bei seiner Ankunft auch von diesen Prinzipien durchdrungen war, ist heute sehr erstaunt zu sehen, daß I. K. H. genau nach den gegenteiligen Gefühlen handeln, als man sie in Wien annimmt, nämlich mit einer besonders ausgeprägten Güte, einer erstaunlichen Milde, einer Ergebenheit, die im genauen Gegensatz zu jeglichen Rachegedanken steht, die sie mit Recht haben könnten, und mit einer Mäßigung selbst den berüchtigten Rebellen gegenüber und einer Geduld, die ans Wunderbare grenzt. Er hat während drei Monaten mit seinen eigenen Augen soviel gesehen, daß er heute Feuer und Flamme ist und zugibt, daß man in Wien nicht den Schatten einer Idee von der Lage der Dinge hat.

(3, Nachfolgeslg., sign. B/71–1/6)

Leopold II. an Marie Christine
31. Dezember 1791

Ich erkenne den Stand der Dinge bei Euch und bin überzeugt, daß weder Preußen noch Holland, welche jetzt in Treue zu uns halten und die Verträge unterzeichnen wollen, sich einmischen; vielleicht wirkt England unter der Hand, jedenfalls sind es aber die Franzosen und das Comité in Lille. Ich bin überzeugt, daß die Geistlichkeit unter der Hand die Stände aufputscht, sich allem zu widersetzen, um die Vonckisten nicht aufkommen zu lassen und ihre vollständige Niederlage zu verhindern, wenn das französische System eingeführt würde. Ich bin überzeugt, daß van der Noot, van Eupen, van der Mersch, Vonck, die Barnaves und alle übereinstimmen. Eine Explosion wird erwartet. Man muß auf der Hut sein, darf keine Gelegenheit geben, wenn die Erhebung aber ausbricht, muß man die Bewegung mit militärischer Strenge unterdrücken.

(15, II/103 f.)

Nachdem die Hoffnungen Kaiser Leopolds auf eine Erhaltung des Friedens mit Frankreich immer geringer geworden waren, kam es am 7. Februar 1792 zu einem Allianzvertrag zwischen Österreich und Preußen, in dessen Artikeln neben der gegenseitigen Garantie der jeweiligen Besitzungen die Zusicherung von militärischer Hilfe von 15 000 Mann Fußvolk und 5 000 Mann Kavallerie enthalten waren sowie die Aufforderung an Rußland und die Seemächte, diesem Bündnis beizutreten. Diese gegenseitige Hilfe bezog sich auch auf eventuelle innerpolitische Schwierigkeiten in den einzelnen Provinzen Preußens und Österreichs mit Ausnahme von Belgien österreichischerseits und Westfalen und Ostfriesland von seiten Preußens. Kurz nach Abschluß dieses Defensivbündnisses starb Kaiser Leopold II. plötzlich am 1. März 1792, erst 45 Jahre alt. Wenige Wochen später, am 20. April 1792, erklärte Frankreich Österreich den Krieg. Die ganze Schwierigkeit der Situation lastete nun auf dem unerfahrenen Nachfolger des Kaisers, seinem Sohn Franz.

Albert
1792

Während eines großen Essens, das wir bei uns gaben, vertraute mir Graf Mercy im geheimen die schreckliche Neuigkeit an, die er gerade erfahren hatte, und beauftragte mich, sie meiner Frau erst dann mitzuteilen, wenn wir uns in unsere Gemächer zurückgezogen hätten.
Sie liebte ihren Bruder über alle Maßen, betrachtete ihn als ihren liebsten Freund, in den sie seit unserem Aufenthalt in Florenz all ihr Vertrauen gesetzt hatte; die Nachricht von seinem Tode traf sie wie ein Blitz, tiefster Schmerz überkam sie. Gleichzeitig mußte ich es auch dem Erzherzog Carl mitteilen, den der neue Kaiser, sein Bruder, sofort nach Wien befohlen hatte, wo die Kaiserin, ihre Mutter, die schon lange an heftigen Brustschmerzen litt, bei sehr schlechter Gesundheit war.

(1, III/440)

Marie Christine an Eleonore Liechtenstein
16. März 1792

Die Freundschaft und die Teilnahme meiner Freundinnen würden mir in meinem Unglück Trost gewähren, wenn es noch einen Trost gäbe. Aber der Schlag ist zu schrecklich, zu betrübend für mein Herz, er trifft zu schwer. Die schwache Gesundheit der verehrungswürdigen Kaiserin macht mich zittern, ihre verwaisten Kinder erwecken Mitleid, und auch der junge König hat keine kräftige Gesundheit. Alles das trifft mein und meines Mannes Herz. Wir haben mit unserem Bruder und Herrn einen wahren Freund verloren. Das soll mir seinen Sohn, der unser ganzes Glück ausmacht, noch teurer machen. Ich mußte ihm selbst den Dolch ins Herz stoßen. Nur die Liebe für ihn gab mir die Kraft, ihm sein Unglück nach und nach mitzuteilen; er wollte es nicht glauben, bis man ihm den Brief des Königs gab. Jetzt zittern wir alle für seine ausgezeichnete Mutter. Sie werden wissen, daß mein guter Bruder von Bonn gekommen ist, um mich zu trösten. Seine Freundschaft ist heilender Balsam für mein wundes Herz. Heute verliere ich dieses Glück wieder, denn er muß zu seiner Tätigkeit zurückkehren. Adieu, meine teure Freundin. Es ist schrecklich, alle die Seinen überleben zu müssen. Ich und mein Mann grüßen Sie, die anderen Damen, Ihre Tochter und den Marschall.

(15, II/127 bzw. 38)

Kaiserin Maria Ludovica starb am 15. Mai 1792. Inzwischen lief der Überfall Frankreichs auf die österreichischen Niederlande an.

Wenzel Fürst Kaunitz an Graf Seilern
9. Mai 1792 *(Auszug)*

Bemerkenswert ist der Umstand, daß dem Gesandten [gemeint ist der französische Gesandte am Wiener Hof, Noailles] das Dokument der Kriegserklärung erst vom ersten Ort, nachdem er die Grenze der österreichischen Staaten überschritten hätte, zu schicken erlaubt war. Wie es von selbst auffällt und wie es der Erfolg wirklich bestättiget hat, lag hiebei keine andere Absicht zum Grunde, als alles dergestallt einzuleiten, damit wir, ohne es zu vermuthen, plötzlich noch eher überfallen werden könnten, als wir nur die geringste legale Nachricht von der geschehenen Kriegs-Erklärung erhielten. Mit dieser verabscheuungswürdigen Absicht hängt offenbar das gegen alles Völkerrecht streitende Benehmen zusammen, mittels welchem man sich, laut dem von dem Herrn v. Blumensdorf durch versteckte dritte Wege an den Grafen Mercy beförderten Berichtschreiben No. 6, erlaubt, ihm auf seine oft wiederholten dringlichsten Ansuchen Pässe für einen hierher abzuschickenden Courrier hartnäckig zu verweigern, welche ihm endlich nach Ausweis seines letzten Schreibens No. 7 erst den 27. April, folglich in dem Augenblicke ausgefolgt worden sind, als alle Anstalten zur stündlichen Invasion in die Niederlande getroffen waren, und man im Begriffe stand solche auszuführen.

(7, Reichskrieg gegen Frankreich, Juli 1791 – Juli 1792)

ALBERT
APRIL/MAI 1792

So standen die Dinge, als wir am 23. April in Brüssel durch private Korrespondenz Fremder von der Kriegserklärung an Österreich erfuhren, die dem König von Frankreich durch die Nationalversammlung abverlangt worden war. Diese Neuigkeit wurde schließlich am 25. dem General Beaulieu mitgeteilt, damals Kommandant von Mons, der von Marschall Rochambeau folgende Erklärung durch einen seiner Generaladjutanten erhielt: Da er vom König noch keine Befehle für den Beginn eines Angriffs erhalten habe, würde er sich wünschen, sich mit ihm zu verständigen, damit bis zum Moment eines ehrlichen und loyalen Krieges die kleinen Streitigkeiten der Vorposten, die nur zum wechselseitigen Schaden der Grenzbewohner gereichten, vermieden werden.

Am 28. April, zu einem Zeitpunkt, da kaum noch die Zeit gegeben war, die um Mons und Tournai stationierten Truppen durch einen Teil jener zu verstärken, die in der nächsten Nähe der Städte lagen, und der Rest der Armee in voller Bewegung war, bezog eine Truppeneinheit dieses Marschalls Stellung an unseren Grenzen. Es waren etwa 12 000 bis 15 000 Mann unter dem Kommando des Generalleutnants Duc de Biron. Tags darauf passierten sie mit mehr als 30 Kanonen in der Nähe von Quienvrain unsere Vorposten, die von ihnen gezwungen wurden, sich gegen Mons zurückzuziehen. Ein anderes Corps dieser Armee, ebenfalls einige tausend Mann stark, setzte sich zur selben Zeit von Lille aus gegen Tournai in Bewegung. Ein drittes gleich starkes Corps verließ die Gegend von Dünkirchen, um gegen Furnes vorzugehen. La Fayette ließ von diesem Augenblick an auch auf der Mosel die Vorposten in der Nähe von Givet attackieren, wo er seine Armee versammelte. Am Tag darauf stieß er bis Namur vor.

Man hatte mit großer Mühe die französischen Truppen davon überzeugt, sie würden überall mit offenen Armen von der Bevölkerung empfangen werden und selbst unsere Soldaten würden nur einen günstigen Moment abwarten, um sich ihnen anzuschließen. All dies hatte zur Folge, daß sie mit der Überzeugung in das Land eindrangen, das Angekündigte würde sich nun ereignen.

Man kann es nicht leugnen, daß es in manchen Städten einige gab, die geneigt gewesen wären, sich als unsere Feinde zu erklären, aber es war nicht die Regel, und vor allem die Landbewohner und schon gar unser Militär hegten ganz andere Gefühle als jene, die die Bosheit ihnen angedichtet hatte.

Während unsere Truppen sich an den Grenzen schlugen, führte man in aller Eile von den entferntesten Gebieten des Landes Verstärkungen heran. Sie sammelten sich in der Nähe von Leuze, dem vereinbarten Treffpunkt, und auch ich hatte mich darauf vorbereitet, dorthin zu gehen, um die Armee in Feldzug zu führen. In diesem Augenblick erhielt ich einen Brief des Kaisers, durch welchen er mir zu erkennen gab, daß, einem

Theodor von Berckel, Herzog Albert und Marie Christine, Jeton auf die Wiederherstellung der Ordnung in den niederländischen Provinzen, 1790

Einvernehmen folgend, das wenige Monate zuvor noch zwischen dem verstorbenen Kaiser und dem König von Preußen erzielt worden war, der Herzog von Braunschweig das Generalkommando der gesamten gegen Frankreich vereinigten Armeen zu übernehmen habe. General Browne habe unter seinem Befehl mit dem in den Niederlanden befindlichen Armeecorps zu kämpfen und sich seinen Operationen und Plänen unterzuordnen.

(1, IV/10)

Herzog Albert fand sich dadurch von der selbständigen Führung der niederländischen Armee ausgeschlossen. Er wollte daraufhin das Kommando überhaupt niederlegen. Da jedoch Browne erkrankte und Marschall Bender, Mercy und Graf Metternich, seit 1790 bevollmächtigter Minister in den Niederlanden, in ihn drangen, entschied er sich, den Oberbefehl doch beizubehalten, bis ein neuer Entscheid des Kaisers eintreffen würde.

ALBERT AN KAISER FRANZ II. (I.)
BRÜSSEL, 24. APRIL 1792

Ew. Königl. Mjt. Allhstes Handschreiben vom 15. dieses ist mir durch den als Courier hier eingetroffenen B. Lederer überbracht

worden. Ich gestehe, daß mich dessen Inhalt in eine ganz unbeschreibliche Lage setzt.
Die Aufopferung aller meiner Ruhe und Kräften, zu der mich mein Eyfer für den Allhsten Dienst neuerdings bewogen hat, als ich in dieses Land wiederkehrte, um unter denen biß itzo noch immer fortdauernden äußerst unangenehmen Umständen und Aussichten das General-Gouvernement fortzuführen, sollte mir wohl auch das zuversichtliche Zutrauen gegeben haben, daß wo es darum zu thun kommen würde, die daselbst mir als Capitaine General bishero untergebenen Truppen an dem Feind zu führen, mir dieser Vorzug nicht geraubt werden würde.
Ew. Majt. haben inzwischen für gut befunden, dem F. Z. Meister Gn. v. Browne das Commando des in Feld rückenden Corps d'Armée aufzutragen, um ihn nur insolange dem F. M. B. v. Bender, und mir subordinirt zu lassen, als nicht der Regierende Herzog von Braunschweig das Ober-Commando sämmtlicher Arméen übernimmt. Diesen Entschluß habe ich nun nicht gesäumt, dem F. M. v. Bender alsogleich bekandt zu machen, und ihme sowohl als dem Gen. Browne alle die auf die entschlossene Kriegsoperation sich beziehende, und von Ew. Majt. mir mitgeteilten piecen, dem Allhsten Befehl zu folgen, zu Communizieren. Sosehr aber letzteren das ihm gegebene höchst schmeichelhafte Zeugnis Allhst. dero Zufriedenheit geführet, so konnte aber jedoch all mein Zureden ihn nicht von dem schon gefaßten Entschluß abbringen, dieses Commando zu deprecieren, und in einem Ew. Majt. adressierten Schreiben die bedauernswürdigen gesundheitlichen Umstände zu eröffnen, welche ihme solche zu Nothwendigkeit mache, diesen Zufall und der Zeitpunkt in welchem es vorkömmet, wo nämlich mittlerweile als Ew. Mjt. einen andern eben dieses Commando an seiner Stelle übertragen seyn wird, bestimmen werden, die französischen Truppen einerseits und die Rebellen-Horden andrerseits an mehreren Orten ins Land eindringen dürfften, setzen mich in den äußerst besonderen Fall, mit Hintansetzung aller meiner personellen Verhältnisse und Rücksichten aus dem einzigen Trieb des innigst Patriotischen Eifers und Rechtschaffenheit die Oberste Leitung des hiesigen Armée Commando noch inso lange fortführen zu müssen, biß Allhst. dero Entschluß, wer den Platz des Gen. Browne übernehmen solle, gegeben haben werden.
Erlauben Ew. Majt. inzwischen über den Gegenstand des Allhst. dero Schreiben beygefügten Operations-Plans für jetzo nur in kurzem allhier zu bemerken, daß einerseits die bißhero hier Landes getroffenen Dispositionen sich bloß auf die zeitherige Kenntnis, Lage und Aussicht deren Umständen haben gründen können, und daß andrerseits von einer weiteren Entwicklung derer von denen Franzosen vorhabenden Unternehmungen und allenfälligen Angriffen anoch großentheils abhängen dürffte, in wie weit dasjenige, was von seiten des hiesigen Armée Corps diesen Plan nach zu bewürcken seyn soll, ganz oder zum Theil in Erfüllung zu bringen seyn wird.
Was ich übrigens über den mich persönlich betreffenden Gegenstand empfinde, dieß glaube ich überflüßig Ew. Majt. beschreiben zu sollen, da Allhst. Selbe allzuguth selbst kennen werden, was die Empfindungen der Ehre auf das Herz eines rechtschaffenen Mannes und Soldaten, in einen solchen mir gar nicht zu erwartenden möglich gewesenen Falle erregen müssen.
Ich verharre mit tiefster Ehrerbietung
Ew. Majt. Diener und Oncle
Albrecht

(7, Reichskrieg gegen Frankreich, Juli 1791 – Juli 1792)

Die Französische Nation an die Deutschen
Flugblatt aus dem Jahre 1792

Unsere Armeen stehen auf Euren Gränzen; sie bringen den Tyrannen Krieg, den Bürgern Freyheit; sie erwarten die Bewohner Eurer reichen Gegenden, um mit ihnen und für sie die Unterdrückung zu überwinden. Sie wollen die Soldaten der Despoten aufsuchen, um die Beleidigungen zu rächen, die sie den Franzosen angethan haben. Erkläret Euch: sie wollen auch Euer Blut, das so oft für Tyrannen geflossen ist, Eure Rechte, die man verkannt und zernichtet hat, Euere unwürdige Sclaverey, in der ein stolzes und muthiges Volk lebet, rächen. Der deutsche Adler schwinge sich mit Euerer Kraft empor. Die Stunde der Freyheit schlägt. Der Augenblick, welcher alle Tyranney zerstöhren soll, nähert sich.
Völker Deutschlands, wir schwören Euch frey zu machen; wollt ihr blos ruhige Zuschauer bey unserem Kampfe für Eure Freyheit seyn? Die Vereinigung beider Nazionen werde für alle Tyrannen ein schräkendes Beyspiel, und für alle unterjochte Völker eine trostvolle Hoffnung.

(7, Reichskrieg gegen Frankreich, Juli 1791 – Juli 1792)

Am Beginn des Feldzuges gestaltete sich die Lage für die österreichischen Truppen nicht ungünstig. Die drei nach Belgien vorgerückten französischen Korps wurden zum Rückzug gezwungen. Am 11. Juni konnte Herzog Albert selbst die Avantgarde La Fayettes unter Gouvion bei Maubeuge zurückschlagen.

Albert
11. Juni 1792

Dieses Gefecht hatte immerhin zur Folge, daß Kühnheit und Erfolg unserer Truppen dem Feind genügend imponierten, um ihn von dem Versuch abzubringen, die Überlegenheit seiner Kräfte gegen uns unverzüglich ins Treffen zu führen; dies ermöglichte nicht nur, uns in unseren Positionen zu erhalten, sondern auch, in der Folge einige Truppenteile ablösen zu können, um jene um Tournai und in Flandern zu verstärken. Es trug schließlich auch dazu bei, den Übermut der uns feindlich Gesinnten in Mons zu dämpfen, die schon gewagt hatten,

Unbekannter Stecher, Herzog Albert mit seinen Truppen bei der Belagerung von Lille, 1792

satirische und revolutionäre Billets bei Gelegenheit der Einsetzung des Kaisers zu verbreiten. Noch am Morgen, als schon Kanonendonner zu vernehmen war, wagte man Reden zu halten, die wahre Freude verrieten, den Waffenlärm der Franzosen zu vernehmen, schien er doch anzuzeigen, sie würden kommen, das Fest zu stören.

(1, IV, 37)

Albert
Juli 1792

Der Kaiser verließ bald danach Wien, um nach Frankfurt zur Kaiserkrönung zu reisen. Meine Frau, die fühlte, wie wichtig es für sie und mich war, eine Gelegenheit zu finden, ihm in aller Klarheit den wahren Zustand der Angelegenheiten in den Niederlanden erkennen zu lassen, bat um die Erlaubnis, sich bei dieser Gelegenheit zu ihm begeben zu dürfen. Er lehnte es aber ab. Den negativen Bescheid begründete er aus der Notwendigkeit, daß wir uns bei den gegebenen Umständen nicht von unserem Posten entfernen könnten. Er berief statt dessen den bevollmächtigten Minister Graf Metternich zu sich.

(1, IV/49)

Der Hauptschlag gegen die Armeen des revolutionären Frankreich sollte unter dem Oberbefehl des Herzogs von Braunschweig in der Champagne geführt werden. Herzog Alberts Aufgabe war es, mit seinem Korps durch die Belagerung von Lille einen Teil der französischen Kräfte zu binden.

Nach dem Rückzug der Hauptarmee nach der berühmten Kanonade von Valmy am 20. September 1792 wurde auch die Belagerung von Lille aufgehoben.

Albert
Lille, 24. September – 8. Oktober 1792

Die gegebene Situation ließ mich trotz allem nicht verzweifeln, doch vielleicht bald am Ziel meiner Bemühungen zu sein. Kurz zuvor hatte sich die Neuigkeit verbreitet, die dem Herzog von Braunschweig gegenüberstehenden Armeen wären von diesem bereits so bedrängt, daß General Dumouriez schon kapituliert habe, und man erwarte von einem Augenblick zum anderen, daß alle Truppen die Waffen strecken würden.
Monsieur de Breteuil, damals in Verdun, hatte seinerseits diese Neuigkeit weitergegeben, wobei er versicherte, sie aus einem Brief des Herzogs von Braunschweig unmittelbar zu haben. Dieser hätte sogar hinzugefügt, er habe gehofft, mit diesem Fang einen Blumenstrauß dem König von Preußen zum Namenstag überreichen zu können.
So möglich oder wahrscheinlich diese Neuigkeit mir nach alledem, was man schon die längste Zeit von den vereinigten Armeen gehört hatte, auch erscheinen mochte, so war sie mir doch nur durch Privatpost zugekommen, und ich war daher der Meinung, mich nicht beeilen zu müssen, sie dem Kommandanten von Lille durch den Major d'Aspre mitteilen zu müssen. Da dieser inzwischen von seiner Mission zurückgekehrt war, gab ich den Befehl, unverzüglich die Geschützbatterien gegen

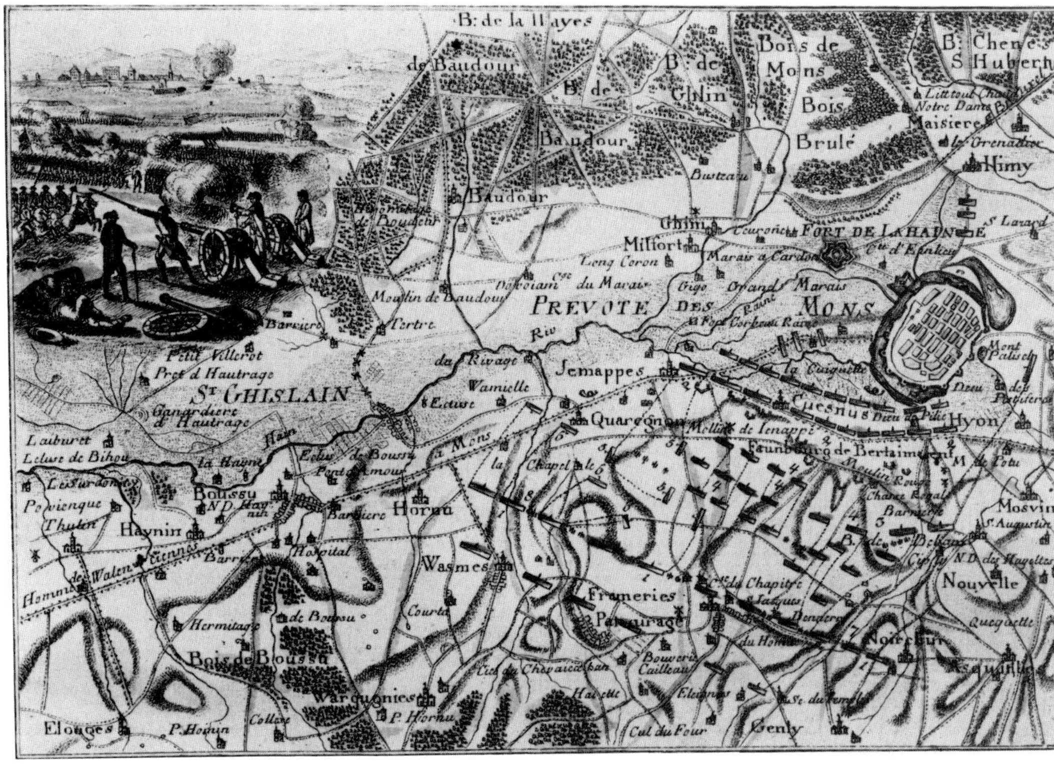

Plan der Schlacht von Jemappes am 6. November 1792

die Stadt abzufeuern. Die Bösartigkeit der französischen Revolutionäre ließ daraufhin in einer Unmenge von Schriften eine Lüge verbreiten, die in der Nachwelt Eingang fand: daß meine Frau, eben in diesem Augenblick aus Brüssel angekommen, das Geschützfeuer mit eigener Hand eröffnet habe. In Wahrheit war sie kein einziges Mal in mein Hauptquartier gekommen, seit ich mich entschlossen hatte, den vorgesehenen Angriff gegen die Stadt zu beginnen.

(1, IV/81)

Nach ihren Erfolgen in der Champagne richtete sich der Angriff der Franzosen mit erneuter Stärke auf Belgien. Unter dem Oberbefehl von General Dumouriez standen mehr als 40 000 Mann nur 12 000 Österreichern unter Herzog Albert, verstärkt durch 8 000 Mann des Corps Clerfayt, gegenüber.

Marie Christine an Franz II. (I.)
Brüssel, 5. November 1792

Ich schreibe Ihnen heute in Erwartung des allergrößten und allerentscheidendsten Ereignisses, das für dieses Land und Ihre Angelegenheiten sehr folgenschwer sein wird. Möge die Barmherzigkeit Gottes die lenken, die handeln müssen, und ihre Bemühungen segnen sowie die Kraft Ihrer vortrefflichen Truppen stärken. Sie wissen, daß sich der Feind von allen Seiten nähert . . . aber mit Gottes Hilfe wurde er bis jetzt immer zurückgeschlagen. Zurzeit gefährdet er unter größter Kraftentfaltung Mons. Sie rücken in großer Zahl an, und es ist mehr als wahrscheinlich, daß heute eine Entscheidung fallen wird. Sie können sich meine Ängste vorstellen.

Ohne Vorwand kommen lauter französische Emigranten hierher, die über unsere Grenzen flüchten; alles Fremde mit unbekannten Gesichtern – außergewöhnliche und obskure Gestalten. All das drängt sich in Brüssel zusammen.

Ich kann Ihnen nicht verhehlen, daß, wenn es den Franzosen auf der einen oder anderen Seite gelingen sollte, durchzustoßen, der Aufstand in Brüssel und Brabant im selben Augenblick auflodern wird. Und ich möchte, daß Sie wissen, daß ich mich vielleicht mit vollem Bewußtsein dessen, was kommen kann, exponiere und opfere.

Brüssel, 6. November 1792

Der Feind ist gestern – 60 000 Mann stark – vor Mons erschienen. Unsere Armee, die eine sehr vorteilhafte Position innehat, hält dort die Stellung. Bis jetzt haben die Franzosen keinen Angriff gewagt und sich damit begnügt, mit aller Kraft Kanonen abzufeuern.

Bis jetzt haben wir – dem Himmel sei Dank – durch ihr Feuer keine Verluste erlitten. Es war aber so heftig, daß man den Kanonendonner hier in Brüssel von Mittag bis 6 Uhr abends hören konnte.

(7, FA SB 30)

P. G. Berthault nach
J. F. J. Swebach-Desfontaines,
Die Schlacht von Jemappes

Die Entscheidung fällt durch die Niederlage bei Jemappes.

ALBERT
JEMAPPES, 6. NOVEMBER 1792

General Dumouriez fand uns also entschlossen, nicht zu weichen. Er begann am 6. morgens beim Dorf Quaregnon seine Attacke. Kurz danach ließ er das Zentrum der vor seinem Lager aufgestellten Schlachtordnung mit einem Teil der schweren Artillerie vorrücken und die Geschütze auffahren. Nach seinem Bericht an den Nationalkonvent waren es 12 Stück, und eine gleiche Anzahl von Haubitzen begann mit dem Beschuß. Unverzüglich wurde auch von den anderen Geschützen, die vor der Front seiner Armee aufgestellt waren, das Feuer eröffnet.
Der zunächst von den Franzosen davongetragene Vorteil war noch nicht entscheidend gewesen; die Affäre hätte sich durch einen neuerlichen Angriff von unserer Seite durchaus noch zu unseren Gunsten wenden können. Aber der Feind hatte schließlich auf unserer rechten Flanke den gleichen Erfolg wie in der Mitte. Es gelang ihm, die am Eingang des Dorfes Jemappes gelegene Verschanzung zu stürmen und kurz danach die angrenzenden Höhen, welche die Grenadiere bis dahin mit großer Kraft und Anstrengung verteidigt hatten, zu nehmen. Es war ihm schließlich auch gelungen, das Dorf selbst zu besetzen, worauf er sich mit drei Bataillonen auf das rechte Ufer der Hayne wendete, um hier die rechte Flanke unserer Schlachtordnung anzugreifen.

Man hatte angenommen, er werde sich nicht durch den Fluß wagen, da Brücken geschlagen werden mußten, was bei den tiefgelegenen, sehr sumpfigen und von Wassergräben durchschnittenen Wiesen sehr unwahrscheinlich war. Inzwischen schien der Feind aber Mittel gefunden zu haben, die genannten Bataillone in diesen Teil zu bringen: er benützte ein großes Schiff, eine Billandre [kleiner Zweimaster für den Frachtentransport], durchquerte so die Wiese und griff unsere Grenadiere vom Rücken her an. Da die Rechte meiner Truppe sich dadurch in Gefahr befand, umzingelt zu werden, warfen sich zwei Grenadierkompanien in die Durchgangsstraßen des Dorfes, um die Franzosen trotz eines sehr heftigen Feuers, das sie ertragen mußten, aufzuhalten. Unter dieser Deckung konnte sich dann ein Großteil des Flügels mit seiner Artillerie durch das Dorf auf die Straße von Valenciennes nach Mons zurückziehen und überquerte am Ende dazu die Brücke über die Hayne am Ausgang des Dorfes.
So ging dieser denkwürdige Tag zu Ende, an dem trotz aller Bravour der kaiserlichen Truppen unsere Armee den zahlenmäßig dreifach überlegenen Franzosen unterlag; den Todesstoß hatte sie durch die zahlreiche schwere Artillerie erhalten, mit der alle Attacken vorbereitet und begleitet wurden. Wir verloren 1 000 bis 1 200 Mann an Toten, Verwundeten und Gefangenen. Die Verluste der Franzosen müssen viel größer gewesen sein, wenn man die Zahl der Truppen, die sie für die verschiedenen Angriffe eingesetzt hatten, bedenkt, und auch die Härte des Widerstandes, auf den sie stießen. Dumouriez sagte später

in einem seiner gedruckten Berichte an den Konvent im Moniteur vom 10. Dezember, daß er mit 40 000 Mann, die alles hergaben, angegriffen hatte.

(1, IV/102)

Marie Christine an Franz II. (I.)
Brüssel, 6. November 1792 (11 Uhr abends)

Das Herz von Gram gebeugt, sehe ich meine schlimmsten Befürchtungen nun eingetroffen. Die Zahl Ihrer Feinde und noch mehr deren großartige Artillerie haben den Wert Ihrer Truppen zunichte gemacht, die heute, nachdem sie vier Tage hintereinander im feindlichen Kanonenfeuer ausgeharrt hatten, im Kampf unterlegen sind. Sie mußten den Rückzug nach Castion antreten, eine Stunde hinter Mons, hinter dem kleinen Fluß La Hayne. Die Truppen haben sich – wie man mir mündlich berichtet hat – bestens geschlagen. Ihr Bruder, der wie immer großartig war, ist wohlauf. Auch mein Mann befindet sich wohl, aber wie ich ihn nur zu gut kenne, trägt er den Tod in der Seele, um so mehr, als die Folgen grauenhaft sein werden.

Brüssel, 7. November 1792

Ich bedauere alle diese tapferen Offiziere, diese wertvollen Truppen. Um sie Ihnen zu bewahren, hätte ich gerne mein Leben dafür gelassen. Ich bleibe noch hier und werde mich in diesem Augenblicke höchster Not nicht fortbegeben.
Heute habe ich die Staatspapiere und den königlichen Schatz wegschicken lassen und werde erst ruhig sein, wenn ich alles in Sicherheit weiß. Der Schmerz meines Mannes zerbricht mein Herz, meine letzten Blutstropfen würde ich dafür geben, um dieses Unglück ungeschehen zu machen.

(7, FA SB 30)

François de la Rochefoucauld
Nacht vom 8. auf den 9. November 1792

Kaum hatten wir die Pferde bestiegen, als wir den Lärm mehrerer Wagen hörten, die sehr schnell daherkamen; sie waren hell mit Laternen beleuchtet. Diese Wagen fuhren an uns vorbei, ohne anzuhalten. Kurz danach setzte sich unsere Armee in Marsch und gelangte bis zu einem Dorf, das sich vier Meilen von Brüssel entfernt befindet. Dieser Ort heißt Woluwe. Auf unserer Strecke kamen unzählige Wagen vorbei. Ich erfuhr, daß die vier oder fünf, die während der Nacht an uns vorbeigefahren waren, die der Erzherzogin gewesen sind und daß wir bestimmt wurden, ihr als Eskorte zu dienen, um ihren Rückzug zu decken. Es war einfach für mich, zu erraten, daß die Soldaten, die ich gesehen hatte, dazu bestimmt waren, die Abreise der Erzherzogin zu beschützen, falls das Volk von Brüssel sich widersetzen oder sie verfolgen würde. Wir hörten das Abschießen von Böllern in der Stadt als Ausdruck der Freude über ihre Abreise. Kaum hatte sie die Stadt verlassen, als alle Minister und Regierungsbeamten den Befehl von ihr erhielten, die Stadt zu verlassen und nach Ruremond zu gehen.

(58, 192)

Marquise de la Tour du Pin
Holland, 1792

Ich war sehr mit dem Prinzen Starhemberg befreundet, dem österreichischen Minister in Den Haag. Dieser junge Mann, nur 28 Jahre alt, war sehr mit seinen Zerstreuungen beschäftigt, so daß er mehr an sein Äußeres und seine Pferde dachte als an die Angelegenheiten seiner Gesandtschaft. Der Kurier aus Brüssel brachte ihm fast täglich Depeschen vom Prinzen Metternich, der bei der Erzherzogin Marie Christine, der Statthalterin der Niederlande, akkreditiert ist. Der junge Diplomat vertraute mir alles, was er Neues erfuhr, ohne jegliches Mißtrauen an.
Eines Tages sollte es eine Gesellschaft geben, und die Starhembergs wollen mich abholen kommen. Ich befand mich gerade, schon vollständig angezogen, in meinem Zimmer, als Prinz Starhemberg ganz aufgeregt hereinstürzte und mir sagte: „Alles ist verloren. Die Franzosen haben uns vollkommen geschlagen. Sie besetzen jetzt Brüssel." Die Flucht der Emigranten – über tausend allein aus Brüssel – war die bedauernswürdigste und traurigste Sache. Durch die Versicherungen der Minister der Erzherzogin, die ihnen versprachen, sie bei der Annäherung der Franzosen zu verständigen, lebten sie hier ohne die geringste Sorge. Mit dieser Sorglosigkeit und Unvorsichtigkeit, deren Opfer sie so oft geworden waren, wiegten sie sich in Brüssel in vollkommener Sicherheit trotz des Rückzuges der Preußen in der Champagne. M. de Vauban, von dem ich diese Einzelheiten habe, kehrte gegen Mitternacht nach Hause zurück, als er beim Überqueren der Place Royale glaubte, im Hof des Palais das Geräusch einer großen Anzahl von Pferdehufen zu vernehmen. Er wartete versteckt in einer Einfahrt, und nach ein paar Augenblicken sah er alle Wagen des Hofes herauskommen, Packwagen und Feldkaleschen, beladen mit Gepäck, die sich in aller Stille gegen die Porte de Namur zu bewegten. Überzeugt davon, daß die Erzherzogin im geheimen Brüssel verlasse, lief er, um den nächsten Franzosen zu verständigen. Jene, die noch am selben Abend bei Hof gewesen waren, wollten diesem Vertrauensbruch keinen Glauben schenken. Aber einige Augenblicke genügten, um sie zu überzeugen.

(40, I/284)

Albert
Dezember 1792

Wir erwarteten nahezu zwingend, daß die gesamten niederländischen Provinzen dem Druck der feindlichen Kräfte unterliegen würden, was meine Frau in der letzten Zeit dazu veranlaßt hatte, die kaiserlichen Effekten und Papiere in Kisten verpackt in Sicherheit zu bringen, um so eine Wiederholung der wirklich skandalösen, durch Unachtsamkeit verursachten Ereignisse des Jahres 1789 zu verhindern. Es war nur mit größter Mühe möglich gewesen, alles im letzten Augenblick auf Schiffen [Billandres] nach Antwerpen zu schaffen, um von dort, wenn es notwendig sein sollte, nach Holland zu gehen. Die Schiffsleute konnten aus Furcht vor der Rache unserer Feinde, deren Gefühle von Tag zu Tag sich offener zeigten, nur mit einer Spezialkaution des Bankiers, der gleichzeitig unser Hofschatzmeister war, dazu bewogen werden, den Transport durchzuführen. Er selbst stand persönlich für die Vergütung aller Verluste ein, die sie dabei erleiden würden. Meine Frau konnte sich nur unter Verzicht auf unseren eigenen Vorteil dafür einsetzen. Sie wollte aber nicht, daß man an unseren Besitz rührte, bevor man nicht die Effekten des Herrschers gerettet habe, und so geschah es, daß man schließlich zum Schluß in aller Eile nur das Wertvollste retten konnte. Alles andere mußte dem Feind überlassen werden.
Holland war weit davon entfernt, uns helfen zu wollen, es hatte sogar deklariert, daß, falls die Franzosen die Herausgabe der aus Brüssel geretteten Effekten des Kaisers fordern würden, dies nicht verweigert werden könnte.

(1, IV/121 f.)

Ludwig Fürst Starhemberg an Wenzel Fürst Kaunitz
30. November 1792

Ich fahre fort, mir seitens der Generalstände alle notwendigen Pässe zu beschaffen, sowohl für den Transport unserer Munition nach Ruremond und Köln als auch für die Wegschaffung des Gepäcks I. K. H., der Erzherzogin, nach Hamburg.

(7, Gesandtschaftsberichte Holland 26 E)

25. Dezember 1792

Man sagt, daß eines der drei Schiffe, die mit dem Gepäck und den Effekten I. K. Hoheit, der Erzherzogin, beladen waren, zwischen Rotterdam und Hamburg unterging. Das Schiff war auf 200 000 fl. versichert.

(7, Gesandtschaftsberichte Holland 34 D)

Girtler von Kleeborn an Hofrat Faulhaber
Münster, 25. Dezember 1792

Himmel und Erde, Hölle und Teufel, alles vereinigt sich zu unserem Unglück. Das erste und am reichsten beladene Schiff, welches wir von Rotterdam nach Hamburg abgeschickt hatten, ist mit Sack und Pack zugrunde gegangen. Der arme Zuckerbäcker Leeuw, der sich auf diesem Schiff befand, ist wahrscheinlich unter den Wellen begraben. Die erste Nachricht von diesem Zufall erhielten wir von einem preußischen Commissions-Rath aus Essen in Ost-Friesland, welcher meldete, daß 6 Verschläge mit Kostbarkeiten von einem sehr großen Werthe nebst Papieren an den Strand dieser Provinz geworfen worden seyen. Daß aus den Papieren zu entnehmen sey, daß diese Effecten Sr. K. H. von Sachsen-Teschen gehörten; 2 andere Verschläge sind auf die Küste des Jeverlandes [Anhalt-Zerbstisch] geworfen worden. Die zweyte Nachricht kam v. Banquier Osy aus Rotterdam, welcher meldet: que le premier bateau avoit perdu avec corps et Biens sur la cote de Jeverland.
Dieses Schiff enthielt den beträchtlichen Theil unseres Silbers, unserer Bibliotheque und unserer Meubeln von Schonenberg. Viele Dienstleuthe v. Hofe verlieren dabey ihr ganzes Hab und Guth. Darunter ist Bn. Seckendorff, Uhlig, Pfusterschmid, Wutky, Meyer, François, der Wundarzt von Erzherzog, Ballogh, Melte, Buschmann, Probst, Szlabigh, Trimmer und mehr andere. Dieses Schiff ist pr. 380 000 fl Holländisch Courrant assecouriert worden. Ich glaube, daß es in seinem wahren Werthe wohl bald 1 Million erreicht haben mochte. Und was in Rücksicht auf die Assecurance den bösesten Umstand macht, ist, daß kein Mensch anzugeben weiß, was in den Verschlägen eigentlich enthalten war. Denn da man zum Einpacken bloß 36 Stunden Zeit hatte, so ist alles ohne facture und mit Übereilung geschehen, um so mehr als in diesem critischen Augenblick alle Menschen beynahe die Köpfe verloren hatten, als I. K. H. die Erzherzogin allen Leuthen vorpredigte, daß sie alles im Stiche lassen und unserem Herrgott empfehlen wollte; und all das, was gerettet worden, sozusagen wider ihren Willen gerettet worden ist. Diese Effecten waren kaum in Holland angekommen, als Alles von dannen schrieb, eine nahe Revolution in den sieben Provinzen wäre unvermeidlich, und anrith, die Effecten nach Hamburg zu transportieren. Mr. Cantineau, der diese Expedition in Rotterdam besorgt hatte, ist inzwischen nach Brüssel zurückgekehrt; allein auf die Nachricht vom Schiffbruch eingeladen worden, sich abermals nach Rotterdam zu begeben, um den Prozeß mit der Assecuranz-Kammer ins Reine zu bringen. Zu Versammlung der gestrandeten Effecten haben II. KK. HH. von hier aus den Kanzellisten Kreibich nach Ost-Friesland geschickt; er wird trachten, sie mit Beyziehung der Ortsgerichtsbarkeith zu intervenieren, zu trocknen, wieder einzupacken, und sie zu Lande nach Hamburg zu transportieren.

Was das 2. und 3. Schiff, die eben von Rotterdam nach Hamburg unterwegs sind, für ein Schicksal haben werden, ist Gott bekannt. In Brüssel ist beschlossen worden, das General-Militär-Spital nach Schoonenbergh zu verlegen. Die Französische und Belgische Nation disputieren sich die Habseligkeiten Ihrer Königl. Hoheiten in Brüssel und Mariemont. Es scheint schlechterdings als wenn das Schicksal den Untergang dieses Fürsten geschworen hätte. Unter diesen Umständen hat es mir endlich geglückt, die reduction des husaren corps und die Entlassung zweyer Kanzlisten von der Militär-Kanzley des Herzogs (die bereits auf sieben Subjecte herangewachsen war) zu bewirken. Allein es sind in dem Verlauf des verflossenen Sommers, ohne mein Vorwissen, so beträchtliche und nicht abzustellende Ausgaben veranlaßt worden, daß ihre Last erst nunmehr unsern Kassen fühlbar werden wird.
Ich behalte mir jedoch vor, dem Hn. Hofrath bald alles mündlich und umständlich zu rapportieren. Die Reduction der Venerie ist ein Gegenstand, den ich mich bisher nicht unterstand zu berühren. Allein, es ist mein Wunsch, daß man ernstlich auf Ersparung denke. Ich glaube, daß diese in Wien leichter durchzusetzen seyn wird.
Unsere Stall-Equipage bricht in drei Colonnen den 1., 2., und 3. Jänner von hier auf. I. K. H. dürften wahrscheinlich um die gleiche Zeit dahin abgehen. Der Erzherzog [Carl] kehrt zur Armée zurück, die zwischen Bonn und Köln steht.
Die Hoffnung in das unglückliche Niederland zurückzukehren ist bey uns noch nicht aufgegeben worden.

(19, P 298)

Schon Anfang 1790 hatte Herzog Albert sich bemüht, vom König von Preußen einen Paß für den Transport von Möbeln und Effekten rheinaufwärts von Brüssel nach Bonn zu erhalten. Eine neuerliche Bitte wird am 31. Jänner 1792 gewährt. Am 3. Mai dankt er für den erhaltenen Paß, der es ihm erlaubte, auf drei Schiffen den Abtransport den Rhein aufwärts durchführen zu können. Doch durch das Schiffsunglück gelang das Unternehmen nur zum Teil. Herzog Albert erkrankte wegen all dieser Aufregungen und Enttäuschungen. (Vgl. die Korrespondenz mit Graf Zinzendorf, dem sächsischen Gesandten zu Berlin, 2, 10/3292.)

Marie Christine an Eleonore Liechtenstein
Bonn, 18. November 1792

Sogar Aachen ist voll von den schrecklichsten Ideen, und die Revolution droht auszubrechen. So blieb mir keine andere Wahl, als meinen Kranken bei meinem lieben Bruder unterzubringen, wo er jetzt zu Bette liegt. Gott helfe, daß dies nicht noch traurige Folgen habe; da ich diese Krankheiten ohne Namen nicht liebe, wo ein totaler Kräftezusammenbruch, Schlaflosigkeit und eine erschreckende Magerkeit sich vereinen.

(38)

Albert an Alexander von Seckendorff
21. November 1792

Ich hätte mich sicherlich nie entschlossen, die Armee zu verlassen, wenn ich mich noch länger hätte schleppen können, und ich würde sofort zurückkehren, so krank ich auch bin, wenn ich nicht in einem Zustand wäre, der dies physisch unmöglich macht.
Die zerrüttete Armee, ganz außerstande zu agieren, befindet sich in dieser Stunde auf dem rechten Rheinufer in der Nähe von Montebaur und wäre nur froh, wenn sie von den Franzosen, die sich dort aufhalten, diesen Winter lang noch geduldet würde.

(5, 119/1–29)

Charles Joseph de Ligne

Herzog Albert ist der am meisten unterrichtete Militär und hat am meisten militärische Gelehrsamkeit. Seine Memoiren sind mehr wert als sein Gedächtnis, welches ihn sonst recht oft im Stich läßt. Aber in freier Luft, zu Pferde und inmitten von vielen Menschen scheint es oft, als ob alles, was er so großartig in seinem Zimmer sagt und macht, verschwunden sei. Ich muß mir leider ein sehr scharfes Bonmot vorwerfen, das aber glücklicherweise nur wenige Leute verstanden haben: Er befragte mich das erste Mal, als ich ihn nach der Schlacht von Jemappes, die er verloren hatte, wiedersah, ob ich ihn infolge der Krankheit, die ihn daraufhin befallen hatte, verändert fände. „Je vous trouve, Monseigneur", antwortete ich ihm, „l'air encore un peu défait." [Ich finde Sie (ihr Aussehen) noch ein wenig niedergeschlagen (besiegt).]

(16, 190)

Albert
Dezember 1792

Ich habe schon oben vermerkt, daß meine ganz zerstörte Gesundheit mich gezwungen hatte, die Armee in Löwen zu verlassen und zu versuchen, durch Ruhe wieder die notwendigen Kräfte zu sammeln, um meine Aufgabe weiterzuverfolgen. Erzherzog Carl, der uns nach der fehlgeschlagenen Expedition des Armeekorps von Fürst Hohenlohe in der Champagne wiedergetroffen hatte, begleitete mich. Ich war mit ihm am ersten Tag in die Nähe von Maastricht nach Vieux-Joncs gegangen, wohin sich auch bereits meine Frau, einige Tage zuvor aus Brüssel kommend, zurückgezogen hatte. Wir gingen von dort zunächst nach Aachen, wo ich rechnete, die erste Zeit bleiben zu können, um mich wiederherzustellen. Die Annäherung des Feindes zwang mich bald weiterzugehen. Wir kamen nach Bonn zum Kurfürsten von Köln, und als dieser in sein Bistum von Münster reiste, fuhren auch wir weiter. In Köln befanden sich fast alle Verwundeten und Kranken, Offiziere wie Soldaten. Meine Gesundheit besserte sich nicht durch körperliche Ruhe. Als General Clerfayt sich daran machte, seine Reserveartillerie mit einem Troß über den Rhein zu setzen, und Dispositionen traf, zugleich mit der Armee auch hinüberzugehen, entschloß ich mich dazu, dem Kurfürsten von Köln nach Münster zu folgen, wobei mich meine Frau und Erzherzog Carl, die mich in meinem Zustand nicht verlassen wollten, begleiteten und noch in diesem Moment die Beschwernisse einer Reise zu dieser Jahreszeit und in einem Lande wie Westfalen mit mir teilten.

(1, IV/121)

FRANZ II. (I.) AN DEN PRINZEN COBURG

Aus Euer Liebden Bericht, welchen mir der Feldmarschall Graf von Lacy übergeben hat, habe ich ersehen, daß dieselben von dem Oberkommando meiner Armee am Rhein, und den Niederlanden überhoben zu Seyen wünschten. Auf Ihre Erklärung, daß Sie sich zu schwach fänden, und dass ich selbes einem verdienstvolleren Generalen übertragen möchte, kann ich Ihnen nicht anderst antworten, als dass bei grossen Eigenschaften Bescheidenheit eine der größten ist, und dass ich dermalen keinen verdienstvolleren Generalen kenne, als Sie, dessen Verdienste seit dem letzten Türkenkriege der ganzen Welt bekannt sind, Ich, der Ich Sie schätze, lade Sie ein, das Vaterland ruft Sie, wird ein Mann, wie Euer Liebden widerstehen? Der Prinz von Braunschweig wird nicht mehr das allgemeine Commando führen, andere Staatsangelegenheiten zwingen mich, den Herzog Albert von Sachsen-Teschen zu Mir zu berufen, und diese Angelegenheit verhindert ihn jemals wieder das Commando zu übernehmen; Euer Liebden haben mein Vertrauen und ich habe Sie gewählt, Ich kann Ihnen meine Achtung nicht mehr beweisen, als wenn ich Ihnen sage, dass Ich Ihnen den General der Cavallerie Wurmser und den Feldzeugmeister Grafen von Ferraris zugebe, um beständig um Ihre Person zu seyn und deren Rath sich in allen Fällen Euer Liebden zum Dienste des Staates und wegen der besonderen Achtung, die Ich stets für dieselben gehegt habe, dieses Commando übernehmen werden, so habe ich bereits deswegen Meine Befehle an den Hofkriegsrath erlassen.

(7, Handbillettenprotokolle, 1792, 567–571)

ALBERT
1793

Der junge Erzherzog Carl erhielt kurze Zeit danach den Befehl, sich von uns zu trennen, nach Köln zu gehen und sich dort zu den Truppen unter General Clerfayt zu begeben. Etwas später bekamen wir die Einladung des Kaisers, nach Wien zu kom-

Jean-Antoine Houdon, General C. F. Dumouriez

men. Meine Gesundheit erlaubte es mir noch nicht, eine so große Reise anzutreten, wir mußten sie einige Tage verschieben. Schließlich nahmen wir den Weg über Paderborn, Kassel, Fulda, Hanau, Mergentheim und Augsburg, um in die Hauptstadt zu gelangen.
In Augsburg trafen wir meinen Bruder, den Kurfürsten von Trier, meine beiden Schwestern Marianne und Kunigunde sowie die Erzherzogin Elisabeth, die aus Innsbruck gekommen war. Die Reise zu der schlechten Jahreszeit war überaus ermüdend. Dazu erfuhren wir in Hanau von dem grauenhaften Mord, der an dem allzu guten Ludwig XVI. begangen worden war. Man hatte ihn nach einem Rechtsspruch der erbärmlichen Nationalversammlung guillotiniert.
Wir kamen am Abend des 17. März, am Vorabend des Geburtstages des Kaisers, nach Wien und wurden im Palais Lobkowitz untergebracht. Gleich am nächsten Morgen begaben wir uns zu Hof, um dem Kaiser unsere Huldigung und Glückwünsche darzubringen.

(1, IV/123)

Das Jahr 1793 brachte tatsächlich ein Zusammenwirken der europäischen Großmächte gegen Frankreich; die Eroberung Belgiens rief die Seemächte, die Hinrichtung Ludwigs XVI. am 21. Jänner 1793 Spanien auf den Plan. England schloß mit Rußland, Spanien, Sardinien, Neapel, Portugal und auch mit den deutschen Vormächten Bündnisverträge ab. Am 22. März lieferte Dumouriez, der sich am 18. März bei Neerwinden geschla-

I. F. Tielker nach I. G. Schütz, Die Belagerung von Mainz, 1793

Unbekannter Stecher, Herzog Albert übergibt Erzherzog Carl den Marschallstab, 1793

gen geben mußte, durch Vertrag Belgien den Verbündeten aus, am 5. April ging er selbst zu ihnen über. Im Juli fielen die Festungen Condé und Valenciennes, den Rhein hatten die Preußen (unter Braunschweig) und die Österreicher (unter Wurmser) schon Ende März wieder überschritten, auch Mainz, das die Franzosen am 21. Oktober 1792 besetzt hatten, öffnete am 22. Juli nach kurzer Belagerung seine Tore. Aber das allgemeine Aufgebot Carnots, durch das die dezimierten französischen Heere wieder aufgefüllt wurden, und die Uneinigkeit unter den Verbündeten brachten wieder Rückschläge. Ein Manifest vom 21. September erklärte, daß Preußen jetzt seine eigenen Interessen wahrnehmen müsse. Zwar kam es noch zu einer kurzen Periode gemeinsamen Vorgehens von Österreichern und Preußen, aber schließlich endete der Feldzug mit dem erneuten Rückzug der beiden deutschen Heere hinter den Rhein.

Albert
1793

Der Erzherzog [Carl] hatte sich an den Operationen in den Niederlanden mit seiner Division beteiligt und dabei ausgezeichnet. Er war dabei, als bei Löwen das französische Corps, das sich heftig verteidigte, endlich zurückgeschlagen wurde, und es war dies das letzte Gefecht, das der Feind in den Niederlanden führte. General Dumouriez zog sich darauf weiter zurück, um mit seiner geschlagenen Armee nach Valenciennes zu gehen. Der Erzherzog hatte gedacht, damit seine militärische Laufbahn bei dieser Armee, in der er diente, weiterverfolgen zu können, aber der ausdrückliche Befehl des Kaisers,

seines Bruders, verlangte, daß er sich nach der Heimkehr unserer Truppen nach Brüssel zu begeben habe, um dort den Posten eines Generalstatthalters anzutreten. Diesem höchsten Willen mußte er sich – gegen seinen Willen – unterwerfen.
Er wurde in der Stadt im Triumph empfangen. Man brachte ihm die größten Freudensbeweise entgegen. Er konnte jedoch nicht verhindern, daß er eine traurige Rolle zu spielen hatte. Der Herrscher hatte sein ganzes Vertrauen dem Minister geschenkt [Graf Metternich], der völlig unter dem Einfluß der Stände von Brabant und von deren Parteiführern stand. Der Kummer über einen solchen neuen Posten verstärkte sich noch dadurch, daß er vom Schauplatz der Kriegsereignisse, denen er sich so gänzlich hingegeben hatte, entfernt war. Meine Frau und ich nützten unterdessen die erteilte Erlaubnis, zu versuchen, in meiner sächsischen Heimat meine Gesundheit wiederzugewinnen.

(1, IV/126)

Daß die Rückgewinnung Belgiens für Österreich nur eine Frage der Zeit sei und daß die französische Revolution durch ihre innere Uneinigkeit und die Unerfahrenheit ihrer Armeen ein baldiges Ende haben würde, war die feste Überzeugung Herzog Alberts und Marie Christines. Als daher Kaiser Franz in einem Handschreiben den beiden die Statthalterschaft aberkannte, die später Erzherzog Carl übertragen wurde, und ihnen die Rückkehr in diese Provinzen verbat, versuchte Marie Christine, wenigstens für ihren Gatten den Posten zu retten, indem sie selbst darauf verzichtete. Offenbar ging sie von der Annahme aus, daß vor allem ihre Person selbst als Statthalterin dem Kaiser nicht genehm sei, da er wissen mußte, wie unbeliebt sie in den letzten Monaten in Belgien, nicht zuletzt als Schwester Marie Antoinettes, gewesen war.

Franz II. (I.) an Marie Christine
16. März 1793

Liebste Frau Tante!
Durchdrungen von der Kenntnis Meiner Pflicht dem Wohl des Mir von Gott anvertrauten Staates Mein eigenes persönliches jenes Meiner Familie, und alle anderen Rücksichten aufzuopfern, habe ich (da es die Umstände erheischen) Meiner verehrungswürdigen Tante als Oberhaupt Meiner Staaten und Meiner Familie Meinen Willen erklärt, Sie und Ihren Gemahls königl. Hoheit nicht mehr durch Führung des Gouvernements der Niederlanden den Kummer auszusetzen über ein Volk die Aufsicht zu führen, dessen unruhiges Benehmen nebstdem, daß es jeden Augenblick Ihres Lebens Bitterkeit vergällen muß, Sie noch dazu den scheelsüchtigen Augen Ihrer und unserer Feinde bloßstellet, und stetes Mißbehagen, und Gärung im Staate, und in Meiner Familie nähret. Als Monarch hielte ich es für Pflicht Ihnen das Gouvernement der Niederlande abzunehmen, als Neffe der ich bin empfinde ich diese Bürde als Pflicht.
Ihr Monarch, das Oberhaupt der Familie hat befohlen, wird seinem Befehl Gehorsam zu verschaffen wissen, ohne daß er es nötig hätte, sich in weitschweifige schriftliche oder mündliche Rechtfertigungen einzulassen, aber Ihr Neffe geliebte Frau Tante wird es versuchen, Eure königliche Hoheit zu überzeugen, daß wenn der Monarch durch die Umstände des Staates gezwungen etwas zu verordnen, was Ihnen unangenehm ist, Er dieses befiehlt weil es die Nothwendigkeit erfordert.
Nimmermehr und unter keinen Bedingnissen können Sie und Ihres Gemahls königl. Hoheit künftighin das Gouvernement der Niederlande führen. Sie sehen also, daß Mein deswegen gefaßter Entschluß unveränderlich ist. Niemalen sollen Sie mehr als Gouverneure die Niederlande betretten.

(7, HA FK 28 A)

Marie Christine an Franz II. (I.)
Wahrscheinlich 17. März 1793

Euer Mayestatt,
Kein größeres Erstaunen hätte ich nicht erfahren können wie jenes welches mir E. M. Handbillet verursacht hat. Unwissend durch welches Crime wir E. M. Ungnad verschuldet haben, finde ich mich in meinem Gewissen schuldlos, wenn ich es durchforsche und finde in keiner art ein solche bestraffung und öffentliche Entfernung verdienet zu haben und von solch ein Etablissement beraubt zu sehen, welches wir bey unserer Ehligung von der besten der Mütter und von weyland Kayser Joseph auf unserer beeden Lebenszeit erhalten haben. Es ist E. M. billig und gerechtigkeit gemäß – und erflehe selbe, daß wenn wir durch verleumdung sind bey ihnen angeklagt worden, uns diese zu communieren auf daß wir uns können darüber legitimieren, jeden Mißithäter welcher sogar daß Leben verwürckt ist vor der bestrafung und verdammung die vertheidigung nie versagt, und bedencken sie gnädiger Herr uns wollen sie sogar solche verbieten. Nein dieses unglückliche billett ist weder aus ihrem Hertzen noch aus ihrer gerechtigkeitsliebe geflossen. Niemals kann der Staat von E. M. einen unbilligkeit fordern und wir finden uns gezwungen vor unserer Ehre in tiefsten respect zu declariren daß wir nie freywillig auf diese art und niemals auf dieses unser Etablissement renoncieren werden, Gewalt ist in E. M. hände – ohnmacht auf unserer Seite, allein solch eine Behandlung haben wir nicht verdient noch durch unser attachement vor unser haus noch durch unsern eyfer vor E. M. Dienst – unsere gekränckte Ehre macht uns zur Pflicht höchst deroselben demithigst zu erflehen uns unseren proceß zu machen in angesicht ganz Europa welcher wir unsere vertheidigung schuldig sein – wenn E. M. vielleicht zu diesen Schritt verleitet geworden durch Meine unfähigkeit, so unterziehe ich mich vor meine persohn mich in gar keine geschäffte mehr zu Mengen, alles pouvoir in affairen aufzugeben, und nur als die Frau meines gemahl ihm in die Niderlanden zu folgen und aldorten meine Lebenstäge so mir noch überbleiben zu beschliessen. Nie hätte ich geglaubt, daß dieser Tag wo wir uns E. M. geburt Erfreuen vielleicht derjenige ist wo sie die erste ungerechtigkeit begehen und das an ihren so nahen als attachirten befreunden

A. Petrich nach I. G. Schütz, Die Belagerung von Valenciennes, 1793

welche sich hier in tiefsten respect zu füssen legen.
E. Mayestätt Unterthänigste Tante und Dienerin Maria

(7, FA SB 32/131–180)

Feldzeugmeister Graf Ferraris an Franz II. (I.)
11. Juni 1793

Ich rechne damit, den Laufgraben von Valenciennes in der Nacht vom 13. auf den 14. zu eröffnen und dann diese Expedition mit der größtmöglichen Durchschlagskraft weiterzuführen, um den Versuch zu machen, diesen Ort so schnell wie möglich der Herrschaft Ew. Majestät zu unterbreiten. Es wird sicherlich für etliche Leute unverständlich sein, daß man nach dem Sturm, der schon am 24. Mai durchgeführt wurde, den Generalangriff noch nicht begonnen hat; aber es wird dem tiefen Verständnis E. M. nicht entgangen sein, daß, um eine Operation von diesem Ausmaß gut abzusichern und sie zu bewerkstelligen, man Zeit haben muß, allen Maßnahmen, die der Feind selbstverständlich vorbereitet, zu entgegnen. All dies zu erfahren oder vorauszusehen ergibt eine Menge von Detailschwierigkeiten. Die weite Ebene von Valenciennes, die Lage der Stadt am Zusammenfluß zweier Flüsse, ihre Überschwemmungen durch das Zurückhalten der oberen Schelde, die Sümpfe der unteren Escaut, die bedrohlichen Wasserschleusen der Bouchain, alles dies hat die Angriffskombinationen und die Kommunikation ganz erheblich erschwert.

(7, FA SB 32, 131/17)

Im Laufe des Jahres 1793 besserte sich das Verhältnis zwischen dem Kaiser und Marie Christine und Herzog Albert. Letzterer soll nun durch eine hohe militärische Stellung gewissermaßen entschädigt werden.

Marie Christine an Franz II. (I.)
1. September 1793

Ich habe den Brief E. M. vom 24. August erhalten, die Gesinnung, die er uns gegenüber ausdrückt, hat für uns besonderen Wert. Wir können nur mit dem dadurch bedingten Vertrauen antworten und mit der Freimütigkeit, die wir in unsere Antwort an den Fürsten Rosenberg legten, an den wir – wie Sie befahlen – die notwendigen Einzelheiten berichteten.
Sire, wir nehmen das Anerbieten, das Haus des Grafen Hatzfeld zu übernehmen, als Zeichen Ihrer Güte und Freundschaft an. Da er aber noch am Leben ist, flehe ich Sie an, nicht seine letzten Stunden durch diese Nachricht stören zu wollen, da ich weiß, daß er schon im Winter von diesen Plänen sehr geängstigt

wurde. Dasselbe gilt für Madame de Chanclos. Niemand weiß besser als Sie, Sire, wie sehr ich ihr für ihre lange und ständige Freundschaft Dank schulde. Es wäre Unrecht, ihr dies zu vergelten, indem man sie aus einem bequemen und angenehmen Wohnsitz, an dem sie hängt, vertreibt, es sei denn, sie äußert selbst den Wunsch, ihn zu verlassen.
Auch unterwerfen wir uns dem Vorschlag, den Fürst Rosenberg uns gemacht hat, die Rückzahlung der 63 700 fl. betreffend.

(7, FA SB 32/131–194)

Albert an Alexander von Seckendorff
25. Oktober 1793

Ich weiß unterdessen nicht, was diese Stellung eines Generalissimus bedeutet, und wenn sie sich darauf beschränken sollte, der Chef des Hofkriegsrates zu werden, erscheint Ihnen dies eine genügende Wiedergutmachung vor der Öffentlichkeit und eine Entschädigung, die der Stellung, die mir entzogen wurde, entspricht? Ist, nachdem ich Generalstatthalter der Niederlande gewesen bin, die Versetzung von dieser Stellung zu der eines Vorsitzenden eines Gremiums ein Äquivalent dafür? Außerdem darf ich Ihnen versichern, daß bisher nicht einmal die Rede von dem kleinsten Gedanken an irgendeine Bevorzugung oder einen andern Vorteil war, den man uns anbieten wollte, um uns in irgendeiner Weise wegen der Unbillen, die wir erlitten haben, zu entschädigen.
Das Ergebnis des Schrittes, den wir unternommen haben, um zu zeigen, daß unser Schweigen über unser Schicksal nur auf der Erwartung beruhte, daß wir alles von dem Entscheid des Kaisers und seiner Gerechtigkeit erhofften, dieses Ergebnis hat sich schließlich darauf beschränkt, daß uns durch Rosenberg versichert wurde, wir würden nach Kriegsende die Einkünfte, die uns zusammen mit der Übergabe der Regierung der Niederlande lebenslänglich durch unseren Einsetzungsakt zugesichert worden waren, bekommen und daß uns – wie wir es selbst angeboten – in Kriegszeit die Hälfte dieser Einkünfte zugedacht sei. Der Kaiser hat in den Briefen, die er bei dieser Gelegenheit meiner Frau schrieb, verbindlichere Ausdrücke gebraucht als in den vorhergegangenen und als Wohnsitz das Haus angeboten, das Hatzfeld zuvor bewohnt hatte und aus dem er jetzt zu diesem Zwecke die Möbel entfernen läßt.
Da sind wir nun also durch das Schicksal hierherversetzt, in diese schöne und gute Stadt Wien, die ich in jeder anderen Situation so sehr lieben würde, wo wir aber auf der einen Seite einen sehr jungen Hof vorfinden, dem die Gesellschaft von Großonkeln und Großtanten nicht angenehm sein kann und der sie daher nicht sucht oder sich nicht dadurch ausgezeichnet fühlt, und wo wir uns andererseits bei so vielen Leuten befinden, die uns nichts Gutes wollen, ein Stein des Anstoßes für jedweden Hohn von stolzen und mißgünstigen Ministern, die schon finden, daß dies zuviel getan ist für Leute, die genug zum Leben haben, denen man die Möglichkeit genommen hat, dem Staat an einem bestimmten Platze zu dienen und die von der Hälfte dessen leben müssen, was ihnen zusteht.

(5, 119/1–55)

Die Hinrichtung Marie Antoinettes am 16. Oktober 1793 löst allgemeines Entsetzen aus.

Marie Christine an Eleonore Liechtenstein
Dresden, 11. November 1793

Hätte Maria Theresia geglaubt, daß sie Kinder zu Welt setzen würde, damit diese zum Spielball der Bösen werden, zu Boden gedrückt durch die Meute, bedeckt mit Schande, um schließlich am Schafott zu sterben? Ich kann mich nicht trösten über die Leiden, die die letzten Stunden dieser Unglücklichen gezeichnet haben.

(38)

Albert
1793/94

Ich führte nun mit meiner Frau ein ruhiges Leben in Dresden. Eines Tages gab uns der Kaiser seine Dispositionen bekannt, die er für unsere künftige Versorgung gemacht hatte. Wir verließen daher Dresden in den ersten Tagen des Jänners 1794 und gingen nach Wien zurück. Der Kaiser empfing uns sehr gut, wir fanden bei ihm auch den Kurfürsten von Köln, der aus Münster gekommen war.

(1, IV/129)

Zu Anfang des Jahres 1794 wurde auf Anregung des kaiserlichen Hofes, der eine gewisse militärische Unabhängigkeit gegenüber dem preußischen Verbündeten anstrebte, von den Reichsständen die Aufstellung einer „selbständigen konstitutionellen Reichsarmee" beschlossen. Leider erwies sich die Wirksamkeit dieser Maßnahme von vornherein als nicht sehr groß. Ein beachtlicher Teil der Reichsstände stellte nur ungenügende oder gar keine Kontingente zur Verfügung, als Maßstab für die Bereitstellung der Truppen dienten die diesbezüglichen Verordnungen des Jahres 1681. Die Reichsarmee sollte gemeinsam mit den Preußen am Oberrhein operieren, den Oberbefehl über die Truppen in den Niederlanden führte Prinz Josias von Coburg.

Albert
1794

Ich war in dem Moment nach Wien gekommen, als die Vorbereitungen für die Aufstellung aller Kontingente einer Reichsarmee durch den Kaiser gerade beendet wurden. Ich rechnete damit, die sich daraus ergebenden Geschehnisse als Beobachter zu betrachten und wie im Vorjahr an allem nur als Privatmann

Laurenz Janscha, Hofburg, Hofbibliothek und Palais Herzog Alberts in Wien

teilzunehmen, weit entfernt von jeder militärischen Karriere und den Schauplätzen des Krieges. Wie sehr war ich daher überrascht, als mir ein paar Tage später der Kurfürst von Köln die Nachricht überbrachte, der Kaiser sei entschlossen, einen eigenen Oberbefehlshaber für die Armee des Reiches zu ernennen. Er sei beauftragt worden vorzufühlen, ob ich diese Aufgabe übernehmen würde. Man konnte gar nicht so blind sein, um nicht sofort die Last eines so beschwerlichen und dornenreichen Postens zu erkennen, und auch nicht so von sich eingenommen, um sich für fähig zu halten, alle mit Gewißheit auftauchenden Schwierigkeiten bewältigen zu können. Die Gedanken an diese Widerstände bewirkten nicht nur, mich zögern zu lassen, sondern sogar mich davon abzuhalten, eine so drückende Last auf mich zu nehmen. Ein andrer Gedanke aber bekämpfte diesen. Es war der, daß ein echter und eifriger Bürger nicht den Aufwand der Mittel und Kräfte, über die er verfügt, verweigern darf, wenn er der Meinung ist, daß er damit seinem Vaterlande dienen könnte.

Noch ein anderer recht schwerwiegender Grund mußte ein gewiß gerechtfertigtes Fernbleiben verhindern, das mich vermeiden hätte lassen, noch einmal einen mehr als heiklen Weg zu beschreiten: Es war meine Ehre selbst, die daran interessiert sein mußte, das bei dieser Gelegenheit in mich gesetzte Vertrauen zu rechtfertigen, um damit in der Öffentlichkeit jeden Zweifel zu beheben, den man nach dem Verhalten des Kaisers im Jahr zuvor hinsichtlich der militärischen Führung im Feldzug von 1792 hätte haben können. Was letzten Endes viel dazu beitrug, den Auftrag anzunehmen, war die vom Kurfürsten mir gleichzeitig im Namen des Kaisers abgegebene Zusicherung, daß ich jenen Mann zur Seite haben sollte, dessen Talente, Wert und moralisches Verhalten mir immer tiefe Freundschaft und Wertschätzung wie das größte Vertrauen in seine Person eingeflößt hatten. Es war dies General Browne, der mir mit allen unter seinem Befehl stehenden Truppen zugeteilt war.

(1, IV/133)

Browne starb allerdings schon im Oktober desselben Jahres. Am 2. April reiste der Kaiser, von seinen Brüdern Carl und Joseph und den Ministern Thugut und Trauttmansdorff begleitet, zur Armee in die Niederlande ab. Herzog Albert verließ Wien am 4., ging zuerst nach Mergentheim, wo seine Gemahlin einstweilen zurückblieb, und dann ins Hauptquartier nach Heidelberg. Am 17. übernahm er das Kommando. Neben den Reichstruppen hatte Herzog Albert auch Österreicher und ein Korps französischer Emigranten unter dem Prinzen Condé unter seinem Kommando.

Unbekannter Stecher, Schloß und Stadt Heidelberg, 1784

Aufschrift auf einem Blatt J. Ch. Sambachs
1794

Seine Majestät war in der Nacht vom 1. auf den 2. Juni auf dem Marsch, so daß er nicht vom Pferde kam. Er kam an einen Maierhof, Bronillern genannt, stieg vom Pferde ab und fragte, ob man da nicht etwas zum Frühstück bekommen könnte. Der gute Bauer dieses Hofes gab alles her, was er hatte, der Kaiser ließ seinem Bruder und seinen Generälen sagen, daß er sie zum Frühstück einlade. Sie kamen und frühstückten auf einer Wiese unter einem Baum Milch, Käse und Butter. Alle benachbarten Bauern kamen herbei, und jeder wollte dem Kaiser etwas zum Frühstück bringen. Der Monarch nahm es recht gutherzig von ihnen an, dankte ihnen und sagte: Ich will auch die Bezahlung für dieses Frühstück schuldig bleiben – bis auf glücklichere Zeiten. Tränen rollten den guten Bauern über die Wangen. Prinz Carl sagte zu ihnen: Besuchet mich in Brüssel, ich will auch Euch ein gutes Frühstück geben. Diese Szene war so rührend, daß man jetzt überall davon spricht, und die guten Landleute sagen alle: Unser Kaiser ist ein Engel, und da sie sich dies erzählen, umarmen sie sich, und Tränen mischen sich in ihre Umarmungen.

(61, Inv.-Nr. 4679)

Die preußische Armee, die neben der Reichsarmee am Rhein stand, wurde von General Möllendorf befehligt. Nachdem im Mai durch einen gemeinsamen Angriff die französischen Truppen bis zu den Vogesen zurückgetrieben worden waren, kam es im Juni zu einem Stillstand, da die Engländer und Holländer, die durch ihre Subsidien die preußische Armee eigentlich erhielten, forderten, daß die Preußen mit Ausnahme eines Hilfskorps in die durch einen starken französischen Angriff bedrohten Niederlande abrücken sollten. Möllendorf rückte zwar nicht ab, blieb aber weitgehend passiv. Eine Verstärkung der Truppen der Reichsarmee, eventuell durch österreichische Verbände, kam nicht zustande, und Herzog Albert fand sich in der unangenehmen Lage, nach anfänglichen Offensiverfolgen mit unzureichenden Kräften eine lange Front rein defensiv halten zu müssen.

Albert an Franz II. (I.)
Speyer, 6. Juli 1794

Ich haben den Brief vom 23. des vorigen Monats bekommen, den Ew. Majestät die Gnade hatte, an mich zu richten.

Johann Christian Sambach, Frühstücksszene im Feldzug von 1794

Johann Heinrich Wichard, General Muellendorf

Der Marsch der Preußen hat bis jetzt noch nicht stattgefunden, da man die Rückkehr des Kuriers abwartet, den Möllendorf an den König abgesandt hat. Die Franzosen aber haben diese Verzögerung nicht abgewartet und sind zur Offensive übergegangen, und während sie am 2. dieses Monats alle unsere Posten und die des Erbprinzen von Hohenlohe attackiert haben, sind sie zur selben Zeit mit einer anderen Armee auf die Möllendorfs gestoßen und haben den Tag und den darauffolgenden Kämpfe geliefert, die ungefähr den gleichen Effekt hatten wie jene, die sie uns geliefert haben, aber das alles war nur ein Anfang. Sie scheinen ganz entschieden mit aller Kraft an einem dieser Tage sowohl dort als auch auf unserer Seite die Angriffe wiederholen zu wollen.

Dieser Lagebericht wird genügen, um Ew. Majestät die daraus entstehenden Folgen, die sich sowohl für das Reich wie auch für die Feinde ergeben werden, klarzumachen, und Sie werden auch die absolute Unmöglichkeit erkennen, mit dem, was uns hier bleiben wird, das Land und die Stellungen zu verteidigen, wenn das doppelte dieser Kräfte nicht einmal verhindern kann, in diesem Moment ein Ziel des feindlichen Angriffs zu sein.

(7, FA SB 151/54)

ALBERT ODER ALEXANDER VON SECKENDORFF
16. JULI 1794

Europa steht in Flammen. Wenn wir uns nicht sehr in acht nehmen, sind wir näher der Feuersbrunst als jeder andere Staat. Das sind besondere Gefahren, betrachtet man die allgemeine Krise. Sprechen wir es doch ruhig aus: Es gibt nur einen mächtigen Damm gegen den reißenden, zerstörenden Strom dieses grauenhaften Systems, das droht, Europa zu überschwemmen, das alle Throne in Bewegung zu versetzen gedenkt. Es ist das Haus Österreich.

(3. Nachlaßslg., sign. B/71/Nr. 24)

Am 18. Oktober hatte Feldmarschall Möllendorf Herzog Albert mitgeteilt, daß ein Teil seiner Armee wegen Unruhen, die in Polen ausgebrochen waren, dorthin abrücken müßte. Tatsächlich dauerten die Unruhen in Polen bereits seit dem Frühjahr an. Der unmittelbare Anlaß war wohl die Kündigung des Haager Subsidienvertrages durch den König von Preußen am 25. Oktober 1794.

ENTWURF EINES SCHREIBENS ALBERTS AN FRANZ II. (I.) *(mit eigenhändigen Verbesserungen in Bleistift)*
20. OKTOBER 1794

Auch unterstehe ich mich in allerunterthänigster Freimütigkeit ehrfurchtsvoll aber offenherzig zu erklären, daß wenn denen kommandierenden Generals nicht alle nöthigen Hilfsmittel zu einer künftigen Campagne allsbald an Handen gehen werden und der auszuführende Operationsplan zu zeitlicher Vorbereitung nicht mitgeteilt wird, ich wenigstens E. M. allerunterthänigst bitten muß, mich von irgendeinem Armeekommando allergnädigst zu dispensieren, und mich nicht, wie in diesem Feldzuge nebst anderen kommandierenden Generalen ohne Nutzen für allerhöchst Dero Dienste auf das Neue auszusetzen, Ehre und Resolution vor der Welt zu verlieren und einen Plan- und Zwecklosen Feldzug ohne hinlängliche Instruktion und von allen Hülfsmitteln entblösst anzufangen, dessen trauriges Ende auch der gemeinste Menschensinn im voraus zu bestimmen weiss, welcher dem gemeinen Mann sogar auffällt und endlich wenn sich der Soldat immer ohne Hoffnung einer glücklichen Aussicht verwendet sieht, dessen Widerwillen und die daraus entstehen könnenden traurigen Folgen nach sich ziehen muss.

(3, Nachlaßslg., sign. B/71/5, 27)

ALBERT AN FRANZ II. (I.)
SCHWETZINGEN, 27. OKTOBER 1794

E. M. wird durch die Berichte, die dem Hofkriegsrat zugeschickt wurden, bereits erfahren haben, daß die Generale Melas und Nauendorff sich bei Koblenz auf dem rechten Rheinufer nicht halten konnten. Nachdem der Feind im starken Ansturm die Befestigungen genommen hatte, die in der Nähe dieser Stadt auf der linken Moselseite errichtet worden waren, ist er in der Nacht vom 23. auf den 24. auf das rechte Rheinufer übergesetzt, so daß der Feind auch Herr über die ganze linke Seite dieses Flusses ist, ausgenommen nur Rheinfels, Mainz und den Brückenkopf von Mannheim.

Ich kann es auch nicht verhehlen, was Briefe, die von verschiedenen Seiten einlaufen, bestätigen, daß es in Wirklichkeit Friedensverhandlungen zwischen dem Hof in Berlin und den Franzosen gibt. Man erzählt sich fast unglaublich erscheinende Nachrichten, und die Abschriften, die ich davon dem Hofkriegsrat zugesandt habe zusammen mit den anderen sicheren Berichten, die Sie von anderer Seite, diesen Punkt betreffend, haben werden, können es Eurer E. M. ermöglichen, zu beurteilen, was daran wahr ist und was nicht.

(7, FA SB 34/102)

Eine Verbindung zwischen den preußischen Generälen und den Franzosen bestand schon seit dem Sommer 1794. Seit Dezember verhandelte der ehemalige preußische Gesandte in Paris von der Goltz bereits ziemlich offen in Basel. Die offiziellen Separatverhandlungen begannen allerdings erst am 22. Jänner 1795 und wurden am 6. April 1795 abgeschlossen.

Albert an Franz II. (I.)
13. Dezember 1794

Es gibt ein einziges Mittel, den Krieg mit der Hoffnung fortzusetzen, wenigstens nicht mehr zu verlieren, als man schon verloren, nämlich Mainz, und das rechte Ufer des Rheins zu behaupten, vielleicht selbst die holländischen Festungen wieder zu erobern und Holland zu retten, das heißt Amsterdam zu halten, wo sich in der Tat das Zentrum befindet und der wahre Reichtum dieses Staates konzentriert ist. Dieses einzige Mittel besteht darin, daß man einem durch sein Genie, durch seine Erfahrung und durch seine Tapferkeit bekannten General und großen Mann den Oberbefehl aller Armeen, welche von Gorcum bis Basel stehen, anvertraut, nachdem dieser General selbst die Mittel bestimmt hat, die er braucht, um den wichtigen Auftrag auszuführen, den ihm gewissermaßen alle Souveräne anvertrauen, und nachdem er sich überzeugt hat, daß ihm diese Mittel gewiß nicht fehlen werden. Man täusche sich nicht länger. Entweder muß Friede geschlossen werden, oder alle Herrscher müssen mit vereinten Kräften dem Drohen des französischen Freiheits-, Empörungs- und Eroberungsgeistes entgegenarbeiten.

(3, Nachlaßslg., sign. B/71/5, 29)

Am 22. Dezember 1794 war die Brücke zwischen Mannheim und der Schanze, einem Vorwerk der Stadt auf dem linken Flußufer, durch den starken Eisgang des Rheins zerstört worden. Am 25. Dezember mußte nach einem stundenlangen Bombardement Mannheims, wobei viele Menschen getötet und zahlreiche Häuser zerstört wurden, die Schanze den Franzosen übergeben werden. Das Fort wurde geschleift, die Besatzung erhielt freien Abzug. Nun konzentrierten sich alle Bemühungen des Reichsfeldmarschalls auf die Erhaltung von Mainz. In Holland war eingetreten, was Albert befürchtet hatte: nach der Besetzung des Landes durch die französischen Truppen wurde am 26. Jänner 1795 die Batavische Republik ausgerufen.

Caspar Schneider, Der im Krieg zerstörte Dom von Mainz

Albert an Kaiser Franz II. (I.)
Hauptquartier Heidelberg am 6. Jänner 1795

Ich habe mich selbst nach *Maintz* verfügen zu müssen geglaubt, um mich von der Beschaffenheit aller Gegenstände alda, selbst zu überzeugen – Ich trat deswegen am 31.ten *Dec.* meine Reise dahin an, und fuhr deswegen am 1.ten dieses nicht ohne Gefahr in einem Nachen, durch den äußerst starken Eisgang von *Cassel* hinüber, und hielt in der Festung den 2ten mich auf, war aber nicht so glücklich, den Terrain deren Vorposten und der feindlichen *Situation* in Augenschein nehmen zu können, weilen der außerordentlich dicke Nebel, nicht die mindeste Aussicht gestattete.
Indessen habe ich die Werke, und die *Defensions* Anstalten derselben in Augenschein genommen, und eine *Session* alda abgehalten, wovon ich das *Protocol* allerunterthänigst beilege. Euer Majestät geruhen daraus allergnädigst zu ersehen, daß ich gewiß alles geleistet habe, was nur immer in meinen Kräften stand, und daß ich mir die Behauptung der Festung *Maintz* auf das allerstrengste gegenwärtig halte – nachdem das *Melassische Corps* nun ganz nach *Mainz* und *Cassel* bestimmt ist, und alle Erfordernisse bis auf das Haber, Heu, Mehl und Holz *a provisionement* theils vorhanden sind, theils mit großer Mühe und Unkosten soeben hingeschafft werden, so hängt es jetzt nur von der Möglichkeit ab, ob ich mit den gehörigen Geldmitteln versehen werde, um das abhängige *a provisionement* hinlänglich herbeischaffen zu lassen.

(3, FA 1795/1/II)

Albert an Franz II. (I.)
Heidelberg, 20. Jänner 1795

E. M. wird inzwischen die aufeinanderfolgenden Berichte, die ich Ihnen, sei es direkt, sei es durch den Hofkriegsrat, die Verteidigung von Mainz betreffend, geschickt habe, erhalten haben. Ohne Geld kann ich dieser Stadt nicht alle jene Vorräte verschaffen, die notwendig sind, um die Versorgung eines Corps zu ermöglichen, das ich dorthin abstellen möchte, um eine Entsatzungsoperation zu versuchen; ohne Geld kann ich nicht einmal die sich gegebenenfalls als notwendig erweisenden Defensivoperationen durchführen; ohne Aussicht auf eine geldliche Zuwendung endlich habe ich die Aufgabe, Ihnen noch einmal die traurige Tatsache vor Augen zu führen – eine voraussehbare Tatsache, daß sich Ihre Armee bald gar nicht mehr in der Lage finden wird, den Feldzug weiterhin durchzustehen.

(7, FA SB 35/169)

Am 3. Februar 1795 teilte Möllendorf Herzog Albert mit, daß auch die noch am Rhein befindlichen Verbände der preußischen Armee auf Befehl des Königs abziehen und zur Sicherung der preußischen Besitzungen im nördlichen Deutschland nach Westfalen abrücken würden. Andererseits beschloß die kaiserliche Regierung, alle österreichischen Truppen unter General Clerfayts Führung zum offensiven Vorgehen gegen die Franzosen zu vereinen. Nur die reichsständischen Verbände unter Herzog Albert wurden in einer reinen Defensivposition zwischen Main und Sieg belassen.

Albert
1795

Endlich erhielt ich einen dritten Brief, datiert vom 21. Februar, durch den mich der Kaiser von dem geplanten Schritt unterrichtete, den Großteil der Truppen unter dem Befehl des Generals Clerfayt auf das rechte Ufer des Rheins zu bringen, darunter auch fast alle Truppen der österreichischen Armee, die ich in diesem Gebiete bis dahin befehligt hatte, während ich mit dem Rest und den Reichstruppen auf das rechte Ufer gehen sollte, um mich dort niederzulassen. Diese Dispositionen trugen dazu bei, die Gedanken zu festigen, die ich nach alledem, was vorangegangen war, bereits gefaßt hatte. In meiner Antwort begnügte ich mich aber zunächst zu versichern, daß ich pünktlich die gegebenen Befehle ausführen würde.

(1, IV/253)

Wiederholte Male hatte Herzog Albert dem Kaiser schriftlich erklärt, daß er in der gegebenen Situation seinem Vaterland nicht mehr nützlich sein könne, und dem Kaiser seinen Posten zur Verfügung gestellt. Auf diese Schreiben hatte er nie eine definitive Antwort erhalten. Ein Brief des sich zu dieser Zeit aus gesundheitlichen Gründen in Wien aufhaltenden Erzherzogs Carl, den Herzog Albert am 2. April 1795 erhält, veranlaßt ihn schließlich, endgültig um seine Entlassung anzusuchen.

Albert
1795

Ich antwortete auf der Stelle [2. 4. 1795] und legte meinen Brief an den Erzherzog jenem bei, den ich unter demselben Datum an den Kaiser richtete und in welchem ich Seiner Majestät auseinandersetzte, daß die Erklärung der Intentionen des in seinem Auftrag erteilten Befehls an den Erzherzog sich so darstellte: 30 000 Mann der Reichsarmee, eigentlich zur Offensive bestimmt, um gemeinsam mit den 60 000 Mann der Rheinarmee zu handeln, würden nun dem Befehl des Generals Clerfayt unterstellt. Dies aber vermindere die Truppen unter meinem Befehl und beschränke sie auf die Festungen von Mainz und Ehrenbreitstein sowie auf einen schwachen, langgestreckten Kordon entlang des Rheins. Dieser Zustand könne nicht verfehlen, für mich sehr unangenehm zu werden, könne ich dabei doch immer nur eine gänzlich zweitrangige Rolle spielen, eine, die sogar der des Generals [Clerfayt] untergeordnet sei, so daß mir keine andere Möglichkeit bleibe, als zu fragen, ob Seine Majestät gestatten würde, daß ich den Oberbefehl der Reichstruppen niederlege. Ich fragte schließlich den Kaiser, ob er mir sein Wohlwollen für Gelegenheiten bewahren würde, die mit meiner Ehre vereinbar seien, und mit der Einschätzung, die ich mir selbst schuldig sei.
So beendete ich nicht ohne Kummer, wie ich gestehe, jene Laufbahn, die ich mit Eifer und Leidenschaft seit meiner Jugend verfolgt hatte, um die Jahre, die mir auf dieser Welt noch zu verbringen blieben, einem weniger bewegten Leben zu widmen. Nie aber wird sich meine Anhänglichkeit an den Soldatenstand vermindern, in dem ich ergraut bin, meine Anhänglichkeit an den Ruhm der Armee, in der ich die Ehre hatte zu dienen und für die ich nie aufhören werde, wahrhaftige und tiefe Zuneigung zu hegen.

(1, IV/254)

Am 10. April 1795 nahm Kaiser Franz II. (I.) das Entlassungsgesuch des Reichsfeldmarschalls an.

Albert an Feldmarschall Graf Wallis, den Präsidenten des Hofkriegsrates
Heidelberg, 17. April 1795

Da ich mich aus verschiedenen sehr wichtigen Gründen bewogen gesehen habe, Seiner Mayst. dem Kayßer allerunterthänigst anzuzeigen, daß ich nicht länger das *Commando* der Reichs *Armee* fortzuführen im Stande seye, auch von der Gewährung meines Gesuches versichert bin, als habe ich die Ehre, Euer Exzellenz zu berichten, daß ich dem Herren Feldzeug Meister *Graffen Clerfayt* als dem in dem Bezirk beider *Armeen* aeltesten Keys.-Königl. und Reichs *General* Feld Zeugmeister, das *Commando* der Kayßerl: und Reichs *Armee* provisorie, und auch so lange übertragen habe, biß Sr. Mayst. hierüber das weitere zu disponieren geruhen werden. Ich werde biß dahin mich zu *Mergentheim* aufhalten als wohin ich so eben meine Reiße antrette.

(3, FA [HKRA] 9/422)

In aller Stille treffen Albert und Marie Christine in der Heimat ein.

ALBERT AN ALEXANDER VON SECKENDORFF
18. JUNI 1795

Erzherzog Carl ist in St. Pölten am Vorabend unserer Ankunft in Wien zu uns gestoßen und hat uns dorthin begleitet. Es geht ihm gut, er sieht besser aus, ist kräftiger und stärker geworden. Der Kaiser, der gleich zu uns gekommen ist und bei dem wir uns dann am Nachmittag vorgestellt haben, hat uns in größter Verlegenheit empfangen, von allem Möglichen gesprochen, die Armee aber weder beim ersten noch beim zweiten Mal auch nur erwähnt; so als ob es sie nicht gäbe. Er ist dann noch am selben Tag mit seinen beiden Brüdern Carl und Joseph nach Laxenburg gegangen, und ich habe ihn seitdem nicht wieder gesehen und werde ihn auch so bald nicht sehen, es sei denn, er verlangt nach uns. Sonst bringt man uns im allgemeinen in der Öffentlichkeit Gefühle entgegen, über die wir nur zufrieden sein können.

(5, 119/1–79)

ALBERT AN ALEXANDER VON SECKENDORFF
14. SEPTEMBER 1795

Da ich weder den Kaiser noch die eingeweihten Minister sehe, bin ich vielleicht in ganz Wien der Unwissendste, was den Krieg sowie auch die Politik betrifft.
So vergeht der Vormittag mit Briefschreiben, oder indem ich mich mit meinen Plänen, Zeichnungen und Stichen vergnüge, der Nachmittag bei Birutschenfahrten in den Prater und der Abend beim Kartenspiel mit unseren zwei Damen oder auch, indem ich bei irgendeiner schlechten Aufführung einschlafe. Und es entspricht der Wahrheit, daß ich, seit ich mich in dieser großen und schönen Stadt befinde, noch kein anderes Vergnügen genossen habe als das, von Zeit zu Zeit Versicherungen von der Armee zu bekommen, daß man sich meiner dort noch erinnert.

(5, 119/1–87)

ALBERT AN ALEXANDER VON SECKENDORFF
29. SEPTEMBER 1795

Während sich die Wiener Öffentlichkeit, die immer die gleiche ist, durch die entfernten Geschehnisse in keiner Weise in ihren Vergnügungen stören läßt, scheint sie sich über alles zu trösten in dem Gedanken, daß es das Ende dieses Krieges beschleunigen wird, der sie auch deshalb langweilt, weil schon seit langem keine Kuriere mit Vorreitern eingezogen sind.

(5, 119/1–85)

Der festliche Einzug von Kurieren war Siegesnachrichten vorbehalten und bildete ein frohes Spektakel.
Schon im vergangenen Jahr hatte Kaiser Franz II. (I.) Albert und Marie Christine das Palais Tarouca, das bis zu dessen Tod am 5. September 1793 von dem greisen Grafen Hatzfeld bewohnt worden war, überlassen.

WIR FRANZ DER ZWEYTE VON GOTTES GNADEN ERWÄHLTER RÖMISCHER KAISER ETC. ETC.

4. DEZEMBER 1794

Urkunden und bekennen hiermit für Uns und Unsere Nachkommen, thun zu wissen allen denen so es zu wissen vonnöthen haben. Nachdem wir auf Ansuchen Unserer vielgeliebtesten Frau Muhme der Durchlauchtigsten Erzherzogin zu Österreich Maria Christina königl. Hoheit und ihres Durchlauchtigsten Gemahls königl. Prinzen Herzogen Albrecht von Sachsen-Teschen Liebden zur vorhabenden Führung eines Baues auf eigene Kösten bereits untern 26ten März dieses Jahres über Vortrag Unseres ersten Obristhofmeisters die auf dem nebenliegenden Plan No 1 verzeichnete an Unsere Burg gelegene Gebäude und Plätze Hochstdenselben als Eigentum, mit dem Beding, daß bey dem Bauantrag auf das eigentliche Kunstfach – sowohl als auf die Baupolizey Rücksicht genommen werde, zu überlassen Uns bewogen gefunden haben.
Als erklären und bestättigen Wir diese Unsere Willensmeynung Kraft dieses offenen Briefes, schenken und überlassen hiermit aus freyen Willen als ein Merkmal Unserer stätten Zuneigung Hochstgedacht Ihren königl. Hoheiten zum Eigenthum, Genuß und Nutzung nachbenanntes Gebäude und zur größeren Bequemlichkeit dienende Apertinenzien nämlich und 1tens Das ganze derzeit sogenannte Tarokische Haus auf der Bastey mit allen darinn dermal befindlichen Hofeinrichtungen zum wirklichen Eigenthum; dann
2tens einen Theil des sogenannten Augustiner Gangs nach dem von Uns allerhöchst genehmigten obbemerkten Plan zur freyen Disposizion und Anbringung mehrerer Behältnissen jedoch mit dem, daß dieser auf eine andere Art nun herzustellende Gang allezeit zu Unserm und Unserer Durchlauchtigsten Famille Gebrauch zu dienen habe, und daß zu diesem Ende ein Schlüssel Uns seiner Zeit übergeben werde.
3tens Überlassen Wir ferner Ihren königl. Hoheiten zum nemlichen Entzweck einen in dem beyliegenden Plan angemerkten Theil des dermaligen Augustiner Klosters nebst dem Terre plain dergestalt, daß Ihre Königl. Hoheiten den neuen Bau mit der Rücksicht führen, daß gegen die Klausur der Augustiner

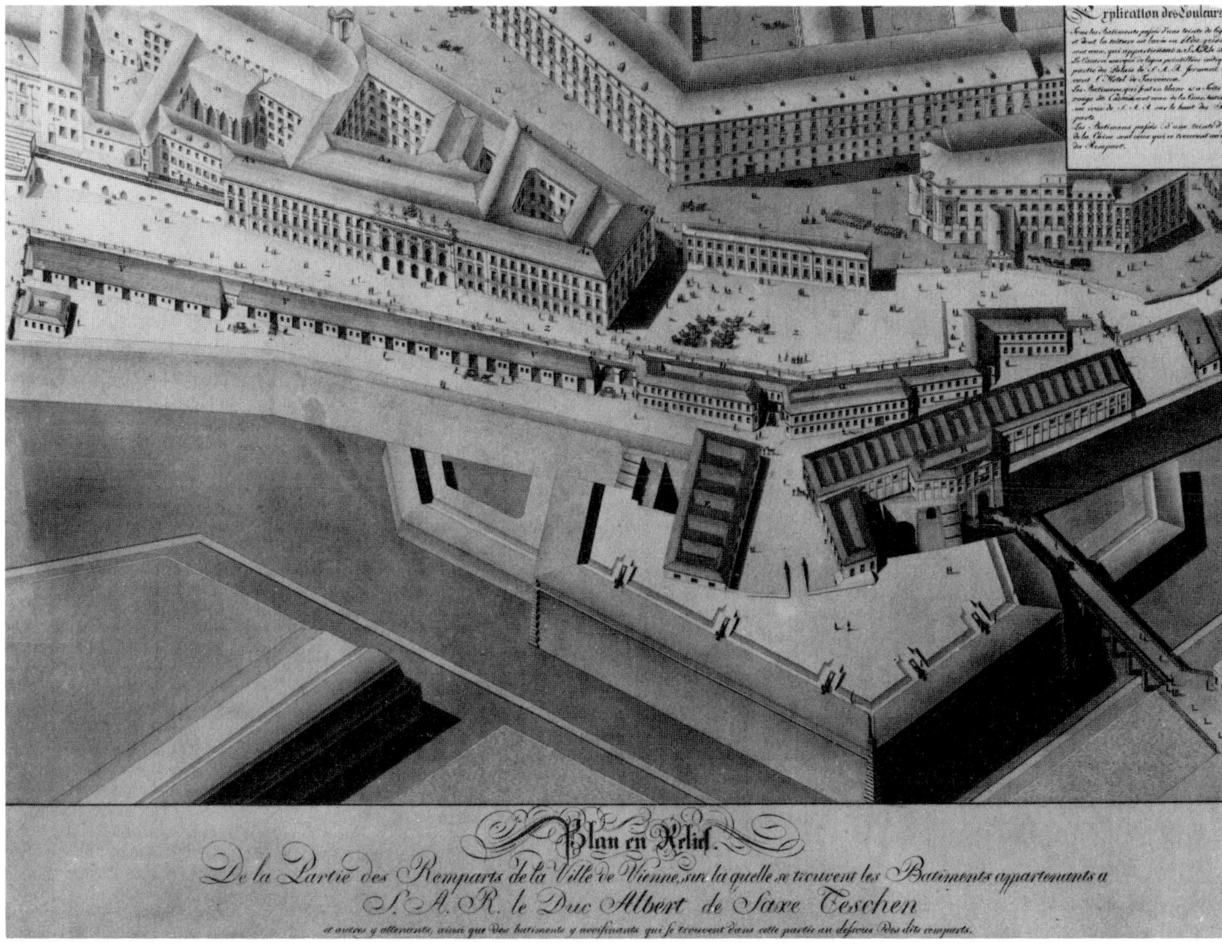

N. Leforet, Das Palais Herzog Alberts auf der Augustinerbastei in Wien

nur oberlichte Fenster angebracht und nicht allein der Theil des Refektoriums, der in die Souterains des neuen Gebäudes fällt unverrückt belassen und bloß das eine Fenster vermauert sondern auch Ihnen der nöthige Raum zur Speisekammer, für die Apotheke, dann für das Laboratorium und die Holzlage, bey Aufführung des neuen Gebäudes durch die beyläufig drey Klafter tiefen Souterrains, die mit dem Gewölbe ihres Refektoriums und der Speisekammer in gleicher linie gehen, von Ihren Königl. Hoheiten ersetzet, und den Augustinern, so lang sie die Augustiner dieß Kloster bewohnen, überlassen, auch alles dieses, so wie die Übersetzung des Einfuhrthores vom Josephsplatz herein und alle übrige Bauarbeiten auf Kosten Ihrer Königl. Hoheiten hergestellt und die an das neue Gebäude anstossende Dächer des Augustiner Klosters abgeändert werden. Nebst diesem wollen Wir

4tens Auch allergnädigst bewilligen, daß der an das tarokische Haus anschlüssige obere und respective dritte Stock des Augustiner Klosters Ihren Königl. Hoheiten auf Hochstderenselben beyder Lebzeiten, jedoch mit den eingeräumt werden, daß die Zimmer auf der forderen Seite die dem Bürgerspital gegenüber des den gegenwärtigen Umständen angemessenen besseren Anstandes halber vorzüglich mit Dienstpartheyen männlichen Geschlechts bewohnt, die dortigen Fenster mit den jetzt bestehenden hölzernen Vorgittern noch ferner versehen bleiben, die in den Hof gehenden Fenster aber oberlichtlich zugemacht, der ganze Dachboden des Klosters aber den Augustinern gelassen, und die zu diesem Ende nöthige Kommunikazion, welche durch Schliessung und Absönderung der dermaligen Aufgänge im dritten Stock zu erzielen ist, ebenfalls auf Kosten Ihrer Königl. Hoheiten hergestellt werden, Ferner werden auch von Uns

5tens Die dem tarokischen Haus vorliegende in dem anverwahrten Plan No 2 von A–Q angemerkten Basteyplätze, so viel der Fortifikations Terrain dermal gestattet, gegen auszustellenden gewöhnlichen Revers Ihrer Königl. Hoheiten zur Bauaufführung nach Höchst-Ihre Bequemlichkeit und Gutfinden überlassen.

Zu dessen Urkunde Wir dann gegenwärtiges in Unsrer Hof- und Staats- auch Hauskanzley gefertigtes Instrument eigenhändig unterschrieben und mit Unserem angehängten größeren Siegel versehen haben. So geschehen in Unserer Stadt Wien den 4ten Dezember in 1794. Unsrer Reiche der Römischen und der erblichen im dritten Jahre . . .

(7, Hofarchiv OMe A III A/14, Kt. 224, fol. 205–206)

Albert
1796

Zu Beginn des Jahres 1796 wurde bei uns in Wien die Ankunft der Madame Thérèse de France, Tochter des unglücklichen Ludwig XVI., gemeldet, die kurz zuvor von dem regierenden Direktorium aus dem Gefängnis des Temple freigelassen worden war, wo man sie seit dem Tod ihrer Eltern gefangengehalten hatte. Man hatte sie in Hüningen den Abgesandten des Kaisers übergeben.

(1, IV/258)

Albert an Alexander von Seckendorff
Wien, 15. Februar 1796

Meine Frau hat daher den weisen Entschluß gefaßt, sich in allem, was diese junge Person betrifft, reserviert zu verhalten und sie nur einmal wöchentlich in dem Appartement, das sie bewohnt, zu besuchen.
Diese Nichte vereinigt in ihrem Gesicht alles, was man braucht, um zu ihren Gunsten eingenommen zu sein; es ist sehr hübsch und hat die frischesten und stärksten Farben, aber ein lebhafter und französisch-unbesonnener Grundcharakter, den ihre lange Haft genausowenig verringert hat wie die betonte Vorliebe für ihr Land und ihre Nation, durchdringt alle ihre Handlungen. Sie ist noch immer der Meinung, daß diese Menschen gut seien, mit Abscheu spricht sie nur von Robespierre und von der Partei, die damals an der Macht war. Sie scheint diejenigen, die den jetzigen Konvent bilden, in einem weit weniger unvorteilhaften Lichte zu betrachten, als man vermuten würde. Man sagt, daß es ihr gar nicht daran gelegen sei, die Emigranten zu sehen, die sie für die Ursache allen Unglückes in ihrem Lande und des Todes ihrer Eltern hält. Sie scheint auch vor ihrer Abreise mit den ungünstigsten Vorurteilen nicht nur gegen alles, was nicht französisch ist, außerhalb dessen sie nichts Gutes oder Bemerkenswertes zu finden scheint, sondern auch gegenüber der Absicht, mit der man sie hierherkommen ließ, gekränkt worden zu sein. Und da hierzu auch der Gedanke gehört, daß man sie mit Erzherzog Carl verheiraten möchte, um diesen und durch ihn den Kaiser an dem Reichtum teilhaben zu lassen, der ihr, wie man sie glauben ließ, nach dem Tode der Eltern zufallen werde, so ist dies ein Grund mehr für meine Frau, jeden Anschein vermeiden zu wollen, sich durch eine innigere Verbindung mit ihr in solche Geschichten einzumengen, aus denen ihr doch nur wieder neue Unannehmlichkeiten entstehen könnten.

(5, 119/1–104)

Im Spätherbst des Jahres 1795 hatten die österreichischen Truppen unter Clerfayt zur Offensive gegen die Franzosen angesetzt. Diese wurden unter Jourdan auf das linke Rheinufer zurückgedrängt, Mannheim, das am 20. September kapituliert hatte, wiedergewonnen und die Franzosen gezwungen, die Belagerung von Mainz aufzuheben. Aber am Beginn des nächsten Jahres nahm Clerfayt wegen Unstimmigkeiten mit Minister Thugut und dem Hofkriegsrat seinen Abschied. Im Februar wurde Erzherzog Carl zu seinem Nachfolger ernannt.

David Weiß, Marie Thérèse de France, 1796

Albert an Alexander von Seckendorff
1. April 1796

Der Lobeshymnus, den Sie über General Wartensleben erheben, freut mich um so mehr, als er mit der Meinung, die ich über ihn habe, übereinstimmt. Ich wünschte, daß hier auch alle so über ihn dächten. Ich schmeichle mir unterdessen, daß sowohl der Erzherzog, der ihn schätzt, als auch Bellegarde ihm keinen Grund zu Besorgnis oder Argwohn geben werden.

(5, 119/1–106)

Marie Christine an Kapitän Delmotte
7. Mai 1796

Gott erhalte und segne den Erzherzog, denn der Horizont ist düster, der Anfang in Italien trostlos.

30. Juni 1796

Die Erfolge meines teuren Erzherzogs machen mich glücklich; ich freue mich über alles, auch über seine gute Gesundheit, aber so stürmen muß er nicht, jetzt ist sein ganzes Wesen elektrisiert.

15. September 1796

Gott sei gedankt, daß er sich wohl befindet, daß die Monarchie gerettet, seine Mühe und Arbeit belohnt ist.

(15, II/178f.)

Der Brief vom 30. Juni bezieht sich auf Erzherzog Carls Sieg über Jourdan bei Wetzlar am 15. Juni, der vom 15. September auf den Erfolg von Amberg.

Albert an Alexander von Seckendorff
1. Juli 1796

Da aber jetzt noch dazu 30 000 Mann fehlen, sehe ich nicht, wie es trotz all seinen Talenten, all seiner Beweglichkeit und all seinem Eifer unserem jungen Erzherzog gelingen kann, irgendeine vorteilhafte und dauerhafte Operation durchzuführen, die den Erwartungen entspräche, die das unwissende Publikum im Reich sich nach seinen ersten Heldentaten gemacht hat. Es sei denn, daß das französische Ungestüm unsere Feinde eine Unbesonnenheit begehen ließe, durch die ihm eine Gelegenheit, einen entscheidenden Schlag zu führen, in die Hand gegeben würde, oder daß unvorhergesehene Ereignisse die jetzige Lage der Dinge gänzlich verändern sollten.

(5, 119/1–113)

Am 24. Juni war Moreau bei Kehl über den Rhein gegangen, und Erzherzog Carl mußte sich nach einer Niederlage am 9. Juli bis Malsch zurückziehen. Die meisten Reichsstände zogen ihre Truppen von der Reichsarmee ab, die Franzosen stießen bis Bayern vor. Aber am 24. August siegte Erzherzog Karl nach der Vereinigung seiner Armee mit dem Korps Wartensleben bei Augsburg und besetzte Würzburg. Die Franzosen zogen sich wieder hinter den Rhein zurück. Inzwischen war der Stern des Generals Napoleon Bonaparte aufgegangen. Seit März 1796 Oberbefehlshaber über die Armee in Oberitalien, hatte er im November 1796 bei Arcole einen glänzenden Sieg über die Österreicher errungen. In der Folge mußte am 2. Februar 1797 die Festung Mantua kapitulieren.

Albert an Alexander von Seckendorff
Wien, 24. Jänner 1797

... Alles andere ist schrecklich!
Ich bin neugierig, welchen Plan Napoleon in diesem Moment anwenden wird; ob er sich mit der Einnahme von Mantua begnügen und seine Truppen dann Winterquartier beziehen lassen wird; ob er versuchen wird, aus seinem Vorteil Nutzen zu ziehen und sich mit vereinten Kräften Euch zu stellen, um in Tirol einzudringen; ob er sich mit dem Großteil seiner Streitkräfte ins Friaulische wenden wird, indem er die Pässe der Länder, aus denen Sie gekommen sind, nur mit einem Korps besetzt; ob er, wie einige es glauben, jetzt den Venezianern den Krieg erklären wird, um wenigstens einen guten Teil der Millionen für die Söldner, die seit einiger Zeit bei ihnen angestellt sind, zu ergaunern; oder ob er sich gar nach Rom wendet, um das restliche Italien zu erobern?

(5, 119/1–118)

Adam Bartsch, Charles Antoine Prince de Ligne

Im Februar erhielt Erzherzog Carl das Oberkommando über die italienische Armee. Die Truppen waren aber so geschwächt, daß er sich langsam nach Kärnten, in die Steiermark und nach Salzburg zurückziehen mußte. In Wien erwartete man bereits das Herannahen des Feindes. In dieser Situation bot Bonaparte selbst einen Waffenstillstand an. Am 18. April wurde der Präliminarfrieden von Leoben unterzeichnet, dem der definitive Frieden von Campo Formio folgte (17./18. Oktober). In diesem ging Belgien endgültig an Frankreich verloren, das auch im Besitz des linken Rheinufers blieb. Österreich erhielt Venedig, Istrien und Dalmatien.
Auch in diesen schwierigen, kriegerischen Zeiten setzte Herzog Albert seine Tätigkeit als Sammler fort. Am 14. November 1792 war Prince Charles Antoine de Ligne, einer der bedeutendsten Sammler seiner Zeit, als einer der ersten österreichischen Stabsoffiziere im Kampf gegen Frankreich gefallen. Im Jahre seines Todes verfaßte der Prinz sein Testament. Er verfügte, daß nach seinem Tode die Kunstsammlung en bloc veräußert werden sollte.

Aus dem Testament Charles Antoine Prince de Lignes
1792

1. Meine ganze Sammlung von Kupferstichen und Holzschnitten, meine Sammlung von Originalzeichnungen und darüber hinaus alle in Kassetten enthaltenen Werke sollen an den Meistbietenden versteigert werden. Es muß daher entschieden werden, in welchem Lande diese Auktion am vorteilhaftesten veranstaltet werden kann: in Paris, Wien, London oder Amsterdam.

Nota bene: Wenn ein Angehöriger meiner Familie die Sammlung erwerben möchte, so kann er sie zum Schätzpreis übernehmen, der mindestens einhunderttausend deutsche Gulden beträgt. In Wirklichkeit ist die Sammlung in ihrem Wert unschätzbar, was klar wird, wenn man bedenkt, daß sie kein einziges mittelmäßiges Stück enthält und daß alle Zeichnungen als authentische Werke anerkannt sind. Es wird somit ein reiner, unverminderter Betrag von einhunderttausend Gulden zu meiner ausschließlichen Verfügung stehen, unabhängig von dem gesetzlich geregelten Nachfolgerecht meiner natürlichen Erben.

(59)

Adam von Bartsch, der 1784 auf der Rückreise von Paris nach Wien die Niederlande besucht hatte, lernte möglicherweise bei dieser Gelegenheit die Sammlung de Lignes näher kennen. Sicher ist jedenfalls, daß ihn mit Prinz Charles ein recht enger künstlerischer Kontakt verbunden hatte; der Prinz, der Radierungen nach berühmten Vorbildern herstellte, vermerkt auf einem Blatt nach Rembrandt (Albertina D III/63): „dédidé à Mr Barch par son disciple Charles Prince de Ligne 1786". Es ist deutlich, daß die Idee, durch Nachstiche das Werk großer Meister zu verbreiten, wie sie von J. Schmuzer und G. Durazzo für Herzog Albert als Grundlage seiner Sammlung vorgegeben worden war, ebenfalls von A. Bartsch auf Charles de Ligne wirkte. Bartsch übernahm dann die Aufgabe, einen wissenschaftlich ausführlichen Katalog der Sammlung herzustellen; sie war vom Vater de Lignes nach Wien gebracht worden und sollte Ende November 1794 vom Buchhändler A. Blumauer in den Sälen der Akademie des Geniekorps des Theresianums, dem de Ligne angehört hatte, zur Versteigerung gebracht werden. Der Verlauf der Auktion selbst ist durch keinerlei Aufzeichnungen näher bekannt. Alter Überlieferung zufolge soll Erzherzogin Marie Christine die Sammlung erworben und ihrem Gemahl zum Geschenk gemacht haben. Fest steht, daß eine große Zahl der wertvollsten Blätter sich heute noch in der Albertina befindet. O. Benesch hat im Jahre 1933 in den Graphischen Künsten (LVI) darüber eine sehr eingehende Untersuchung angestellt. Da die Sammlung im gesamten, also geschlossen, an den Meistbietenden übergehen sollte, wäre fast anzunehmen, daß Herzog Albert die Sammlung vollständig übernommen hat. Dem stehen aber doch einige Tatsachen entgegen. Eine Erklärung über den Verbleib der restlichen Blätter könnte in einer Tagebuchnotiz des schwedischen Gesandten Graf de la Gardie vom Februar 1801 erblickt werden: „Der älteste Sohn des Prinzen de Ligne, Charles, fiel während des gegenwärtigen Krieges. Er hatte eine hervorragende Sammlung von Handzeichnungen, über welche nach seinem Tode der Graveur Bartz einen Catalogue raisonné anfertigte. Fast diese ganze Sammlung gehört jetzt mir, nachdem Herzog Albert von Sachsen-Teschen dieselbe 1801 kaufte und mir bei der Abreise aus Wien schenkte. Schade nur, daß diese Sammlung, die einige Jahre ohne Pflege war, dabei etwas spoliiert wurde, aber es sind noch einige schöne Stücke darin." Dem allerdings steht entgegen, daß sich, wie auch Lugt ausführt, nur mittelmäßige Blätter größtenteils anonymer Meister in der Sammlung de la Gardie befunden haben und befinden. Immerhin soll Herzog Albert die Absicht ausgedrückt haben, mit diesem Geschenk das Sammeln von Zeichnungen auch in den nordischen Ländern anzuregen und eine Vorstellung zu geben, wie man eine solche Sammlung systematisch anlegen sollte. Neben dem Erwerb der Sammlung de Ligne bedeutete die Erfüllung des Wunsches Herzog Alberts, die Dürer-Zeichnungen der Hofbibliothek im Tausch gegen Kupferstiche seiner Sammlung einzuverleiben, einen Markstein in seinem Leben als Kunstsammler. Es mußte allerdings in diesem Zusammenhange als gänzlich unglaubwürdig erscheinen, wenn der Präfekt der Bibliothek, van Swieten, und der Obersthofmeister, Fürst Starhemberg, dem Kaiser (4. und 6. Juli 1796) versicherten: „. . . daß die vorhandenen Zeichnungen von keinem besonderen Wert seien, hingegen jeder Zuwachs, den die so herrliche Sammlung von Kupferstichen erhält, der Bibliothek und dem Publikum willkommen wären". Man hat mit Recht vermutet, daß vielmehr der Kaiser seinem so verletzten und auch geschädigten Onkel eine grandseigneurale Kompensation geben wollte (Benesch, a. a. O., p. 20). Jedenfalls gingen durch diesen Tausch die insgesamt 371 Dürerschen Zeichnungen der kaiserlichen Sammlung in den Bestand der Albertina über. Für Herzog Albert wurden sie ein Kernstück seines Besitzes, das er mit den Worten „cette suite vraiment unique" im „Cahier" der Sammlung verzeichnete. Im Todesjahr des Herzogs, 1822, wußte das Fideikommiß-Inventar von den Blättern Dürers noch 238 zu nennen. Die eingetretenen Verluste waren verschiedener Natur. Manches ging auf dunklen Wegen wohl bei den Requirierungen im Jahre 1809 durch Vivant Denon und General Andreossi, den französischen Stadtkommandanten, verloren; anderes verschwand eindeutig durch Verschulden des Malers François Lefebre, welcher der Sammlung als Galerieinspektor vorstand und nach dem Tode des Herzogs über den Kunsthändler Josef Grünling Dürer-Zeichnungen in größerer Anzahl an Sammler, so nach Bremen, veräußerte. Später hat auch die kritische Wissenschaft noch einige Einschränkungen gemacht, so daß die Sammlung heute aus 132 Blättern besteht.

Hofbibliothekar Gottfried van Swieten an Obersthofmeister Fürst Starhemberg
Wien, 4. Juli 1796

Eure fürstlichen Gnaden,
des Herzogs Albert von Sachsen-Teschen königl. Hoheit haben gegen mich den Wunsch geäussert, von den Handzeichnungen, welche sich bey der k. k. Hofbibliothek befinden, einige durch Tausch mit Kupferstichen zu erhalten.
Da nun einerseits die bey der Bibliothek vorhandenen Zeichnungen weder die für eine ordentliche Sammlung nöthige Folge von berühmten Meistern darbiethen, noch überhaupt genommen einen vorzüglichen Werth haben, und also weder zum Vorzeigen noch zum Gebrauche dienen können; andererseits aber jede Erwerbung welche dem bereits so ansehnlichen und herrlichen Vorrathe an Kupferstichen einen Zuwachs bringt, der Bibliothek und dem Publicum nützlich ist, so könnte meines Erachtens dem Verlangen Sr. königl. Hoheit ohne Anstand gewillfährt werden worüber ich mir also von Eurer fürstlichen Gnaden die Genehmigung erbitte . . .

Kaiserliches Obersthofmeisteramt an die Hofbibliothek
8. Juli 1796

S. M. haben das Verlangen des Herzogs Albert von Sachsen Teschen K. H. die in der Hofbibliothek befindigen Handzeichnungen gegen Kupferstiche umzutauschen gnädigst genehmigt.

(7, OMeA-Akten 276/1796)

Herzog Albert beschäftigte für den Aufbau seiner Sammlung die renommiertesten Kunsthändler in ganz Europa. Hiebei kam es zu manchen Konkurrenzproblemen. Der folgende Briefwechsel Herzog Alberts mit dem Direktor seiner Kupferstichsammlung, van Boeckhout, stammt aus der Zeit, als er sich bereits in Wien befand, die Sammlung unter van Boeckhout jedoch noch in Dresden gelagert war, wo sie bis 1805 verblieb.

Domenico Artaria an van Boeckhout
Mannheim, 18. März 1794

Monsieur!
Entsprechend Ihren geschätzten Anordnungen vom 17. Jänner, habe ich die Ehre, Ihnen die Rechnung beizulegen über all das, was ich die Freude hatte, S. K. H. seit dem Monat Dezember bis jetzt zu liefern; sie beläuft sich auf 1 362 fl. 49 kr. Wiener Währung.
Da Sie die Güte hatten, mir mitzuteilen, daß S. K. H. geruht, die Zahlung leisten zu wollen, bitte ich Sie, diese Summe gegen Quittung Herrn Bartholomeo Prestinari für mich ausbezahlen zu wollen, der im Lopuskischen Haus in der Singerstraße im ersten Stock wohnt; nicht aber meinen Vettern Artaria, mit denen ich seit einigen Monaten nicht mehr assoziiert bin. [1793 hatte sich Domenico Artaria von seinen Vettern Carl und Ignaz getrennt.]
Sie würden mir auch einen Gefallen erweisen, indem Sie ihnen gegenüber das Glück, das ich gehabt habe, die Geschäfte mit S. K. H. zu führen, verschweigen würden, um jegliche geschäftliche Eifersucht, die sich daraus ergeben könnte, zu vermeiden.
Ich erwarte mit Ungeduld die Erlaubnis, Ihnen die Fortsetzungen sowie schöne Neuerscheinungen zu übersenden, und habe die Ehre, mich mit vorzüglichster Hochachtung bezeichnen zu dürfen als Ihr . . .

(60, Nachlaß Artaria 756/36)

Domenico Artaria an van Boeckhout
Mannheim, 8. Mai 1795

Im Zusammenhang mit meinem letzten Brief aus Frankfurt, durch den ich die Sendung von zwei Abdrücken eines Stiches von Morghen anzeigte, habe ich die Ehre, Ihnen weitere Stücke, wie aus beigefügter Note ersichtlich, zu übersenden, die ich morgen abgehen lasse und die Sie, wie ich hoffe, gut aufnehmen werden. Es handelt sich um Blätter, die Monseigneur kurz vor seiner Abreise ausgesucht hat, ebenso wie Zeichnungen, die er wählte, die ich jedoch zurückbehalten werde, um sie jenen von Schwetzingen beizufügen, nach denen ich nur einen einzigen kolorierten Abzug machen lasse. Dieser könnte dann als Vorlage dienen, und in 14 Tagen rechne ich damit, Ihnen alles schicken zu können, ebenso wie auch den Text von Shakespeare.
Ich habe die Ehre wie immer zu sein Ihr ergebener . . .

(60, Nachlaß Artaria, 756/36)

Albert an van Boeckhout
Wien, 18. Oktober 1795

Ich habe, mein lieber Boechoutte, nacheinander Ihre zwei Briefe vom 21. des vergangenen und vom 9. dieses Monats bekommen sowie auch die Kisten mit Zeichnungen und Stichen, deren Ankunft sie mir ankündigten. Es fehlen nur noch die Pläne des Feldzuges von 1793, deren Abrechnung Sie dem letzten Brief beigefügt haben.
Alle Blätter sind in gutem Zustand angekommen. Ich habe dieser Tage begonnen, die Zeichnungen zu ordnen, die Sie mir geschickt haben. Sie bilden mit denen zusammen, die ich seitdem hier erworben habe, doch eine ganz schöne Sammlung; mit den Herren Bartsch, Rosa, Füger und anderen Kennern werde ich sie noch einmal durchgehen und den ersteren bitten, mir seine Notizen schriftlich mitzuteilen, um einen ganz richtigen und kompletten Katalog davon zu machen.
Ich habe auch bei Gelegenheit dieser Sendung bemerkt, daß Sie einige gezeichnete Werke und Blätter mit Wasserfarben oder in Gouache nicht mit eingeschlossen haben, die sich in getrennten Portefeuilles inmitten der großen gesonderten Kassetten der verschiedenen kolorierten Stiche befanden. Ich habe daher auf einer hier beigefügten Notiz sub A diejenigen dieser Zeichnungen vermerkt, an die ich mich erinnere, und Sie werden sie mir schicken sowie alles, was Sie vielleicht noch außerdem an Zeichnungen und Gemälden mit Wasserfarben oder in Gouache in unseren Portefeuilles finden werden, damit ich so die komplette Sammlung aller Zeichnungen hier habe.
Ich schicke Ihnen bei dieser Gelegenheit auch sub B eine mir übergebene Aufstellung von Stichen, die hier erhältlich sind, damit Sie mir diese anzeichnen, die uns fehlen. Da Sie mir nicht die kleinen gedruckten Blätter der Farbblätter, die in Rom gemacht worden sind und die ich von Artaria aus Mannheim bekommen habe, zurückgeschickt haben, wünsche ich, daß Sie mir diese bei erster Gelegenheit zukommen lassen.
Ich war nicht sehr begeistert von den Gemälden nach der Antike, die seine letzte Sendung enthielt; noch weniger von der Galathea, vom Triumph des Bacchus und von Ariadne und Bacchus (koloriert). Was das letztere Blatt betrifft, schreiben Sie mir, ob wir dieses sowie die Aurora von Guercino (koloriert) und jene des Guido Reni schon als große kolorierte Stiche haben. Wenn wir diese nur als einfache und nicht auch die kolorierten Stiche haben, würde ich diese hier kaufen.
Ich bemerke außerdem, daß der Preis, den Artaria in Mannheim für alle diese Stiche und Gemälde verlangt, um beträchtliches jenen übersteigt, für den ich sie hier haben könnte. Ich beabsichtige daher, in Zukunft alle, die ich finden kann, eher hier zu kaufen. Sie werden daher dafür Sorge tragen, daß ich eine Aufstellung jener Stichfolgen erhalte, die uns der genannte Artaria aus Mannheim sowie Zanna aus Brüssel bis jetzt geliefert haben, damit ich mir von anderer Seite alles, was uns noch davon fehlt, besorgen lassen kann.

Ich gestehe, daß ich die kürzlich übersandte Zeichnung vom Sr. Klengl nicht sehr schön gefunden habe, und außerdem finde ich, daß sie ziemlich teuer ist. Trotzdem ziehe ich es immer noch vor, ihm die 60 Ecu zu bezahlen, die er verlangt hat, als ihm die Zeichnung zurückzuschicken.
Es tut mir leid, daß die Stiche, die ich Sr. Frauenholtz zurückgesandt habe, unterwegs gelitten haben. Da ich Sie aber andererseits versichern kann, daß sie gut verpackt waren und daß der Schaden durch Nachlässigkeit auf einer sächsischen Poststation entstanden sein muß, glaube ich nicht, daß es ihm möglich sein wird, eine Entschädigung von meiner Seite zu verlangen.
Was die Blätter von Sr. Derschau betrifft, habe ich schon alle, die ich ausgesucht habe, unter meinen anderen Stichen verteilt, und es wird jetzt sehr schwierig sein, sie dort herauszunehmen. Trotzdem werde ich sehen, ob es möglich ist. Es erscheint mir außerdem beinahe unnütz. Die Aufstellung, die ich Ihnen von dem geschickt habe, was ich genommen oder nicht genommen habe, war so detailliert, daß ich denke, Sie könnten nur schwerlich noch ein Stück mehr finden, auch wenn ich Ihnen nochmals das ganze Konvolut senden würde. Ich hoffe im übrigen, daß die Feuchtigkeit, die dieses Paket schon angegriffen hat, als ich es bekam, Sr. Derschau nicht darin bestärken würde, ebenfalls eine Entschädigung zu verlangen.
Es bleibt Ihnen daher nur mehr übrig, mir eine Rechnung für die ihm zu bezahlenden Blätter sowie die von Frauenholtz zu schicken. Ich werde die Rechnung hier dann mit jener Kopie vergleichen, die ich von der Ihnen übermittelten Sendung der ausgewählten Blätter behalten habe. Die Kosten des Importes dieser Sendung werde ich direkt nach Nürnberg bezahlen.
Ich hatte geglaubt, Ihnen schon die Stiche von Derschau und Frauenholtz zurückgeschickt zu haben, aber Ihren Briefen entnehme ich, daß dem nicht so ist; die Stiche werden daher noch heute nach Nürnberg abgeschickt werden. Ich verstehe aber nicht, warum Sie von mir auch die Liste der hierbehaltenen Blätter verlangen, da ich sie Ihnen schon vor einiger Zeit geschickt habe. Sollten Sie sie aber verlegt haben und nicht wiederfinden, teilen Sie mir es mit, damit ich Ihnen eine Kopie zukommen lassen kann.

(61, Archivalien zur Sammlungsgeschichte)

Albert an van Boeckhout
Wien, 26. November 1796

Ich bestätige Ihnen, mein lieber Boeckhout, den Empfang Ihrer Nachricht vom 17. d. M. und schicke Ihnen gleichzeitig den darin beigefügten Katalog der Versteigerung in Leipzig zurück. Ich bezweifle, daß Sie, mit Ausnahme einiger wertvoller Blätter, viel darin finden werden, was Sie befriedigen wird. Deshalb möchte ich auch, daß Sie nur vorzügliche und schöne Stücke kaufen und daß Sie sich nicht darauf einlassen, unsere Bestände zu komplettieren, wenn die Drucke nicht besonders sind, oder mittelmäßige Stiche von Künstlern zu erwerben, nur weil sie uns fehlen, vor allem aber von solchen, die keinen Namen haben.
Außerdem werden Sie neben einigen Katalognummern die Bezeichnung NB finden, was Blätter bezeichnet, die hier zu haben sind, gute Drucke zwar, aber ein bißchen teuer. Sie sollen daher nur jene Stücke kaufen, die gute Abzüge und zugleich preisgünstig sind. Ich bemerke, daß Sie weder mit O noch mit / die Werke von Corn. Schuet bezeichnet haben, die von ihm selbst gestochen sind. Sie könnten aber jene Nummern nehmen, die Sie in gutem Zustand finden werden und die uns fehlen. Ich bin nicht geneigt, in gleichem Ausmaß die Werke der Wierix zu kaufen, weil wir einerseits viele Blätter von ihnen haben und weil es andererseits so viele Blätter in ihrem Werk gibt, die eine Sammlung kaum bereichern.
Ich bin überrascht, daß M. Rost uns alle Stiche der Versteigerung nach Dresden schicken will. Ich sehe den Zweck, der darin liegen könnte, nicht ein, aber dies wird Ihnen für die Auswahl jedenfalls von großem Vorteil sein. Ich sende Ihnen meinerseits hier beigefügt einen ersten Entwurf der Aufstellung – fast alles schöne Abzüge –, die ich schon vor einem Jahr aus einer Sammlung ausgesucht habe, die verkauft werden soll. Da sich in meiner Sammlung in Dresden noch einige dieser Blätter befinden könnten, mögen Sie mir jene zukommen lassen, die Sie für gleich halten, damit ich sie gegenüberstellen und im gegebenen Fall austauschen kann. Sie können diese Aufstellung behalten und eine genaue Abschrift machen, damit Sie, falls sich dort die Gelegenheit bietet, Stiche zu kaufen, schauen können, welche es gibt, und mir den Preis mitteilen; um so mehr, als ich noch nicht über den ziemlich hohen Preis einig geworden bin, den man hier für besagte Stiche verlangt.
Ihr müßt übrigens dort einige Cahiers der Porträts von Holbein, gestochen von Bartolozzi, haben; und wenn ja, mögen Sie sie mir hierher schicken, um das Werk dieses Stechers zu vervollständigen, von dem ich wieder in der Folge Ihnen die Doubletten schicken werde.
Man hat mir gerade den Katalog der Versteigerung von Casanova geschickt, die in Dresden stattfinden wird. Ich urteile danach, daß Sie mit Ausnahme vielleicht einiger schöner Blätter von Marc Anton kaum welche darin finden werden, die es verdienen würden, in unsere Sammlung aufgenommen zu werden. Ich habe auch in den Zeichnungen nur die Nummer 1 von Cirro Ferri und die Nummer 24 von Casanova gefunden, die ich gerne haben möchte, wenn sie nicht zu teuer sind, und unter den Büchern die Nummer drei, das ist das Werk von Jacques Frey, falls es gute Drucke sind ...

(61, Archivalien zur Sammlungsgeschichte)

Schon im Jahre 1797 zeigten sich bei Marie Christine die ersten Anzeichen einer schwereren Erkrankung. Zur Wiederherstellung ihrer Gesundheit reiste sie im Sommer mit Albert nach Teplitz. Anschließend verbrachte das Paar einige Wochen in Dresden und in Pillnitz. Von hier schreibt Albert an seinen Galeriedirektor Lefebre in Wien.

Bernardo Bellotto, Das Palais Kaunitz in der Vorstadt Mariahilf

Albert an François Lefebre
15. September 1797

Da wir hier beschäftigt sind, die beiden Schiffe, die aus Schoonenberg gekommen sind, auszubessern, wäre es mir angenehm, die Zeichnungen, die Solvyns von ihnen angefertigt hat, zu bekommen. Wenn Ihr sie mir, ohne sie zu beschädigen, gleich mit der Post schicken könntet, wäre mir das angenehm. Aber wenn man dieses Paket bei der Briefpost nicht nehmen sollte, könnten Sie sehr schnell die Bilder der beiden Yachten in voller Takelage, mit allen Masten und dem für das Manöver notwendigen Segelwerk, auf dünnes Papier kopieren und sie mir in einem Brief so schnell wie möglich schicken.

(5, 448/15–3)

Albert
1798

Der Friede von Campoformio hatte in den Österreich verbliebenen Staaten die Ruhe wiederhergestellt. Der darauf folgende Winter verlief daher unbeschwert wie früher in Wien. Auch wir gaben in unserem Haus einige Bälle.
Doch nur zu bald wurde diese Ruhe gestört. Eine gefährliche Krankheit befiel plötzlich meine Frau und brachte sie an den Rand des Grabes. Man mußte ihr die heiligen Sterbesakramente reichen.

(1, IV/267)

Da das Palais noch nicht fertiggestellt ist, bewohnen Albert und seine Gemahlin das Haus im Augarten, übersiedeln aber nun in das Palais Kaunitz in der Vorstadt Mariahilf, damals inmitten von weiten Gärten gelegen. Unter dem Eindruck dieser schweren Erkrankung schreibt Marie Christine ein neues Testament mit zusätzlichen Klauseln gegenüber dem aus dem Jahre 1791. Sämtlicher Angestellter des großen Hofstaates wird gedacht, besonders aber Marie Christines Hofdame, der Marquise Mansi.

Aus dem Testament Marie Christines
8. Februar 1798

Im Namen der Hochheiligen Dreifaltigkeit

. . .

6° Mme. la Marquise de Mansi behält als Erinnerung die 2 000 fl. pro Jahr, die sie jetzt erhält, indem ich sie bitte, ihre jetzige Wohnung bis zu ihrem Tode beizubehalten: falls ihr diese Wohnung nicht genehm ist, erhält sie 600 fl., um anderswo zu logieren.

. . .

9° Die Pensionen und Almosen, die auf Lebenszeit bewilligt wurden, werden weitergeführt, solange die betreffenden Personen am Leben sind, und die Regelung die Witwen und Waisen unserer Leute betreffend wird vollständig auf deren Lebenszeit durchgeführt, und unser Erbe wird dazu angehalten, falls die dafür bereitgestellten Gelder nicht ausreichen sollten, diese aus eigenem vorzustrecken.

. . .

15° Da ich zu meinem ewigen Schmerz das Unglück hatte, meinen geliebten Bruder Leopold zu überleben, den ich in meinem Testament vom Jahre 1791 als meinen alleinigen Testamentsvollstrecker vorgesehen hatte, ernenne ich dazu an seiner Statt meinen anderen Bruder Maximilian, Kurfürst von Köln und Großmeister des Deutschen Ordens, und erhoffe von seiner Freundschaft und Loyalität, daß er den Inhalt meines Testamentes und des jetzigen Kodizills weder verletzen noch dessen Verletzung dulden werde.

16°Ich erbitte von Seiner Majestät dem Kaiser die Gnade, daß ich, da ich hier in Wien sterbe, bei den Kapuzinern zu Füßen meiner vortrefflichen Eltern begraben werde.

(7, Familienurkunden Nr. 2160)

Albert an Alexander von Seckendorff
12. Mai 1798

Sie befindet sich ein bißchen besser, obwohl heute sehr schwach, und ich möchte mir Hoffnung machen können, daß die Luft des Gartens, in den wir übersiedelt sind, ihr helfen wird, sie aus dem traurigen Zustand, in dem sie sich befindet, zu lösen, den sie nicht lange ertragen könnte, vor allem, wenn sich ähnliche Anfälle wie der letzte häufen würden.

5. Juni 1798

Aber der kleine Hoffnungsschimmer, den ich manchmal erblicke, wenn ihre Schmerzen ein bißchen abzunehmen scheinen, wird bald darauf durch verstärkte Wiederholungen, die sie immer mehr hernehmen, zerstört.

(5, 119/1–130, 131)

Hofrat Faulhaber an J. A. von Teschenberg
Wien, 22. Juni 1798

In dem gestrigen Consilio haben die Medici einstimmig erkläret, daß der hohen Patientin nicht mehr zu helffen seye, außer der Doctor SCHREIBERS hat eine Medicin vorgeschlagen, mit welcher er, nebst andern ähnlichen Patienten, auch die Feld Marschallin LAUDON kuriert hätte, welche noch schlechter als die Erzherzogin gewesen wäre. Diese Medicin (sagen die 4 ordinarii) hätten Sie der Patientin schon gegeben, aber ohne Erfolg, doch haben sie beschlossen, sie ihr wieder zu geben aber nur in kleiner Dosis einen Caffée Löffel Voll zu nehmen, diese hat sie gestern zweymal genommen, aber ein Solches Brennen und Nerven Reizung darauf bekommen, daß Sie in unserer heutigen gewöhnlichen Conferenz sagte, sie könne diese Medicin glatterdings heute nicht mehr nehmen, was nun hierauf in dem heutigen Consilio Medico weiter beschlossen worden, weiß ich nicht.
Nachdeme Sie den gestrigen Abend, die Nacht hindurch bis heute früh sehr unruhig zugebracht hat, so hat sie erst heute früh gegen 7 Uhr beyläufig eine Stunde geschlaffen, nachhero mit uns, wie die verfloßene Tage geredet, aber über Mattigkeit wegen dem vielen Brechen geklaget, sie saget sie seye schläfrig, laßet sich jezo vorlesen, um dabey einschlaffen zu können.

(9, P 298)

(Unmittelbar vor ihrem Tod am 24. Juni verfaßt Marie Christine den Abschiedsbrief an ihren Mann.)

Marie Christine an Albert
23. Juni 1798

Für meinen angebeteten Mann, am Tage nach meinem Tode zu übergeben.
Mein lieber, teurer Mann!
Ich gebe mich bezüglich meiner Gesundheit keiner Täuschung hin, ich sehe und fühle, daß sie nicht wiederkehrt. Welche Zeit mir die Vorsehung noch gönnt, ich weiß es nicht. Unterwerfen wir uns beide in Ergebung ihrem geheiligten Willen. Ich will noch die Zeit nützen, solange ich mich wieder etwas besser fühle, um Dir, mein verehrter Gemahl, Lebewohl zu sagen. Wie könnte ich Worte finden, um Dir zu sagen, was ich denke, für Dich empfinde. Ich habe nur zu sehr Dein tiefes Leid, Deinen Schmerz gesehen – das macht mir die Trennung so bedrückend, das ist das einzige, was mich bekümmert; denn das Leben an sich gilt mir nichts. Aber, mein teurer Freund, wenn Du diese Zeilen erhältst, werden Religion und Sitte von Dir Opfer verlangen. Wende Deine Vernunft, Deine Philosophie, Dein Wissen um die Unabänderlichkeit an, ein so verehrungswürdiges Wesen, wie Du es bist, unserer Familie, unserem Hause zu erhalten. So wirst Du die Kraft finden, Deinen Schmerz zu überwinden. Deine Dich zärtlich liebende Frau bittet Dich darum. Wenn ich die Achtung und das Mitgefühl der Welt verdiene, so verdanke ich das Dir allein. Du hast mich zu dem gemacht, was ich bin. Du warst mein Vorbild, meine Triebfeder zum Guten, mein Leitstern, das einzige Wesen, für das ich lebte, dem ich zugehörte und dessen ich würdig sein wollte. Wie kann ich Dir meine Dankbarkeit schildern für all das Glück, welches Du mich in so vielen Jahren genießen ließest. Dieses allein läßt allen Kummer, den wir hatten, vergessen. Wenn ich Dir nur einen Moment mißfallen oder wenn ich Dich beleidigt habe, verzeihe es mir; mein Herz und mein Wille hatten gewiß keinen Anteil daran. Nicht einmal in Gedanken habe ich je aufgehört, Dir anzugehören.
Zu Gott und meinem lieben Albert werden auch meine letzten Gedanken, meine letzten Wünsche gehen. Ich lasse Dir ein kostbares Gut zurück, welches uns Bruder und Schwester, die mehr noch – Freunde – waren, übergeben haben: Unseren lieben Carl. Ich bin beruhigt, weil ich Deine Güte, Dein Wohlwollen für ihn kenne, aber erlaube mir, Dich in meiner mütterlichen Liebe zu bitten, daß Du Dich ihm mehr zuwendest, daß Du ihm mit Deinem Rate beistehst. Er wird Dir dankbar sein. Bei der Zurückhaltung, welche Du in Deiner Zartheit bewahrst, würde ein Vertrauen, das für Carl so not-

wendig ist, niemals aufkommen. Zu dieser Stunde, mein lieber Freund, mein teurer Mann, vernimmst Du mich zum letztenmal. Wenn man im Himmel, in den ich durch die Barmherzigkeit Gottes und Dein Gebet einzugehen hoffe, für jemand bitten kann, so wird all mein Bitten und Flehen nur Dir allein gehören. Mögest Du glücklich sein! Möge Dich in dieser Stunde der Engel des Trostes heimsuchen! Glaube mir, daß die wahre Religion, ihre Grundsätze und Lehren allein dazu führen. Im Namen Gottes und unserer Liebe soll Dich diesbezüglich nichts beunruhigen und stören, bis wir einst im Schoße Gottes vereinigt werden.
Lebe wohl tausendmal, mein geliebter Mann!

(1, IV/268 f.)

ALBERT
1798

So verlor ich nach dreiunddreißig Jahren der glücklichsten Ehe die vollkommenste Frau, die je gelebt hat, mein Teuerstes auf Erden und den geliebten Gegenstand meines ganzen Glückes. Nie während dieses langen Zeitraumes war unser Glück getrübt worden, nie durch die kleinste, auch noch so unbedeutende Diskussion gestört. Sie war von außerordentlicher Lebendigkeit, was oftmals das Urteil der Leute beirrte, die nicht die schönen und großen Eigenschaften ihrer Seele kannten.
Mir gegenüber bewies sich diese Lebendigkeit in einer Weise, die alle Annehmlichkeiten ihres Wesens nur erhöhte und sich in ihrer Anhänglichkeit, ja einer beispiellosen Zärtlichkeit äußerte, die bis zum Tode dauerte und sich noch in den letzten Momenten in der rührendsten Weise zeigte.

(1, IV/268)

Bald nach dem Tode seiner Gattin gab Herzog Albert dem zu einem kurzen Aufenthalt in Wien weilenden Bildhauer Antonio Canova den Auftrag, für sie ein Grabmal zu entwerfen. Nach der Rückkehr von seiner Reise, die ihn bis Dresden und Berlin führte, sandte Canova von Possagno, wohin er sich nach der Besetzung Roms durch die französischen Truppen Anfang 1798 zurückgezogen hatte, eine Entwurfszeichnung und das Programm des geplanten Grabmals an Herzog Albert.

CANOVA AN ALBERT
POSSAGNO, 23. NOVEMBER 1799

Die Architektur dieses Mausoleums bedarf keiner Erklärung, da die Pyramiden Grabdenkmäler der gebildetsten Nationen der Antike waren. Unser Monument wird daher eine Nachahmung einer solchen sein, und man könnte in ihm wirklich Verstorbene bestatten. Über der Türe wird jene Inschrift stehen, die E. K. H. am meisten zusagt, falls die für sie gezeichnete nicht Ihre volle Zustimmung finden sollte. Genau über der Inschrift befindet sich, dem Wunsche E. K. H. entsprechend, die *Glückseligkeit*, welche in den Armen das Bildnis der Fürstin trägt, das von einer Schlange, dem Symbol der Ewigkeit, umgeben ist, um es zum Himmel zu tragen, und der *Genius* daneben reicht ihr den Palmzweig, den Preis für die Tugenden der hohen Verstorbenen.
Die Tugend selbst ist gerade im Begriff, das Grab zu betreten. Sie ist mit Olivenzweigen bekränzt (wie man es nach Athenäus mit der Figur der Tugend beim Begräbnis des Ptolemäus Philadelphos getan hatte) und mit einem Trauergewand bekleidet, hat herabfallendes Haar und hält mit beiden Händen und mit dem Zipfel ihres Mantels die Urne mit der Asche der verstorbenen Fürstin: Vom oberen Rand der Urne hängt senkrecht eine Blumengirlande herab, welche auf beiden Seiten von den zwei *Mädchen* aufgehoben und gehalten wird. Diese, trauernd und mit Zypressen bekränzt, gehen als Eingeweihte mit für die Begräbnisfeier entzündeter Fackel, um damit das Innere des Grabes zu erleuchten. Da weiters die besondere Tugend der Fürstin die *Mildtätigkeit* war, verkörpert die Gruppe, die der Aschenurne folgt, dieselbe. Sie hat über ihrem Haupt ein brennendes Flämmchen und hält mit trauernder Gebärde beide Hände vor die Brust, wobei sie ihren herabhängenden Mantel hebt und eine Blumengirlande trägt, um sie zum Grab zu bringen, wie wir es aus der Heiligen Schrift wissen, daß die Töchter der Juden jedes Jahr Blumen auf das Grab der Tochter Jephtas streuten. Der *alte Soldat,* der sich mit der linken Hand auf den Arm der Mildtätigkeit stützt und mit der rechten die Lanze hält, beweint ebenfalls den Tod seiner Wohltäterin. Zwischen dem Alten und der Mildtätigkeit befindet sich ein *Knabe*, der in der Zeichnung nicht ganz zu sehen ist, aber in der Ausführung für die Komposition der Gruppe notwendig ist. Er muß den Kopf in respektvoller Haltung auf seine Arme geneigt haben und geht gemeinsam mit dem Alten und der Mildtätigkeit.
Der *Genius* der Fürstin, der auf der anderen Seite der Tür sitzt, stützt die Hände auf das Wappen beider Familien, und indem er das Haupt auf die Hände und das Wappen neigt, beweint er das traurige Ereignis, dessen Zeuge er ist. Sein Füllhorn entleert sich nach einer Seite, um die Unglücklichen zu trösten.
Diese Idee, die ich hier vorlege, halte ich für besser, als jene, die ich für Tizian [ein paar Jahre vorher hatte Canova ein ähnliches Grabmal zu Ehren Tizians entworfen, das aber nicht zur Ausführung kam] hatte, da hier mehr Wahrheit ausgedrückt ist, besonders durch den glücklichen Gedanken, den E. K. H. mir in bezug auf die *Glückseligkeit*, welche das Bildnis der Fürstin tragen soll, mitgeteilt haben. Dieser Teil muß in Relief ausgeführt werden.
In der Mitte die *Tugend,* schön in einen feinen Mantel gekleidet, mit den beiden Mädchen müßte sie eine effektvolle Gruppe ergeben. Die *Mildtätigkeit* wird ihr Überkleid aus einem nicht so feinen Tuch bekommen: der Alte ist stark und rüstig, wie es einem Soldaten zukommt, vielleicht ist er auch blind, gekleidet

ist er im griechisch-heroischen Stil wie auf der Zeichnung. Der Knabe, welchen man zum Teil zwischen den Beinen des Alten und über seinem linken Schenkel und hinter seinem Kopf sieht, wird in der einfachen Art, wie man in der Antike die Knaben anzog, gekleidet sein.
Der *sitzende Genius* verlangt die Formen eines Apollo, so daß wir eine Verschiedenheit von fast allen Charakteren von Figuren haben, bei denen der Bildhauer sein Geschick zeigen kann.

Die Einwendungen, die Herzog Albert bezüglich dieses Entwurfes macht, betreffen ausschließlich die allegorische Bedeutung der einzelnen Figuren des Grabmales, und der Künstler beeilt sich in einigen Abänderungsvorschlägen, ihn zufriedenzustellen, ohne das Gesamtkonzept zu gefährden. Dies gelingt ihm dadurch, daß er einerseits die bereits vorhandenen Figuren einfach umbenennt und andererseits einen Löwen beigesellt, ein Motiv, das wir schon von seinem Grabmal für Papst Clemens XIII. her kennen.

CANOVA AN ALBERT
POSSAGNO, APRIL 1799

Die *Stärke,* von der ich ganz vergessen hatte, daß E. H. sie mir gegenüber erwähnt hatten, will ich, um nicht eine so große Anzahl von weiblichen Figuren auf diesem Monument zu haben, wenn es E. H. erlauben, durch die Figur eines *Löwen* ausdrücken, die so oft in der Antike und in der neueren Kunst Verwendung findet. Ich stelle also den Löwen neben die Grabtür, wo E. H. die Stärke haben wollen. Trauernd liegt er hingestreckt und bewacht, so könnte man sagen, den Grabeingang, wobei er neben sich das Wappen der Fürstin hat (das so, wie es E. H. wünschen, emblemiert werden wird). So sieht man gleich, daß es sich um die *Stärke* der Verstorbenen handelt. Neben diesem Löwen, das heißt neben der Stärke der Fürstin, wird E. K. H. selbst, das heißt Ihr *Genius,* sein, charakterisiert durch das Wappen E. H., das er in den Händen hält. Ich glaube nicht, daß man die *eheliche Zärtlichkeit* besser ausdrücken kann als durch den Genius des lebenden Gatten, der sich an die Stärke seiner Gattin hält, um einigen Trost in seinem Schmerz zu finden. So haben wir die eheliche Zärtlichkeit auf diese heroische Art ausgedrückt, wie es einem Werk entspricht, das für die Ewigkeit bestimmt und dessen Auftraggeber ein Fürst ist, dessen guter Geschmack in den Künsten bekannt ist. Es sollen auch noch alle anderen Wünsche E. K. H. gehorsamst beachtet werden, wenn man an die Stelle der Glückseligkeit, welche ich zuerst entworfen hatte, das Mitleid und die Caritas an die der Wohltätigkeit treten läßt, welche eigentlich dasselbe sind, und die eheliche Zärtlichkeit mit E. H. selbst in der Gestalt des Genius, verbunden mit dem Löwen. Wir werden also in diesem Monument vier Gruppen haben. Die des Mitleides mit der Fürstin und dem kleinen Genius im Relief, die der Wohltätigkeit oder Mildtätigkeit, die der Tugend mit der Aschenurne und die der Stärke mit dem Genius. Alle diese Gruppen ergeben zusammen ein harmonisches Ganzes ohne jede Verwirrung.

(63)

Nachdem der neue Entwurf Canovas von Herzog Albert angenommen worden war, galt dessen größte Sorge der raschen Fertigstellung des Werkes. Die Sorge des Herzogs ging soweit, daß er ziemlich weitgehende Sicherstellungen von seiten Canovas wünscht, die den Fortgang des Werkes auch im Falle des Todes des Künstlers garantieren sollen, und seinerseits eine testamentarische Verpflichtung für seine Erben, im Falle seines eigenen Todes die Arbeiten an dem Monument fortzuführen, vorschlägt.

ALBERT AN CANOVA
WIEN, 14. AUGUST 1799

Ich muß Ihnen inzwischen ganz offen sagen, daß ich gewünscht hätte, daß der Termin bis zur Aufstellung dieses Monumentes kürzer wäre, weil mich mein Alter über alles beunruhigt, was mir eine große Tröstung in die Ferne rücken oder unsicher machen könnte: nämlich mit meinen eigenen Augen dies Meisterwerk zu sehen und mich an ihm zu erfreuen, das bestimmt ist, der Nachwelt die Erinnerung an jene hochzuhalten, die einst der Trost meiner Tage war und deren Verlust diese Tage mir heute mit Bitterkeit erfüllt.

(63)

AUS DEM KONTRAKT ZWISCHEN CANOVA UND ALBERT VON SACHSEN-TESCHEN VOM 25. FEBRUAR 1800

Die Statuen sollen in natürlicher Größe oder darüber sein und vom besten weißen Marmor aus Carrara, den es gibt, von der ersten und allerbesten Qualität. Die Pyramide jedoch, da kleine Variationen in der Tönung eine bessere Wirkung ergeben, soll aus einem nicht ganz so weißen Marmor bestehen, wie er für die Statuen verwendet wird, das heißt also aus Marmor zweiter Qualität. Und dem Gesetz der Abstufung der Töne folgend, soll das Fußgestell aus geädertem Marmor sein, wobei es Herrn Canova überlassen bleibt, dafür Salzburger oder Innsbrucker Marmor zu verwenden.
Herr Canova verpflichtet sich, das erwähnte Monument innerhalb von fünf Jahren fertigzustellen und diesen Zeitraum so weit als möglich noch zu verkürzen, und verspricht darüber hinaus, keine andere Arbeit anzunehmen, die die Fertigstellung dieser Arbeit auch nur um einen Tag verzögern könnte.
Herr Canova verpflichtet sich, seinen Gehilfen nur die grobe Modellierarbeit an diesem Monument zu gestatten und die Fertigstellung ganz allein mit eigener Hand durchzuführen.

(63)

Die Kisten mit den architektonischen Einzelteilen des Grabmals werden bereits im Spätsommer 1804 nach Wien geschickt. Der Versand erfolgt zu Schiff bis Triest und dann mit Frachtwagen nach Wien. Die Kisten mit

Antonio Canova, Erster Entwurf für das Monument der Marie Christine

den Figuren folgen im Frühjahr 1805. Canova selbst trifft zur Aufstellung des Werkes am 9. Juni 1805 in Wien ein. Da die Kisten mit den Figuren zu diesem Zeitpunkt aber noch nicht eingetroffen waren und noch Fundamentierungsarbeiten in der Augustinerkirche, dem Aufstellungsort des Grabmals, gemacht werden mußten, war dieses erst im Oktober zur Besichtigung fertig. Knapp danach mußte Herzog Albert Wien verlassen, das die französischen Truppen am 13. November 1805 besetzten. Die meisten Berichte von französischer Seite über dieses neueste Werk des in Frankreich überaus geschätzten Bildhauers haben wir allerdings erst aus der Zeit der zweiten französischen Besetzung Wiens im Jahre 1809.

Erinnerungen der Baronin du Montet
1809

Napoleon wollte während seines Wiener Aufenthaltes im Jahre 1809 das von Canova geschaffene Monument besichtigen, das der Herzog von Sachsen-Teschen zur Erinnerung an seine Gemahlin, die Erzherzogin Marie Christine, hatte errichten lassen. Napoleons Besuch war schon so oft angekündigt worden, daß dann sein unangemeldetes Erscheinen um 9 Uhr abends eine wirkliche Überraschung hervorrief. Die Geistlichen hatten sich bereits in ihre Zellen zurückgezogen und eilten nun in größter Hast mit angezündeten Fackeln herbei, die das prachtvolle Monument aus weißem Marmor so stark beleuchteten, daß es in hellstem Lichte erstrahlte, während die übrigen Teile der mächtigen Kirche in Finsternis, in ein phantastisches Dunkel gehüllt blieben. Der Kaiser betrachtete das Meisterwerk lange Zeit. Offenbar machte das ernste und verehrungswürdige Antlitz des Klostersuperiors Pater Antonin großen Eindruck auf ihn. Er blickte ihn eine kurze Weile an, trat dann auf ihn zu und sprach mit erhobener Stimme, indem er auf das Mausoleum hinwies: „Eitelkeit aller Eitelkeiten! Alles ist eitel!" Dann entfernte er sich eiligst. Die Zeugen des ganzen Auftrittes standen wie unter dem Eindruck eines Traumes. Pater Antonin erzählte uns dieses Erlebnis. „Sie werden sehen", sagte er, „Kaiser Napoleon wird als guter Christ sterben." Und er wiederholte die Worte „Ei-

C. Seipp nach F. Brendinger, Die Albertinische Wasserleitung

telkeit aller Eitelkeiten". Ach, wußte ein einziger von den glänzenden Offizieren, die Napoleon in die Augustinerkirche begleitet hatten, daß in der gleichen Kirche die unglückliche Marie Antoinette mit dem Dauphin verlobt und per procurationem getraut worden war? Der jungen und schönen Königin war das Schafott bestimmt – dem Sieger von Wagram und Gemahl der Tochter aus dem Kaiserhause das Martyrium von St. Helena, das Erlöschen seines Glückssternes; der Herzog von Reichstadt aber sollte seine letzte Ruhestätte an der Seite der Särge Maria Theresias und der Fürsten finden, deren Blut auch in den Adern von Napoleons Sprößling gerollt war! Oh, über die geheimnisvollen Träume des Schicksals!

(64/127)

Matthias Perth, kaiserlicher Rechnungsbeamter
9. Juli 1822

Die Wasserleitung in der Vorstadt Maria Hilf zu Wien
Einige der höher gelegenen Vorstädte von Wien, als Mariahilf, Neubau, Schottenfeld, Spitalberg, Josefstadt, litten von jeher einen empfindlichen Mangel an Wasser. Dieser Mangel wurde um so lästiger, da die Bevölkerung dieser Vorstädte mehr und mehr anwuchs und besonders bey einem trockenen Sommer, wo die Einwohner das Wasser theuer kaufen und oft ganze Tage lang warten mußten, ehe sie das nöthigste selbst zum Trinken und Waschen erhalten konnten. Die im Jahre 1798 verstorbene Erzherzogin Christina faßte zuerst den großmüthigen Gedanken, für diese Vorstädte eine Wasserleitung anzulegen, und machte in ihrem Testament ein Legat zu diesem Endzwecke, und der Herzog Albert von Sachsen-Teschen, gestorben am 10. Februar 1822, ihr Gemahl, führte das Werk mit besonderer Freygebigkeit aus. [Im Testamentskodizill von 1798 findet sich gegenüber dieser auch anderwärts vertretenen Ansicht kein diesbezügliches Legat. Es kann sich also nur um einen mündlichen Auftrag der Erzherzogin an ihren Mann handeln.]
Das Wasser kömmt aus mehreren reichlichen Bergquellen hinter Hütteldorf, ungefähr 2 Stunden von Wien; bis nahe an Hütteldorf wird es in einem gemauerten Kanale, von 5½ Fuß Tiefe und 2 Fuß Breite in eine Brunnenstube geführt, die 45 Fuß lang, 34 breit und durchaus von Stein gebauet ist. Von dieser Brunnenstube wird es durch mehr als 16 000 eiserne,

doppelt nebeneinander liegende Röhren, bis in die Vorstädte geleitet, und von dort so vertheilt, daß Mariahilf, Gumpendorf, Platzl, Neubau, Schottenfeld, Mariatrost, Kothgasse, Josefstadt, die Ingenieur-Academie auf der Laimgruben und die Reiter-Caserne in der Josefstadt, jedes ein Bassin mit gutem trinkbaren Wasser besitzen.
Die 2 Hauptquellen liegen höher als der Stephansturm, und die ganze Masse der vereinigten Quellen gibt einen Wassergang von 48 Zoll.

(62)

Albert an Alexander von Seckendorff
Wien, 23. Juli 1799

Und da ich in diesem Leben nach nichts anderem mehr strebe als danach, die Tage, die mir noch zu leben bleiben, in der Ruhe, die meinem Alter und meiner jetzigen Position entspricht, zu verleben, versuche ich, nichts zu unternehmen, was mich bei den einen oder den anderen in Unrecht setzen könnte, und ich finde in der friedlichen Behausung des kleinen Augartens, wo mir der Kaiser erlaubt Aufenthalt zu nehmen, alle Annehmlichkeit, die ich mir wünschen kann. Ich ziehe mich so zurück, daß ich keine Ahnung von dem habe, was in der restlichen Welt vor sich geht. Und ohne die Aufmerksamkeiten, die mir der hiesige Adel erweist, indem kein Tag vergeht, an dem ich nicht irgend jemand am Nachmittag zu Besuch habe, wäre ich zwar hier in Wien oder auf einem hundert Meilen entfernten Landsitz, aber ich wüßte nicht, ob es Krieg gibt, hätte ich es nicht aus den Gazetten oder hätte ich nicht aus Euren Briefen die Plagen, die er mit sich bringt, erfahren.

(5, 119/1–43)

Aus der Beschreibung der Stadt Wien des Gianluigi de Freddy
Wien 1800

1. Der auf der Kärntner- oder Augustinerbastei gelegene Palast mit der Nummer 1229 gehört zum kaiserlichen Hof. Er war früher die Hofkanzlei für die Niederlande, welche im Jahre 1757 in ein dafür erbautes Gebäude in der Herrengasse verlegt wurde. Der jetzige Herrscher bestimmte dann diesen Palast als Wohnung für II. KK. HH., den Herzog Albert von Sachsen-Teschen und die Erzherzogin Marie Christine, als diese aus den Niederlanden zurückkehrten. Da diese erhabene Prinzessin am 24. Juni 1798 vom Tode hinweggerafft wurde, wird er heute vom Witwer allein bewohnt, einem Fürsten, der nicht nur wegen seiner glänzenden königlichen Abkunft, sondern besonders wegen seiner vortrefflichen Geistes- und Herzensgaben zu rühmen ist. Ihm ist die elegante und liebenswürdige Form, in der das Gebäude sich jetzt darbietet, zu danken, eine Arbeit, die in diesem Jahr beendet wurde. Seine Lage ist die angenehmste und entzückendste, die nur vorstellbar ist. Der rechte Flügel liegt gegen die Augustinerstraße, der linke gegen die Befestigungen, von wo sich dem Betrachter ein malerischer Blick auf einen großen Teil der Vorstädte bietet. Die Zimmer sind mit großem Geschmack ausgestattet und mit einer Pracht, die der Bedeutung ihres königlichen Besitzers entspricht.
Sein Hofstaat ist nicht nur zahlreich, sondern auch großartig, sei es, was die Pracht der Livreen und der Wagen betrifft, sei es, was die Anzahl und Schönheit der Pferde anlangt, welche verdientermaßen den Blick auf sich ziehen und von Einheimischen und Fremden gleichermaßen bewundert werden.
An diesen Palast schließt das Kloster der Unbeschuhten Augustinerpatres. Der zweite Stock desselben wurde vom oben genannten königl. Prinzen gemietet und umgebaut, um hier seine eigene Bibliothek und sein Kupferstichkabinett unterzubringen. Die Bibliothek enthält ungefähr sechstausend Bände, die kostbar und großartig gebunden sind; hier sieht man ausgewählte Werke aus allen Zweigen der Wissenschaft, vor allem in neueren Ausgaben. Die Bibliothek wurde vor kurzem vom Abbate Fusterschmidt, ihrem Direktor, geordnet, eine Aufgabe, die mit sehr viel Gelehrsamkeit und Fachwissen durchgeführt wurde. Gegenüber der Bibliothek ist das Kupferstichkabinett und die Sammlung von Zeichnungen, wahrscheinlich die reichste und vollständigste in Europa und ein großartiges Zeugnis, nicht nur des Mäzenatentums, sondern auch der Kultur und Liebe des königlichen Prinzen für die schönen Künste, die er zum Inhalt seiner friedlichen Bestrebungen gemacht hat. Zwei Schildwachen bewachen den Eingang dieses Palastes und zwei Türhüter in Livree überwachen die Personen, die ein und aus gehen. Es gibt von diesem Palast einen Gang, der zur kaiserlichen Residenz führt . . .

(65, I/287)

4. Das Kupferstichkabinett und die Zeichnungen S. K. H. des Herzogs Albert-Kasimir von Sachsen-Teschen sind im zweiten Stock des an seinen Palast anstoßenden Gebäudes untergebracht. Es ist in einem ziemlich großen Saal aufgestellt, in dessen Inneren sich hübsch bemalte Regale, die mit Vorhängen aus grüner Seide bedeckt sind, befinden.

(65, I/412 ff.)

Jacob Gustav Graf de la Gardie wurde 1799 zum Vertreter Schwedens am Wiener Kaiserhof ernannt. Am 11. Jänner 1800 kam er in Wien an und machte am 26. Jänner auch einen ersten Besuch bei Herzog Albert. In der Folge kam es zu besonders engen freundschaftlichen Beziehungen zum Herzog, so daß dieser ihm zum Abschied, wie schon gesagt, sogar ein bedeutendes Geschenk an Zeichnungen übergibt, dies, wie Lugt (Suppl. 2722 a) zu berichten weiß, auch, um in Schweden zu zeigen, wie man in Mitteleuropa Zeichenkunst sammelt. Er übergab ihm Werke verschieden-

ster italienischer, niederländischer, deutscher, französischer und vielfach auch anonymer Meister, die er mit der Sammlung de Ligne erworben hatte. Die Sammlung, vermehrt durch jene aus der Sammlung von Graf Gustav Adolf Sparre, des Schwiegervaters von de la Gardie, befand sich bis zuletzt noch im Familienbesitz in Borrestad, Vittskövle, Scanie (heute im Museum Stockholm). Das Tagebuch des Grafen befindet sich heute in der Universitätsbibliothek von Lund; drei Bände sind der Wiener Periode gewidmet.

Aus dem Tagebuch des Grafen de la Gardie
26. Jänner 1800

Am Nachmittag stattete ich dem Prinzen von Sachsen-Teschen, dem Onkel des Kaisers, einen Besuch ab. Er ist ein charmanter Fürst, der die für Menschen mit großem Besitz so seltene Eigenschaft hat, in höchstem Grade wohltätig zu sein. Er fördert die Künste und unterstützt Arme aus allen Ständen. Er bewohnt ein Haus, das zwar dem Kaiser gehört, das er jedoch nach dem Ableben seiner Gemahlin bis zu seinem Tode behalten darf.

(66, 142 f.)

Februar

Herzog Albert ist sicherlich der reichste Fürst in Europa. Nach einer Geamtberechnung aller seiner Einkünfte stehen ihm pro Tag 3 500 Gulden für Ausgaben zur Verfügung. Er führt ein sehr gutes Leben, tut unendlich viel Gutes und ist im höchsten Grade beliebt.

Februar

Der älteste Sohn des Prinzen de Ligne, Charles, fiel während des gegenwärtigen Krieges; er hatte eine superbe Sammlung von Handzeichnungen, über welche nach seinem Tode der Graveur Bartz einen Catalogue raisonné anfertigte. Fast die gesamte Sammlung gehört jetzt mir, nachdem Herzog Albert von Sachsen-Teschen sie 1801 kaufte und mir bei der Abreise von Wien schenkte. Schade nur, daß diese Sammlung, die einige Jahre ohne Pflege war, dabei etwas spoliiert wurde, aber es sind noch einige schöne Stücke darin.

(66, 161)

10. Juli

Um ½12 Uhr ging ich in die Galerie Herzog Alberts, um die Besichtigung der schönen Sammlung von Zeichnungen fortzusetzen. Ich befaßte mich heute mit der Bologneser Schule und sah vor allem zahlreiche Meisterwerke Correggios. Es ist unglaublich, was Herzog Albert jährlich für diese Sammlung aufwendet – vielleicht die schönste und erlesenste in Europa; allein heuer hat er Erweiterungen um 18 000 Gulden vorgenommen. Zu Mittag speisten wir beim Grafen Laszansky und machten danach Besuch bei Herzog Albert, dessen Geburtstag morgen ist.

(66, 281)

19. Juli

Alle Gemälde des Belvederes in Miniatur gemalt und mit den Namen der Meister versehen. Eine riesige Menge von Originalzeichnungen der größten Meister; die meisten und besten dieser Werke sind allerdings von Maria Theresia dem Herzog Albert für seine prächtige Sammlung geschenkt worden.

(66, 282)

20. Juli

Es gefiel uns hier sehr gut, und wir blieben bis 11 Uhr. Dann ging ich in Herzog Alberts Galerie, um eine sehr schöne Sammlung von Handzeichnungen, 1 380 an der Zahl, zu besichtigen, welche der genannte Herr so gnädig war, mir zu schenken. Diese Sammlung hat dem Prinzen Charles de Ligne gehört. Nach dessen Tod wurde sie mehreren Leuten angeboten, und der Graveur Bartsch verfaßte darüber einen Katalog, der sogar gedruckt wurde. Herzog Albert kaufte die Sammlung vom alten Prinzen de Ligne; er soll 22 000 Gulden bezahlt haben. Diese schöne Sammlung, zusammen mit dem gedruckten Katalog, habe ich dann nach Schweden heimgebracht und mit der nach meinem seligen Schwiegervater Graf Sparre geerbten Sammlung sowie mit dem, was ich selbst dazukaufte, vereinigt. Meine gesamte Sammlung von Handzeichnungen umfaßt nun etwas über 3 000.

(66, 282)

Inzwischen geht der Umbau des Palais auf der Augustinerbastei unter der Leitung des Belgiers Montoyer, der bereits Schloß Laeken errichtet hatte, weiter.

Albert an Alexander von Seckendorff
Wien, 18. Juni 1802

Die Bauten, von denen man Ihnen mehr erzählt hat, als in Wirklichkeit dahintersteckt, sind einerseits nur die Stallungen und Wagenremisen, die ohne den Krieg schon sehr lange gebaut wären, um meine Pferde und Kutschen darin unterzubringen, die bis jetzt in den Hofgebäuden und an allen Ecken der Stadt und der Vorstädte untergebracht waren; anschließend daran fand ich noch genügend Platz, um eine kleine Reitbahn anzulegen. Andererseits führten die Umbauten zu einer Verlängerung des Flügels meines Hauses, der die Wälle entlang-

führt. Dazu veranlaßt wurde ich durch den Plan, der zu Lebzeiten meiner Frau gemacht worden war, da ich mich trotz des schrecklichen Verlustes, durch den ich mit einem Junggesellenheim ein Auskommen hätte finden können, bei manchen Gelegenheiten sehr beengt fühle.
Was man meinen „Vorhof" genannt hat, ist eigentlich nichts anderes als der jetzt von Erde und Steinen befreite Grund, der sich vor meinem Haus und vor den Nachbarhäusern befindet. Vorher hatten die Wagen, die halten wollten, kaum Platz, und wenn sie auf dem Platz dazwischen stehen blieben, sperrten sie die Promenade für die vorbeigehenden Fußgänger.
Sie haben ganz richtig beurteilt, daß Montoyer sehr zufrieden ist, diese Arbeit auszuführen. Ich bin es um so mehr, als ich höre, daß die Arbeiten, die er für den Kaiser ausführen sollte, der ihn auch als Hofarchitekten genommen hat, nicht gleichzeitig laufen, da dieser sie auf ein anderes Jahr verschoben hat.

(5, 119/1–175)

Gräfin Lulu Thürheim
Ende 1804

Meine Tante von Hessen hatte mich besonders gerne, weil ich ihr angeblich ähnlich sah. Sie hatte Mitleid mit meiner Aschenbrödelrolle und lobte mich eines Tages gegenüber dem alten Herzog Albert von Sachsen, der gerne junge Leute um sich hatte. So kam es, daß plötzlich eine Einladungskarte des Herzogs an meine Eltern kam, worauf statt der sonstigen gebetenen Fräulein Töchter gleich deren drei verzeichnet waren. Man durfte dem Onkel des Kaisers keinen Refus geben, meine Größe konnte außerdem meine große Jugend nicht leicht verraten, die hessische Tante wußte überdies alle Schwierigkeiten aus dem Weg zu räumen, die meine guten Eltern machten, und freute sich im voraus auf das Vergnügen, daß sie mir bereitet. Kurz, ich bekam eine Girlande und ein golddurchwirktes Kreppkleid und ging auf den Ball. Ich erinnere mich nicht, das Vergnügen dort empfunden zu haben, das ich erwartet hatte. Die Pracht der Gemächer und der Aufwand an funkelnden Diamanten bei den Damen und den Herren betäubten mich mehr, als sie mich entzückten. Man hatte mir so viele Dinge gesagt, wie „Gib auf dies oder jenes acht", „Drehe keinem Erzherzog den Rücken", „Tritt nicht auf die Schleppe einer Erzherzogin" usw. Und doch passierte es mir, daß ich in der deutschen Quadrille, als ich bei einer Figur zurücktreten mußte, versehentlich meinen Fuß auf den des Prinzen Leopold von Salerno setzte. Ich hatte Geistesgegenwart genug, mir nichts anmerken zu lassen und meinen Rigaudon fortzusetzen, aber das ungeschickte Kind ging hinkend davon und setzte sich weinend auf die Knie der Königin von Neapel, um ihr zu sagen, daß das Fräulein von Thürheim ihm einen Fußstoß versetzt habe. Man zog ihm die Schuhe aus, machte ihm Umschläge und legte ihn der ganzen Länge nach auf ein Kanapee.

(67/I/2)

Herzog Albert hatte sich endgültig vom öffentlichen Leben zurückgezogen. Nur mehr als unbeteiligter Zuschauer nimmt er Anteil am Weltgeschehen. Mit Interesse jedoch verfolgte er die Laufbahn von Erzherzog Carl, der in diesen Jahren zwischen dem Frieden von Lunéville 1801 und der nächsten großen kriegerischen Auseinandersetzung mit den Franzosen, 1805, immer wieder dem Kaiser gegenüber als Mahner auftrat, der die Stärke und Einheit der Monarchie predigte, damit sie für die Zukunft gerüstet sei. Der unmittelbare Anlaß zu dem folgenden vertraulichen Bericht an den Kaiser war der russisch-französische Entschädigungsplan vom 3. Juni 1802 über die Säkularisierung der geistlichen Reichsfürsten mit Ausnahme des Kurfürsten von Mainz. Tatsächlich protestierte der Kaiser dann gegen das Verfahren am 14. September 1802; dennoch wurde der Plan am 21. Oktober gegen die österreichischen Stimmen angenommen.

Erzherzog Carl an Franz II. (I.)
Wien, 8. August 1802

Österreich hat sich, so groß und mächtig es auch ist, noch nie in einem so kritischen Zeitpunkte befunden als gegenwärtig. Alle Tage gehen um uns nachteilige Dinge vor, die wir vor ihrer Ausführung kaum erfahren, viel weniger zu verhindern suchen. Unser Ansehen und mit demselben die Anhänglichkeit des Auslandes nimmt zusehends ab. Unsere Sicherheit wird allerorten immer mehr untergraben, und wir laufen Gefahr, mitten im Frieden durch die Untätigkeit, Sorglosigkeit und Insuffizienz mehrerer Stellen, insbesondere aber durch die Beiseitesetzung jener Würde, welche der Monarchie ziemt, alles zu verlieren.
Das *Reich* selbst wird vor unseren Augen geteilt, *ohne daß wir einmal dabei zu Rat gezogen wurden noch ein Wort zu sagen hatten.* Die uns anhängigen Stände werden aufgeopfert, diejenigen, welche übel für uns gesinnt sind, vergrößert, und ganz Europa muß nun in allen deutschen und französischen Zeitungen die für *Österreichs Ehre so höchst niederschlagende und demütigende* eigene Erklärung lesen, daß Frankreich und Rußland mit Übergehung des Reichsoberhauptes, welches dabei nichts erhält, eine Übereinkunft wegen der Entschädigungen geschlossen hätten, die nun Eure Majestät ausführen lassen sollten.
2. Auf der anderen Seite gewinnt *Preußen* eine immer gefährlichere Übermacht und scheint uns zuletzt ganz aus dem Reiche verdrängen zu wollen.
Überall mehren sich unsere Gefahren, wir stehen dabei isoliert in Europa, ohne Allianz, ohne Zutrauen von irgendeiner großen Macht und bei dem besten Willen des Volkes ohne alles Ansehen.
Es erfordert unsere äußere und innere Lage mehr denn je, Männer an die Spitze der Geschäfte zu stellen, *die nebst Kopf und Festigkeit des Charakters ein tiefes Gefühl von der Ehre und*

Würde der Monarchie im Herzen tragen und ihre Zeit einzig dem allerhöchsten Dienste widmen. Die Sachen werden alsdann bald eine bessere Wendung nehmen.

(7, FA SB 39/24)

1805 tritt Österreich erneut in einer Koalition mit Rußland, England und Schweden in den Krieg gegen Frankreich ein. Anfang November, bei Annäherung der französischen Truppen an die österreichische Hauptstadt, verläßt Herzog Albert Wien und begibt sich nach Teschen. Hofrat Girtler, sein Sekretär, und der Chevalier Landriani, der bei seinen chemischen Experimenten vom Herzog unterstützt wurde und im Palais eine Wohnung besaß, sowie auch ein großer Teil der Dienerschaft blieben in Wien.

Landriani an Albert
Wien, 12. November 1805

Monseigneur,
von dem Moment an, in dem ich erfuhr, daß der Generalstab des Prinzen Murat nach Hütteldorf verlegt wurde und daß man die Höhen, die diese Hauptstadt umgeben, besetzen würde, habe ich keine Minute gezögert, mich zum Prinzen Murat zu begeben. Der ganze Weg von Schönbrunn nach Hütteldorf war mit Truppen und Troß versperrt, und ich habe zwei Stunden gebraucht, um hinzukommen. Ich meldete mich beim Prinzen als Mitglied des Institut National de France an, und er ließ mich sofort eintreten. Er ist bei der Prinzessin Françoise einquartiert und sehr verärgert, da man alles, was für die Küche notwendig ist, mitgenommen hatte. Trotzdem wurde ich bestens empfangen. Zuerst teilte ich dem Prinzen mit, daß der Grund, der mich zu ihm führte, die Befehle E. K. H. seien, die ich bei Ihrer Abreise erhalten hatte, um für das Haus und alles, was Monseigneur betrifft, Sorge zu tragen. Ich ersuchte daher den Prinzen, mir eine Schutzwache für das Palais E. K. H. zu gewähren, und gab der Hoffnung Ausdruck, eine solche zu erhalten, da E. K. H. ein Prinz aus dem sächsischen Hause ist, ein Beschützer von Kunst und Wissenschaft und der Vater der Armen. Der Prinz antwortete mir, daß er sehr erstaunt darüber sei zu hören, daß der ganze Wiener Adel geflüchtet sei, da doch die französische Armee weder eine Horde Tataren noch die Russen seien, daß sie das Eigentum respektiere und daß man nichts zu befürchten habe. Er versicherte mir, daß er nicht wisse, ob er die Stadt besetzen werde oder nicht, da dies von der Antwort abhänge, die der Kaiser der Deutschen auf den Brief des Kaisers Napoleon geben werde, daß, wenn S. Majestät der Kaiser des Deutschen Reiches das Angebot des Kaisers der Franzosen annähme, er nicht nach Wien gehen werde, daß man aber, wenn er gezwungen werde, es zu tun, die strengste Disziplin wahren werde und daß in keinem Falle E. K. H. die geringste Besorgnis haben müsse, da man alle nur mögliche Aufmerksamkeit und Rücksicht gegenüber Monseigneur habe. Dem Prinzen tut es leid, daß E. K. H. die Stadt verlassen habe und Ihre Effekten wegschaffen ließ, da man nichts angerührt hätte, und daß man

François Gérard, Marschall Joachim Murat

Ihre Verdienste und Ihre Tugenden zu würdigen wisse. Ich habe diesen Augenblick benützt, um dem Prinzen Murat die Befehle zur Kenntnis zu bringen, die E. K. H. mir gegeben hatte; diese Zuvorkommenheit von Ihrer Seite war ihm sehr angenehm, und er hat mich beauftragt, E. K. H. seine ganze Dankbarkeit zu bezeugen, indem er hinzufügte, daß er auch im Falle, daß sich die Lage zwischen den zwei kaiserlichen Höfen arrangieren würde, beabsichtigte, im Palais E. K. H. zu speisen. In der Zwischenzeit ersuchte er mich, ihm einige Flaschen guten Weines zu besorgen, da es ihm an allem fehle. Ich hätte den Wein noch am selben Abend geschickt, wenn man mich nicht an den Vorposten aufgehalten hätte, obwohl ich mit einem Handschreiben vom Prinzen Murat versehen war und ich Depeschen für Brünn mithatte, da der Prinz in dem Passierschein vergessen hatte, den Kutscher zu erwähnen. Daraufhin erlaubte der Oberst, der die Vorposten befehligte, mir nicht, weiterzufahren. Man mußte nach Hütteldorf schicken, um neue Order einzuholen. Ich habe aber heute morgen dem Prinzen einen Korb mit Burgunder, Champagner und Rheinwein geschickt. Der Kaiser Napoleon wird nach dem Diner in Hütteldorf erwartet. General Graf Julay [Gyulay] ist heute nachmittag mit der Antwort S. M. des deutschen Kaisers hinausgefahren. Man kennt den Inhalt seines Schreibens nicht. Wenn er nicht den Vorschlägen des Kaisers der Franzosen entspricht, wird Prinz Murat morgen die Stadt besetzen.
Es tut mir leid, daß M. Schaffoliski alle Pferde und Wagen E. K. H. erhalten hat. Selbst vier von den schlechtesten Pferden aus den Stallungen E. K. H. würden uns in diesem Augenblick gute Dienste leisten, man würde viel darum geben, wenn man Pferde hätte. Und selbst wenn die Franzosen sie weggenommen

hätten, wäre der Schaden vergleichsweise nicht so groß gewesen. Stellen Sie sich vor, Monseigneur, daß in dem Moment, in dem ich Ihnen schreibe, Graf Wrbna einen Regierungsrat mit der Bitte zu mir schickte, ihm die silbernen Gedecke E. K. H. zu leihen, da man nicht weiß, wie man es anstellen soll, den Kaiser Napoleon zu bewirten. 36 Gedecke, die ich noch hier habe, und 24, die die gute Marquise Mansi uns geben wird, werden, ich hoffe es, für die Bedienung bei Tisch im Palais E. K. H. ausreichen, sei es für den Prinzen Murat, sei es vielleicht für Kaiser Napoleon selbst.

(9, P 298 A V/30/60–67)

Girtler an Albert
Wien, 12. November 1805

Prinz Murat hat von Eurer Königlichen Hoheit mit der größten Achtung gesprochen. Er war von der Wasserleitung, vom Monument und von allen den edlen Zügen, die die Lebensgeschichte Eurer Königlichen Hoheit zieren, vollkommen informiert.

(9, P 298 A V 30/112)

Girtler an Albert
Wien, 14. November 1805

Gestern abends gab es allda ein schreckliches Wirrwarr; alles wimmelte von Menschen, Pferden und Wägen. In allen Zimmern mußten Betten gemacht werden. Um 5 Uhr abends speiste der Prinz an einer Tafel von 24 Personen. Die Bedienten, Reitknechte, Garden mußten gespeist werden. Über 200 Pferde waren in den Stallungen und der Reitschule. Die Dienerschaft Eurer Königlichen Hoheit war die ganze Nacht auf den Beinen, beschäftigt, die Gäste zu bedienen, Generäle, Adjutanten und Offiziere strömten hin und her. Alle verlangten Nahrung, die vorhandenen Lebensmittel und Fourage wurden in einer Nacht aufgezehrt . . .

(9, P 298 A V 30/115)

Kurz nach seiner Ankunft reiste Murat bereits wieder zur Armee ab und kehrte erst drei Tage nach der Schlacht von Austerlitz (2. Dezember 1805), in der die Franzosen die verbündeten Russen und Österreicher entscheidend schlugen, nach Wien ins Palais zurück.

Anton von Geusau
19. November 1805

Abends kam der General Oudinot, am Schenkel leicht blessirt, in Wien an. Er logirte sich ins Albertische Palais; da er aber aus der von dem Prinzen Murat hinterlassenen Schrift überzeugt ward, daß dieses Logement ausschließlich nur für den Prinzen gewidmet sey, so übernachtete er nur da und bezog gleich am Morgen des anderen Tages sein ihm angewiesenes Quartier im Neubergerhofe.
Am 20. November kam von der Suite des Prinzen Murat der Sekretär, der erste Kammerdiener, ein Koch, der Stallmeister mit 12 Reitpferden, der grosse neue Reisewagen und das Reisekalesch an. Da der Prinz nicht mitkam, so entstand das Gerücht, daß er geblieben oder in Gefangenschaft gerathen seyn müßte.

(68, 181)

Am 26. Dezember wurde in Preßburg der Friede abgeschlossen, bei dem Österreich Venezien, Friaul, Istrien, Dalmatien, Cattaro, Tirol und die Vorlande verlor. Lediglich Salzburg und Berchtesgaden gingen in österreichischen Besitz über.

Landriani an Albert
Wien, 1. Jänner 1806

Der Vertrauensmann [von Murat] M. Agan wollte sogar die Kosten bezahlen. Ich habe ihm aber geantwortet, daß E. K. H. sich die Gastfreundschaft nicht bezahlen ließen und daß Sie entzückt wären zu hören, daß Prinz Murat mit seinem Aufenthalt hier zufrieden gewesen sei.

(9, P 298 AV/98)

Erzherzog Carl war seit 1806 Kriegsminister, hielt aber die Zeit für ein kriegerisches Vorgehen noch nicht reif. Der Kaiser fordert jedoch Carl auf, wiederum den Oberbefehl in einem künftigen Kampf zu übernehmen. Carl ist überzeugt, daß genau wie 1805 alle Voraussetzungen zu einem Sieg fehlen: von der Organisation und dem die Rechte des Oberkommandierenden einschnürenden Hofkriegsrat an bis zum Chaos der Landwehren, der ungenügenden Mobilisierung und den fehlenden Geldmitteln. Schon in der Denkschrift „Soll Österreich mit Frankreich Krieg führen?" hatte der Erzherzog sich entschieden gegen einen solchen Konflikt ausgesprochen und seinem Generalstabschef Mayer von Heldensfeld gegenüber sich deutlich genug geäußert, „nur Narren könnten den Krieg wünschen".

Erzherzog Carl an Albert
Ohne Datum (vor 1809)

Unsere Monarchie kommt mir wie ein Schwindsüchtiger vor. Er fühlt sich unruhig, möchte handeln, reisen, glaubt, daß er Kräfte hat – aber die Kenner wissen, daß das die untrüglichen Symptome des nahen Todes sind.

(69/190)

Erzherzog Carl an Franz I.
2. August 1808

Du bist Souverän, Du kannst befehlen, und ich werde mich Deinen Befehlen um so williger fügen, als ich dadurch jeder

Verantwortung, jeder Aufopferung enthoben werde, die ich Dir mit Freuden brachte, solange Dein Dienst sie von mir forderte; aber ich kann Dir keine Ausarbeitung über einen Gegenstand vorlegen, für den ich keinen Sinn habe und der gegen meine Überzeugung ist.
Mein Selbstgefühl zu verleugnen, um Dir zu dienen, bist Du zu fordern berechtigt, aber es zu verleugnen, um Dir und der Monarchie den Untergang vorzubereiten, dazu, lieber Bruder, kann keine Gewalt auf Erden mich nötigen. Ich sehe es daher als meine heiligste Untertanenpflicht an, Dir feierlichst zu erklären, daß ich nur dann imstande bin, Deine und des Staates Verteidigung zu übernehmen, wenn Du mir jene Mittel nicht entziehst, ohne welche kein ehrlicher Mann diese schwere Verbindlichkeit auf sich nehmen kann und soll.

(69/191)

Die von der Kaiserin Maria Ludovica und ihrem Bruder Erzherzog Ferdinand besonders geförderte Kriegspartei am Kaiserhof unter Führung des Ministers Stadion hatte die Oberhand bekommen. Am 9. April 1809 wurde der Krieg erklärt, „um die Selbständigkeit der Monarchie zu behaupten und Deutschland wieder seine Unabhängigkeit und nationale Ehre zu verschaffen". Dem patriotischen Aufruf folgten aber allein Tirol und in beschränktem Ausmaß Norddeutschland. Österreich sah sich allein. An der Spitze der in Deutschland operierenden Armee stand Erzherzog Carl, in Italien befehligte Erzherzog Johann und in Polen gegen die Russen Erzherzog Ferdinand. Zunächst kommt es zu Anfangserfolgen der Österreicher in Italien und Polen. Bald aber dringt Napoleon siegreich und unaufhaltsam vor, er drängt Erzherzog Carl und die Armee seines Bruders Johann bis Wien zurück. Es kommt zur Schlacht von Aspern, dem Triumph Carls; die Niederlage von Wagram, die den unglücklichen Ausgang des Krieges besiegelt, folgt sechs Wochen später.

Maria Amalia von Pfalz-Zweibrücken an Albert
1809

Glauben Sie mir, daß ich inmitten der Schicksalsschläge, die uns bedrücken, den größten Anteil an Ihren Sorgen nehme, aber ich hoffe noch immer, daß dieser Held, der Ihrem Herzen so nahe steht, der Retter seines Herrschers und seines Vaterlandes sein wird.

(4, 13/24)

Am 13. Mai hatten die Franzosen Wien besetzt.

General de Marbot
Mai 1809

Das Corps der Armee des Marschalls Lannes war in Wien stationiert sowie auch in den Vorstädten, sein Hauptquartier lag im Palais des Prinzen Albert von Sachsen-Teschen, den seine Heirat mit der berühmten Erzherzogin Christine, Statthalterin der Niederlande, zum reichsten Herrn der österreichischen

Sebastian Warmuth, Der Kampf um die Kirche von Aspern, 1809

Monarchie gemacht hatte. Dieses Palais, auf dem Wall in der Nähe des Kärntnertores gelegen, war wirklich prachtvoll. Prinz Murat hatte es während des Feldzuges von Austerlitz bewohnt, aber Marschall Lannes betrat es nur ein einziges Mal für wenige Augenblicke. Er zog vor, in Schönbrunn zu wohnen, in einem Privathaus, von wo aus er viel einfacher mit dem Kaiser Kontakt haben konnte. Bei unserer Ankunft in Wien fanden wir die Herren Saint-Mars und de la Grange vor sowie die Eskorte, die ihnen beigestellt worden war, um zu verhandeln. Der Marschall ließ Herrn de Saint-Mars in das Palais des Herzogs Albert transportieren . . .

(70, II 171 f.)

Marschall Lannes und seine Adjutanten waren in der Schlacht von Aspern am 22. Mai schwer verwundet worden. Der Marschall erlag seinen Verletzungen in Kaiser-Ebersdorf, wohin man ihn gebracht hatte, am 31. Mai.

Ich fand im Hause des Prinzen Albert alle meine verwundeten Kameraden vor. Der Kaiser hatte sie nicht aus den Augen verloren, und weil ihm der Chefchirurg des österreichischen Hofes, der im Schloß Schönbrunn wohnte, seine Dienste zur Pflege der verwundeten Franzosen angeboten hatte, so hatte Napoleon ihn beauftragt, die Adjutanten des Marschalls Lannes zu pflegen, und der gute Doktor Franck kam zwei Mal am Tag in das Palais des Herzogs Albert. Trotz seiner Warnung durchquerte ich oft die Gänge, um mich bei meinem Freund de Viry einzufinden, den eine schwerere Verwundung, als ich sie hatte, im Bett festhielt. Ich hatte bald den Schmerz zu ertragen, diesen vorzüglichen Kameraden zu verlieren.

Prinz Eugen (Beauharnais), Vizekönig von Italien, war in Wien eingetroffen und hatte sein Quartier im Palais des Herzogs Albert genommen.

Er empfing alle anwesenden Marschälle, unter ihnen auch Masséna, der versuchte, den Adjutanten des Marschalls auch ein wenig Wohlwollen zu erweisen, denen Napoleon selbst soviel Teilnahme entgegenbrachte. Masséna stieg bis in unsere Appartements hinauf.

(70, II/213 f.)

François Gonord, Caroline Gräfin Mansi

Franz von Modena an Albert
Biala, 28. Mai 1809

Eure Königliche Hoheit mein lieber Onkel,
auf Ihro königl. Hoheit Gnade rechnend, da ich meine noch übrigen Werthe mit einigen meiner Leute von Wien retten ließ, um sie zu mir nach Krakau kommen zu lassen, als Krakau selbst von Streifereyen nicht sicher war, ließ ich den Leuten sagen, welche aus einem Secretair und drey anderen Dienst-Leuthen bestehen, sie möchten in Teschen bleiben; und ich habe die Künheit gehabt, sie allda zu mehrerer Sicherheit der Sachen in Eure Königliche Hoheit Schloß allda zu verweisen; wo sie so gut aufgehoben worden sind, daß ich zugleich danken und um Vergebung bitten muß. Da mein Bruder mit der Armée über Warschau noch immer war, und in Gallizien keine Truppen waren, so streiften General Rosnitzki und Dombrowski bis über den Saan Fluß, bis Lancut und andererseits über Sandomir (welches nach drey abgeschlagenen Stürmen capitulieren mußte), näherte sich dieses Streif Corps bei 6 000 Mann stark gegen Krakau. Dieses veranlasset mich, mich einstweilen hierher nach Biala zu ziehen: indessen kommen aber Truppen von der Armée meines Bruders und Landwehr aus Schlesien; also in kurzen hofte ich wird wieder Ruhe hergestellt, und die Streif Corps werden sich wieder zurückziehen. Diese sind die Umstände hier, von übrigen erhalte ich von niemanden Briefe, ausgenommen von meinem Bruder Ferdinand und von Zeit zu Zeit einen Befehl von Kayser: aber von denen Armeen bey Wien und aus Italien erfahre ich wenig. Ich hoffe Eure Königliche Hoheit werden gesund sein, ich weiß aber nicht einmal, wo ich den Brief adressieren solle, schicke ihn auf Teschen, von wo man wissen wird, durch die Beamten von Euer Königliche Hoheit wozu der Brief zu schicken ist; welcher bloß zur Absicht hat, meine Ehrfurcht und Dankbarkeit zu bezeugen, und diese auch für meine Person, da ich in meiner Durchreise in Friedeck im Schloß mit meinem Souper sehr gut bewirtet wurde, und allda über Nacht blieb. Da ich bitten der Gräfin Manzi meine Empfehlung zu machen.

(5, 289/33–1)

J. S. Le Gros nach J. Gauermann, Verwundete Franzosen werden von der Wiener Bevölkerung gelabt.

In der Nacht vom 4. auf den 5. Juli setzt Napoleon auf das linke Donauufer über, am 5. und 6. Juli kommt es bei Deutsch-Wagram zur letzten großen Schlacht dieses Krieges, in der Napoleon den an Truppen unterlegenen Erzherzog Carl besiegt. Auf französischer Seite kämpften auch sächsische Verbände, da das Land seit 1807 Mitglied des Rheinbundes und mit Napoleon verbündet war.

General de Marbot
1809

Unter den bemerkenswerten Episoden, die sich in der Schlacht von Wagram abspielten, muß ich den Kampf zweier Kavalle-

rieregimenter nennen, die gegeneinander in den feindlichen Armeen kämpften, obwohl sie dem gleichen Colonel-propriétaire zugehörten, nämlich dem Prinzen Albert von Sachsen-Teschen.
Da er den Titel eines Prinzen in beiden Staaten besaß, war er im Besitz eines Husarenregiments [chevaux-legers] in Sachsen und eines Kürassierregiments in Österreich. Das eine wie das andere trägt seinen Namen. Und der Gepflogenheit in beiden Ländern entsprechend, ernannte er alle diensthabenden Offiziere in diesen Korps. Da seit vielen Jahren Österreich und Sachsen im Frieden lebten, gab Prinz Albert, wenn er einen Offizier unterzubringen hatte, ihn ohne Unterschied in eines der beiden Regimenter, in dem eine Vakanz war, so daß man die Mitglieder ein und derselben Familie, die einen bei den sächsischen Husaren des Prinzen, die andern bei den österreichischen Kürassieren Alberts, dienen sah. Durch einen bedauernswerten und ganz außerordentlichen Zufall standen sich beide Regimenter auf dem Kampfplatz von Wagram gegenüber, wo sie, besonders angetrieben in ihrer Pflichterfüllung und ihrem Ehrgefühl, sich gegenseitig angriffen. Bemerkenswerterweise wurden die Kürassiere von den Husaren zersprengt, da diese mit um so größerem Nachdruck kämpften, so sehr waren sie begierig, unter den Augen Napoleons und der französischen Armee die doppelte Schlappe auszuwetzen, welche die sächsische Infanterie erlitten hatte.

(70, II/275)

Graf Dietrichstein, böhmisch-österreichischer Vizekanzler, an Albert
Wien, 7. August 1809

Das Bild der vollkommensten Zerstörung bezeichnet den Weg, den feindliche Kriegsheere durch dieses ehemals so glückliche Land nahmen. Die Bewohner der an den Straßen liegenden ehemals reichen Dörfer sind ausgeplündert und vertrieben; sie verlohren ihre Vorräthe und ihren Viehstand; ihre Saaten werden theils unreif verfuttert theils zertreten und verdorben. Der an die Schrecken des Krieges nicht gewohnte Bewohner der Hauptstadt mußte sich in den Belagerungsstand versetzt sehen . . . Während man alle diese Übel in der Hoffnung einer besseren Zukunft ertrug und nur mit Mühe die ungeheueren Ausgaben bestritt, welche dieser Zustand der Dinge nach sich zog, wurde der Stadt Wien und dem Lande Niederösterreich eine Kriegs-Contribution von 50 Millionen Franken auferlegt. Alle Vorstellungen, eine Minderung dieser ungeheueren Last zu erwirken, waren bisher vergeblich, sie wurden mit dem Befehle zurückgewiesen, 12 Millionen Franken bis zum 10. August zu entrichten, widrigenfalls die französischen Authoritäten diese Contribution selbst vertheilen und eintreiben würden. Ich würde den Umfang der mir obliegenden geschworenen Pflichten verkennen, wenn ich ein Mittel unversucht ließe, das Unglück abzuwenden, welches die Realisierung dieser Drohung dem Lande zuziehen würde . . . Die Stände Niederösterreichs, durchdrungen von dieser Wahrheit, haben sich entschlossen, alles aufzubieten, um diese Uibel abzuwenden und zu dem Ende auch ihren Credit auf die Art herzugeben, wie Eure königliche Hoheit aus der beyliegenden Kundmachung ersehen werden. Allein die Mittel ihren Credit in diesem Augenblicke zu realisieren, sind bey dem allgemeinen Geldmangel sehr beschränkt und ihre Anstrengungen vergebens, wenn die von den französischen Behörden geforderte Summe nicht voll gemacht werden kann. In dieser Verlegenheit nehme ich mir die ehrerbietige Freyheit, Euerer königlichen Hoheit diese dringende Lage gehorsamst vorzulegen, und im Namen der Stände Niederösterreichs ja der gesamten Einwohner dieser Hauptstadt, deren so viele ihren Wohlstand lediglich der jeweiligen Unterstützung Eurer königlichen Hoheit verdanken, die ehrfurchtsvolle Bitte beyzufügen, dass es Höchstdenselben gefällig seyn möge, die Geldsumme auf den Credit der n.ö. Ständte darzuleichen . . .

(9, P 298)

Der unglückliche Ausgang des Kampfes hatte Zerwürfnisse zwischen dem Kaiser und Erzherzog Carl zur Folge. Letzterer suchte am 23. Juli um seine Entlassung an. Er erhielt sie und zog sich nach Teschen zu seinem Adoptivvater Herzog Albert, der ihm bis Olmütz entgegenreiste, zurück.

Albert an Franz I.
1809

Liebster H. Neveu,
seit meiner Abreise von Ofen habe ich zwar nicht die geringste directe und ganz bestimmte Nachricht von Ew. K. M. Aufenthalt erhalten, inzwischen aber doch aus particularen hin und wieder gehörten mündischen Mitteilungen soviel als ziemlich zuverlässig entnehmen können, daß sich dieselben von dieser Zeit noch in Pest befunden hätten.
Ich bin meinerseits mittlerweile allhier, wo mir die Stellung der Armee einen sicheren und ruhigen Wohnort zu behalten erhoffen liessen und wo sich der Erzherzog Carl vor einigen Tagen mir gesellte, geblieben. Bey gegenwärtiger Marche der Hauptarmée sowohl, als jener die aus Gallicien vorkommen, nach Ungarn, wodurch die hiesigen Landesgegenden von beyden Seiten fast gänzlich entblößt und unbedeckt bleiben, würde aber die Sicherheit in selber, bey dem Fall, wo gegen allen zu machenden Wünschen, die Kriegs-Operationen wieder beginnen sollten gar nicht mehr bestehen können, und würden wir als dann unsere Retraite in jene Gegenden Ungarns suchen müssen, die durch die Stellung unserer Arméen am sichersten gedeckt seyn dürften.
Da inzwischen die Anzahl Pferde, welche unser beyderseitige Suite und Bagage erfordert, derer Fortbringung in mancher

Benjamin Zix, Napoleon nimmt 1809 die Parade seiner Truppen vor Schönbrunn ab.

Gelegenheit äußerst beschwerlich machen muß, so wünschten wir, diese, wenn wir solche einmal bis Pest gebracht, auff Schiffen setzen zu können.
Nun ist uns zukommen, daß Ew. Liebden alle auf der Donau befindlichen Schiffe in Beschlag hätten nehmen lassen. Ich ersuche Sie dahero, in meinem und Ihres Herrn Bruders Nahmen um wenigstens ein paar solcher wohlbestellter und mit der gehörigen Unterkunft der Mitfahrenden versehenen Schiffen, einstweilen aufbehalten und sicherstellen zu lassen.

(5, II, 26/92)

Inzwischen kam es zu Verhandlungen für einen Friedensvertrag, die sich jedoch wegen der Forderungen Napoleons als sehr schwierig erwiesen. Der Naturforscher Marquis Landriani, aus einer lombardischen Adelsfamilie stammend, war Hofmarschall Herzog Alberts und wie schon 1805 bei der Besetzung Wiens durch die Franzosen im Palais geblieben. Damals hatte er bereits über Vermittlung von Murat Erzherzog Carl die Wünsche Napoleons, nach einer Zusammenkunft mit ihm, weitergeleitet. Auch 1809 wurde er, diesmal von Eugène Beauharnais, für diese Zwecke verwendet. Laut zeitgenössischen geheimen Polizeiberichten soll er sich übrigens, zusammen mit dem Galeriedirektor Lefebre, ganz auf die Seite der französischen Besatzungsmacht geschlagen haben.

Erzherzog Carl an Franz I.
Teschen, 9. September 1809

Bester Bruder,
in der Anlage unterlege ich Dir die Abschrift eines Briefes, den ich von H. Landriani erhalten habe, nebst einer Antwort. Der Herzog Albrecht hat mich angegangen, Dir zugleich den auch hier beiliegenden Auszug eines Briefes, den er durch die nämliche Gelegenheit von Landriani erhielt, samt seiner Antwort zu überschicken. Der Überbringer dieser Briefe war ein gewisser Charlier, der in den Stallungen des Herzogs angestellt ist. Er kam am 8ten mit selben hier an und wird heute nacht oder morgen früh mit den Antworten wieder zurückkehren.

(7, FA SB 42, Erzh. Carl an K. Franz 1809/17)

Landriani an Erzherzog Carl
5. September 1809

Der Prinz Eugène, Vizekönig von Italien, hat mich diesen Morgen rufen lassen, um mir zu sagen, daß S. M. der Kaiser der Franzosen ihn bestimmt hat, mir den Auftrag zu geben, E. K. H. ohne Verzögerung zu schreiben. Ich habe den besonderen Anteil, den S. M. an der Person E. K. H. nimmt, weiterzuleiten und habe E. K. H. zur Kenntnis zu bringen, daß, falls Sie es wünschen, man bei Gelegenheit der Vereinbarungen, die man mit Ihrem erlauchten Bruder, dem Kaiser von Österreich, treffen wird, gerne E. K. H. berücksichtigen werde. E. K. H. mögen nur Kaiser Napoleon wissen lassen, was Sie zu erhalten wünschen. S. K. M. würde sich sehr freuen, einen öffentlichen Beweis der Wertschätzung, die er Ihrer Person und Ihren Talenten entgegenbringt, geben zu können.
Indem ich mich dieser Aufgabe entledige, flehe ich E. K. H. an, mir die Gnade zu erweisen, mich mit einer Antwort zu beehren, damit S. M. der Kaiser der Franzosen gemäß den Wünschen E. K. H. die notwendigen Schritte unternehmen könne.

(7, FA SB 42, Erzh. Carl an K. Franz 1809/18–19)

Landriani an Albert
5. September 1809

Monseigneur,
E. Königl. Hoheit kennt meine Lage zu gut, als daß es notwendig wäre, das lange Schweigen zu rechtfertigen, das die Dringlichkeit der Umstände und die Vorsicht geboten. Ich würde es noch bewahren, wenn ich nicht eine sichere Gelegenheit hätte, Sie wissen zu lassen, daß Kaiser Napoleon bei den verschiedenen Gelegenheiten mir gegenüber den dringenden Wunsch zum Ausdruck brachte, Ihre persönliche Bekanntschaft zu machen. Dieser Fürst hat E. Königl. Hoheit betreffend jene Gefühle geäußert, die Sie allen, die Ihre großen Qualitäten und Ihre Tugenden zu schätzen wissen, einflößen. Ich kann Ihnen in Wahrheit sagen, daß die ganze französische Armee, was dies betrifft, ein Echo ihres Kaisers darstellt. Man hätte gewünscht, daß E. Königl. Hoheit der Unterhändler und der Friedensengel gewesen wären. Niemand hätte die Bedingungen erreicht, die man Ihnen zugestanden hätte. Der Kaiser Napoleon hatte mir am selben Tag, an dem er nach Schönbrunn gekommen war, befohlen, E. Königl. Hoheit dazu zu bewegen, in Ihr Heim zurückzukehren. Er versicherte, daß man Sie mit aller notwendigen Achtung behandeln und die Schwierigkeiten Ihrer Position berücksichtigen werde und Ihre Aufgaben. Allein da ich nicht die Möglichkeit hatte, Ihnen diesen Brief zukommen zu lassen, konnte ich mich dieses Auftrages leider nicht entledigen.

(7, FA SB 42, Erzh. Carl an K. Franz 1809/22)

Erzherzog Carl an Landriani
Teschen, 9. September 1809

Monsieur le Chevalier,
ich habe Ihren Brief vom 5. dieses Monats erhalten. Sicherlich kann es für jeden Soldaten nichts Schmeichelnderes geben, als den Beifall eines so großen Generals wie des Kaisers Napoleon und die Versicherung seiner Wertschätzung zu erhalten. Wohl bin ich ihm sehr dankbar für den besonderen Anteil, den er an meinem Schicksal nehmen will. Sie werden jedoch sicherlich wissen, Monsieur, daß dieses durch das Familiengesetz bestimmt ist. Meine Prinzipien und die unveränderliche Anhänglichkeit an meinen Herrscher und die Monarchie, die Sie an mir kennen, sind Ihnen Garantie dafür, daß ich nichts anderes verlange.

(7, FA SB 42, Erzh. Carl an K. Franz 1809/20)

Albert an Landriani
9. September 1809

Die Gefühle, die mir der Kaiser Napoleon erwiesen hat, haben mich um so mehr überrascht, als ich mich nie in der Lage

G. Longhi nach F. Gérard, Eugène Beauharnais, 1813

vermutet hätte, daß sie ein Herrscher und großer Feldherr, wie er es ist, mir entgegenbringen würde. Ich war nicht weniger erstaunt zu hören, daß man mich für geeignet hielt, ein Unterhändler oder, wie Sie es nennen, Friedensengel zu sein.
Es ist ja bekannt, daß ich mich, seitdem ich vor 15 Jahren meinen Rücktritt von der Armee genommen hatte, vollkommen fern von jeglicher öffentlichen Angelegenheit halte, nur darauf bedacht, das Ende meiner Tage meinem Alter und meiner Stellung gemäß zu verbringen, und man müßte erst beurteilen, ob ich noch dazu geeignet bin, eine solche Rolle zu spielen. Zuallerletzt muß jeder, der meine Art zu denken kennt, sich davon überzeugen können, daß nichts jemals meine Gefühle der Anhänglichkeit für ein Haus geändert hat, dem ich angehöre; verdanke ich ihm doch alles, was ich bisher genossen habe.

(7, FA SB 42, Erzh. Carl an K. Franz 1809/23)

Eugen Beauharnais an Albert
1809

Während meines Aufenthaltes im Palais E. K. H. habe ich die Gelegenheit gehabt, die schöne Bibliothek kennenzulernen, die

Ihr hoher aufgeklärter Sinn und Geschmack für Wissenschaft, Literatur und Kunst geschaffen haben. E. K. H. wird daher nicht überrascht sein, daß ich davon Kenntnis erlangt habe, daß sich in Ihrem Besitz eine Sammlung der bei Bodoni gedruckten Werke befindet, der, um vollständig zu sein, nur eines fehlt, dessen Gesamtauflage mir gehört. Es handelt sich um die „Oraison Dominicale" [Vaterunser] in 155 Sprachen. Ich nehme mir die Freiheit, E. K. H. ein Exemplar davon zu senden, und ich bitte Sie, dieses ehrerbietige Geschenk annehmen zu wollen als Beweis der Gesinnung, die Sie in mir erweckt haben und die es unmöglich macht, nicht von E. K. H. gefesselt zu sein. Vor allem, wenn man ein Land bewohnt hat, in dem diese Tugenden so allgemein erkannt und geschätzt sind.

(5, 289/22–1,2)

Marie Louise, Tochter Kaiser Franz' I., hatte Albert die aus Anlaß ihrer Hochzeit mit Napoleon geprägte Medaille übersandt.

Albert an Kaiserin Marie Louise
Wien, 7. August 1810

Der Anteil, den Sie mir an Ihrem Glück gewähren, und dessen tägliche Steigerung machen mich vollends glücklich und lassen mich, wenn sie mich auch nicht verjüngen, so doch die Last meiner Jahre vergessen, die, wenn ich so sagen darf, der einzige Schaden an meiner Gesundheit sind, um die Sie sich so rührend sorgen.
Ich bin erfüllt von Dankbarkeit über die Sendung der Medaille, die der große Monarch und bedeutende Mann, der Sie so glücklich macht, die Güte hatte, mir überreichen zu lassen. Ich bitte Sie, Madame, durch Ihren Mund Gefühle des Respekts auszudrücken, die ich ihm gegenüber empfinde.
Sie wird mich immer an die glückliche Zeit denken lassen, da Sie sich ihm vermählt haben und unser aller Glück besiegelt wurde.

(4)

Albert an Alexander von Seckendorff
Wien, 30. November 1810

Ich habe gegenüber dem letzten Jahr meinen Stall ungefähr auf die Hälfte verringert, und das war schon damals beinahe ein Viertel des Brüsselers. Ich ersetze die Leute meines Hauses nicht, wenn sie sterben. Meine Türe ist jedermann verschlossen, außer den Militärs , die durch die auszeichnende Art, mit der sie unsere Waffenehre im letzten Feldzug wiederherstellten, eine Ausnahme verdient haben. Ich halte nur meinen kleinen Saal, die drei Zimmer daneben, die auf der Seite des Bürgerspitals liegen, und meine Stiche und Büchergalerien offen. Alles andere, das heißt die Räume, in denen ich empfing und Billard spielte, der große Saal und alle neuen Appartements und Kabinette, bleiben verschlossen, unbeheizt und ohne Beleuchtung. Ich habe seit meiner Rückkunft aus Teschen noch keine Dame bei mir gesehen. Ich habe dieses Jahr nur ein einziges großes Diner im kleinen Saal anläßlich der Hochzeit der Kaiserin der Franzosen gegeben, und mit Ausnahme der Familienessen am Sonntag begnüge ich mich mit einer kleinen Tafel in dem angrenzenden Eckzimmer, wo manchmal einige militärische Freunde zugelassen sind.

(5, 119/1–186)

Aus Anlaß der Geburt des Königs von Rom, des späteren Herzogs von Reichstadt, dankt Marie Louise für die Glückwünsche Alberts.

Kaiserin Marie Louise an Albert
St. Cloud, 23. April 1811

Mein sehr lieber Onkel,
ich benütze den ersten Augenblick, in dem es meine Kräfte erlauben, um Ihnen meine echte und innige Dankbarkeit für den liebenswürdigen Brief, der an mich gerichtet war, zu bezeigen. Ich bin zutiefst gerührt über die Anteilnahme, die Sie an einem Ereignis nehmen, das mein Herz mit Freude erfüllt. Die Geburt meines Sohnes erhöht noch, wenn dieses möglich ist, das Glück, das ich seit meiner Verbindung mit dem Kaiser genieße. Ich erflehe, daß er ihm eines Tages ähnlich werden möge und wie er das Glück derer, die ihn umgeben, im Auge haben werde. Seien Sie überzeugt, mein lieber Oheim, daß ich ihm im zartesten Alter schon beibringen werde, Sie zu lieben und zu schätzen, und daß ich sehr oft von Ihnen sprechen werde.

(4)

Kaiserin Marie Louise an Albert
St. Cloud, 21. April 1813

Mein lieber Onkel,
ich nütze die Abreise des Prinzen Schwarzenberg aus, um mich Ihnen in Erinnerung zu rufen und Ihnen meine wahrhaften Glückwünsche zu Ihrem Festtag zu senden. Es fiele mir nicht leicht, alle jene Wünsche, die ich heute so wie jeden anderen Tag für Ihr vollkommenes Glück und Ihre ganze Zufriedenheit hege, zu wiederholen.
Ich denke immer mit großem Vergnügen an die Stunden zurück, die ich mit Ihnen in Prag verbracht habe . . . Ich war vom Porträt, das Isabey von Ihnen verfertigt hat, sehr begeistert, ich habe noch nie ein ähnlicheres gesehen, und ich bin sehr froh darüber, es zu besitzen. Wenn Sie irgendwelche Wünsche aus Paris haben, bitte ich Sie, sich an mich zu wenden. Mein Sohn wird immer größer, und er ist der einzige Trost, der mir seit der Abreise des Kaisers bleibt. Da ich weiß, daß Sie eine schöne Stichsammlung zusammenstellen, erlaube ich mir, Ihnen einen

kleinen Stich nach einem Gemälde von Gérard zu schicken. Ich bitte Sie, der Marquise Mansi meine Komplimente auszurichten.

(4)

Die vorsichtige Haltung Österreichs, das, während Rußland und Preußen, aber auch Schweden und England seit 1813 sich in einer großen Koalition zum Kampf gegen Napoleon vereint hatten, nur die Rolle eines Vermittlers spielen wollte, war für viele Patrioten sehr schmerzlich. Nach der Zerschlagung des „Alpenbundes", an dessen Spitze Erzherzog Johann stand, mußte sich dieser begnügen, nur mehr von ferne das kriegerische Geschehen zu verfolgen. Erst am 11. August, nachdem Friedensgespräche zwischen den Alliierten und Napoleon unter der Vermittlung Österreichs gescheitert waren, erklärte Kaiser Franz I. Napoleon den Krieg.

Erzherzog Johann, Tagebuch
14. Juli 1813

Ich beginne den 4. Band [des Tagesbuchs] mit der größten Crisis der Menschheit – Österreich hat die Augen auf sich von ganz Europa, hält noch zwischen den Alliierten und Frankreich das Gleichgewicht; die Schale, wo Österreich hintritt, sinket, und es folgt die Entscheidung, und kann wohl noch ein Zweifel zwischen der zu betretenden Schale sein? Zwischen Segen und Fluch? Mögen die Geister der großen Ahnen Habsburgs Haus umschweben; sie mögen ihre Ahnen zum Wahren führen; oh, es ist so notwendig, daß sie beistehen!
Was mein Schicksal sein wird, weiß ich nicht, ich glaube nichts, brauchen wird man mich gewiß nicht, ausgenommen in höchster Noth.

11. August

Früh zu Karl; er hatte eine Antwort vom Kaiser bekommen, Ungarn als Rückzugswinkel. Dort sollen alle sagen, wo sie wären, damit, wenn er sie braucht, er sie zu finden wüßte; übrigens sollten sie überall die gute Stimmung zu erhalten suchen.
Zu Mittag beim Herzog Albert; dieser ist gewaltig kleinmüthig; er sieht Alles schlecht gehen, warum? Weil Karl nicht die Sachen führt; besser wäre es, wenn dieser, der das allgemeine Vertrauen besitzt, sie führte, allein warum sollen die Anderen Alles schlecht machen?

2. September

Das Beste wäre, Einen Kopf über Alle Herrn und dies – Karl.

(71, 6/1)

Mattias Perth, Tagebuch
Wien, 21. Jänner 1815

Von welchen Drangsalen mußten wir erlöst, welche Thaten mußten vollführt, welches Opfer der Ruhe der Welt gebracht werden, ehe wir nach 22 kummervollen Jahren in Freiheit und Frieden vor Gott versammelt sind.
Welche Umwälzungen hat jene Schreckensperiode auf unserem Erdballe hervorgebracht, welche Ströme von Blut einzig aus dieser Quelle hergeleitet. Wohl uns, diese grauenvolle Zeit ist vorüber und eine neue beginnt. Ob sie aber heller und glücklicher seyn soll, hängt nicht von diesem oder jenem einzelnen Erfolge ab. Ob wir alle durch die Erfahrungen weiser und durch die Leiden besser geworden sind, dies allein ist die Frage.

(62)

Nur eine kleine Schar von Legitimisten war nach Ende der Napoleonischen Herrschaft dafür, daß Belgien an Österreich zurückfallen solle.
So begab sich am 20. Februar 1814 eine Delegation des Adels unter Anführung des Herzogs von Beaufort nach Chaumont ins alliierte Hauptquartier und erhielt eine Audienz bei Kaiser Franz I. und Lord Castlereagh. Niedergeschlagen kehrten sie nach Brüssel zurück. Der Kaiser hatte ihnen keinen Zweifel gelassen, daß es ihm unter den gegenwärtigen Umständen weder möglich sei, die Herrschaft selbst anzutreten, noch, sie irgendeinem Erzherzog zu übergeben.

Girtler von Kleeborn an Cantineau
Wien, 8. Juni 1814

Ich habe Euch meine Beobachtungen, das künftige Schicksal Belgiens betreffend, auseinandergesetzt. Jetzt hoffe ich, daß die Wünsche der Belgier erfüllt werden sollen, wenn die Mehrheit allen Ernstes die Rückkehr unter die österreichische Herrschaft wünscht. Denn ich habe vor kurzem eine in Brüssel geschriebene Flugschrift gelesen, deren Tendenz die Vereinigung von Belgien und Holland war. Inzwischen scheinen die Schritte, die der General Vincent unternimmt, mit den Wünschen, die Sie aussprechen, konform zu gehen. S. K. H. würde in diesem Falle, ohne je die Herrschaft der Niederlande wieder anzunehmen, eine Reise unternehmen, um zum letztenmal das Land, das er so geliebt hat, zu sehen.

6. Juli 1814

Es ist auch ganz unglaublich, wie sehr S. K. H. auf allen Seiten verliert. Von Sachsen bekommt er seit einem Jahr keine Apanage mehr. Die Staatspapiere dieses Landes sind auf beinahe nichts reduziert. Die Grundstücke bringen nichts ein, da sie von der Steuerlast und den Ablieferungen, die durch zwanzig Jahre eines in der Geschichte beispiellosen Krieges notwendig waren, erdrückt sind.

Unbekannter Künstler, Herzog Albert in sächsischer Uniform

4. August 1814

Ich muß Ihnen berichten, daß es nach dem, was mir M. Osy gesagt hat, scheint, daß wenig Hoffnung bleibt, noch etwas wieder zu erlangen, nachdem man es so lange verabsäumt hat, die Dividenden zu fordern. Letzten Endes erwarten wir die Antwort, die das Haus in Rotterdam mir geben wird.

19. August 1814

Nachdem ich Ihren Brief vom 5. d. M. bekommen habe, hoffe ich sehr, daß die Versicherungsangelegenheit des Schiffes „Vrouw Lomegie" uns einen Erfolg bringen wird. Das Haus Osy hat sie immer bis zum Frieden verschoben. Wir werden nun sehen, was daraus für uns wird.

26. Oktober 1814

Die Bewegung in Wien übersteigt jegliche Vorstellung. Man sieht einen Einzug nach dem anderen, Manöver, Feste, eines glänzender als das andere. Der Herzog nimmt an allen teil, was ihn sehr ermüdet, aber er befindet sich trotzdem bestens. Wir sehen ihn kaum, außer Besuchen und einigen Diners hat sein Haus selbst damit nichts unmittelbar zu tun.

23. November 1814

Ich habe Ihren Brief vom 9. d. M. erhalten sowie auch den für S. K. H., den ich sofort dem Prinzen übergab. Seine ausgezeichnete Gesundheit gestattete es ihm, an allen Festen teilzunehmen, die anläßlich der Vereinigung aller Herrscher in der Hauptstadt des Kongresses wegen stattfinden. Deshalb antwortet er auch nicht.

(73)

Aus den Eipeldauer-Briefen
1814

Über die Ankunft von Marie Louise in Wien Schönbrunn:

Gleich wie wir in Schloßhof eing'treten seynd, wo schon a Paar tausend Menschen ebenfalls da warn – so seynd uns're verehrtesten Erzherzogen alle durch die Bank samt Herzog Albert von Sachsen Detschen auf der großen Altaner, wo die Doppelstiegen rechts und links hinaufgeht, da g'standten, und hab'n auf d'Ankunft der Kaiserinn g'wart't, und da hat sich halt wieder der guete und ung'zwungene Hamor von den vortrefflichen Herren Prinzen gleich wieder g'zeigt – denn weil s' ihnen über das eiserne Glander von der Altaner nicht einmahl ein'n Tebich oder sonst was dergleichen haben aufg'breit't, damit sie sich doch bei dem langen Stehn, haben manchmahl auflehnen können.

(74, 7, 15 f.)

Über den offiziellen Einzug von Kaiser Franz am 16. Juni 1814 in Wien:

... der alte Graf Colloredo hat sich's gar nid nehmen lassen sein'n geliebten Munarchen den langen Weeg durch alle Gassen und Gasseln der Stadt Wien z'beglaten, und ist trutz ein'n jungen Offizier überall mitg'ritten, drauf seynd die durchlauchtigsten Erzherzogen und die kiniglichen Hoheiten Brüder von unserer allgeliebten Munarchinn, alle mit ihr'n Obersthofmastern kommen, und da hab i mi völlig g'wundert, daß d'großen Herren wann s'no so erwachsen seynd, do no alleweil ihre Hofmaster haben – der Herzog Albert von Sachsen Detschen mit sein'n schneeweissen Harln und mit sein'n etl und siebezig Jahrln ist a nid der Letzte g'wesen, Herr Vetter der ist no in dem Alter wie a Kirzen g'rad zu Pferd da g'sessen, und hat'n ganzen Zug mitg'macht, und an'n G'schmuck hat der Herr auf'n Körper g'habt, wann mr'n so wie er g'gangen und g'standten ist, in'ns Versatzamt hätt tragen können, Herr Vetter a Paar Millionen hätt m'r wenigstens auf ihm z'leihen g'kriegt.

(74, 9, 16 ff.)

Über die Ankunft des russischen Kaisers und des preußischen Königs in Wien und deren Empfang:

Wie d'höchsten Herrschaften in'n Prader ang'kommen seyn, so iß glei a Wachtparadi von unsern auserlesensten Truppen, do volli a klani Armee ausg'macht haben g'wesen, und da hat der russischi Kaiser über unseri himmelhochen ungerischen, deutschen und böhmischen Grenadierer, do alli ausg'sehen hab'n, als wanns aus ei'n Schachterl kummeten, und über unser prächtichi Kavallerie a groß i Revier g'halten, und da had der ehrwürdiche und hochverehrti aldi Dattel, der Prinz Albert ein Kavallerieregiment Albert Kurassier, selber dabei kummandirt, wie a junger Rittmaster, und iß etliche Stundten lang nid von Pferdt aberkummen und da had der russischi Kaiser a so a Freud d'rüber g'spür'n lass'n, da er auf ihm zueg'rid'n iß, und ihm für do Aufmerkamkeit so freundlich und herzzli g'dankt had (wie er überhaupt ein äußerst höflicher und freundlicher Herr iß) daß den alten ehrwürdig Kummendanten d'Aug'n ganz wassri word'n seyn.

(74, 11, 50 f.)

Aus Anlaß des Kongresses war Wien das Reiseziel vieler Fremder. Im September 1814 kam Giuseppe Acerbi, ein Mantuaner, Direktor der Biblioteca Italiana, nach Wien und blieb bis Dezember. Sein Reisetagebuch beinhaltet auch eine Beschreibung der Sammlung Herzog Alberts, die dieser ihm persönlich zeigte. Von der Zeichnungssammlung, die ihn besonders beeindruckte, legte Acerbi ein Verzeichnis bei, das interessant ist, weil es den Zuwachs an Blättern zwischen 1814 und dem Todesjahr Herzog Alberts, aus dem wir ein Inventar besitzen, zeigt.

GIUSEPPE ACERBI
SEPTEMBER 1814

Die von mir eingesehenen Zeichnungen waren solche von Buonarotti, Claudio (eine von diesen kostete den Herzog 175 Gulden), Dietrich, Molitor, Wagner, dem Schüler Dietrichs, Berghem, Pynacker, van Everdingen, J. B. Weenix (rote Kreide mit Bister oder Sepia ergibt in manchen Fällen viel Wärme im Effekt, wie dieser Maler erwiesen hat), van der Eeckhout, Jacque de Bray (Jacobus de Brans), Jean Asselyn, dit Crabette, van der Neer 1610, Herman Saftleven 1609, Giul. Romano, Fr. Penni detto il Fattore, Baccio Bandinelli a penna, Cesare da Seste (1515), Domenico Becafumi gen. Micherino 1484, Luca Penni, Schüler Raffaels.

(75)

GRAF AUGUSTE DE LA GARDE
FEBRUAR 1815

An einem schönen Februartag durchwandelten wir, Zibin, Lucchesini und ich, die Räume des Residenzschlosses des Herzogs von Sachsen-Teschen. Unter der Menge kostbarer Gegenstände, welcher dieser Palast einschließt, nennt man eine in ihrer Art einzige Sammlung von beinahe zwölftausend Originalzeichnungen und hundertunddreißigtausend nach den Künstlern aller Länder ausgeführten Kupferstichen. Wir waren äußerst zuvorkommend von Herrn Lefebre, dem Aufseher dieser Schätze – wovon er, wie er sagte, in chronologischer Reihenfolge und nach der Ordnung der Schulen eine detaillierte Beschreibung zu veröffentlichen im Begriff stand – empfangen worden. Am Ende einer Galerie, die zur Aufstellung aller dieser Seltenheiten bestimmt war, gewahrten wir den Herzog Albert, welcher dem Kaiser Alexander die Honneurs seines Palastes machte. Letzterer war von dem General Uwarow und dem Prinzen Eugen begleitet. Wir näherten uns ihnen, als sie sich eben damit beschäftigten, eine Sammlung von Karten und militärischen Plänen zu prüfen, welche in diesem Genre für die vollständigste in Europa gilt.

„Die Städte sind zerstört", sagte Herzog Albert, „die Reiche sind umgeschmolzen, die Taktik hat ein anderes Ansehen gewonnen: Die militärischen Grundsätze aber bleiben immer dieselben."

Er führte noch mehr Vergleichungen an, wodurch er zu beweisen suchte, daß dieselben Ereignisse oft dieselben Resultate herbeigeführt haben. Gleichwohl schien ausschließlich der Schauplatz der letzten Feldzüge die Aufmerksamkeit seiner Gäste zu fesseln. Von äußerstem Interesse waren die Bemerkungen, womit der Kaiser Alexander die Prüfung dieser verschiedenen Schlachtpläne begleitete. Diejenigen, für welche die Wahrheit nur eine Sprache hat, werden das Treffende dieser wenigen in der Eile gesammelten Worte zu schätzen wissen.

„Dort", sagte er, indem er die fraglichen Stellen mit den Fingern andeutete, „hat das und das Korps den und den Fehler gemacht, jene Batterie war übel aufgestellt, der und der Angriff hat das Treffen entschieden. Hier, zu Austerlitz, hätten wir den Schaden wiedergutmachen können, aber Kutusow verweilte zu lange vor Mortier. Und jene gefrorenen Seen von Aujest und Tellnitz, die unter zwanzigtausend Menschen und fünfzig Kanonen ihren Abgrund öffneten, vollendeten unser Unheil."

„Und gleichwohl würden wir vielleicht", nahm der Prinz Eugen das Wort, „die Schlacht verloren haben, hätte der Kaiser einige Stunden früher angegriffen – davon hängen im Kriege oft die Erfolge ab!"

„Hier zu Friedland", fuhr Alexander fort, „war durch ein falsches Kavalleriemanöver, welches Ney bemühte, und durch Korsakoffs Rückzug auf Friedland alles verloren; infolge des letzteren wurde sein ganzes Armeekorps umzingelt, und indem er durch die Wellen des Alle einen Ausweg suchte, fand er seinen Untergang. Im ganzen schlugen wir uns brav, aber wir hatten mit einem allzu gewandten Gegner zu schaffen."

Von den Feldzügen Italiens wechselte er zu denjenigen Deutschlands über, indem er mit dem ihm eigenen Takt in wohlwollender Schonung es sorgfältig vermied, von dem so traurigen Kriege in Rußland zu sprechen.

Unbekannter Künstler, Zar Alexander I.

„Genug", fügte er, sich an die Prinzen wendend, hinzu. „Sie haben hier zahlreiche Schauplätze des Ruhmes und großer Erinnerungen vor sich, die Ihrem Herzen wohltun müssen."
„Ach, Sire!" sagte Eugen, „und worauf läuft dieser Ruhm hinaus?"
„Aber verwechseln Sie ihn nicht", erwiderte der Kaiser, „mit dem Ehrgeiz. Wir gleiten über die Erde wie Schatten, und aus unserem Durst nach Besitz sollte man schließen, daß die Elemente, aus welchen unser Körper besteht, sich niemals auflösen dürften."
„Und jenen Ruhm", sagte Eugen, „könnte man ihn nicht ein Nichts nennen? Man ignoriert ihn, man vergißt ihn, man beneidet ihn, man bestreitet ihn und endigt damit, daß man ihn bezweifelt."
„Weder den Ihrigen, Prinz, noch den Ihrigen, da Sie bereits auf dem Gebiet der Geschichte stehen."
„Sie reden von einem Erbteil, Sire, auf welches Ew. Majestät ein gleich unbestreitbares Anrecht haben: der Eroberer zerstört, gestaltet um; der oberste Verwalter eines Staates erhöht das Glück der Nationen und gibt ihm feste Stützen. Diesem gebührt der wahre Ruhm."

Ich bemerkte an dem herzlichen Händedruck des Kaisers, welch tiefen Eindruck dieses Lob auf ihn machte. Mir war in der Tat, als hörte ich Peter den Großen, wie er nach der Schlacht bei Pultawa die schwedischen Generäle bewirtet und seinen Meistern in der Kriegskunst eine Gesundheit bringt.
Der Herzog machte diesem Wettkampf der Höflichkeit ein Ende, indem er ihm einen beschreibenden Katalog zeigte, den er selbst angefertigt hatte und seines bedeutendes Alters ungeachtet noch jetzt zu verbessern und zu ergänzen beschäftigt war. Man hätte ihn von vorn bis zu Ende abschreiben müssen, um die in dieser Galerie zusammengestellten Reichtümer aufzuzählen. Das Alter von einigen dieser Gemälde ging bis in das Jahr 1420 zurück. Man zählte darunter mehr als 120 von Albrecht Dürer, die zum größten Teile nach Federzeichnungen ausgeführt waren und worin die Figuren, namentlich einige Vögel von bewundernswürdiger Vollendung, ein reiches Kolorit besaßen. Ein besonderes Interesse gab den Schöpfungen dieses berühmten Meisters noch der Umstand, daß sie ehedem seine eigene Sammlung ausgemacht hatten. Der Herzog machte uns auf mehrere Zeichnungen von Raffael und fünfzig Skizzen von Claude Lorrain aufmerksam. Die Sammlung schien uns nach alledem von unschätzbarem Werte für die Geschichte der Künste, der Zeichnung und des Kupferstiches zu sein.
Der Kaiser näherte sich uns jetzt, sprach sehr gütig mit Zibin und stellte ihm den Prinzen Eugen als den jüngsten Ritter St. Georgs vor.
Als er den Namen Lucchesinis aussprechen hörte, wandte er sich an diesen mit der Frage, ob sein Vater jener Gesandter auf dem berühmten Kongresse zu Sistow unter Friedrich II. gewesen sei.
„Ja, Sire!"
„Und wo befindet er sich gegenwärtig?"
„Auf seinen Gütern unfern Lucca."
„Wenn er seine Erinnerungen aufzeichnen wollte", meinte Alexander, „so würden sie von Interesse sein, denn er hat viel gesehen."
Wir besuchten darauf die mit vieler Pracht ausgeschmückten Säle; in einem derselben führte ein aus 150 Blasinstrumenten zusammengesetztes Panharmonikum Symphonien und Märsche aus, welche ein trompetender Automat mit bewundernswürdiger Präzision begleitete. Wir ließen den Herzog fortfahren, seinen hohen Besuchern die Honneurs seiner unzähligen Kunstschätze zu machen, und begaben uns von dort nach dem Belvedere.

(76, 3 II/340 ff.)

Die Lage Sachsens war 1814/15 äußerst ungünstig, da der König bis zum Schluß Napoleons Verbündeter geblieben war. So bestand auf dem Wiener Kongreß sogar der Plan, ganz Sachsen dem König von Preußen, als Entschädigung für seine Verluste in den Napoleonischen Kriegen, anzugliedern. Infolge des Widerstrebens der anderen Verbündeten mit Ausnahme Rußlands, das auf seiten Preußens stand, kam es dann nicht dazu, nur der nördliche Teil des Landes mit der Festung Torgau wurde abge-

treten. Herzog Albert nahm starken Anteil an den Angelegenheiten seiner sächsischen Verwandten.

MATTHIAS PERTH, TAGEBUCH
2. MÄRZ 1815

Nach Berichten aus Brünn war Herzog Albert von Sachsen-Teschen am 28. Februar daselbst eingetroffen, um den König von Sachsen zu erwarten, der mit der Königin und der Prinzessin [Königin Amalie, Prinzessin Auguste] am 2ten bereits von Berlin abgereist war, um über Breslau und Brünn sich nach Preßburg zu begeben, wo eine Zusammenkunft mit unserem Kaiser stattfinden soll.

(62, XXVIII/145)

Die königlich-sächsische Familie hielt sich am 31. Mai im Gartengebäude des Herzogs Albert beim Augarten auf und reiste von dort nach Dresden weiter.

ALBERT AN KÖNIG FRIEDRICH AUGUST VON SACHSEN I. (III.)
1815 (?)

Durch die anscheinende Übereinstimmung zwischen den Höfen, die der Aufgabe nachgehen, den Frieden und die Ruhe wiederherzustellen, ergibt sich der Eindruck, daß sich der Hof zu Wien nur schwer auf Vorschläge einlassen würde, die den Prinzipien und Ansichten der anderen interessierten Gruppen allzu diametral entgegengesetzt sind, vor allem auch, wenn sie so fernliegend sind wie diese. Denn Sie wissen sicherlich, daß der hiesige Hof in die ganze Angelegenheit nie verwickelt war, daß sie ohne seine Einflußnahme begonnen und zu Ende geführt wurde und daß es sogar schien, als ob man ihn von dem Anteil, den er daran hätte nehmen können, ausschließen wollte.
Auch wird Ihnen sicher bekannt sein, wie der russische Hof von dem Betragen schockiert war, das man dem sächsischen Hof gegenüber den Verbündeten zuschrieb. Die Halsstarrigkeit der Alliierten ist sicherlich auch zum Großteil durch geheime Komplotte und Unterstützungen jeder Art seitens des russischen Hofes geschürt worden. Ich kann Ihnen auch nicht verschweigen, daß die Geheimkorrespondenz, von der man glaubt, sie sei von Ihnen mit jenem geführt worden, die Gemüter im allgemeinen nicht zu Ihren Gunsten beeinflußt hat.
Alles dies, was ich Ihnen hier erläutere, nicht weil es einen Auftrag darstellt, sondern als ganz pesönliche Anschauungen, die ich für meine Aufgabe halte, Ihnen vor Augen zu führen, läßt mir wenig Hoffnung darauf, an eine positive Erfüllung Ihrer Wünsche zu denken. Trotzdem verwünsche ich sie von einem Tag zum anderen, und sicherlich hätte mir noch keine Überraschung in meinem Leben soviel Freude bereitet als die, mich in meinen Vermutungen getäuscht zu sehen.

(4)

Der Wiener Kongreß war die letzte Gelegenheit, bei der Herzog Albert in größerem Rahmen öffentlich auftrat. Seine Sammlertätigkeit und daneben die Förderung junger zeitgenössischer Künstler setzte er bis zu seinem Lebensende fort, wobei seine Aufgeschlossenheit gegenüber den damals modernen Strömungen der Romantiker und Nazarener hervorgehoben werden muß. Eine besondere Stellung nahmen auch hier seine sächsischen Landsleute ein. Im Jahre 1801 beschloß der sächsische Maler und spätere Direktor der Leipziger Kunstakademie, Hans Veit Schnorr von Carolsfeld, zusammen mit J. G. Seume eine Reise nach Italien zu unternehmen, wobei er allerdings nur bis Wien gelangte. Hier riet ihm Füger, den er sofort aufgesucht hatte, ab, bei der gegenwärtigen großen Unsicherheit seine Reise weiter fortzusetzen, und Veit Schnorr blieb in Wien, wo er auch Herzog Albert aufsuchte.

HANS VEIT SCHNORR VON CAROLSFELD
1803

Ich war so glücklich, Zutritt in das unschätzbare Kabinett des Herzogs Albert zu haben, dessen Sammlung von Originalhandzeichnungen durchaus die einzige ihrer Art ist. Hier an dieser Quelle schöpfte ich unendliche Nahrung für meinen Geist.

Hauptwerke der Sammlung Herzog Alberts:

Albrecht Dürer

Pieter Brueghel d. Ä.

Leonardo da Vinci

Michelangelo

Raffael

Rembrandt

Rembrandt

Palma il Giovane

Peter Paul Rubens

Sebastiano Ricci

Domenico Ghirlandajo

Antonis van Dyck

Claude Lorrain

Nicolas Poussin

Ich sah, wie die größten Männer zu Werke gegangen waren und daß ihnen nicht alles leicht wurde. Nur allein zum Petrus in der Transfiguration [von Raffael] sah ich hier wohl sechs Skizzen. Aber mit welchem Geiste haben diese Männer ihre Kreide und ihre Feder geführt! Welches Gefühl, welche Empfindungen in jedem Zug eines Michelangelo, Raffael und Guido! etc. Auch von van Dyck sah ich Zeichnungen, und ich war entzückt über des Mannes Hand. Ich sah Kopien nach ihm von braven Männern, sie waren, wenn ich so mich ausdrücken darf, fester, aber van Dycks Seele fehlte, die Empfindungen, der Geist. Oh, hätte ich dies alles früher sehen können!
Der Herzog ist fast täglich in der Früh und den ganzen Vormittag über in seinem Kabinett.

(77, 1803/13)

1804 kommt Veit Schnorrs ältester Sohn Ludwig Ferdinand nach Wien, wo er, unterstützt durch Herzog Albert, sein Studium an der Akademie der bildenden Künste aufnimmt. Zum Unterschied von seinen zwei jüngeren Brüdern, Friedrich-Eduard und Julius, die ihm nachkommen, für die Wien aber nur eine Episode bedeutet, bleibt er in Österreich und arbeitet später für den Neffen Herzog Alberts, Erzherzog Johann.

LUDWIG FERDINAND SCHNORR VON CAROLSFELD AN HERZOG ALBERT
SOMMER 1812

Ew. königl. Hoheit,
allergnädigster Herr!
Nur der himmlische Vater allein kan diese Güte und Wohltaten vergelten, womit Ew. königl. Hoheit mich überhäufen! Undankbarkeit wäre es von mir, diesen neuen Beweiß von Güte als Belohnung für meine geringe Arbeit anzusehen; eine große Ermunterung soll es mir seyn, mich wenigstens von diesen Vorwurf frey zu halten, daß diese Wohlthaten nicht ganz verlohren sind! Warum darf ich nicht so herzlich und warm danken wie der Sohn seinem Vater dankt! Kalt zieht mich die Welt zurück, und ihre Verhältniße zeigen mir den Abgrund die zwischen Ew. königl. Hoheit und mir gegraben haben! Ich armer Künstler stehe dann da mit meinen warmen Herzen, und muß meine Empfindung unterdrücken, weil meine große Achtung und Ehrfurcht gegen Hochdieselben es nicht zulassen; es bleibt mir nichts übrig als Ew. königl. Hoheit durch Fleiß und

Frömmigkeit zu beweisen, wie unschätzbar mir diese großmüthige Unterstützung ist; immer will ich mich bestreben, beßer zu werden, damit ich nicht einst als Mann die Augen niederschlagen muß, wenn ich den heitern Himmel sehen und Ew. königl. H. ins Auge blicken muß! Verzeihen Hochdieselben, wenn diese freye Sprache sich nicht für schicken sollte, denn ich folgte bloß der Stimme meiner Seele, besonders da mich der Gedanke beruhigte, daß bey einer solchen, schon so allgemein bekannten Güte, Ihnen die Stimme des Herzens nicht fremd seyn kann.

(2, Schnorrisches Familienarchiv, 147, Conceptbuch 1816/1)

Georg August Griesinger, Sächsischer Geschäftsträger in Wien
6. August 1812

Von Seiten der Königl. Sächsischen Gesandtschaft am Kaiserl. Österreichischen Hofe wird hiermit bezeugt, daß Herr Ludwig Ferdinand Schnorr von Carolsfeld, aus Leipzig gebürtig, ein Historien-Mahler, mehrere Jahre hindurch sich hier theils als Pensionair Sr. königl. Hoheit des Herrn Herzogs Albert von Sachsen-Teschen, theils um seine Kunst frey auszuüben, aufhält; daß derselbe sich durch seine Talente und Fleiß auszeichnet und überhaupt so betragen hat um die Achtung derer, die ihn kennen lernten, zu verdienen, und nicht den mindesten Anlaß zu irgend einer Beschwerde zu geben.

(2, Schnorrisches Familienarchiv, 155)

Freiherr von Hormayr
1822

Ludwig Schnorr kam zu Anfang des Jahres 1804 noch nicht 15jährig nach Wien, studierte rastlos in der Akademie, genoß großmüthige Unterstützung des erhabenen Kunstfreundes Herzog Albert von Sachsen-Teschen, seines Talentes und seiner Familie gnädigsten Gönners.

(78, 39/40, 212)

Freiherr von Hormayr
1819

Die großmüthige Pflege S. K. H. des durchlauchtigsten Herrn Herzog Albert von Sachsen-Teschen hat dieses treffliche Talent aufgenährt. Es gedeiht zur Manneskraft unter dem geschmack- und kenntnisreichem vaterländischer Wissenschaft und Kunst so oft wohltäthigem Schutze des Herrn Ministers Fürsten von Metternich, in dessen Vorzimmer unser Faust gegenwärtig aufgestellt ist.

(78, 13/14, 50)

Mit seinem Faustbild gelang Schnorr der künstlerische Durchbruch. Herzog Albert besaß kein Ölbild, wohl aber Zeichnungen des Künstlers. Entstanden in der Zeit der französischen Hegemonie in Europa und gestärkt und gefestigt in den Befreiungskriegen, wirkt die Bewegung der nationalen Selbstbesinnung, unterstützt und angefacht durch begeisterte Männer wie Hormayr, auch im Bereich der bildenden Künste. Einer dieser Maler, Karl Russ, arbeitete bei der von François Lefebre geleiteten Ausschmückung des Palais von Herzog Albert mit. Schon damals begann sich Russ hauptsächlich der Historienmalerei zuzuwenden. Sein Verdienst ist es, in der Ära der Napoleonischen Eroberungen auf dem Gebiete der bildenden Künste einen großen Beitrag zur Hebung des National- und Volksbewußtseins geleistet zu haben. Diesen Geist atmet auch das von Herzog Albert erworbene Aquarell „Die Brüder Murhofer" aus dem Jahre 1810, das ganz im Geiste von J. L. Davids „Schwur der Horatier" die Aufopferung für das Wohl des Vaterlandes verherrlicht. Im selben Jahre ernannte Erzherzog Johann Russ zu seinem Kammermaler. 1818 zum Kustos der kaiserlichen Gemäldegalerie berufen, betreute Russ diese bis zu seinem Tode 1843.

Peter Krafft
Aus einer autobiographischen Skizze *(von sich in der dritten Person geschrieben)*

Nach seiner Zurückkunft von Rom nach Wien 1800 gab er die Miniaturmalerei nach und nach auf und malte nur Portraite in Öl. Das erste Bild, wo die Wahl auf einen Moment aus der Geschichte der Gegenwarth fiel, war der Erzherzog Carl zu Pferde Lebensgross wie er bei der Schlacht bei Aspern die Fahne des Regimentes Zach ergreift, auf Befehl Seiner königlichen Hoheit des Erzherzogs Albert von Sachsen-Teschen ausgeführt und welches öffentlich ausgestellt grossen Beifall erhielt / kurz darauf 1813 12 Februar wurde er zum Mitgliede der k. k. Akademie erwählt / Als Gegenstück zu obigem Bilde bestellten S. K. Hoheit Herzog Albert, eine Episode aus der Schlacht im Marchfelde gegen Ottokar, wie Kaiser Max (!) dem sein

Peter Krafft, Erzherzog Carl bei Aspern

Pferd gedötet sich zu Fuss gegen die ihn umdringenden Feinde vertheitigt. Die Studien zu diesem Bilde waren fertig die Leinwand aufgespant und alles zum Beginnen vorbereitet als die Idee den Abschied eines Landwehrmannes zu mahlen der Leinwand eine andere Bestimmung gab. Dieses Unternehmen war der damaligen Kunstrichtung nach, wo die durch Füger gegebene Art vorherrschte und sich auch schon eine Partei der sogenannten Altdeutschen bildete, um so auffallender, als an einen Beifall oder Anerkennung von Seite des kleinen Kreises der Liebhaber die einseitig dem hergebrachten Akademischen oder den Idealistischen zugethan waren, nicht zu denken war. Es ist gewisse Tatsache dass K. nun zum Manne gereift als düchtiger Porträitmaler für seine Bedürfnisse gedeckt, blos aus eigenem Antriebe und zu seinem Vergnügen ohne alle Rücksicht auf Erfolg nur seiner Überzeugung folgte, indem er auf die Leinwand die zu einem bestellten Bilde hergerichtet war, ein Bild für sich malte, und welches ganz unvermuthet einen ungetheilten warmen entusiastischen Beifall bei allen Ständen fand, ihm aber das Prädikat als vaterländischer Künstler erwarb, einige Jahre später erschien das Gegenstück die Zurückkunft des Landwehrmannes (auf hohen Befehl seiner Maj. des Kaisers Franz verfertiget) heiterer und naturfrischer in der Farbe aber nicht von dem ergreifenden Eindruck wie ersteres, unbezweifelt ist ein bedeutender Fortschrit in naturgemässeren Zeichnung der Köpfe und der Gewandung bemerkbar. Beide Gemälde befinden sich in der k. k. Bildergallerie. Rudolph von Habsburg, Begegnung des Priesters mit dem Hochwürdigen auf der Jagd, lebensgrosse Figuren, ein Bild voll Lebenswärme und kräftiger Farbeinwirkung originell im Styl und Auffassung: Auf Auftrag S. K. Hoheit des H. Albert ausgeführt befindet sich gegenwärtig im Palais S. K. K. Hoheit des Erz. Carl.
Am Rand steht:
Rudolph von Habsburg wurde am Ende des Jahres 1821 fertig.

(79)

Schillers Ballade aus dem Jahre 1803 hatte die Sage von der Begegnung Rudolphs von Habsburg mit dem Priester wieder belebt und war für die neue Bewegung der Romantik ein Sinnbild des idealen Verhältnisses von weltlicher Macht und christlicher Kirche, wie es das Mittelalter verkörpert hatte. Der Stoff hatte in dieser Zeit aber auch politische Aktualität bekommen. Die Gründung des österreichischen Kaiserreiches im Jahre 1804 gab dem patriotischen Historienbild wesentliche Impulse. Man wies gerne auf die Ahnenreihe der Habsburger hin, die ihre kaiserliche Würde der Demut vor dem Allerheiligsten verdankten. Schon 1808 war eine Zeichnung Kraffts zu diesem Thema entstanden, die Herzog Albert erworben hatte. Das große Ölbild, daß der Herzog dann beim Künstler bestellt hatte, war aber erst 1822 fertig.

Freiherr von Hormayr
1822

Ein großes vaterländisches Gemählde in Kraffts Atelier naht sich mit großen Schritten der Vollendung. Es ward von S. K. H. dem Herzog Albert von Sachsen-Teschen bestellt als Gegenstück des an dem unvergesslichen Tage von Aspern die Fahne eines weichenden Bataillons ergreifenden und die Schlacht wieder herstellenden Erzherzogs Carls Generallissimus von desselben Künstlers Hand, der durch seinen: „Abschied und Rückkehr des Landwehrmannes" und durch seine grossen Schlachtenbilder von Aspern und Leipzig in dem Invalidenhaus wahrhaft den Namen eines nationalen Künstlers verdient hat. Dieses Bildes Gegenstand ist jener romantisch, idyllische Anbeginn der österreichischen Grösse und Herrlichkeit, Rudolphs Begegnung mit dem Priester auf der Jagd, durch eine wundersame Fügung der Begebenheiten nicht lange darauf der Anlaß seiner Kaiserwahl gegen viel mächtigere Nebenbuhler, aus welchen insbesonderheit Ottokar Land, Sieg und Leben, in eben dem Marchfeld wo 531 Jahre später bei Aspern und Wagram gestritten wurde, an Rudolph verlor, der durch eben diesen Sieg auf das Land Österreich, ein Haus Österreich gründete.

(78, 39)

Freiherr von Hormayr
1822

Bei der ausserordentlichen Kunstausstellung [der Akademie] stellt Krafft leider sein Bild für wailand Herzog Albert nicht aus, das Gegenstück für das 1813 ausgestellte des Erzherzogs Carl war.

(78, 95, 505)

Exkaiserin Marie Louise an Albert
Parma, 20. Dezember 1816

Mein sehr lieber Onkel,
erlauben Sie mir, daß ich Ihnen meine wahrhaftigen Wünsche für das Neue Jahr entbiete. Ich wollte Ihnen zu diesem Anlaß die Zeichnung, die ich schon so lange versprochen habe, schenken, aber seit das Heimweh meinen Maler gezwungen hat, mich zu verlassen, habe ich keine Originale mehr nachzuahmen, und Sie werden mich nicht für genügend geschickt halten, um mich daran zu wagen, Correggios nachzuzeichnen. Ich kann Ihnen nicht genug für die Güte danken, die Sie in diesem Jahr meinem Sohn [dem Herzog von Reichstadt] erwiesen, und wenn Sie das dazu bestimmen könnte, sie fortzusetzen, kann ich Ihnen sagen, daß dies genauso ist, als ob Sie sie mir erwiesen hätten, und Sie somit mit großer Dankbarkeit in meinem Herzen geschrieben stehen.

(4, 15/36)

Der genannte Maler war Matthäus Loder, der allerdings weniger von Heimweh als von einem Lungenleiden befallen wurde, dem er auch Jahre später, die er als Kammermaler Erzherzog Johanns unter günstigeren klimatischen Bedingungen als in Parma verbracht hatte, erlag.

Johann Scheffer von Leonhartshoff, Tagebucheintragung
15. März 1819

Mittags beim Grafen Lamberg und schenkte mir 150 fl. die größte Wohltat die ich je in meinem Leben empfing den Winter war es noch starck und große Kälte ich hatte kein Stück Holtz mehr im Hause also schuf mir gleich zwei Klafter Holtz und der Rest blieb auf Lebensmittel meine Kleider fingen an zu zerreissen und auser einem Bauern Kleid welches ich für auserordentliche Fälle mir nur vorbehielt weil es sehr fein war war alles waß ich hatte meine Hosen zerrissen so das ich kaum mehr auf die Gasse zu gehen mich getraute mein Vatter konnte gar nimer ausgehen weil er kein ganzes Stück Gewand mehr hatte nach ein und ein halben Mond nahm auch jenes Geld wieder ein ende und ich kam nahe die frühere Lage neuerdings vor Augen nur um so grösser als ich ein Bild auf dem ich alle Hofnung Baute dem Herzog Albert sehn ließ glaubend es an Ihn zu verkaufen und mir wieder blieb dem Wahnsinn nah ward ich mit dem Geld so zu ende daß ich nicht einen Kreutzer Geld mehr hatte und Sinloß von Schmertz ganz hingeraft die Straßen der Stat auf und wiederlief.
In jener Zeit machte ich mehrere Zeichnungen meiner Erfindung wofon eine davon Herzog Albert von S. T. mir abkaufte für zehn Dukaten die übrigen verblieben auch das in Rom angefangene Madonnenbild volführte ich.

(60, I. N. 117.209)

1820/21 verbrachte Scheffer in Italien, das er vorher schon zweimal besucht hatte, wobei er in Rom Mitglied des Bundes der Nazarener geworden war. Nach seiner Rückkehr nach Wien verschlechterte sich Scheffers Lungenleiden rapid. Durch einen neuerlichen Aufenthalt in Italien erhoffte er sich eine Besserung seines Zustandes. Um die Mittel dafür aufbringen zu können, wandte sich der Künstler an Herzog Albert, um eine jährliche Unterstützung mit dem nur im Briefentwurf angedeuteten Hinweis, daß der Ankauf der hl. Cäcilie durch den Herzog ihm den letzten Aufenthalt in Rom ermöglicht hatte. Bei dem Bild handelt es sich um eine lautenspielende hl. Cäcilie, die auf der Akademieausstellung des Jahres 1820 ausgestellt gewesen war und die sich noch am Anfang des 20. Jahrhunderts in der Albertina befand.

Johann Scheffer von Leonhartshoff an Albert
Wien, 4. November 1821

Königliche Hoheit
Gnädigster Hertzog!
Meine sehr schwächliche Gesundheit nöthiget mich schon seyt mehreren Jahren alle Wintter Wien zu verlassen, nach einstimmigen Ärzthlichem Rath, würde ein zwey oder drey Jährig continueter Aufenthald in Italien mir zu meiner volkomenen Gesundheit helfen. Solte ich jener Unterstützung, durch die hohe Gnade Euer Königl. Hoheit, um des gewiß guten Willens der sich in meinen noch unvolkomnen Werken ausspricht

J. E. Scheffer v. Leonhartshoff, Hl. Cäcilie

Werth gehalden werden, so würde ich dankbahrst mich verbündlich machen, gegen die von Euer königl. Hoheit Allergnädigst mir anweisenden Unterstützung Jährlich ein Bild historischer Darstellung zuliefern.
Da fast an jedem Hofstadt der Durchlauchtigsten Brüder Seyr Kays. Mayestät ein Kammermahler ist, dürfte die Unterstützung unter jener Benennung mich doppelt aneufern mich recht zu bemühen durch rührige Verwendung und Ausbildung meiner Kunst Euer Königl. Hoheit die freudige Überzeugung zu geben, wie sehr ich mit tiefer Verehrung bin Euer Königl. Hoheit
Unterthänigst dankbahrster Diener
Ritter Scheffer von Leonhartshoff

Beleg:
Ohne Julius II hätte Italien keinen Raphael
Ohne der Hertzoge von Medicis Florenz keinen Michel Angelo aufzuweisen

(60, I. N. 117.198)

Johann Scheffer von Leonhartshoff
6. Dezember 1821

Unterzeichneter macht sich hiemit verbündlich das von Sey. Kön. H. H. A. v. S. T. mir aufgetragene und bestellte Bild, als Gegenstück der schon früher gemahlten heiligen Cäcilie (in der größe von 7 Schuh hoch und 5 Schuh breit) „Madona in der Glorie" vür den von Sey. Köng. an ersteren selbst bestimten Preiß von drey Hundert Ducaten in Gold und dem dem Gegenstand möglichsten Preiß zu fertigen und nach Fertigung dessen samt Goldrahmen es Sey. Köngl. Hoheit anheim zu stellen.

(60, I. N. 117.207/2)

Es kam jedoch nicht mehr zur Fertigstellung des Madonnenbildes, da der Künstler bereits am 12. Jänner 1822 seinem Lungenleiden erlag. Herzog Albert starb einen Monat später.

W. Ch. Müller an Professor Nasser in Kiel
Wien, 3. November 1820

Über das Palais Herzog Alberts:

z. B. 3 Säle nach Gobelins die ihm Ludwig XVI. schenkte (Die Geschichte der Esther) einige Säle nach Lioner Webereien und Stickereien (Kosten rund 22 000 fl.) einige nach Stickereien seiner Gattin gerichtet . . .
Handzeichnungen 215 Foliobände
Kupferstiche über 600 Foliobände
Entwurf zur Verklärung Raphaels kostete 1 200 fl. Raphaels selbst gezeichnetes Bild ist aufgehängt.
Von A. Dürer blätterten wir 2 Bände durch (100 Zeichnungen)
Die Handzeichnungen der Maler sind nach Schulen der Maler geordnet, z. B.:
Römische 30 Bände, Lombardische, Bolognesische, Venetianische 25 Bände, Flämische Schulen 60 Bände, Französische 30, Deutsche 60, andere 25 und Supplemente
Kupferstiche sind nach den Malern geordnet: 112 römische Bde., 27 venetian., 28 bolognes., 14 lombardische, 120 deutsche, 121 fläm., 91 franz., 30 englische, 65 diverse.
. . . Du siehst hieraus, daß diese Sammlung eine der reichsten der Welt ist. Ein gefälliger Holländer bediente uns bei der Beschauung. In jedem Fenster war ein Tisch mit Stühlen, um alles in der Nähe zu haben. Ebenso gefällig waren auch die Kammerdiener, welche uns das erstemal das Haus und die Gemälde zeigten. Ein Zimmer enthält 4 große Gemälde von Lenz: a) wie Titus bei Entdeckung der Verschwörung dem Sextus die Anklage zu Füßen wirft. b) wie Cyrus als Knabe von seinem Großvater entdeckt wird; Scipio als er die Schöne zurückgibt. Ein anderes Zimmer enthält 10 italienische Landschaften von Hackert, ein drittes von R. Mengs religiöse Bilder; ein viertes von Faber Josephs II. Einzug in Neapel mit vielen Generals (?) – lauter Porträts; das fünfte von Schäfer (jetzt in Rom) Kopien nach Raphael, z. B. Cecilia (300 Dukaten geschätzt); das sechste den Erzh. Carl, reitend bei Aspern dem fliehenden Feinde die Fahne entreißend, das siebente Carl VI. in altspanischer Kleidung und Maria Theresia als Braut, das achte mit Holzmosaik, von Röntgen aus Neuwied 1771 verziert, kosten eine halbe Million Gulden. Auch die Nebenzimmer sind mit Werken neuerer Künstler geschmückt z. B. von Ang. Kaufmann u. a.

(80, 157 ff.)

Aus den Eipeldauerbriefen
1820

U mein, Herr Vetter, ich muß eil'n dem Herrn Vettern was Schöns zu berichten. Unsern Kaiser hab ich g'seh'n, unsern guten, lieben Kaiser, aber nit in Natura, nein derweil nur im Bild, beim unsern, alten, guten Herzog Albert war er aufg'stellt,

N. Köllisch, Herzog Albert

wo ihn der berühmte Mahler, Titus Lampi, für den Bundessaal zu Frankfurth hat mahlen müssen . . . Wann der Herr Vetter nicht gar so weit von mir weg wär, und wann Enger weg nach Kakran nicht gar so schändli – (grad so wie ein Müllnerg'wissen, voller Löcher) geschaffen wär', so war ich außi g'kommen, und hätt' den Herrn Vettern abg'holt (denn der gute Herzog hat niemand verweigert das Bild z'sehen), aber so muß sich der Herr Vetter schon mit der B'schreibung b'gnügen . . . (Seine Majestät der Kaiser sind dem Mahler Lampi nicht gesessen, und er hat dessen ungeachtet den hohen Herrscher so meisterlich getroffen. Eben so hat er auch Seine königl. Hoheit den Herzog Albert gemahlt, ohne daß der durchlauchtigste Herzog ihm zu sitzen nöthig hatte. Das ist das Meisterliche seiner Kunst, daß er die Seele einer Phisiognomie so mächtig auffaßt, und auf diese Weise die täuschendste Ähnlichkeit heraus zu bringen vermag. Anmerk. der Wiener.)

Von dem Bilde weg war's mir und ein paar guten Freunden erlaubt, die prächtigen Zimmer Seiner königlichen Hocheit anschaun zu dürfen: der gute Herzog thut das gern, und Seine artigen Leute führen einem überall herum. Herr Vetter, das wär was für'n Herrn Vetter, da schauet Er; so was laßt sich ein Kakraner nicht träumen. Mich hab'n die Tapeten mit ihren wunderschönen Wirkereyen, die an Ebenmaß, Farbenpracht und Lebendigkeit alle G'mäld in dieser Art z'rücklassen, ganz hingerissen. Die G'schicht von der schönen Esther, vom Don Quixott u.s.w. ist da ganz vollendt aufg'stellt. Und jedes Zimmer hat seine Eigenheiten vom größten bis zum kleinsten. Alle Fußböden durch die Bank sind von einander verschieden, eben so die Fensterbalken, Luster und Öefen, die Möbeln versteht sich perse – die Spiegeln vom russischen Glas (das ist das schönste und größte) sind über allen Begriff hoch und breit, und die andern Verzierungen – o Gott' man glaubt in der Feenwelt zu seyn, wann man das sieht. Besonders haben mir die Tisch von Glas g'fallen; Herr Vetter von blauen und gelbem Glas die Tafeln, nein das ist eine nie g'sehene Pracht. Solche Tafeln sollt's überall geben, zum Beyspiel in den Wirtshäusern wo recht trunken wird, da sähet man den gleich, wo er liegt, der vor Rausch untern Tisch fallt. Hernach die meisterlichen Gemäld, lauter hohe Personen, von berühmten Künstlern g'mahlt. Die ganze kaiserliche Familie ist in einem Kabinet beysamm, die lebendigen und die Todten sind in einem großen Assamolee. Wir sind durch alle Zimmer g'gangen und haben die Schönheiten all und haarklein betrach't, aber einzeln alles zu erzählen und zu beschreiben, das ist nicht möglich, und da müßt ich ein eigenes Büchel herausgeben – in meinen Briefen hätt' ich alles zu wenig Platz.

Was mir halt am besten g'fallen hat, waren die kostbaren Tapeten, von denen ich nicht g'nug reden kann, und dann das Spiegelzimmer im Eck auf die Bastey hinaus, wo über einem, neben einem und unter einem alles voller Spiegeln ist. Da hat ein Zimmerwarter g'sagt: „Setzen Sie sich ein Bisserl auf die Sopha: und jetzt schauen Sie in die Höh':" O mein Herr Vetter, da hab ich mich gleich selber auf mir oben sitzen sehen, und in den Seitenwanden bin ich wieder zu sehen g'wesen, und wieder und wieder und mehrere hundertmal hab ich mich erblickt. Da hab ich zu einem von den Leuten, die mit mir den Pallast besehen haben, g'sagt: Sie bemerken auch, wie ich, da: ich einige Hundert Mahl da sichtbar bin, glaubens, kann der gnädige Herzog bös' werd'n, wenn ich mich einmal nur mit nimm? Stell sich der Herr Vetter vor, sitzt mit der Talk auf, und glaubt wahrscheinlich, ich will ein was anders mit nehmen, und sagt, das thät ich nicht, die Leut geben zu gut obacht, und wenn mans entdeckte, wir müßtens alle entgelten. Jetzt hab'n ihn die andern ausgelacht, hernach ist er erst drauf kommen, und hat sich g'schamt, daß er das nicht capirt hat.

Hierauf sind mir durch ein Zimmer kommen von Holzmosaik, wie sie's g'nennt haben, das ist nähmlich so kunstlich aus lauter verschiedenen Stücken Holz zusamm g'setzt, das das Ganze die schönsten Figuren und Mahlereyen darstellt, wirklich wieder ein seltenes Meisterstück! Nach diesem Zimmer sind wir durch andere merkwürdige Kabinette kommen, unter andern auch in den kleinen Speisesaal, wo eine herrliche Mälzlische Musikmaschin sich befind't, die in einem fort mit ganzem Orchester die beliebtesten Stückeln aus neuen Opern und Balleten spielt: Sapperment' Herr Vetter, das ist wieder was, die Maschin macht eine Musik wie eine ganze Bande von einem Regiment, und alle Instrumenten sind drin, da fehlt nichts, nichts von der dünnsten Pfeifen bis zum dicksten Fagott hinauf, und Trompeten und Pauken und Trommeln und Tschinellen sind vorhanden, kurz die ganze türkische Musik wie im Prater beim Feuerwerks-Platz. Auf einmal hat's den Alfreds Marsch g'spielt, das hat bedeut't, daß wir einmal gehen sollen, nun wir hab'n das auch gleich verstanden und sind unter tausend: „Bedank mich gar schön!" weiter g'zogen. Da hat uns der Zimmerwarter noch ein Protokoll g'bracht, daß wir unsere Nahmen einschreiben können, denn der gute Herzog hat eine besondere Freud, wenn er auch die Leute noch kennen lernt, die sich in seinem Hause an den Kunstschätzen erquickt haben.

(74, 11, 41)

Herzog Albert unternimmt eine letzte Reise in das Land, in dem er die schönsten Jahre seiner Jugend verbracht hat, und wird in Budapest festlich empfangen.

AN SEINE KG. HOHEIT DEN DURCHLAUCHTIGSTEN HERRN ALBERT 1818

Zum Schluß-Chor abgesungen,
als Höchstdieselbe bei seiner erfreulichen Anwesenheit zu Ofen, bei einer musikalischen Akademie, von der Garnison zu Ofen und Pesth veranstaltet, beizuwohnen geruht. Verfaßt v. Chr. Rösler, in Musik gesetzt von Jos. Seyler.

Xavier Lorant, Herzog Albert besucht Bad Pystian, 1821

Wie gern, wie froh die Herzen sich verbinden,
Erhab'ner Gast, erlauchter Greis.
Dir ihre Lieb- und Ehrfurcht zu verkünden!
Nimm unsere Herzen zum Beweis.

Dich seh'n – ist Huldigung von Millionen
für Lebenswerth, für Lebensruhm,
Dich lieben – ist, von Hütten bis zu Thronen,
Für Millionen Eigenthum.

Als seinen Liebling trug fast ein Jahrhundert
In's Tagebuch der Welt Dich ein;
Und wer Erhabnes liebt, erkennt, bewundert,
Wünscht gleich gesinnt mit Dir zu seyn.

Dir ist in Wort und That der Wahlspruch eigen:
„Durch Güte groß, durch Größe gut."
Oh lass' uns feyerlich dir diess bezeugen!
Es ist des Herzens Pflicht Tribut.

Freywillig bringt dir jeder ihn entgegen,
Der Sinn für Männergrösse hat;
Darbringen ihn, Dir Prinz voll Huld und Segen,
Die Krieger dieser Doppel Stadt.

Sey lange noch, ehrwürdigster der Greise,
von Östreichs Völkern allgeliebt!
Sey lang noch ihnen auf der Lebensreise
Ein Beispiel wie es wenig gibt!

(3, 1818, Memoirs 28/691)

Aus dem Tagebuch einer jungen Gräfin
10. Februar 1822

So hatte der Herzog Albert bis heute ausgehalten, er hat um ½ 2 den letzten Atemzug getan. Man erwartete dieses Ereignis täglich, und man versteht gar nicht, wie er sich solange aufrechterhalten konnte. Im Alter von 84 Jahren, krank und seit mehr als 4 Monaten im Bett, immer schwer leidend, jeden Moment am Ende zu sein! Es sind nur diese starken Arzneien, die ihm die Kräfte geben konnten, diese lange Agonie zu ertragen.

(81, 23)

Matthias Perth, Tagebuch
10. Februar 1822

Herzog Albrecht [Albert] von Sachsen-Teschen, k. Prinz von Pohlen und Lithauen, Ritter des spanisch goldenen Vließes, Großkreutz des k. ungar. St. Stephan – und des Kais. österreichisch. St. Leopoldsordens, k. k. Feldmarschall, Inhaber des Kürassierregiments Nro. 3, welcher an Altersschwäche schon längere Zeit hindurch krank darnieder lag, ist heute Mittag um 2 ¾ Uhr in seinem Palaste auf der Augustiner-Bastey gestorben. Er wurde am 11. Juli 1738 geboren, und vermählte sich am 8. April 1766 mit der Erzherzogin Maria Christina von Österreich, Schwester Kaiser Leopold II. und Tante unseres gegenwärtigen Monarchen, die am 26. [24.] Juny 1798 starb.

13. Februar

Gestern Abends wurde der Leichnam des Herzog Albert von Sachsen-Teschen aus dem herzoglichen Pallaste nach der Kapelle der k. k. Burg überbracht, woselbst die Leiche heute bis nach Mittage 3 Uhr öffentlich zur Schau ausgestellt blieb.
Mittags von 12 bis 1 Uhr verkündete das herzogliche Glockengeläute aller Pfarren Wiens in der Stadt und den Vorstädten die bevorstehende Begräbnisfeyer.
Um 1 Uhr zogen die k. k. Truppen auf, welche sich teils auf dem Josephs- und Bürgerspitalsplatze und dem neuen Markte in Parade aufstellten, teils in den Straßen, durch die der Zug ging, Spaliere bildeten.
Um 5 Uhr abends, nachdem sich beyde k. k. Majestäten, sämtliche Erzherzoge und der Hofstaat in die Kapuzinerkirche begeben hatten, erhob sich der Zug von der k. k. Burgkapelle, über den Josephsplatz, durch die Augustinergasse über den Bürgerspitalplatz und durch die Klostergasse in folgender Ordnung nach der Kapuzinerkirche:

1. eine Abteilung des Cheveaux legers Regiments Nostitz
2. die Kinder des Waisenhauses
3. die Armen der sämtlichen Spitäler in Wien
4. sämtliche Pfarrer der Stadt und Vorstädte
5. die Dienerschaft und der Hofstaat des Verstorbenen
6. k. k. Leiblakayen
7. ein k. k. Hofwagen mit den ersten Kavalieren des Verstorbenen
8. der Trauerwagen mit der Leiche, welche von beyden Seiten von Trabanten-Garden begleitet wurde
9. eine Kompagnie k. k. Grenadiere mit gedämpfter Trommel
10. eine Abtheilung des Kürassier-Regimentes Lothringen

Nach der Einsegnung in der Kirche wurde der Sarg in die k. k. Gruft überbracht, und daselbst unter den üblichen Zeremonien dem Guardian der Kapuziner zur Aufbewahrung übergeben.
K. K. Hoftheater bleiben verschlossen.
Die Hoftrauer ist von heute angefangen für 6 Wochen bestimmt.

(62, XXXV/101)

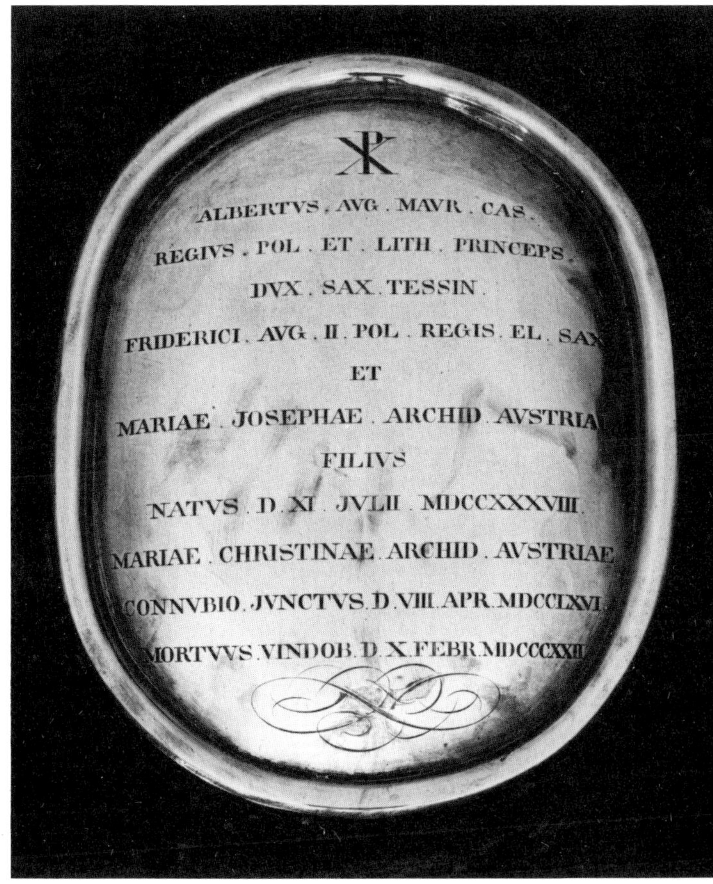

Grabplatte Herzog Alberts in der Kapuzinergruft in Wien

Comtesse Rosalie Rzewuska
1822

Obwohl der Herzog in seinem Leben viele Diners, Ballette und prachtvolle Feste gegeben hatte, wurde sein Verlust kaum bedauert. Seine lange Krankheit hatte so die Sorgen und das Interesse an ihm abgestumpft, daß man ihm sogar zürnte, nicht die Kraft zu haben, zu sterben. Kaum hatte er die Augen geschlossen, als die Personen, die ihn umgaben, sich zerstreuten und ganz vergaßen, bei seinem Leichnam Kerzen zu entzünden und Totenwachen aufzustellen. Ein einziger seiner Angestellten, der belgische Architekt Lefebre, erinnerte den Hofstaat an die Ehren, die man dem verstorbenen Herrn schuldig war. Erzherzog Carl hat das ungeheure Vermögen seines Onkels geerbt, ohne nur im Traum daran zu denken, ihm einen Grabstein errichten zu lassen.

(82, 1/58)

Baronin du Montet
1822

Herzog Albert von Sachsen-Teschen ist im Februar dieses Jahres gestorben. Die Trauer hat niemanden gestört. Es galt nicht als vornehm, die Bälle in Trauerkleidung zu besuchen, man hat bei den Ministern sogar schon vor der Beerdigung des Herzogs getanzt. Nur der Maskenball in der französischen Botschaft ist entfallen. Erzherzog Carl hat eine ungeheure Erbschaft gemacht; abgesehen von den Liegenschaften, besitzt er eine Kassette voll von Perlen, Diamanten und kostbaren Steinen. Seine Freude und seine Geschäftigkeit sind aufgefallen. Das Palais des Herzogs wird stets das Gepränge des Jahrhunderts tragen; aber die schönen, mit so herrlichen Gemälden, Skulpturen und Vergoldungen gezierten Säle sehen ihrer Zerstörung entgegen; an ihrer Stelle wird man wohnlichere Räume und Zwischenstöcke schaffen. In Wien gab es nichts Schöneres, Vornehmeres und Königlicheres als dieses Palais. Allgemein tadelt man die kleinliche und beschränkte Anschauung der Vertrauensleute des Erzherzogs, die ihn zu dieser Zerstörung drängen. Murat, der König von Neapel, hatte in diesem Palais während der Besetzung Wiens durch die Franzosen gewohnt; ich habe seine Zimmer gesehen. Der gleiche Raum war für die Gemahlin des Herzogs Albert, die Erzherzogin Marie Christine, bestimmt gewesen, doch starb sie, bevor sie ihn beziehen hatte können. Herzog Albert war hochbetagt und so ungelenk, daß man ihn beim Besteigen des Pferdes wie eine Holzfigur emporheben mußte. Er war noch immer ein leidenschaftlicher Liebhaber der Jagd, der Gesellschaft und des großen militärischen Gepränges. Da er nicht mehr die Kraft besaß, Helm und Küraß zu tragen, hatte man für ihn Waffen aus vergoldetem Pappendeckel hergestellt, welche seiner wirklichen Ausrüstung täuschend ähnlich waren. Dieser zugleich arme und reiche Fürst hatte noch Geliebte, aber er war so fromm, daß er, wie ich glaube, diese Damen nur als Angestellte seiner Hofhaltung betrachtete. Er war herzensgut und außerordentlich wohltätig, aber nicht gefühlvoll. Man war einst in größter Verlegenheit, wie man ihm das Ableben seiner Schwester, der Prinzessin Kunigunde, mitteilen solle, weil er alles fürchtete, was in ihm Gedanken an den Tod erwecken konnte. Der Herzog spielte gerade Billard; er setzte die Partie mit den Worten fort: „Ich habe ja immer vorausgesagt, daß sie an einem verdorbenen Magen sterben wird. Ich bin überzeugt, daß sie zuviel Kuchen gegessen hat!" Man sagt, Herzog Albert habe die Gewohnheit besessen, alles, was er seit seiner Jugend tagsüber gesehen und gehört hatte, bis in die allerkleinsten Einzelheiten niederzuschreiben. Die Stellung, die er in der Welt bekleidet, die Stürme, Kriege und Ereignisse, die er durchlebt hat, werden eines Tages die Sichtung dieser Tagebücher äußerst spannend gestalten. Die Schildwachen, die das Palais des Fürsten hüten, behaupten, sie hätten sein Gespenst umherirren und in den weiten Sälen spazierengehen gesehen. Es freut mich, wenn sich solche alten Gewohnheiten erhalten. Im Jenseits ist dies nun einmal ein für berühmte Tote gültiges Gesetz.

Unbekannter Maler, Erzherzog Carl

(64, 186)

Erzherzog Carl an Franz I.
Wien, 12. April 1822

Die Jahreszeit gestattet nunmehr die Erhebung des Bestandes der Sammlungen, welche des Herzogs Albrecht Königliche Hoheit in dem § 7 des hinterlassenen Testamentes zum Familien-Fideikommiß bestimmte. Ich habe daher meinem Obersthofmeister Grafen Grünne den Auftrag erteilt, mit Beiziehung des Hofrates Kleyle die nötigen Einleitungen dazu zu treffen. Die bisherigen Inspektoren sollen demnach die sämtlichen Sammlungen Stück für Stück übergeben, und zwar die Land-

Unbekannter Maler, Erzherzogin Henriette

karten und Pläne an den Hauptmann Rosenberg meines Regimentes, die Handzeichnungen und Kupferstiche an den als Kunstkenner und rechtlichen Mann gleich rühmlich bekannten Künstler Rechberger und zwei neubestellte Beamte von anerkannter Rechtlichkeit. Die übergebenen Stücke sollen ordnungsgemäß gezeichnet, gestempelt, die Verzeichnisse von den Intervenienten gefertiget und dann der Stempel vertilgt werden. Wenn ich gleich hoffen darf, mit den genommenen Vorsichten allen Verdacht eines Unterschleifes beseitigt und der mir geäußerten Gesinnung Eurer Majestät entsprochen zu haben, so glaube ich doch, vor dem wirklichen Beginnen der Übernahme die untertänigste Anzeige erstatten und, falls allerdings Dieselben noch weitere Befehle zu erteilen fänden, um die Eröffnung derselben bitten zu sollen.

Carl eh.

BESTÄTIGUNG DES KAISERS
WIEN, 5. APRIL 1823

Dient Mir zur Wissenschaft und werden Euer Liebden Mir nach vollendeter Inventierung der zum Familien-Fideikommisse bestimmten Stücke das Inventarium samt dem Entwurfe des Stiftsbriefes zur Bestätigung und endlichen Regulierung dieses Familien-Fideikommisses vorlegen.

Franz

(7, Nachlaßslg. Albert, II A, Obersthofmarschallamt III A/14, 224/152)

Gleich nach dem Ableben seines Adoptivvaters ließ Erzherzog Carl das Palais in modernem Geschmack durch den Architekten Kornhäusel umgestalten, als Bildhauer wirkte Joseph Klieber mit. Erzherzog Johann, Carls Bruder, der von dem „theuren Oheim, welchen er sehr liebte" einen größeren Betrag geerbt hatte, der ihn in die Lage versetzte, einige seiner wirtschaftspolitischen Ideen in der Steiermark zu realisieren, schreibt über den Weihnachtsabend 1823, den er in dem Palais auf der Bastei verbrachte.

ERZHERZOG JOHANN, TAGEBUCH
24. DEZEMBER 1823

... Abends ging ich mit Bruder Ludwig zu Bruder Carl. Da es Heiliger Abend ist, so waren alle Kinder vereinigt und was von uns da ist, versammelt. Obgleich ich einige Freude hatte, alle die Kleinen, welche die Hoffnungen des Hauses ausmachen, zu sehen, so verstimmt mich gleich die große Hitze durch die vielen Lichter. In früherer Zeit, als ich klein war, gab es ein Kripperl, welches beleuchtet war, dabei Zuckerwerk – sonst aber nichts. Nun ist kein Kripperl mehr! Wir sahen einen Graßbaum mit vielem Zuckerwerk und Lichteln und ein ganzes Zimmer voll Spielereien aller Art und wahrlich manches sehr Schönes und Vieles, welches in wenigen Wochen zerschlagen, zertreten, verschleppt sein wird und welches gewiß tausend Gulden gekostet. So war das Bett für die Puppen allein, welches 400 fl. Münze soll gekostet haben. Dies verstimmt mich noch mehr. Zudem war dies in einem Zimmer, wo ich früher bei meinem Oheim so oft gespeiset, der mein Wohltäter gewesen. Mir kam mehr Lust zum Beten als zur Freude; ich dachte an ihn. Endlich als wir in das Zimmer meiner Schwägerin gingen und ich Zimmer an Zimmer durchging, keinen Fleck im Hause mehr fand, wie ich es gekannt, alles von einer Pracht mit einem solchen Aufwand gemacht sah, da wurde es mir fremd, ich fand mich so einsam und keinen frohen Blick konnte ich mehr machen. Ich dachte, der alte Herr hat so viel verwendet, nichts stehet mehr davon. Izt ist alles umgekehrt, verändert und unendliches Geld ausgegeben. Wieviel ist da von so kurzer Dauer, der Mode unterliegend. So schön, so ausgesucht, daß ich nicht wußte, wo mich hinzustellen noch hinzusetzen. Es stand vor mir das Elend meiner Kinder im Gebirge, wo manches kaum mehr einen guten Rock hat. Da zog es mir das Herz zusammen. Gott, hätte ich das Geld, was da stecket! Wieviele Tränen getrocknet, wieviele Mißmutige wieder aufgerichtet, wieviele wieder meinem guten Kaiser gewonnen! Doch still davon, solche Gefühle sind der Hauptstadt fremd. Ich habe sie in meinen Bergen gefunden, mit diesen bin ich dem hiesigen

Joseph Daniel Böhm, Franz Rechberger

Leben fremd geworden. Ach, mein Brandhof mit seinen glatten Zimmern und Wänden ist auch warm, ist auch rein, ist auch schön und wer vorbeigeht siehet ihn dort gerne an. Hätte ich noch so ein großes Einkommen, ich würde diesen doch nicht anders bauen. Es sind gar so viele, die brauchen und jetzt ist es nicht an der Zeit zu solchem großen Aufwand. Die Menschheit will Hilfe und dies muß man nicht höhnen, dadurch daß man soviel baut . . .

(71, 1)

Franz Rechberger, Gutachten über die Sammlung für Erzherzog Carl
12. April 1822

. . . Der Kenner erstaunt über die große Auswahl merkwürdiger, höchst seltener und selbst unfindbarer Werke und wird zuletzt gewahr, daß diese Sammlung nicht bloß das Resultat von darauf verwandten großen Summen, sondern vorzüglich die Folge einer ganz besonderen und beynahe wunderbaren Vereinigung glücklicher Ereignisse, und so zu sagen das Aggregat verschiedener berühmter Sammlungen sey, deren Auflösung die Zeitumstände herbeigeführt haben. Sie ist endlich die Frucht eines langen glücklichen Lebens und einer ausgezeichneten und unwandelbaren Liebe zur Kunst.

(9, P 1490/19–49)

Aus einem Brief des Philosophen Georg W. F. Hegel
1824

Gestern vormittag war ich erst in einigen Kirchen, dann in der Sammlung von Erzherzog Karls Handzeichnungen und Kupferstichen in Mappen; der Diener blieb fast die ganzen drei Stunden mit mir, – natürlich kann man da nur einiges sehen (der Kupferstiche sind 150 000), – ich ging das Portefeuille von den Handzeichnungen des Michelangelo durch, dann Mantegnas Zug (den Du einmal bei Geheimrat Schultz gesehen);– was man bei uns mühselig zusammenklaubt, unvollständig besitzt, große Aufsätze darüber macht, – ist hier in Hülle und vollauf; dann die Portefeuilles von Martin Schön und einigen anderen.

(87, 77)

Initialen Herzog Alberts als Sammlungsmarke der Albertina

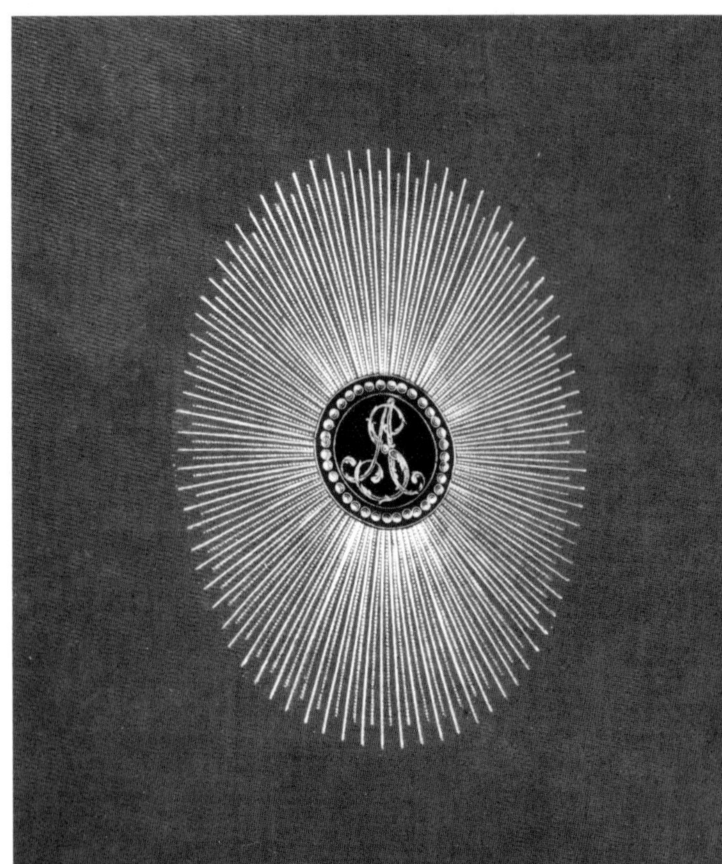

Moritz von Thausing
1870

So wie der Herzog von Sachsen-Teschen für die Erzherzogin in der nahegelegenen Kirche der Augustiner das berühmte Grabmal von Canova (1805), ein Hauptwerk dieses Künstlers, errichten ließ, schuf er sich selbst durch seine Sammlungen ein noch viel schöneres Denkmal. Es war nicht Eitelkeit oder eine egoistische Kunstliebhaberei, die ihn veranlaßte, diese Wunderwerke zu vereinen, es war vielmehr die Hoffnung, seine Mitmenschen an der Verbreitung des Schönen teilhaben zu lassen und sie über seinen Tod hinaus zu bewahren und zum Studium für die Nachwelt lebendig zu erhalten. Wir haben daher das Recht, das Schweigen zu brechen, das die Zeitungen beim Tod des 84jährigen Herzogs einhielten. Und wenn wir heute, wohl etwas spät, darauf bestehen, diese sympathische Persönlichkeit wieder der Vergessenheit zu entreißen, so tragen wir damit eine alte Dankesschuld gegenüber dem Gründer der Albertina, der mehr als ein Sammler, der darüber hinaus ein Wohltäter der Menschheit war, ab.

(84, 76 f.)

Allegorie auf Herzog Albert als Förderer von Kunst und Wissenschaft

NUMERISCHES QUELLEN- UND LITERATURVERZEICHNIS

1 Mémoires de ma vie, Papier, handschriftliche Darstellung des Lebens Herzogs Albert von Sachsen-Teschen, teils eigenhändig, teils in Kopistenschrift, Ungarisches Nationalarchiv, P 298 (Habsburgisches Hausarchiv), 4 Bde.

2 Staatsarchiv Dresden (LHA Dresden)

3 Österreichisches Staatsarchiv, Kriegsarchiv

4 Antiquariat Heck (Versteigerung aus dem ehem. herzoglichen Archiv), Wien

5 Handschriftensammlung der ÖNB, Autographe

6 Waldemar Lippert, Kaiserin Maria Theresia und Kurfürstin Maria Antonia von Sachsen, Briefwechsel 1747–72, Schriften der königlich sächsischen Kommission für Geschichte, 14, Leipzig 1908

7 Österreichisches Staatsarchiv, Haus-Hof- und -Staatsarchiv

8 Carl Rothe, Die Mutter und die Kaiserin, Briefe Maria Theresias an ihre Kinder und Vertrauten, Wien/München 1968

9 Ungarisches Nationalarchiv, Habsburgisches Hausarchiv und Statthaltereiarchiv

10 Adam Wolf, Aus dem Hofleben Maria Theresias, nach den Memoiren des Fürsten Johann Joseph Khevenhüller, Wien 1859

11 Bleiburg, Archiv Thurn-Valsassina

12 Wienerisches Diarium (Wiener Zeitung)

13 Eduard Vehse, Geschichte des österreichischen Hofs und Adels und der österreichischen Diplomatie, Hamburg 1852

14 Alfred von Arneth, Maria Theresias letzte Regierungszeit, Bd. 7 des Gesamtwerkes über Maria Theresia, Wien 1876

15 Adam Wolf, Marie Christine, 2 Bde., Wien 1863

16 Annales Prince de Ligne, 19 Bde., Bruxelles/Paris 1920–38

17 Alfred von Arneth, Maria Theresia und Joseph II., ihre Correspondenz, 3 Bde., Wien 1867–68

18 Alfred von Arneth, Briefe der Kaiserin Maria Theresia an ihre Kinder und Freunde, 4 Bde., Wien 1881

19 Franz Xaver Malcher, Herzog Albrecht von Sachsen-Teschen bis zu seinem Antritt der Statthalterschaft in Ungarn, Wien/Leipzig 1894

20 Nach Zukal, Die Belehnung der Erzherzogin Marie Christine und ihres Gemahls Herzog Albert von Sachsen-Teschen mit dem Fürstentum Teschen 1766

21 Joseph Zykan, Das Grünnehaus, in: Notring-Jahrbuch, 1970, p. 115–117

22 Oberstleutnant Alphons Wrede, Geschichte der k. k. Wehrmacht, Wien 1891

23 Georges Duplessis, Mémoires et journal de Wille, graveur du roi d'après les manuscripts autographes de la bibliothèque imperiale, 2 Bde., Paris 1857

24 Friedrich Noack, Das Deutschtum in Rom, 2 Bde., Berlin 1927

25 Anton Weinkopf, Beschreibung der k. k. Akademie der Bildenden Künste, Wien 1783

26 Carl von Weber, Maria Antonia Walpurga, 2 Bde., Dresden 1857

27 Otto Krack, Briefe Kaiser Josephs II. an seine Mutter und Geschwister, Berlin 1912

28 Richard Kralik/Hanns Schlitter, Wien – Geschichte der Kaiserstadt, Wien 1912

29 Adam Wandruszka, Leopold II., 2 Bde., Wien/München 1963–65

30 Alfred von Arneth, Maria Theresia und Marie Antoinette, ihr Briefwechsel, Leipzig/Paris/Wien 1866

31 Wilhelm John, Erzherzog Carl der Feldherr und seine Armee, Wien 1909

32 Florenz, Archivio dello Stato

33 Romani Moroni, Dizionario di Erudizione storico ecclesiàstico, Venedig 1851

34 Giacomo Durazzo, Discorso Preliminare, Wien, Graph. Sammlung Albertina

35 Gunnar W. Lundberg, Alexander Roslin, Malmö 1957, Nr. 493

36 Amon von Treuenfest, Geschichte des k. k. Huszaren-Regimentes Alexander Freiherr von Koller Nr. 8. Von seiner Errichtung 1698 bis 1880, Wien 1880

37 Tagebuch der Erzherzogin Marianne, Klagenfurt, Konvent der Elisabethinen

38 Briefwechsel Marie Christines mit Eleonore Liechtenstein, Žitenice, Archiv, ČSSR

39 Mémoires de la Baronne d'Oberkirch, 2 Bde., Paris 1869

40 Marquise de la Tour du Pin, Journal d'une femme de cinquante ans (1778–1815), 2 Bde., Paris 1908

41 Johann Wolfgang von Goethe's sämmtliche Werke, Cotta, Stuttgart 1857

42 Paris, Archives Nationales

43 Pierre Merjai, Voyages curieux et utiles (rédigé de 1805 à 1810), Bd. 16, fol. 1320–23, Luxemburg, Bibl. Nat. (Handschriften 240)

44 Lorenzo Da Ponte, Mein abenteuerliches Leben, Rowohlt Biographien Bd. 6, Reinbek 1960

45 Pierre de Nolhac, Marie Antoinette, Paris 1936

46 Alfred von Arneth-Geoffroy, Correspondence secrète entre Maria Theresia et le Comte Mercy-d'Argenteau avec les lettres de Maria Theresia et Marie Antoinette, 3 Bde., Paris 1874

47 Journal Historique et Littéraire, Juli 1786

48 Bachaumont, Mémoires Secrèts . . ., London 1777ff.

49 Alfred von Arneth, Marie Antoinette, Joseph II., Leopold II. Ihr Briefwechsel, Leipzig 1866

50 Paris, Bibliothèque Nationale

51 Johann Georg Adam Forster, Erinnerungen aus dem Jahre 1790 in historischen Gemälden und Bildnissen von Daniel Chodowiecki, Berlin 1793

52 Recueil de lettres de Leurs Altesses Royales Albert et Marie Christine au Comte de Trauttmansdorff, Brüssel 1790

53 Journal d'Emigration du Comte d'Espinchal publié par Ernest d'Hauterive, Paris 1912

54 Vollständiges Diarium der Röm. Königl. Wahl und Kaiserl. Krönung Ihrer nunmehr allerglorwürdigst regierenden Kaiserlichen Majestät Leopolds des Zweiten

55 Emil Paskovits, Die erste Arcierenleibgarde seiner Maj. des Kaisers und Königs, Wien 1914

56 Mémoires du Comte Valentin Esterhazy par Ernest Daudet, Plon, Paris 1905

57 Joseph Weber, Mémoires sur Marie Antoinette, Paris 1822

58 François de la Rochefoucauld, Souvenirs du 10 Août 1792 et de l'Armée de Bourbon, publiés par Jean Marchand, Paris 1929

59 Testament von Charles Antoine de Ligne, in: Lucien Perey (alias Luce Herpin), La Princesse Hélène de Ligne, Paris 1923, p. 438–446

60 Wiener Stadt- und Landesbibliothek, Handschriftensammlung

61 Wien, Graph. Sammlung Albertina [Archivalien zur Sammlungsgeschichte]

62 Tagebücher des Matthias Perth, ehem. Besitz O. Mayer, Wien, jetzt Wiener Stadt- und Landesbibliothek, Bd. 43, Wien 1979

63 Bassano del Grappa, Archiv

64 Souvenirs de la Baronne Du Montet 1785–1866 (Erinnerungen der Baronin du Montet), Zürich/Leipzig/Wien, o. J.

65 Gianluigi Freddy, Descrizione della Città, Sobborghi e Vicinazzi di

Vienna divisa in tre parti con annotazioni storiche ed erudite, Vienna 1800
66 Tagebuch des Grafen Jakob Gustav de la Gardie, Lund, Universitätsbibliothek
67 Gräfin Lulu Thürheim, Mein Leben, 1788–1819, München 1913
68 Anton Ritter von Geusau, Historisches Tagebuch aller merkwürdigen Begebenheiten, welche sich vor dem Einzuge der Kaiserl. französischen Truppen in die k. k. Haupt- und Residenzstadt Wien vom Monat September bis 13. November 1805 zugetragen haben, Wien 1807
69 Viktor Bibl, Erzherzog Karl, Wien 1942
70 General Marcellin Baron de Marbot, Mémoires, Plon, Paris 1891
71 Tagebücher Erzherzog Johanns (Abschrift Netoliczka vor Vernichtung der Tagebücher in den Kriegswirren des Jahres 1945, publ. in: Steirische Berichte, Graz, November 1958, Nr. 6)
72 Henri Pirenne, Histoire de Belgique, 3 Bde., Brüssel, o. J.
73 Archiv der Stadt Brüssel
74 Anton Eipeldauer, Briefe des neu angekommenen Eipeldauers an seinen Herrn Vettern in Kakran über d'Wienerstadt. Mit Noten von einem Wiener, Wien 1785–1821
75 Giuseppe Acerbi, Il Giornale di Vienna di Giuseppe Acerbi (Settembre–Dicembre 1814), hrsg. von Gabriele Manlio, Mailand 1972
76 Auguste de la Garde, Gemälde des Wiener Kongresses 1814/15, Erinnerungen, Feste, Sittenschilderungen, Anekdoten, Wien/Leipzig 1912
77 Der Neue Teutsche Merkur
78 Joseph Freiherr von Hormayr, Archiv für Geographie, Historie, Staats- und Kriegskunst, 21 Bde., Wien 1810–30
79 Peter Krafft, Autobiographische Skizze, ehemals Slg. Troll
80 Wilhelm Christian Müller, Briefe an deutsche Freunde von einer Reise durch Italien über Sachsen, Böhmen und Österreich 1820–21, Altona 1824
81 Victor Graf Ségur-Cabanac, Tagebuchblätter einer jungen Gräfin aus der Zeit nach dem Wiener Kongreß, Brünn 1911
82 Mémoires de la Comtesse Rosalie Rzewuska (1788–1865). Publiés par sa arrière-petite fille Giovanella Caetana Grenier, Rom 1939
83 Friedrich Münter, Aus den Tagebüchern Friedrich Münters, Wander- und Lehrjahre eines dänischen Gelehrten, hrsg. von O. Andresen, Leipzig 1937
84 Gazette des Beaux Arts, 29 Bd., 1870/71
85 Antiquariat Christian Nebehay, Wien
86 Peter Reinhold, Maria Theresia, Wiesbaden 1957
87 Georg Wilhelm Friedrich Hegel, Gesamtausgabe der Werke, Bd. XIX, 1 u. 2.: Briefe von und an Hegel, hrsg. v. Karl Hegel, Leipzig 1887.

PERSONENREGISTER